检察指导案例理论与实践

○ 张 杰／著

四大检察文库

中国检察出版社

图书在版编目（CIP）数据

检察指导案例理论与实践／张杰著．—北京：中
国检察出版社，2022.3

ISBN 978 - 7 - 5102 - 2384 - 6

Ⅰ.①检… Ⅱ.①张… Ⅲ.①检察机关 - 工作 - 案例
- 中国 Ⅳ.①D926.305

中国版本图书馆 CIP 数据核字（2019）第 300883 号

检察指导案例理论与实践

张　杰　著

责任编辑：李冬青
技术编辑：王英英
美术编辑：曹　晓

出版发行：中国检察出版社
社　　址：北京市石景山区香山南路 109 号（100144）
网　　址：中国检察出版社（www.zgjccbs.com）
编辑电话：(010) 86423753
发行电话：(010) 86423726　86423727　86423728
　　　　　(010) 86423730　86423732
经　　销：新华书店
印　　刷：保定市中画美凯印刷有限公司
开　　本：710 mm×960 mm　16 开
印　　张：26　插页 4
字　　数：347 千字
版　　次：2022 年 3 月第二版　　2022 年 3 月第二次印刷
书　　号：ISBN 978 - 7 - 5102 - 2384 - 6
定　　价：88.00 元

作者简介

◇ 张杰，男，汉族，1980年6月生，湖南浏阳人。2000年加入中国共产党，2008年毕业于中国人民大学法学院，师从"人民教育家"高铭暄教授，获刑法学博士学位。2008年经国家公务员考试进入最高人民检察院工作，先后在职务犯罪预防厅、办公厅、法律政策研究室等部门工作。2017年任最高人民检察院法律政策研究室综合指导处处长，三级高级检察官。现任最高人民检察院法律政策研究室检察委员会办公室主任，兼任中国法学会案例法学研究会理事等。承办了最高人民检察院第八至十一、十三、十六、二十三批等多批指导性案例编研发布工作，出版《刑事归责论》（中国人民公安大学出版社2009年版）、《萨瑟兰与犯罪学》(法律出版社2010年版)、《科学治理腐败论》（中国检察出版社2012年版）等学术专著。在《政治与法律》《中国刑事法杂志》《国家检察官学院学报》等刊物上发表学术论文70余篇。获中国人民大学优秀博士学位论文奖、最高人民检察院检察基础理论研究成果奖、中国法学会案例法学研究会优秀论文奖等多项学术研究奖项。

《四大检察文库》出版说明

在第二个百年奋斗目标新征程中，面对社会主要矛盾转化，面对人民群众在民主、法治、公平、正义、安全、环境等方面更高层次、更丰富内涵的需求，检察机关要以更加强有力的履职，推进"四大检察""十大业务"全面协调充分发展，进而以自身高质量发展服务保障经济社会高质量发展。在这艰巨而复杂的过程中，一系列重大命题等待实践者去探索、去破解，一系列重大理论问题等待研究者去总结、去回应。可以说，党绝对领导下的检察事业90年辉煌历程中，从来没有像今天这样对理论武装需求如此迫切！

为深入贯彻落实《中共中央关于加强新时代检察机关法律监督工作的意见》，切实肩负起加强新时代检察理论研究的重任，助推检察工作高质量发展，经高检院党组批准，我们设立专项资金支持检察著作出版，推出《四大检察文库》系列丛书。《四大检察文库》旨在深入研究四大检察中丰富的实践和理论问题，特别是其中的新思想、新理念、新问题、新举措、新成效。基本要求是：

一是坚持以习近平新时代中国特色社会主义思想、习近平法治思想武装头脑、指导研究。坚持用马克思主义立场、观点、方

1

法分析和解决检察工作发展中的问题，以创新发展的检察理论，发出新时代检察最强音，推动、引领中国特色社会主义法治道路自信、理论自信、制度自信、文化自信。

二是聚焦四大检察实践中的前沿、重大、复杂问题。围绕检察实践中的基础性、全局性、重大性、复杂性问题，反映四大检察重大实践创新成果，力求在解决重大理论问题和现实问题、推进检察理论和检察实践发展中具有重大指导意义。

三是理论联系实际。坚持以人民为中心的研究方向，着眼于人民群众关心关注的检察实践问题，回应人民群众的普遍关注问题，解决检察人员、司法人员的困惑、难处，推理严密，论证充分，文字畅达，具有较强的原创性、理论性和实用性。

高检院对《四大检察文库》系列丛书的出版高度重视，专门成立编辑委员会，常务副检察长童建明担任编辑委员会主任，政治部主任潘毅琴担任编辑委员会副主任，其他院领导、检委会专职委员和专家学者担任委员，对作品质量予以把关。

《四大检察文库》的出版得到了理论界与实务界的广泛关注和大力支持，得到了全国广大检察人员的积极参与。我们对社会各界给予的关注和厚爱表示衷心感谢。希望《四大检察文库》能够成为荟萃优秀作品的开放平台，慧聚更多名家大腕、实务精英，共同推动检察理论研究深入发展，推进中国特色社会主义检察事业不断走向新境界，为服务保障第二个百年目标实现作出应有的贡献！

中国检察出版社
2022 年 1 月

总序

以习近平法治思想指引检察理论研究
为检察工作高质量发展提供理论支撑

近年来，全国检察机关坚持以习近平新时代中国特色社会主义思想为指导，深入学习贯彻党的十九大和十九届历次全会精神，认真学习贯彻习近平法治思想，紧紧围绕党中央关于全面依法治国重大决策部署，紧盯事关检察事业长远发展的主要矛盾和突出问题，不断加强和深化检察理论研究，研究的广度深度不断拓展、成果不断丰富、力量不断壮大，为新时代检察工作创新发展提供了有力理论支持。问题是工作的导向。对照以检察工作自身高质量发展服务保障经济社会高质量发展的目标要求，检察理论研究总体还是跟不上，理论供给与实践需求不适应，理论研究工作发展不平衡。做好新发展阶段的检察理论研究工作，根本要在习近平法治思想指引下，以高度的政治自觉、法治自觉、检察自觉，持续深化、更新理念，锚定正确研究方向，围绕服务高质量发展的目标，切实找准理论研究的着力点和切入点，更加积极主动担当作为，服务、引领与时代同步蓬勃发展的检察实践。

一、检察工作身处"变局"之中，检察理论研究必须跟上、适应进而走向引领

习近平总书记深刻指出，实践没有止境，理论创新也没有止

1

境。当前，我国正值全面建设社会主义现代化国家开局起步之时，又逢百年变局和世纪疫情交织叠加，经济社会发展内部条件和外部环境都在发生深刻复杂变化。尤其是进入新发展阶段，面对高质量发展对高水平法治保障的要求，面对人民群众在民主、法治、公平、正义、安全、环境等方面更趋多元多样的需求，法治产品、检察产品"好不好"的问题更鲜明、更突出摆在我们面前。

理论是实践的先导、行动的指南。习近平总书记强调："要坚持实践第一的观点，不断推进实践基础上的理论创新。"形势、环境、任务、要求的变化，使得检察工作比以往任何时候都更需要理论上的支持，以引领、助力检察人准确识变、科学应变、主动求变。越是实践中急需解决的问题，越要在理论上作出回答。必须看到，近些年来，在习近平法治思想指引下，司法检察工作快速发展，步幅更大、影响深远。相应的理论总结、阐释、研究远未跟上！比如，适应国家治理体系和治理能力现代化要求，深化认罪认罚从宽制度检察适用、公益诉讼检察、行政争议实质性化解等工作；针对网络犯罪持续攀升，最高检专设惩治网络犯罪指导组，促进网络综合治理；组建知识产权检察办公室，开展知识产权刑事、民事、行政三位一体综合司法保护试点；依法有序推进涉案企业刑事合规试点，促进"严管"制度化，不让"厚爱"被滥用；改版检察指导性案例，既指导办案又向社会释法；推行"案-件比"质效评价标准，完善检察人员"全员、全面、全时"考核机制，促进监督办案求极致，等等。所有这些，作为检察新实践、新举措，社会广泛认同、效果良好。怎样理解这些工作创新是时代大背景下的"应运而生"？怎样做到持续、深化发展？迫切需要从理论上去总结、阐释、论证。

检察理论研究工作存在的不足，根本还是认识问题、观念问题，没有认清检察理论研究肩负的责任，没有认清理论滞后与实践创新之间的脱节，是更深层、更实质的"跟不上""不适应"！问题表现在面上，根子在思想、头脑里。一定要正视问题所在、认清责任所在，关键就在"关键少数"！"关键少数"的认识跟不上，因此组织、推动理论研究工作跟不上。《最高人民检察院关于加强和改进新时代检察理论研究工作的意见》强调，"要鼓励研究能力强的同志积极参加年会、培训、申报课题和案例分析研讨。对于高层次检察理论研究人才，可以采取推荐研修、支持在检察学研究会任职、参加科研成果评奖等方式，为其提供锻炼机会和展示平台。在干部选拔任用、考核中，要把是否有研究能力作为选任领导干部、遴选检察官、择优晋升检察官等级的重要参考，把检察理论研究成果作为衡量检察人员绩效的一个重要方面"。这些要求在落实中还有许多不足，营造更好的检察理论研究氛围还远远不够！各级检察院领导都应当以习近平法治思想为指引，进一步增强深化检察理论建设的政治自觉、法治自觉、检察自觉，组织广大检察人与专家学者们携手，高度重视、积极开展检察理论研究，进而引导检察实践产出更优法治产品、检察产品，更好地为全面建设社会主义现代化国家提供更有力服务、保障。

二、深入学习贯彻习近平法治思想，深刻把握新时代检察理论研究的正确方向

习近平法治思想是做好检察工作的根本遵循，是检察理论研究的根本指引。要坚持以习近平法治思想为指引，让检察理论研究始终沿着正确道路前行、发展！

深刻把握检察理论研究的政治性。检察工作是政治性极强的业务工作，也是业务性极强的政治工作。检察理论研究是检察工作的重要组成部分，必须旗帜鲜明讲政治，深入学习领会"两个确立"的决定性意义，不断增强"四个意识"、坚定"四个自信"、做到"两个维护"，从理论上深刻领悟为什么必须坚持党对检察工作绝对领导、怎样更好地捍卫党的领导。抓检察理论建设，首先必须把握根本、认清本质，坚定中国特色社会主义道路自信、理论自信、制度自信、文化自信，坚定不移走中国特色社会主义法治道路。要不断提高政治判断力、政治领悟力、政治执行力，坚持正确政治方向，始终自觉用习近平法治思想指引检察理论研究，始终自觉围绕中国特色社会主义法治体系建设认识、研究、解决重大检察理论和实践问题，形成独具特色、符合中国特色社会主义法治规律的检察理论体系。对鼓吹西方所谓"宪政""三权鼎立""司法独立"等错误思潮和言论，要敏于辨识其本质、要害所在，旗帜鲜明抵制、有力有效批驳，坚决维护理论研究领域意识形态安全。

深刻把握检察理论研究的人民性。坚持以人民为中心，是贯穿习近平法治思想的根本政治立场。人民检察为人民，必须把以人民为中心贯穿检察工作包括检察理论研究全过程。经济社会发展、人民群众根本利益对检察工作的需求，就是检察理论研究的着力点、动力源。比如，杭州"取快递女士被造谣出轨案"。网络时代侮辱诽谤的危害、对名誉权的保护能和几封信、小字报、口口相传的过去一样吗？新时代、新发展阶段，老百姓维权门槛那么高、违法犯罪成本那么低，人民群众何以感受公平正义？检察机关推动自诉转公诉，不少法学专家撰文予以理论上的阐释，这就是对检察工作直接、强有力的支持，更是对中国特色社会主义法治、司法的促进！检察人更应该自觉、深入从理论上加以探讨、研究！经此一案，产生一批理论成果，今后再遇到类似案件，依法公诉不就顺理成章了吗？再比如，最高检将人民群众的诉讼体验、当事人的实际感受纳入案件质量评价指标体系，研究提出"案－件比"质效评价标准，根本是为了满足新时代人民群众对司法公正的更高要求！"案－件比"的实证分析、研究成果已经有不少，学理、法理研究还要跟上，深入阐释"案－件比"的政治、社会、法治意义。

深刻把握检察理论研究的系统性。习近平总书记强调，全面依法治国是一个系统工程，要整体谋划，更加注重系统性、整体性、协同性。加强检察理论研究也要强化系统观念，跳出检察研究检察。要深入思考和研究，在党和国家工作大局中，在国家治理大格局中，在中国特色社会主义法治体系中，检察工作、检察制度处于什么样的位置，应该发挥怎样的作用，践行中还有哪些差距、怎样跟上、进而引领？等等。检察机关办理的每一起案件，都事关人民权益。越是贴近百姓生活的"小案"，越能让老百姓体会到司法的公平正义；越是发生在群众身边的"小案"，越关涉人心向背这个最大的政治。要深入研究检察监督办案与厚植党的执政基础的关系，从理论上探析、深化办案与民生、办案与民心的内在联系，用理论引领、推动检察办案融通法理情，更加自觉助力实现监督办案"三个效果"的统一。随着经济社会关系更趋多元复杂，涉案刑事、民事、行政法律关系往往相互交织，对"四大检察"的理论研究要有系统思维，研究某项业务要系统地考虑关联效果，不能孤立地、局部地看问题；不仅"四大检察"之间要融通，而且应当将司法与行政执法乃至整个法治建设相融通，才能更好地促进检察职能的发展，促进党和国家法治事业的发展。

三、准确把握检察理论研究重点，助推检察工作高质量发展

新发展阶段、新的征程中，要紧扣推动检察工作高质量发展这一目标，紧密结合党和国家工作大局和检察中心、重点工作，坚持理论联系实际，坚持问题导向，切实找准检察理论研究的着力点和切入点，在检察实践中彰显、检验理论的指导作用。

深化对人民检察制度、规律和历史经验的研究。百年发展历程，我们党始终在探索运用马克思主义关于国家与法的理论指导人民民主专政政权建设。人民检察制度发展历史脉络、规律经验的深入研究基础扎实，已形成一批重要成果。但相对于中国特色社会主义国家与法的制度建设，特别是进入新时代新发展阶段，"有法可依"问题总体解决后，"有法必依、执法必严、违法必究"问题对中国特色社会主义司法检察制度提出的新课题、形成的新考验，我们从历史中总结规律、寻找方法还不够。一些时候，有的检察工作是在推着干、干着看的"必然王国"中游历，与时代的发展，与人民群众对民主、法治、公平、正义、安全、环境等更高水平的要求不相适应。比如，随着时代发展，法律监督的内涵、外延应有怎样的发展、深化？人民检察独特的成长背景、制度特征，与其他国家检察制度根本区别在哪里，共性发展规律、可以相互借鉴的有哪些？又比如，法律监督与侦查、审判、监察机关之间相互配合、相互制约的关系该如何认识、正确把握？什么是监督？什么是办案？如何更加自觉、自如地做到在办案中监督、在监督中办案？回答好这样的时代之问、发展之问，对检察机关法律监督的功能和定位，对中国特色社会主义检察制度内涵、本质的认识就更深一层，投身人民检察事业发展、人民检察制度成熟定型的"自由王国"就更进一步。为此，必须紧密结合百年党史和党绝对领导下的90年人民检察史加以研究、把握，在历史演进中寻找发展脉络，系统探究我国检察制度发展规律、检察职权配置规律和检察活动基本规律，以更好地认识、把握中国特色社会主义根本制度和发展规律，为建成富强、民主、文明、和谐、美丽的社会主义现代化国家作出中国特色社会主义检察制度和检察人的贡献。

深化对检察实践创新和发展的研究。实践每向前推进一步，理论支撑就要跟进一步。落实认罪认罚从宽制度，法律有明确规定，实践中取得很好的效果。要深化这个领域的理论研究，通过理论认同进一步形成实践共识。民法典实施赋予检察机关更重责任，特别是民事诉讼范围进一步扩大，相应民事诉讼监督范围也将扩大、难度增加，如何把民法典人格权保障等立法精神贯彻到"四大检察""十大业务"中去，有效保障民法典统一正确实施？最高检提出行政检察"一手托两家"，针对一些行政诉讼程序空转，开展行政争议实质性化解，实践效果很好，这项工作的法理依据该怎样认识？维持形式上并无不当裁判的同时，促进行政机关调整原不当决定，争议化解、讼争平息，相关法律制度当如何完善？党的十九届四中全会对公益诉讼检察工作作出新部署，强调要"拓展案件范围"，实践中获得了充分认可。法律供给还在过程之中，各级检察机关积极、稳妥办理群众反映强烈的公益损害案件，法理上该如何深化规律性认识？所有这些，既是实践发展、创新，当然也应当是理论研究的重点课题。检察理论研究就要着眼于这些新的实践和新的发展，不断拓展深化。同时，要把能够融入、引领检察、司法、法治实践作为检验理论研究成果科学性、合理性的重要标准，避免检察理论研究"自说自话""自我评价"。

深化对检察理念、检察政策的研究。理念、政策是引领检察监督办案的思想和灵魂。伴随经济社会快速发展，司法检察理念、政策都在不断适应调整。比如，改革开放 40 多年来，刑事犯罪结构发生巨大变化。最高检主动适应国家治理体系和治理能力现代化要求，落实、践行少捕慎诉慎押的刑事司法政策。实践中如何有效落实、正确适用，恰当把握追诉程序宽严适当与实体处理宽严适当的关系？又比如，在正当防卫问题上，检察机关严格依法处理了几个影响性案件、发布"昆山龙哥案"等指导性案例"激活刑法正当防卫条款"后，促进社会观念深刻转变，"法不能向不法让步"日益深入人心。"法不能向不法让步"的内涵是什么？理论上的探讨还需深化，结合办理的一系列正当防卫案件，深研有哪些司法规律应当探索、遵循？"不让步"的把握为什么深得民心？理念的转变、政策的落实不可能一蹴而就，形成共识和自觉更不容易，亟需通过理论的研究、引领去促进、推动、深化。再比如，党的十九大以来，对标新时代人民群众新期待，检察机关不断深化检察改革、优化检察管理，推动落实"案－件比"、业绩考评机制改革，对检察办案产生了哪些深层次影响？促进了检察官哪些方面履职能力的提升？对司法检察事业发展，进而对检察制度、司法制度的建设与发展将产生怎样的影响？脚踏实地着眼国家治理体系和治理能力现代化这一重大课题，检察理论研究无止境！

党绝对领导下的人民检察制度90年辉煌历程告诉我们，检察理论研究始终是推动检察事业不断创新发展的基础性工程。新发展阶段、新的征程，全国检察机关要始终坚持以习近平法治思想为指引，更加奋发有为、砥砺奋进，努力开创检察理论建设新局面，推动新时代检察工作高质量发展！

最高人民检察院

2022 年 1 月

序

万　春[*]

　　习近平总书记深刻指出："一个案例胜过一打文件。"按照习近平总书记重要指示要求，最高人民检察院认真贯彻落实习近平法治思想，高度重视案例指导工作。张军检察长多次强调，指导性案例是检察工作中落实"讲政治、顾大局、谋发展、重自强"的重要抓手，不仅具有指导性，还具有监督、制约作用，案例指导工作抓得好，能够把各级检察机关各项检察业务都带动起来，能够促进检察机关政治建设、业务建设、队伍建设等各个方面。

　　发布指导性案例是最高司法机关促进法律统一正确实施，解决司法工作中疑难复杂问题的工作指导方式。2010 年最高人民检察院创立检察机关案例指导制度以来，高度重视指导性案例的制发和应用工作，注重立足检察工作特点，精心选择检察工作中典型案例上升为指导性案例发布，指导检察工作开展，回应社会关切。特别是 2018 年以来，在张军检察长直接领导下进行了案例指导工作创新和指导性案例改版，制发指导性案例频次加大，数量增多，内容覆盖"四大检察""十大业务"，更加凸显检察职能特点，更好地发挥了指导性案例作为最佳检察产品代表的独特价值，并由此带动了其他典型案例的发布工作，使案例指导工作内容更

---

　　[*] 最高人民检察院检察委员会副部级专职委员、二级大检察官，最高人民检察院司法案例研究院院长、中国犯罪学学会会长。

1

加丰富、体系更加健全，已成为新时期最高人民检察院领导地方各级人民检察院和专门人民检察院开展业务工作的有力抓手。已发布的指导性案例及各类典型案例，在检察工作中发挥出及时、直观、具体、灵活的指导作用，成为统一法律政策适用、推进重点新兴业务发展、总结检察工作经验智慧、宣传法律监督成效的有力载体。

作为一项深化司法改革的重要成果，"两高"建立案例指导制度以来，中国特色的案例指导制度就成为法学研究的热点之一。在全球一体化，构建人类命运共同体的大背景下，两大法系互相融合借鉴已是不争的趋势。坚持和完善中国特色社会主义司法制度，全面推进依法治国重大战略实施，应当积极借鉴域外司法制度的有益经验。中国作为成文法国家，如何借鉴判例制度的合理因素，建立完善中国特色案例指导制度，还有诸多理论问题需要深入探究。检察案例是生动法治实践的直观反映，借助对检察案例的研究，可以搭建理论研究与实务工作良性互动的桥梁，对于繁荣法治理论、检察理论成果，推进法学研究创新发展具有重要价值。

张杰博士多年来在最高人民检察院法律政策研究室具体负责案例指导工作，积累了较为丰富的实践经验，在此基础上，对检察机关案例指导工作中的一些问题进行了比较深入系统的研究和思考，形成了《检察指导案例理论与实践》，既有理论上的探讨，又有实践经验的总结，对推动检察机关案例指导工作发展不无裨益。我衷心希望，本书的出版能够为深化检察机关案例研究，促进检察机关案例指导工作创新发展，健全完善检察机关案例指导制度，发挥启发和借鉴作用。同时，我更希望，检察机关的案例指导工作，能够继续得到各界更多关注和支持。

是为序。

目　录

引　言

习近平总书记深刻指出："一个案例胜过一打文件。"党的十八届四中全会通过的《中共中央关于全面推进依法治国若干重大问题的决定》明确要求："加强和规范司法解释和案例指导，统一法律适用标准。"2018 年 10 月 26 日，第十三届全国人民代表大会常务委员会第六次会议修订的《中华人民共和国人民检察院组织法》第 23 条第 2 款规定："最高人民检察院可以发布指导性案例。"最高人民检察院发布指导性案例，与最高人民检察院对最高人民法院的死刑复核活动实行监督；对下级人民检察院报请核准追诉的案件进行审查，决定是否追诉；对属于检察工作中具体应用法律的问题进行解释一道，成为人民检察院组织法在第二章"人民检察院的组织和职权"中，明确赋予最高人民检察院区别于地方各级人民检察院和专门人民检察院独有的四项司法职权之一。① 2021年 6 月 15 日下发的《中共中央关于加强新时代检察机关法律监督工作的意见》明确提出：人民检察院要及时发布指导性案例②（以下简称检

① 其他法律，如刑法第 17 条第 3 款规定："已满十二周岁不满十四周岁的人，犯故意杀人、故意伤害罪，致人死亡或者以特别残忍手段致人重伤造成严重残疾，情节恶劣，经最高人民检察院核准追诉的，应当负刑事责任。"赋予最高人民检察院区别于地方各级人民检察院和各专门人民检察院的特殊司法职权。但人民检察院组织法赋予最高人民检察院独有的职权为前文所列的四项。

② 根据人民检察院组织法的规定，最高人民检察院发布的指导性案例，应准确称呼为"最高人民检察院指导性案例"，为行文方便，简略起见，本书简称为"检察指导案例"。最高人民法院发布的为法院指导案例。最高司法机关发布的指导性案例通称为指导性案例。

察指导案例）和典型案例，加强法律文书说理和以案释法，促进全民法治观念养成。

2018 年以来，检察工作发展进入新时期①，最高人民检察院认真贯彻落实习近平法治思想，高度重视以指导性案例为龙头的案例指导工作。最高人民检察院多次强调指出：检察指导案例是检察工作中落实"讲政治、顾大局、谋发展、重自强"检察工作主题的抓手，是检察工作"稳进、落实、提升"总基调的具体体现。检察指导案例带有综合性。案例指导工作抓得好，能够把各级检察机关刑事、民事、行政、公益诉讼"四大检察"及"十大业务"工作都带动起来，能够促进检察机关政治建设、业务建设、队伍建设等各个方面。检察案例是检察产品和法治产品的最主要体现之一，要把案例指导工作作为提升检察官政治素质、业务能力的重要内容来抓。

按照新时期最高人民检察院提出的明确目标要求，各级人民检察院采取有力措施，致力于发挥最高人民检察院指导性案例特有的功能作用，牢牢抓住案例指导这一有效的工作方式方法，充分重视检察指导案例、典型案例及各类参考案例，推进检察案例在贯彻检察工作新理念、新方法，落实检察工作新部署、新要求，开拓检察工作新境域、新方向，实现检察工作新目标、新成效中发挥更大作用。可以说，检察工作新时期，在最高人民检察院党组的高度重视下，案例指导的方式越来越在解决法律适用疑难，总结检察工作经验，推动新兴检察业务开展中居于重要地位。在全国各级检察机关特别是一线检察官的共同努力下，检察机关案例指导工作越来越具有生命力和灵活性，案例在推动"四大检察""十大业务"全面协调充分发展中越来越发挥着不可替代的独特功能作用。

案例真实生动，是鲜活法治实践的生动体现，是充满"烟火味"的

---

① 检察工作新时期，主要是指检察机关职务犯罪侦查预防工作转隶完成后的检察工作发展新时期。

社会生活映射，是实实在在司法活动的成果结晶。案例直观形象，丰富具体，一个案例就是一个具体生动的法治故事。案例立体全面，案例中既蕴含司法理念的运用，又包含检察工作方法的实施，还有法治效果的体现；既包括实体法的运用，又有程序法的遵循。可以说，与抽象法条相比，案例具有自身独特的优势和特殊的功能。

一个国家司法制度是否具有优越性，一种司法制度是否能够良性运转、输出优秀产品，最关键的衡量标准之一就是看其办理的案件是否总体公正，案件处理结果是否能够以其公正性、权威性，获得社会最广大人民群众的普遍认可。一个好的案例，能够集中体现司法机关的理念方法、价值判断和工作成效，能够使司法工作获得最广泛的认同，能够为司法机关获得良好的社会声誉。反之，一个坏的案例，则如英国法学家培根所言，不仅污染了水流，还会污染水源。从这个意义上来说，案例是司法工作成果、司法工作成效的集中体现，可以说，案例就是"司法产品"和"法治产品"的集中代表。

不仅如此，案例更是司法办案的"刚需"。法律、司法解释制定出来后，往往难以适应形形色色的法律关系，难以有效解决复杂多样的各类疑难案件。在急剧变化的社会生活面前，成文法常常显得僵化滞后，局限性不可避免。以刑事领域为例，随着社会生活的快速发展，各类侵犯公民人身权利、民主权利、财产权利，妨害社会管理秩序、破坏社会主义市场经济秩序等不同类型、极具社会危害性的行为不断出现，然而成文刑法制定后，虽经历次修订，但仍难以适应违法行为的快速变化，犯罪严重的社会危害性与刑事违法性特征之间常常处于紧张状态，罪刑法定的限制与处罚的冲动和必要之间常常处于矛盾冲突状态。法律及附随的司法解释的空白、歧义、模糊，导致一些疑难刑事案件难以处理并因此成为普遍性类案问题，一线司法者无所适从或者各行其是，裁决结果各不相同，当事人权利实质受到不平等对待。从维护国家司法权威的角度，最高司法机关亟须亮明态度，统一、明确法律适用标准。而为实现法律适用标准的统一，解决成文法律的空白、歧义、模糊之处，修订法律的道路和过程漫长，成本极高；司法解释的出台也殊为不易，且文义总是有限，在纷繁复杂，快速演化的犯罪面前常常显得捉襟见肘。在这种矛盾冲突境况中，指导性案例的存在，恰恰可以在法律和司法解释之外，扮演更灵活、及时的"救火队员"角色。面对成文法的空白、歧义、模糊，面对法律修订和司法解释出台的高昂成本和过程繁复，面对成文法的"文有限、情无穷"，最高司法机关及时以指导性案例的形式明确类案法律适用标准，作出清晰的规则提炼，既有利于司法标准的统一，又有利于及时指导下级司法机关适用法律，既是维护当事人合法权利的应有之义，更是维护最高司法机关权威、维护法制尊严的必要途径。

案例还是法治实践的生动印记，案例承载着积累中国特色社会主义司法经验的特殊使命。我国幅员辽阔，地区差异极大，各地司法水平也存在差距，司法工作中先进、有效的工作经验和做法，亟须推广、应用。案例能够及时总结、运用、推广上级司法机关认可的工作经验和做法，有效提升司法工作质量，进而实现司法工作的透明化、公开化，可以说是努力让人民群众在每一个案件中感受到公平正义的应有之义，是实现为人民群众贡献更多、更优法治产品的有效方式，也是宣传普及法律知识，推进司法民主的重要途径。

总之，检察指导案例应当与最高人民法院发布的指导性案例（以下简称法院指导案例）一道，作为中国特色社会主义司法制度的有机组成部分，以其独特的功能，发挥应有的更大作用。鉴此，对检察指导案例中的一些理论实践问题进行及时总结回答，是推进加强检察机关案例指导工作的重要方面。笔者不揣浅陋，试予以初步探讨，以求教于方家。

第一章　检察指导案例的相关概念、特征与功能定位

概念界定是问题分析的前提。在本章中，笔者试结合个人理解，对检察指导案例的概念进行界定，并对检察指导案例与其他相关概念的界分进行初步厘清，对检察指导案例应当具有的特征和功能定位、价值追求等进行探讨。

第一节　"案例"概念辨析

研究检察指导案例，首先需要对其概念进行界定。对此，可以从相关概念的厘清入手，剖析检察指导案例的特征，并归纳其应有涵义。

一、案件与案例

根据《现代汉语词典》的解释，案件是指有关诉讼和违法的事件。案例则是指某种案件的例子①。从这一概念辨析来看，在司法领域，案件是指诉讼过程中司法者实实在在正在办理的案件；而案例则着重指已经办结，具有代表性或者例证性的案件代表。案件注重对司法者办案过程动态的描述，案例则更侧重于静态的分析。案件注重于司法者办理过

---

① 参见中国社会科学院语言研究所词典编辑室编：《现代汉语词典》（第5版），商务印书馆2007年版，第11页。

程中诉讼双方或者说当事人权利义务的承担，案例则侧重于从经验总结的角度分析已然发生案件的构成、案件中法律关系的特征、案件处理时法律的适用等。

不唯如此，案例不仅存在于司法领域，还存在于社会生活各个方面。概括来说，"案例"可以在三重意义上进行理解。

第一层面是广泛意义上，社会生活各个方面的案例。在这个意义上，案例是指实际上已经发生的事件，人们在后续予以总结时提出或进行研究时，泛称这一事件为"案例"。这一层面上的案例，不仅存在于司法工作中，还存在于经济、社会生活各个方面。实际上，社会各界都非常重视案例，将案例作为典型引领、树立标杆、推进工作的重要载体予以研究和发布。例如，高校商学院的案例教学，即将各类工商企业中遇到的各式各样真实的问题、事例予以总结，在课堂上进行实战演练、解剖、分析，以提升学员的管理能力和实战经验。例如，哈佛大学商学院在美国被称为商人、主管、总经理的"西点军校"，1924年，哈佛大学商学院首开案例教学之风，经过近百年的发展已成为哈佛商学院的突出特色和鲜明品牌。案例教学让学员通过个案情境的"复盘"、模拟、分析，来学习特定的管理理念、理论与架构，培养学生的创新能力和危机处理能力。哈佛大学认为，案例教学是把管理知识转化成管理智慧的很好教学方式。[1] 又如，党的十八大以来，为推进广大党员干部进一步贯彻落实习近平新时代中国特色社会主义思想，中央组织部组织编写了《贯彻落实习近平新时代中国特色社会主义思想在改革发展稳定中的攻坚克难案例提要》，包括经济建设、政治建设、文化建设、社会建设、生态文明建设、党的建设、防范化解重

---

[1] 参见陈树文：《哈佛大学商学院案例教学研究》，载《大连理工大学学报》2006年第4期。

大风险七个领域 172 个案例。① 在这里，案例的内涵同样远远大于司法中的案例，涵盖社会生活中发生的各式各样真实的样本和案事例。

对"案例"的概念进一步收缩得到其第二个层面的含义，即仅仅局限于法学研究和司法工作中的案例。这一层面的案例，主要是指在教学科研层面，人们为了说明某一法学概念或法学理论，进行例证或者列举时所提出的案例。这种教学科研层面的"案例"，既可能是实践中实际已然发生的，也可能是学者予以编撰构想的案件，与真实发生的案例有所区别。

将第二层面的案例概念进一步收缩，可以得出第三个层面的案例，即特指司法工作中真实发生，由司法机关出裁判和处理决定的案例。这是最窄层面的案例概念，也是本书讨论的案例的内涵。本书讨论的案例，仅仅局限于司法实践中真实发生的，具有特定含义的案例②。司法上的案例，直接来源于司法工作中办理的或处理的案件，特指涉及当事人权利义务界分，对具有司法属性、办案属性的案件进行总结形成的案例。司法中的案例，必然涉及特定法律关系的组成及特定法律权利义务的分配承担。可以说，司法上的案例，具有专业性、特殊性，是特定领域具有特殊含义的案例。

结合以上三个层面的案例涵义来看，不管哪个层面案例的运用，实际上都代表了总结反思的工作方法的运用。哲人曰："反思总结是新旧生活递嬗的动力。"案例的方法，就是对已经发生的案事件，采取回视的方法，反思得失，查找不足，总结经验，寻求改进，以为更好地加强和改进工作提供范例，寻求动力。

在司法领域，案例的运用就是对司法者已经办结的案件，尤其是具

---

① 参见中央组织部组织编写：《贯彻落实习近平新时代中国特色社会主义思想、在改革发展稳定中的攻坚克难案例提要》，党建读物出版社 2019 年版，"出版说明"。

② 本书所引用或所列举的案例，如无特殊说明，都是对检察机关在实践中办理的真实的案件予以总结形成的案例。

有典型性和代表性的案件，进行检视、反思，查找案件办理理念方法、法律适用方面的不足或者经验，以为提升案件办理质量和效果提供参考。这种总结反思，犹如"反刍"，又如围棋中的"复盘"，更是将案件放在显微镜下的"解剖麻雀"，是特殊的改进提升司法工作质量的有效方法。同时，从反思总结的角度来看，将动态的案件办理上升为静态的案例分析运用，应当选取案件中具有典型性、代表性的例证。由此而言，案件上升为案例，更应当有过滤和筛选的过程。

二、案例与判例

"判例"是西方学术研究和法律实践通常使用的具有特定内涵的概念。西方法律语境中的判例，在大陆法系与英美法系有着不同的法律地位。

在大陆法系的国家中，如德国，判例在学术上被解释为任何先前作出的、与目前待判案件具有可能的相关性的司法判决。① 大陆法系中"判例"不是正式的法律渊源，但判例被推定具有约束力或者具有事实上的约束力。

在普通法系的国家中，判例是以法源的地位而存在的，故而往往被称为判例法。《牛津法律大辞典》对判例法的解释是"司法判例中所规定的法律原则和规则的一般用语，是根据以往法院和法庭对具体案件的判决所作的概括"②。具体来说，在英语中与"案例"对应的是"case"一词，"case"通常指的是案件、案子；"caselaw"，意为判例法，即以判例为载体和表现形式的法律。其他与"case"相近的词，还有"present"。"present"意为先例，指对后来法官司法判决具有拘束力的成案、

---

① 参见王玖：《判例在联邦德国法律制度中的作用》，载《人民司法》1998 年第 7 期。

② 《牛津法律大辞典》，李双元等译，法律出版社 2003 年版，第 151 页。

既决案件、既决判决。① 在英美法系中，"判例即法"和"遵循先例"是基本原则。所谓"判例即法"，是指判例具有法律渊源地位。所谓"遵循先例"，是指法院审理案件时，必须将先前法院的判例作为审理和裁决的法律依据。对于本院和上级法院已经生效的判决所处理过的问题，如果再遇到与其相同或相似的案件，在没有新情况并且提不出更充分的理由时，就不得作出与过去的判决相反或者不一致的判决。所以说，"判例即法"和"遵循先例"构成判例法的根本精神，说明了英美法系国家判例的法律渊源地位和判例运用的基本司法原则。

我国语境中的"案例"与西方法律语境中的"判例"存在重大区别。我国法律语境上的"案例"，是一种泛称，其涵义不一定局限于大陆法系具有司法判决的判例，更不同于英美法系中具有正式法律渊源地位的判例法。

值得注意的是，"案例指导制度"建立之初，为了回避建立判例制度的争议，我国使用了"案例指导制度"这一富有中国特色的用语，就是为了说明，案例指导制度的建立，不会也不需要改变我国以成文法为传统和主导的成文法制度。案例指导仅是司法机关法律适用活动，不会也不应当属于立法活动。指导性案例不应当具有法律渊源地位。随着案例指导制度的发展，一些学者主张，借鉴英美法系的判例法传统，以指导性案例为基础，上升为判例，"实现当代中国由案例指导制度向判例制度转型"，即逐步改变成文法的传统，变更为判例法的司法习惯。如北京大学法学院张骐教授主张：基于判例制度的性质、基本价值、功能和作用，判例制度在当代中国具有必要性和正当性，实现案例指导制度向判例制度转型也具有必要性和正当性。② 对此，笔者认为，讨论案例

---

① 参见陈兴良主编：《中国案例指导制度研究》，北京大学出版社 2014 年版，第 653 页。

② 参见张骐：《论中国案例指导制度向司法判例制度转型的必要性与正当性》，载《比较法研究》2017 年第 5 期。

指导制度的一个根本前提，就是案例之于我国成文法，只能也只应发挥成文法之外有益、有效的特殊作用，不能也不应取代成文法。个中缘由，笔者归纳，主要有三个方面：其一，我国成文法的传统根深柢固，判例法的思维及法律适用方法远未形成；其二，我国全面建设社会主义法治国家进程中，需要借助成文法形塑统一、权威的法治形态；其三，我国是集中统一的社会主义法治国家，国家维护法制的统一和尊严，成文法是法制统一和尊严的必要载体。

因此，"指导性案例"或者说中国特色案例指导制度，一开始就是立足中国特色的社会主义司法实践予以探索建构的。这一制度创设绝不是判例制度的简单变换，也不是对英美法系国家判例制度的拿来主义，而是充分考虑中国的国情，结合中国法律传统和现实国情进行的制度创设。应当说，"指导性案例"或者说"案例指导制度"，这些用语比较通俗明白，能够为各界接受，既避开了因复杂原因造成的对"判例"的顾虑，又明示了先前所作裁判的"指导"作用，同时还比较准确地说明了案例的目的在于"指导性"，"指导性案例"的依托是从大量司法案件中经过遴选、编研发布的已决案件。"指导性案例"一词，可谓是用心良苦、符合中国国情、特色鲜明的创设用语。

第二节　检察指导案例的涵义与相关概念辨析

一、检察指导案例的涵义

检察指导案例，是指经过最高人民检察院案例指导工作委员会讨论和最高人民检察院检察委员会审议后正式发布的，对司法办案等检察机关法律监督工作具有参照适用效力的指导性案例。检察指导案例是最高司法机关发布的指导性案例的一种。

虽然不同的论著对指导性案例的概念有不同的界定，但立足于最高人民检察院的角度，对检察指导案例概念的界定应当基于对规范性文件的解读。从2019年3月20日修订通过的《最高人民检察院关于案例指导工作的规定》第2条来看，检察指导案例应当符合以下四个方面的条件："（1）案件处理结果已经发生法律效力；（2）办案程序符合法律规定；（3）在事实认定、证据运用、法律适用、政策把握、办案方法等方面对办理类似案件具有指导意义；（4）体现检察机关职能作用，取得良好政治效果、法律效果和社会效果。"对这4个方面的条件，笔者试予以简要的解读分析：

"案件处理结果已经发生法律效力"，是指案件已经作出终局处理结论并且处理结论已经发生效力。从实践情况来看，检察指导案例一般是3年内作出处理结果并且处理结果已经生效的案件。"案件处理结果已经发生法律效力"，还意味着检察指导案例应当是检察机关办理的真实客观的案例。检察指导案例区别于学者出于教学科研需要编撰演绎的案例，也不同于出于理论探讨或其他需要对真实案例进行剪裁组合"改造"而成的案例，必须是真实发生的现实中原原本本的案例。

"办案程序符合法律规定"，是指案件办理严格依据法律规定，案件办理没有明显的瑕疵或者硬伤。

"在事实认定、证据运用、法律适用、政策把握、办案方法等方面对办理类似案件具有指导意义"，是指检察指导案例应当是从现实发生的大量案例中寻找发现的具有代表性、典型性的案例，检察指导案例应当能够指导各级人民检察院和各专门人民检察院准确适用法律，有效开展检察工作。

"体现检察机关的职能作用"，是指检察指导案例应当具有检察特色。检察指导案例是由最高人民检察院根据检察工作发展需要总结和发布的案例，应当具有检察工作特色，鲜明反映检察机关在诉讼中的职能作用。"取得良好政治效果、法律效果和社会效果"，是指检察指导案例应当是正面案例。检察指导案例应当从检察机关办理效果较好，具有正面示范效应的案例中选择。一般来说，具有重大瑕疵的案例，可能对检察工作发挥反面警示作用的案例，可以在内部交流借鉴时作为典型案例、警示案例、疑难案例等特殊案例使用，但不宜作为检察指导案例公开对外发布。

二、指导性案例与司法解释

司法解释，是指最高人民法院、最高人民检察院根据法律赋予的职权，在实施法律过程中，对如何具体应用法律问题作出的具有司法效力的解释。根据立法法第 104 条规定："最高人民法院、最高人民检察院作出的属于审判、检察工作中具体应用法律的解释，应当主要针对具体的法律条文，并符合立法的目的、原则和原意。"

（一）指导性案例与司法解释的相同之处

第一，指导性案例和司法解释都是法律赋予最高人民法院和最高人民检察院应用法律的具体方式。人民法院组织法第 18 条规定："最高人民法院可以对属于审判工作中具体应用法律的问题进行解释。最高人民法院可以发布指导性案例。"人民检察院组织法第 23 条规定："最高人民检察院可以对属于检察工作中具体应用法律的问题进行解释。最高人民检察院可以发布指导性案例。"党的十八届四中全会作出的《中共中央关于全面推进依法治国若干重大问题的决定》明确提出："加强和规范司法解释和案例指导，统一法律适用标准。"由此可见，最高人民法院、最高人民检察院都可以通过发布司法解释和指导性案例的方式，明确法律疑难问题的处理方式，阐明法律的精神和具体含义，并进而指导下级司法机关明确法律精神，准确适用法律，解决司法疑难问题。就此意义而言，司法解释和指导性案例具有大致相同的功能和作用，指导性案例常常被称为"准司法解释"，能够同司法解释一样，解决实践中的法律适用疑难，指引司法工作发展的方法和方向。也正因为如此，无论是在人民法院组织法和人民检察院组织法中，还是在《中共中央关于全面推进依法治国若干重大问题的决定》中，指导性案例都是与司法解释并列而论。

第二，指导性案例和司法解释都只能由最高人民法院、最高人民检察院制定和发布，其他各级人民法院、各级人民检察院制定和发布的各类案例及规范性文件，都不能称为指导性案例和司法解释。从实践来看，除"两高"外，各高级人民法院、各省级人民检察院也会针对本地区司法工作实际情况发布一些规范性文件或典型案例。这些规范性文件或典型案例也可能会对实践中审判、检察工作情况或司法疑难问题进行总结、指导，提出解决疑难问题的方式或方法。但这些文件或案例的发布程序显然不如司法解释或者指导性案例那么严格，在法律地位上也没有法律明确授权，主要是出于总结和指导工作开展的需要而发布，不能和司法解释或指导性案例相提并论。

第三，指导性案例和司法解释都属于法律适用的范畴，都不具有法律渊源地位。我国是成文法国家，法律渊源主要包括宪法、法律、行政法规、地方性法规、自治条例和单行条例、部门规章等。司法解释和指导性案例都属于司法工作范畴，不具有法律渊源地位。

（二）指导性案例与司法解释的不同之处

一是指导性案例与司法解释二者表现形式有所差异。司法解释是对法律的解释，就检察机关而言，根据《最高人民检察院司法解释工作规定》第 6 条规定，司法解释采用"解释""规则""规定""批复""决定"等形式，实际表现为条文式的规范性文件。而指导性案例则是将对法律法规的理解应用体现在具体案件中，表现为一个个具体的案例。指导性案例的本质是"以案释法"，相较于司法解释条文化、规范化、抽象化的特点，指导性案例更具有及时性、灵活性、针对性的优势，发挥着连接事实与规范的桥梁纽带作用。

二是司法解释可以在法律文书中直接引用，作为各级人民法院、各级人民检察院作出判决、提起公诉等司法裁决或者处理决定的依据。
2010 年，中央政法委员会下发文件对司法解释的效力作出过明确界定：
司法解释是最高人民法院、最高人民检察院制定的具有普遍效力的法律
适用方面的文件，是审判机关、检察机关统一适用的执法办案依据，具
有法律效力。根据《最高人民检察院司法解释工作规定》第 5 条规定：
"最高人民检察院制定并发布的司法解释具有法律效力。人民检察院在
起诉书、抗诉书、检察建议书等法律文书中，需要引用法律和司法解释
的，应当先援引法律，后援引司法解释。"而根据最高人民检察院《关
于案例指导工作的规定》，在检察机关对外使用的法律文书中，指导性
案例不能作为直接依据，必须与法律或司法解释同时使用，才能作为各
级人民检察院作出处理决定的依据。换言之，司法解释可以成为法律适
用的直接依据，而指导性案例则只具有参照适用的作用。

三是从法律适用方法上来说，指导性案例侧重于采用判例法的思维
方式和法律适用方法，注重案件与案例之间构成要件的事实的比照，侧
重于类似案件之间的类比；司法解释的应用则仍属于成文法的三段论式
法律演绎方法的应用，注重从条文到事实的推演。

三、检察指导案例与其他指导性案例

检察指导案例与法院指导案例及其他司法机关发布的指导性案例既
有相似之处，又都有所不同。根据人民法院组织法第 18 条的规定："最
高人民法院可以对属于审判工作中具体应用法律的问题进行解释。最高
人民法院可以发布指导性案例。"检察指导案例区别于法院指导案例的
特色在于，检察指导案例应当反映检察工作规律特点，凸显检察职能特
色，紧紧围绕检察环节的法律适用和检察机关法律监督工作的需要而制
发，集中反映检察机关法律监督的职能定位。此外，在发布形式上，检
察指导案例与法院指导案例也有一些区别。如检察指导案例每批都有一
个相对固定的主题，围绕主题不定期发布；而法院指导案例，则更加注

重刑事、民事、行政审判业务各方面案例的组合。

　　近年来，公安机关、司法行政机关、国家监委也纷纷建立案例指导制度，与之相对，检察机关的案例指导制度，是根据法律明确规定赋予最高人民检察院特定的司法职权而确立的司法制度。最高人民检察院发布检察指导案例，本质是最高人民检察院行使司法权的过程，具有鲜明的司法属性。公安机关、司法行政机关、国家监委发布指导性案例则是为了总结工作，推动工作，重视运用案例这一形式发挥对下指导作用；或者为理解监督执行相关党内法规和国家法律的需要而制发。换言之，与公安机关、司法行政机关、国家监委的指导性案例相比，检察指导案例具有特殊的法定性和鲜明的司法属性。

　　具体而言，就与公安机关指导性案例的区别来说，2010 年，公安部下发《关于建立案例指导制度有关问题的通知》（以下简称《通知》），其要求，为贯彻落实《中共中央办公厅、国务院办公厅转发〈中央政法委员会、中央维护稳定工作领导小组关于深入推进社会矛盾化解、社会管理创新、公正廉洁执法的意见〉的通知》关于"探索建立案例指导制度"的要求，根据《中央政法委员会关于探索建立案例指导制度工作方案》的安排，公安机关建立案例指导制度，其发布的指导性案例要重点针对公安机关执法工作中容易发生偏差、群众反映强烈的案件类型和执法问题，选编以下八类案例：（1）公安机关在执法办案过程中，充分体现"理性、平和、文明、规范"执法要求，依法公正处理，实现法律效果和社会效果相统一的案例；（2）执法不作为、拖延作为、玩忽职守，造成严重后果的案例；（3）滥用职权、乱作为，插手经济纠纷、滥用强制措施和扣押措施、滥用自由裁量权的案例；（4）因执法问题引起新闻舆论炒作或者引发群体性事件的案例；（5）经行政复议、行政诉讼被撤销、变更、确认违法或限期履行法定职责的案例；（6）因违法行使职权承担国家赔偿责任的案例；（7）因事实不清、证据不足或者不构成犯罪被检察机关作出不起诉决定或者人民法院作出无罪判决的案例；（8）其他具有普遍指导、参考作用的典型案例。选编的指导性案例应当是已经作出最终处理决定的案件。从这一规定可以看出，公安机关的指导性案例，侧重于公安机关执法环节，主要涉及公安机关具体执法行为的案例。这些案例一般都是存在执法偏差或者执法瑕疵，且这些偏差和瑕疵具有代表性，值得事后总结，以提升公安机关执法水平的案例。

由此，公安机关指导性案例与检察指导案例在性质、定位、功能作用上都存在区别。从性质上看，公安机关指导性案例属于行政执法领域；区别于检察指导案例的司法属性。从定位上看，公安机关指导性案例定位于工作方法上的补强；检察指导案例定位于与法律、司法解释等地位相近的"准司法解释"地位。从功能作用上看，公安机关指导性案例侧重于总结工作中的不足与偏差，改进工作，提升工作水平；检察指导案例侧重于解决法律适用中的疑难复杂或分歧模糊问题。同时，公安部的《通知》还指出，公安机关指导性案例由公安机关法制部门归口选编，地市级以上公安机关分级统一下发。省级公安机关每年至少编发15个指导性案例，地市级公安机关每年至少编发10个指导性案例。可见，与检察指导案例只能由最高人民检察院发布不同，公安机关指导性案例发布主体更为宽泛，地市级以上各级公安机关都可以发布指导性案例。

2017年，司法部也首次发布了三个公证方面的指导性案例，建立了司法行政工作中的案例指导制度。与检察指导案例相对，司法行政机关指导性案例，同样是一种工作的总结与推动，侧重于解决司法行政管理工作中的具体问题，不具有司法属性，也不具有法定性。

2021年8月4日，中央纪委、国家监委也发布第一批指导性案例，包括"贺某在新冠肺炎疫情防控工作中搞形式主义、官僚主义问题案"等四件案例。中央纪委、国家监委在发布案例时指出，中央纪委、国家监委建立案例指导制度的目的在于"为深入贯彻落实十九届中央纪委五次全会精神和中央纪委办公厅《关于加强和改进案件审理工作的意见》等规定，精准有效开展对下业务指导"。中央纪委、国家监委发布的案例，聚焦于违反中央八项规定精神典型问题，针对实践中存在的性质认定、条规适用、处理处分不精准不恰当等问题，分析了形式主义、官僚主义问题的表现及特征、不同性质的涉案财物处置、退休后接受此前管理服务对象的宴请等基层实践中比较关注的问题，阐释了执纪执法要旨、政策策略把握、定性量纪理由、纪法条规适用等内容，持续释放出整治违反中央"八项规定"精神问题"越往后越严"的强烈信号。①

由此可见，中央纪委、国家监委发布指导性案例，与检察指导案例具有相同之处，都是为了推进法律政策理解适用标准的统一，都是为了指导业务工作开展。但是，其不同之处在于，检察指导案例是司法权行使的体现，中央纪委、国家监委发布指导性案例则主要是为了推进各级纪委、监委执纪执法标准统一。

四、检察指导案例与检察典型案例

检察指导案例与检察典型案例是两个经常一并使用的概念，对其相同点与不同点，作出以下辨析。

（一）检察指导案例与检察典型案例的相同之处

第一，检察指导案例与检察典型案例都是检察机关案例中具有典型性和特殊性的案例。无论检察指导案例还是典型案例，都是从检察机关办理的大量案例中遴选出来的，在办案方法、法律适用等方面具有代表性的案例，都对检察机关法律监督工作具有指引性和参考性作用。

第二，检察指导案例与检察典型案例的产生，都需要经过一定的特殊程序。无论检察指导案例还是检察典型案例，从办结案件上升为案例发布，都需要检察官对案件进行编研、整理，甚至编撰成特定体例的案

---

① 《中央纪委国家监委发布第一批执纪执法指导性案例》，载《中国纪检监察报》2021 年 8 月 4 日。

例，并经过一定的程序审核后予以发布。

第三，检察指导案例与检察典型案例都是检察机关案例指导制度的重要载体。检察机关案例指导工作就是依托检察指导案例与检察典型案例，积极发挥案例的指引示范作用。就此而言，检察指导案例与检察典型案例，都承载着案例指导制度特殊的使命。

（二）检察指导案例与检察典型案例的不同之处

对于检察指导案例与检察典型案例的区别，笔者认为，最根本之处在于，检察指导案例是依据人民检察院组织法规定，由最高人民检察院依法发布的一类特殊的案例，其发布的目的是统一法律适用标准。因此，2019 年最高人民检察院《关于案例在指导工作的规定》第 2 条指出：指导性案例是"在事实认定、证据运用、法律适用、政策把握、办案方法等方面对办理类似案件具有指导意义"的案例。从这一定义可以看出，检察指导案例是所有司法案例中最为特殊、最为重要的一类案例，检察指导案例应当提炼明确规则，为相同案件办理树立规范，指引方向。

与之相对，检察典型案例的范围则宽泛得多，各级人民检察院办理的，具有典型性和参照意义的案例，都可以称为检察典型案例。例如，本地区高发多发常见的代表性案例；能够体现检察工作重点、检察工作新兴领域和发展方向的新类型案例；社会各界高度关注，需要及时回应社会关切的案例；能够宣传检察工作，提升检察工作社会影响力，推动构建良性检察公共关系的案例；在本地区具有重大社会影响，或重大、疑难复杂案例；检察职能作用发挥充分或检察工作方式方法有待总结的抗诉成功案例、被判无罪的案例或撤回起诉的案例；其他值得总结的案例；等等。检察典型案例既可以是正面的，也可以是负面的；既可以是面向社会公开发布的，也可以是作为内部警示参照，内部编印下发的。

具体来说，检察指导案例与检察典型案例在定位、功能、发布程序、体例等方面都存在区别。

第一，从定位上看，检察指导案例是人民检察院组织法明确规定由最高人民检察院发布的案例，检察典型案例则是一个较为宽泛的概念。最高人民检察院各业务厅（室）、各级人民检察院都可以公开或在检察系统内部发布典型案例。换言之，检察指导案例是法定概念，检察指导案例的发布主体只有最高人民检察院，检察典型案例的发布主体则多元化，各级人民检察院都可以发布典型案例。

第二，从功能上看，人民检察院组织法明确将发布检察指导案例作为最高人民检察院的司法职权予以配置。这说明，检察指导案例是最高人民检察院针对检察工作中具有共性的问题，运用案例这种形式，明确类案适用标准或检察工作方式方法，发布检察指导案例是司法权行使的过程，是办案工作的延续和有机组成部分。检察指导案例的功能在于明确法律和司法解释的精神，提炼和明确司法规则。与之相对，检察典型案例则功能更加多样，既可以是提供本地区类似案件办理时的参照标准，也可以用于释法说理或宣传、引导检察工作，还可以作为法学研究或实务研讨的样本或范例。

第三，从体例上看，检察指导案例体例较为严格，最高人民检察院《关于案例指导工作的规定》明确规定，检察指导案例的体例，一般包括标题、关键词、要旨、基本案情、检察机关履职过程、指导意义和相关规定等部分。而检察典型案例则形式较为灵活，可以根据实际需要，自主设计体例形式，检察典型案例也不像检察指导案例，有专门的检例号。特别应予说明的是，笔者认为，"要旨"与"指导意义"这两个部分，应是检察指导案例独有的称谓；检察典型案例，一般应避免使用"要旨"与"指导意义"，可以以"典型意义"等其他称谓予以区分。

第四，从发布程序上看，人民检察院组织法明确规定，检察指导案例的发布，必须经最高人民检察院检察委员会审议通过。从实践情况看，在最高人民检察院检察委员会审议之前，最高人民检察院往往还要召开案例指导工作委员会对检察指导案例备选案例进行充分讨论。检察典型案例则发布程序相对灵活，在最高人民检察院，可以由分管副检察长直接签发，在地方各级人民检察院，可以经检察委员会讨论后发布，也可由检察长或分管副检察长直接签发。

第五，从案例效力上看，检察指导案例对司法办案具有"应当参照适用"的效力，这种效力是最高司法机关通过规范性文件赋予检察指导案例特有的效力。而检察典型案例则只有参照适用的效力，其效力明显弱于检察指导案例。

值得注意的是，当前，各省级人民检察院发布了大量检察典型案例。这些典型案例，有些针对省内一类具有典型性的问题以省级人民检察院的名义对外发布。对这些典型案例，从发布程序上看，往往要经过省级人民检察院检察委员会审议。从功能作用上看，也发挥着指导检察办案的作用。从形式上看，各省级人民检察院经常分批发布。但是，这些案例仍不同于最高人民检察院发布的、对全国同类案件办理具有参照适用效力的检察指导案例，其定位仍为典型案例，当然，这些典型案例，与各级人民检察院发布的其他案例，也有所区别。

五、检察指导案例与检察机关案例指导工作

检察指导案例与检察机关案例指导工作是两个既有联系又有区别的概念。

在本书中，检察指导案例是最高人民检察院发布的指导性案例的简称，检察指导案例应当对各级人民检察院办理同类案件具有参照适用的效力。检察指导案例是名词，是静态的概念。

与之相对，检察机关案例指导工作是指以检察指导案例为龙头，以各级人民检察院（包括最高人民检察院）发布的各类典型案例和参考案例等各种类型案例为重要内容，各级人民检察院充分重视并积极运用案例这种方式推动和开展工作的一种上级检察院对下级检察院的业务指导方式。总体而言，检察机关案例指导工作是一个动态概念，是一种工作

方式，是一个工作过程。而检察指导案例是专有名词，是检察机关案例指导工作的最重要组成内容。

本书主要讨论的是与检察指导案例相关的内容。当然，某些章节（如第八章）也涉及检察机关整体层面的案例指导工作。为此，用语上作了必要的区分。

第三节 检察指导案例的特征

对检察指导案例特征的观察和分析，不仅可以为总结检察指导案例提供独特的理论视角，而且，可以为地方各级人民检察院及社会各界向最高人民检察院报送、推荐检察指导案例素材提供指南，具有实践指向价值。关于检察指导案例的特征，笔者试从性质特征、形式特征、内容特征、体例特征四个方面进行分析。

一、检察指导案例的性质特征

（一）检察指导案例是法律明确规定的具有特殊涵义的一类案例

"指导性案例"是一个法律概念，具有法律上的特殊性。这一特殊性决定了检察指导案例不同于其他各种形式的案例。例如，从发布主体来说，检察指导案例只能由最高人民检察院发布，而典型案例则最高人民检察院和地方各级人民检察院都可以发布。又如，从发布程序来看，指导性案例是经过严格的程序筛选后发布的案例。检察指导案例必须经最高人民检察院案例指导工作委员会讨论和检察委员会审议后，由最高人民检察院检察长签发，而与之相对，即使最高人民检察院发布的典型案例，也不需要最高人民检察院案例指导工作委员会讨论和检察委员会审议，一般情况下，最高人民检察院分管副检察长审签后即可下发。再如，从内容上看，指导性案例只能是正面的，典型案例既可以是正面的，也可以是负面的。从发布形式上说，指导性案例应当公开发布，典型案例既可以公开发布，也可以内部发布。

（二）检察指导案例具有"准司法解释"的地位

无论是在人民检察院组织法，还是在党的十八届四中全会《中共中央关于全面推进依法治国若干重大问题的决定》中，指导性案例都是与司法解释并列而论的。① 这充分说明，指导性案例具有与司法解释大致相当的功能作用，指导性案例实际上处于"准司法解释"的地位。根据2019年3月20日最高人民检察院第十三届检察委员会第十六次会议修订发布的《关于案例指导工作的规定》相关规定要求，检察指导案例应当"在事实认定、证据运用、法律适用、政策把握、办案方法等方面对办理类似案件具有指导意义"。根据这一要求，最高人民检察院针对相同类型案件办理中普遍存在的疑难问题，通过检察指导案例明确法律适用规则，换言之，即针对法律适用中的疑难复杂问题，作出了统一明确的回答，后续同类型案件遇到相似问题时，应当参照检察指导案例明确的法律适用规则予以办理或解决。这就有效解决了"同案同办"的问题，能够有力推进社会主义法制统一实施。从这一意义上来说，检察指导案例与司法解释并列，都是检察工作中适用法律、司法办案的重要参考依据。从某种意义上说，检察指导案例类似判例，但本质不是判例，各级检察机关参照检察指导案例执行，对内的要求就是各级检察机关必须将检察指导案例当作司法办案的规范、规则来执行。当然，指导性案例相当于"准司法解释"，只是意味着指导性案例与司法解释并列，但

---

① 人民检察院组织法第23条第1款规定了"最高人民检察院可以对属于检察工作中具体应用法律的问题进行解释"，该条第2款规定，"最高人民检察院可以发布指导性案例"。《中共中央关于全面推进依法治国若干重大问题的决定》明确提出："加强和规范司法解释和案例指导，统一法律适用标准。"

究其本质，指导性案例并不属于司法解释。"司法解释和指导性案例是两种不同性质和形式的司法指导方式。司法解释与其所解释的法律一样，具有法律效力；指导性案例则不具备法律效力。建立案例指导制度的目的是发挥指导性案例灵活、简便、快捷地指导司法的作用，以弥补司法解释的局限，把案例指导制度转变为司法解释制度，既不符合司法解释工作的规律，也不利于加强司法指导。"①

（三）检察指导案例是最高人民检察院领导各级检察机关积极开展检察业务工作的有力抓手

宪法第 137 条明确规定："最高人民检察院领导地方各级人民检察院和专门人民检察院工作。"检察指导案例，是推动检察工作"讲政治、顾大局、谋发展、重自强"的有力抓手。最高人民检察院可以通过检察指导案例积极指导各级人民检察院有力推进新兴检察工作和重点检察工作。同时，最高人民检察院还可以结合检察工作发展需要，运用检察指导案例，总结检察工作中可复制、可推广应用，并且具有创新性的检察工作方法，予以推广应用。从这一意义上，最高人民检察院一再强调，"指导性案例是检察工作中落实'讲政治、顾大局、谋发展、重自强'检察工作主题的抓手"。"指导性案例工作带有综合性，案例指导工作抓得好，能够把各级检察机关各项检察业务都带动起来，能够促进检察机关政治建设、业务建设、队伍建设等各个方面。"

二、检察指导案例的形式特征

按照新时代最高人民检察院对检察指导案例的功能定位要求，其应当具有显著的新特征。对此，笔者概括为四个方面。

---

① 孙谦：《建立刑事司法案例指导制度的探讨》，载《中国法学》2010 年第5 期。

（一）检察指导案例应当凸显新时期检察工作新理念

最高人民检察院高度重视检察理念更新的问题。张军检察长从检察理念是"指导、引领我们办好检察案件的思想、灵魂"的高度来强调检察理念的重要意义。① 在第十五次全国检察工作会议上，张军检察长指出，检察机关在新时代，自觉从习近平法治思想中探寻思路、方法，提出了一系列司法检察理念。具体包括"坚持讲政治与抓业务有机统一"；"坚持客观公正立场"；"坚持在办案中监督、在监督中办案"；"坚持政治效果、社会效果、法律效果相统一"；"坚持双赢多赢共赢"。② 按照这些新理念的新要求，新时期检察指导案例要集中体现以人民为中心，自觉服从、服务党和国家工作大局，不断满足人民群众民主、法治、公平、正义、安全、环境等方面新需求的政治理念；集中体现检察机关实现刑事、民事、行政、公益诉讼检察工作全面协调充分发展的工作理念；集中体现与执法司法机关在维护和实施法治中"双赢多赢共赢"的法律监督理念；等等。

（二）检察指导案例应当凸显检察工作特色，促进检察职能发挥

检察工作贯穿刑事诉讼全过程并有限参与民事、行政诉讼，与审判工作有较大差异。为保证检察指导案例指导检察工作的针对性，在案例的内容编排上应当有别于法院指导案例。要找准检察工作的规律特点，用较多的笔墨展示检察环节履职情况，包括通过检察官如何发挥刑事诉讼中的主导责任，如何积极有效开展指控与证明犯罪、如何调查核实违法事实和开展监督，规范办案程序和工作方法等。检察指导案例应当成

---

① 参见张军：《关于检察工作的若干问题》，载《国家检察官学院学报》2019年第5期。

② 参见邱春艳：《第十五次全国检察工作会议召开，会议强调深入学习贯彻习近平法治思想，以服务高质量发展开启检察事业新征程》，载《检察日报》2021年1月12日。

为中国特色检察工作的生动印记，成为积累推广检察工作经验智慧的最佳载体。

（三）检察指导案例要有"指导性"

所谓"指导性"，是指案例反映的问题确属检察办案中在理解适用法律政策或司法解释上带有疑难性、分歧性和复杂性，需要明晰界限、统一标准，或者规范程序、明确方法，且带有一定普遍性的问题。从这一角度，笔者认为，仅仅具有宣传意义，或者虽然典型但不具有疑难性、复杂性的案例，或者虽可借鉴但不具有提炼规则意义的案例，不宜作为指导性案例发布，但可以作为一般的典型案例进行编发、宣传。

（四）检察指导案例应当注重传播性

检察指导案例虽然重在指导工作，但也兼有以案释法的普法作用，在内容表述上，除准确客观外，要详略得当，重点突出，展现鲜活生动的办案过程，凸显案例的"看点"，讲好检察故事，具有可读性，为检察系统内外专业或非专业人士爱看、耐看。2018 年，最高人民检察院对新时期检察指导案例进行了改版，注重了检察官履职过程的展现，既体现检察特色，又生动可读，指导作用也更加凸显，受到各界关注和一致好评。

三、检察指导案例的内容特征

内容特征是检察指导案例最为重要的特征，对此可以从以下几个方面予以总结。

（一）检察指导案例应当确立类案法律适用规则，或者总结可推广、可复制、具有创新性的检察工作方法

检察指导案例应当提炼类案法律适用规则，这是检察指导案例区别

于其他典型案例、参考案例或一般性案例的显著特征，也是《关于案例指导工作的规定》中提出的检察指导案例应当"在事实认定、证据运用、法律适用、政策把握、办案方法等方面对办理类似案件具有指导意义"的更明确的说法。提炼类案法律适用规则，即针对相同类型案件办理中普遍存在的法律适用疑难问题，通过检察指导案例提炼规则，作出统一明确的回答。换言之，通过检察指导案例提炼出类案可以参照适用的规则，后续同类型案件遇到相似问题时，就可以参照检察指导案例明确的法律适用规则予以办理或解决。实践中，检察机关根据法律或者司法解释的应有之义，运用简明的法律适用方法，便能得出比较明确的法律适用结论的案件，尽管办案效果不错，但创新性不足，对类案指导价值不大，不宜作为检察指导案例发布。

什么样的案件可谓较好地提炼了类案适用规则呢？对此，可以举最高人民检察院第九批检察指导案例中的"张四毛盗窃案"（检例第37号）予以说明。该案的基本案情是：

2009年5月，被害人陈某在大连市西岗区登录网络域名注册网站，以人民币11.85万元竞拍取得"www.8.cc"域名，并交由域名维护公司维护。被告人张四毛预谋窃取陈某拥有的域名"www.8.cc"，其先利用技术手段破解该域名所绑定的邮箱密码，后将该网络域名转移绑定到自己的邮箱上。2010年8月6日，张四毛将该域名从原有的维护公司转移到自己在另一网络公司申请的ID上，又于2011年3月16日将该网络域名再次转移到张四毛冒用"龙嫦"身份申请的ID上，并更换绑定邮箱。2011年6月，张四毛在网上域名交易平台将网络域名"www.8.cc"以人民币12.5万元出售给李某。2015年9月29日，张四毛被公安机关抓获。

该案办理主要涉及域名定性的问题，这一问题在实践中存在较大的争议。在网络时代，该类案件较为常见多发，类似案件多次见诸报道。最高人民检察院在调研中，各地检察机关也提出过相关请示。从以往情况看，相同案件办理存在不同的做法，理论界也有不同的观点，在此，试予简要归纳。

所谓域名，根据信息产业部 2004 年颁布的《中国互联网络域名管理办法》第 3 条第 1 项的规定，是指"互联网络上识别和定位计算机的层次结构式的字符标识"，域名"与该计算机的互联网协议（IP）地址相对应"。通俗来说，域名就是计算机在网络空间的地址，例如，www.baidu.com，就是一个网络域名。关于网络域名的性质，学界有不同的观点，归纳起来，大致有以下几种：（1）暂时搁置说。该观点认为，在域名体系自身还没有发育成熟，还难以明晰地对其进行解释和建构之前，可以先关注与研究域名对其他权利（主要是知识产权方面的权利）的影响以及与它们之间的关系、域名之间争议的解决机制等问题。对于域名自身的法律性质以及和域名相关的权利在整个法律体系中的地位等问题，可以暂时搁置，不去定性，具体情况具体分析。（2）民事利益说。该种观点认为"虽然域名目前还没有被国际知识产权组织作为一种知识产权来保护，但并不是要否认域名作为民事权益的性质，但是，对于域名究竟属于什么样的民事权益还不能明确"。（3）知识产权说。目前国内很多学者认为应当把域名归入知识产权的范畴，但他们之间也还是存在较大的分歧。有的学者认为，域名仅是一项知识产权；还有的学者认为，域名具有版权和工业产权的双重权利属性，其可以受到版权法，也可以受到工业产权法的保护，还可以受到版权和工业产权的双重保护。（4）权利否认说。权利否认说认为，域名只是适应网络时代的发展而在网络环境下发挥技术功能的符号，域名自身并没有产生任何权利，因此给予域名任何独立的知识产权保护是不可能也没有必要的。①

诚如前文所述，刑事司法实践中，对涉及盗窃域名等问题如何处理，是具有疑难性的。最高人民检察院研制第九批指导性案例时，收集了一批涉及域名的案件，处理结果各异。而其中，张四毛盗窃案，

---

① 崔涛：《论域名的法律性质》，载《知识经济》2011 年第 2 期。

涉及的犯罪事实较为清晰，证据把握较为明确，法律说理较为充分。最高人民检察院法律政策研究室即以张四毛盗窃案作为类案中的典型予以研究，最终，经过多轮研究论证并经案例指导工作委员会讨论和检察委员会审议，对于该案涉及的法律适用问题，比较一致的观点认为，盗窃域名案中，被告人出于牟利的目的盗窃他人域名，其盗窃的域名被以现金的形式交易，并导致他人域名不能追回，整个过程中，域名既表现出了客观性，又具有利益性，还能够在网络上以货币的形式支付对价并进行交易，应当认为具有刑法意义上的财产属性。盗窃域名的行为，可以认定构成盗窃罪。这样，将张四毛盗窃案上升为检察指导案例，实际上就通过该案例提炼了一条比较明确的规则，即"盗窃域名构成盗窃罪"。具体来说，第九批指导性案例发布时表述为："网络域名具备法律意义上的财产属性，盗窃网络域名可以认定为盗窃行为。"这一规则较好地解决了盗窃网络域名类案办理时的法律适用疑难问题。

结合"张四毛盗窃案"这一指导性案例来看，通过检察指导案例明确法律适用中的类案疑难问题，一般应有以下几个方面的条件：一是对于新问题或者法律适用疑难复杂问题，法律或者相关司法解释规定得不够明确或暂时没有规定；二是对于该问题，实践中有不同的看法和不同的处理结论；三是该问题在类案中大量存在，问题具有一定的代表性和普遍性。类似这样的问题，就可以将典型案例上升为检察指导案例，明确提炼特定规则，并对类案法律适用疑难问题予以准确回答。

结合以上几个方面，还有以下一些例外的情况值得注意：一是实践中存在疑难复杂性的案例，有可能过于新颖，仅在一个地区存在或出现，在检察工作中还不带有普遍性，类似这样过于新型的案例，一般来说，往往还要观察一段时间，不宜立即上升为检察指导案例予以提炼规则给予定性。二是刑法中的某些罪名，涉及的犯罪数量极少，虽然在法律适用上存在疑难，但这些疑难不具有普遍性，发布检察指导案例指导类案，类案并没有较为普遍地存在，对这种情况发布指导性案例的必要性就不是特别明显。

当然，检察指导案例不仅明确类案涉及的法律适用规则问题，还涉及检察工作中工作方法的总结、推广、应用问题。就工作方法而言，主要是指应当通过检察指导案例明确检察工作中可复制、可推广，并且具有创新性的工作方法。最高人民检察院通过检察指导案例，阐明在某些新型复杂案件办理中，可以采取特定的检察工作方法，并且运用这些工作方法，能够使检察机关办案取得良好效果。这样，检察指导案例就承载了推广应用创新性或特定检察工作方法的独特使命，这也是检察指导案例区别于人民法院指导案例的一个特质。①

公益诉讼类检察指导案例中此类情形较为常见。以公益诉讼检察为主题的最高人民检察院第八批、第十三批、第二十九批检察指导案例中，就通过检察指导案例的形式，对新型公益诉讼类案件办案方法进行了总结和推广。例如，最高人民检察院在公益诉讼检察工作试点阶段，通过第八批检察指导案例中的"锦屏县环保局行政公益诉讼案"（检例第32号）② 确定了生态环保民事、行政案公益诉讼类案件可以指定集中管辖。通过第十三批检察指导案例中的"湖南省长沙县城乡规划建设局

---

① 根据笔者的观察，法院指导案例更加注重法律适用问题的明确。检察指导案例则除法律适用问题外，还有相当一部分案例是提炼推广应用检察工作方法，这也是检察指导案例检察特色的反映。

② 该案基本案情是：2014 年 8 月 5 日，贵州省黔东南州锦屏县环保局在执法检查中发现鸿发石材公司、雄军石材公司等 7 家石材加工企业均存在未按建设项目环保设施"同时设计、同时施工、同时投产"要求配套建设，并将生产中的污水直接排放清水江，造成清水江悬浮物和油污污染的后果。锦屏县环保局责令鸿发石材公司、雄军石材公司等 7 家石材加工企业立即停产整改。鸿发石材公司等 7 家石材加工企业在收到停产整改通知后，在未完成环境保护设施建设和报请验收的情形下，仍擅自开工生产并继续向清水江排污。该案在诉讼过程中，贵州省高级人民法院指定福泉市人民法院管辖。福泉市人民法院依法作出一审判决，确认被告锦屏县环保局在 2014 年 8 月 5 日至 2015 年 12 月 31 日对鸿发、雄军等企业违法生产的行为怠于履行监督管理职责的行为违法。

等不依法履职案"（检例第 50 号）①，确定了公益诉讼中较为明确的工作方法："检察机关通过检察建议实现了督促行政机关依法履职、维护国家利益和社会公共利益目的的，不需要再向人民法院提起诉讼。"

值得注意的是，在检察工作方法方面，有些案例，检察机关开展工作较为全面，工作效果也比较好，但工作方法总体具有地域性或者说局限性，很难复制推广。这样的案例，一般不宜作为检察指导案例发布。例如，"广东某传媒公司租赁合同纠纷案"就是这种情况。该案的基本案情是：

2014 年 4 月 10 日，广东某传媒股份有限公司（民营企业，以下简称传媒公司）通过公开竞拍取得广东某市交通物业开发有限公司（国有企业，以下简称物业公司）2014 年第一期广告资源经营权，双方签订租赁合同，合同对广告位租赁期限、价格及双方权利义务作了约定。2015 年 8 月，该传媒公司以涉案广告资源未获公路部门行政审批、合同无效

---

① 该案基本案情是：2013 年 6 月，长沙威尼斯城房地产开发有限公司（以下简称威尼斯城房产公司）开发的威尼斯城第四期项目开始建设。该项目将原定项目建设的性质、规模、容积率等作出重大调整，开工建设前未按照环境影响评价法的规定重新报批环境影响评价文件。2016 年 8 月 29 日，湖南省长沙县行政执法局对威尼斯城房产公司作出行政处罚决定，责令该公司停止第四期项目建设，并处以 10 万元罚款。威尼斯城房产公司虽然缴纳了罚款但并未停止建设。截至 2018 年 3 月 7 日，该项目已经建成 1—6 栋。7—8 栋未取得施工许可证即开始进行基坑施工（停工状态），9 栋未开工建设。该案经过检察机关的工作，最终取得比较好的效果。2018 年 5 月 17 日，长沙县人民政府就工作建议向长沙市人民检察院作出书面回复，对威尼斯城第四期项目违法建设的处置提出具体的工作意见和实施办法。长沙市人民检察院认为，威尼斯城第四期项目违法建设对当地生态环境和饮用水水源地造成重大影响，损害社会公共利益，考虑到该项目 1—6 栋已经销售完毕，仅第 6 栋就涉及 320 户，涉及众多群众利益，撤销该项目的建设工程规划许可证和建筑工程施工许可证并拆除建筑，将损害不知情群众的利益。经论证，采取取水口上移变更饮用水水源地保护区范围等补救措施，不影响威尼斯城众多业主的合法权益和生活稳定，社会效果和法律效果较好。根据长沙市人民检察院的建议，长沙县人民政府上移饮用水取水口。2018 年 5 月 31 日，新建设的长沙县星沙第二水厂取水泵站已经通水。2018 年 10 月 29 日，经湖南省人民政府批准，长沙市人民政府对饮用水水源地保护范围进行了调整。

为由起诉物业公司要求退还保证金 14 万元，并要求赔偿相关损失 90 余万元。物业公司亦对传媒公司提出违约反诉，要求法院判令没收保证金 14 万元及赔付租金、违约金等约 40 万元。

人民法院审理后认为，案涉广告资源因行政审批问题不能正常使用，租赁合同应自然终止，判决物业公司退还保证金。物业公司不服，上诉至某市中级人民法院。二审认为传媒公司并未提交有效证据证明案涉广告资源设置违反了法律和行政法规的规定，认定租赁合同有效，判决传媒公司违约，没收其保证金 14 万元，传媒公司另须付租金 13 万余元及利息，驳回传媒公司全部诉讼请求。

2017 年 7 月，传媒公司不服法院终审判决，向某市人民检察院申请监督。某市人民检察院受理该案后发现，本案争议的公路广告牌租赁问题属新型民商领域，涉及行政审批与合同效力关系、本诉与反诉交叉等多种法律问题。传媒公司正值新三板上市评估考查期间，二审败诉对其商业信誉产生不利影响，传媒公司申请监督诉求强烈。

经综合考虑，特别是出于维护民营企业合法权利的考虑，2017 年 12 月，某市人民检察院召集人民监督员、特约检察员、检察工作联络员召开听证会，充分听取双方当事人的诉辩意见。检察机关认为，该传媒公司正值新三板上市评估考查期间，此案若抗诉将受制于审判期限，对其商业信誉和上市预期产生不利影响。而对国企物业公司而言，其执于诉争也存在较大的诉讼风险。经检察机关释法说理，各方一致认为此案的最佳处理方式是和解结案。在检察机关引导下，双方自愿就和解方案达成协议：物业公司退还传媒公司保证金 14 万元，双方互谅互让，互不追究。协议签订后，物业公司迅速履行完毕。2017 年 12 月 28 日，某市人民检察院作出终结审查决定。

该案中，某市人民检察院综合运用了调查、公开听证、专家咨询等多种措施和方法，解决了法律纠纷，实现了"案结事了人和"，而且，按照中央有关精神要求，通过检察办案工作，较好地保护了民营企业合法权益，其做法和效果都很好。但该案中，检察机关积极主动介入，主持双方调解，解决民事纠纷的做法，很难说完全符合检察机关法律监督机关的职能定位，工作方法也很难说具有普遍性的推广复制意义。最终该案经过最高人民检察院案例指导工作委员会讨论后，认为不宜作为指导性案例发布。①

（二）检察指导案例应当具有"准司法解释"的特征

所谓检察指导案例应当相当于"准司法解释"，是指检察指导案例应当能够澄清或说明法律和司法解释的疑难、模糊、歧义之处，同时又应当在法律和司法解释精神的涵义范围之内解释说明实践疑难问题。概括地说，即检察指导案例应当对检察机关适用法律具有指导作用，相对于法律和司法解释，"多走了半步"，对疑难问题作出了相对法律和司法解释更加清晰明确的回答，同时，这种回答又是运用法律解释方法，能够在法律精神"射程"之内得出的合理结论。

何谓检察指导案例明确了法律和司法解释的疑难、模糊、歧义之处，可以举行政检察主题的第十五批检察指导案例中的检例第 57 号予以说明，该案例的基本案情是：

2015 年 9 月，某市政府与某大厦就拆迁补偿产生纠纷，经区人民法院作出行政判决，认定补偿面积为 5560.55 平方米。一审判决后，双方当事人均未提起上诉，也未申请再审。2018 年 4 月，该市检察院在处理当事人来函信件中发现该案判决可能存在错误，政府将多支付补偿款 1000 余万元，决定依职权启动监督程序。经详细调查核实工作，市检察院认定：一审判决依据的关键证据（案涉大厦规划许可证件复印件）与其他证据存在矛盾，在开展调查核实工作后，发现新证据，查明：规划许可证件等 3 份文件系复印件，其中 5674.62 平方米的面积有涂改痕迹，而市规划委批

---

① 当然，不宜作为检察指导案例发布，不意味着该案不能作为办案效果良好的典型案例发布和推广，本节所举的下述案例相同。

准的该大厦建筑面积为 5074. 62 平方米，二者相差 600 平方米。

该案例涉及的问题是，人民检察院在审查案件过程中，发现案件判决可能存在错误时，是否可以依职权开展调查核实工作收集新的证据？对此，该检例指出：

2018 年 4 月，该市人民检察院在处理当事人来函信件中发现该案判决可能存在错误，非住宅补偿标准（每平方米约 3 万元）与建安成本（每平方米约 2000 元）差距巨大，如果按照判决进行补偿，不仅放纵违法建设行为，而且政府将多支付补偿款 1000 余万元，严重损害国家利益。市人民检察院在审查案件过程中，发现一审期间实业公司提供的案涉大厦规划许可证件复印件是判决的关键证据之一，与其他证据存在矛盾，遂开展了以下调查核实工作：一是向法院调取案件卷宗材料；二是向市规划委员会、市不动产登记中心等单位调取规划许可证件及相关文件；三是向市不动产登记中心等单位及工作人员询问了解规划许可证件等文件复印件的来源和审核情况。经对以上材料进行审查和比对，发现法院卷宗中的规划许可证件等文件复印件记载的面积与市规划委员会保存的规划许可证件等文件原件记载的面积不一致。最终查明：实业公司向法院提供的规划许可证件等 3 份文件复印件，是从市不动产登记中心查询复印的，而该中心保存的这三份材料又是实业公司在申请办理房产证时提供的复印件。市规划委员会于 2018 年 7 月 19 日向人民检察院出具的《关于协助说明规划许可相关内容的复函》证明：案涉大厦建筑规划许可总建筑面积为 5074. 62 平方米。据此认定，实业公司提供的规划许可证件等 3 份文件复印件中 5674. 62 平方米的面积系经涂改，规划许可的建筑面积应为 5074. 62 平方米，二者相差 600 平方米。

由此可见，检例对该问题作出了肯定答复，即人民检察院在审查案件过程中，发现案件判决可能存在错误时，可以依职权开展调查核实工作收集新的证据。而根据行政诉讼法第 91 条规定，当事人申请再审，在有新的证据，足以推翻原判决、裁定的，人民法院应当再审。第 93

条规定："最高人民检察院对各级人民法院已经发生法律效力的判决、裁定，上级人民检察院对下级人民法院已经发生法律效力的判决、裁定，发现有本法第九十一条规定情形之一，或者发现调解书损害国家利益、社会公共利益的，应当提出抗诉。地方各级人民检察院对同级人民法院已经发生法律效力的判决、裁定，发现有本法第九十一条规定情形之一，或者发现调解书损害国家利益、社会公共利益的，可以向同级人民法院提出检察建议，并报上级人民检察院备案；也可以提请上级人民检察院向同级人民法院提出抗诉。"行政诉讼法并没有规定人民检察院对行政诉讼判决开展监督时，是否可以依职权主动开展调查核实获取新证据。但是，人民检察院组织法第 21 条第 1 款明确规定："人民检察院行使本法第二十条规定的法律监督职权，可以进行调查核实，并依法提出抗诉、纠正意见、检察建议。有关单位应当予以配合，并及时将采纳纠正意见、检察建议的情况书面回复人民检察院。"结合行政诉讼法和人民检察院组织法规定来看，人民检察院在开展行政诉讼法律监督工作中，应当依职权，主动运用调查核实的手段收集证据。对此，该检例"指导意义"更加明确指出："人民检察院进行行政诉讼监督，通过书面审查卷宗、当事人提供的材料等对有关案件事实难以认定的，应当进行调查核实。"这就相对于行政诉讼法多走了"半步"，既明确指出了行政诉讼法中没有指出的内容，又恰当运用体系论法律解释方法，指出了检察机关应当采取的工作措施，可谓既在法律规定精神之内，又相对明确了法律暗含的应有之义，体现了检察指导案例解释、彰显法律精神的特征。

通过对这一案例的分析，可以看出，检察指导案例总是应当针对性地回应解决在某一方面具有典型性，明确了某一类多发性案件或新型疑难案件在法律适用、程序应用上的疑难问题解决办法，发挥着法律和司法解释有益有效的填补法律空白、澄清辨明法律模糊歧义的特殊作用。

（三）检察指导案例应当没有明显的瑕疵

检察指导案例应当是办案效果良好的正面案例，应当为同类案件办理树立标杆，这就意味着，检察指导案例应当没有明显瑕疵。将案例放在"聚光灯"下，以"解剖麻雀"的态度进行分析，经各方面讨论论证，都应当没有明显的"硬伤"。

有些案件在办理中，案例一些关键事实、重要情节没有查清，案件办理存在较大的瑕疵，这些案例不宜作为检察指导案例发布。例如，在共同犯罪中，对与被告人共同参与犯罪人员的情况没有查清，案件仓促起诉，法院最终作出判决，虽然对部分犯罪人的情况进行了有罪追诉、惩罚，但并没有对其他相关同案犯进行补充侦查，查清犯罪事实，并作出清晰的判决。这样的案件，上级检察院应当及时督促下级检察院继续履行职责，查清犯罪，补充起诉，不宜作为检察指导案例发布。

还如，检察机关在对公安机关移送审查起诉的案件进行审查时，虽然作出了补充侦查的说明，但补充侦查提纲质量不高，公安机关也没有按照检察机关的补充侦查要求查清犯罪事实，囿于犯罪期限等多方面因素制约，检察机关对案件进行起诉，法院作出判决，但实际上存在事实不清，证据不足的问题，当然不宜作为检察指导案例发布。

实践中还存在部分案例，虽然对被告人作出了有罪判决，但量刑畸轻畸重，一般来说，也不宜作为检察指导案例发布。

当然，受制于人们认识能力的有限、司法水平的现实因素制约或者其他各方面因素的限制，完美无缺的案例在实践中常常很难找到。案件办理过程中，可能总是存在一些如证据收集不够全面，酌定量刑情节考虑不够充分，个别次要的犯罪事实没有完全查清等各类瑕疵。对这些次要的瑕疵，采取客观辩证的态度，如果通过编研、把握，能够弥补瑕疵，并在弥补后不影响整个案例基本事实的认定，并且主要证据的把握相对严谨，在定罪量刑或者法律适用上没有明显"硬伤"的，仍然可以作为检察指导案例素材进行收集和加工。

（四）检察指导案例应当是发生法律效力且没有舆情风险的案例

　　检察指导案例都是公开发布的，这就决定了检察指导案例应当是案件处理结果已经发生法律效力，且较好体现检察机关职能作用发挥，取得良好政治效果、法律效果和社会效果的案件。一些从反面起警示教育作用的案例，可以作为典型案例在检察系统内部发布，但不宜作为检察指导案例公开发布。检察指导案例应当体现检察机关贯彻落实习近平法治思想，落实宪法法律精神的责任担当和积极作为；应当有利于宣扬检察机关依法履行法律监督职责，推动全面依法治国战略决策实现的过程；应当能够展现检察机关公正司法，促进社会主义法治建设的履职过程。案件办理的结果，应当能够获得社会各界的广泛认可，能够有力促进和弘扬社会主义核心价值观。

　　反之，有一些案件公布后，可能因为案情较为特殊，或其他一些因素，引发舆论关注和社会各界多角度的解读，一些解读甚至可能引发较为负面的舆情。类似这样的案例，就不宜作为检察指导案例发布。例如，许某遗弃案。

　　该案基本案情是：被告人许某，男，1977 年 12 月生，务工。2016年 5 月 26 日，被告人许某的妻子石某在某市某区中心医院分娩产下一女，同日该女婴因早产疾病转至某儿科医院救治，经过两个月的治疗后康复达到出院标准。被告人许某在多次收到医院出院通知信件及电话后，仍以经济条件困难和无法上户口为由，拒绝将女儿接回，逃避抚养义务，导致该女童被遗弃在儿科医院长达 1 年半之久。案发后被告人许某经过教育训诫愿意履行监护职责。某区检察院委托第三方开展调查评估，确认许某具有抚养女儿的真实意愿与客观能力后，同意许某接回女儿履行监护职责。同时区检察院及时跟踪回访，确保女童回归家庭后健康成长。

某区检察院以遗弃罪将许某起诉至法院。同年 6 月 26 日，法院判决许某犯遗弃罪，判处有期徒刑 1 年，缓刑 1 年。

该案存在较大的舆情风险。因该案涉及的病儿被遗弃医院事件屡见于媒体报道，媒体极为关注，此案公布后，可能涉及伦理、道德、医患责任等较为复杂的讨论，一些问题可能不仅仅局限于司法领域，总体舆情风险较大，故不宜作为检察指导案例发布。

正因为检察指导案例总体应当没有舆情风险，因此，下级检察院报送检察指导案例素材和上级检察院开展检察指导案例编研工作时，都应当专门开展舆情风险研判。对一些敏感的案件或案件中具有敏感性的情节，应当极其慎重。当然，对于涉及国家秘密、商业秘密、个人隐私类特殊案件，一般同样不宜作为检察指导案例予以发布。

（五）检察指导案例应当契合主题，回应社会关切

检察指导案例应当围绕党和国家重点工作、经济社会发展大局，围绕检察工作发展方向制发；应当有利于维护社会主义核心价值观，能够积极回应社会关切，指引检察工作重点领域和新兴方向。从第八批开始，检察指导案例一般都有明确的主题，如公益诉讼检察工作、网络犯罪、金融犯罪、未成年人检察工作、正当防卫法律适用、虚假诉讼、行政检察、涉农检察工作等，都涉及与检察重点工作或者中心工作密切相关的重大问题。例如，第十二批检察指导案例中的于海明正当防卫案（检例第 47 号）就是积极回应社会关切的典型。

该案基本案情是：于海明，男，1977 年 3 月 18 日出生，某酒店业务经理。2018 年 8 月 27 日 21 时 30 分许，于海明骑自行车在江苏省昆山市震川路正常行驶，刘某醉酒驾驶小轿车（经检测，血液酒精含量 87mg/100ml），向右强行闯入非机动车道，与于海明险些碰擦。刘某的一名同车人员下车与于海明争执，经同行人员劝解返回时，刘某突然下车，上前推搡、踢打于海明。虽经劝解，刘某仍持续追打，并从轿车内

取出一把砍刀（系管制刀具），连续用刀面击打于海明颈部、腰部、腿部。刘某在击打过程中将砍刀甩脱，于海明抢到砍刀，刘某上前争夺，在争夺中于海明捅刺刘某的腹部、臀部，砍击其右胸、左肩、左肘。刘某受伤后跑向轿车，于海明继续追砍 2 刀均未砍中，其中 1 刀砍中轿车。刘某跑离轿车，于海明返回轿车，将车内刘某的手机取出放入自己口袋。民警到达现场后，于海明将手机和砍刀交给民警（于海明称，拿走刘某的手机是为了防止对方打电话召集人员报复）。刘某逃离后，倒在附近绿化带内，后经送医抢救无效，因腹部大静脉等破裂致失血性休克于当日死亡。于海明经人身检查，见左颈部条形挫伤 1 处、左胸季肋部条形挫伤 1 处。

2018 年 8 月 27 日晚，公安机关以"于海明故意伤害案"立案侦查，8 月 31 日公安机关查明了本案的全部事实。9 月 1 日，江苏省昆山市公安局根据侦查查明的事实，依据《中华人民共和国刑法》第 20 条第 3 款的规定，认定于海明的行为属于正当防卫，不负刑事责任，决定依法撤销于海明故意伤害案。其间，公安机关依据相关规定，听取了检察机关的意见，昆山市人民检察院同意公安机关的撤销案件决定。该案在社会上特别是网络上受到极大关注。为更好地回应社会关切，最高人民检察院不仅直接指导案件办理，而且在案件办结后，及时将该案上升为检察指导案例予以公开发布。事实证明，这一做法起到了良好的疏导网络民意，回应社会关切的积极效果。法学界普遍认为，以检察指导案例的形式发布江苏昆山反杀案，激活了刑法中的正当防卫条款，明确了"法不能向不法让步"的法治理念，回应了社会关切。央视网、《法制日报》《新京报》、央广网等系列报道指出："昆山反杀案"，在公众的焦急期待当中，等来了处理结果。司法机关的处理决定，切合民意。该案向公众昭示了正当防卫制度的生命力，及时保障当事人的合法权益，有力震慑犯罪分子，捍卫了法制，振奋了人心。可以说，江苏昆山反杀案，是以检察指导案例的形式弘扬社会正气，及时有力回应社会关切的典型例证。

基层检察院应当关注最高人民检察院每年年初制定发布的《指导性案例工作计划》，根据《指导性案例工作计划》确定的主题及时选择相关案例开展研究。

四、检察指导案例的体例特征

检察指导案例的体例，一般包括标题、关键词、要旨、基本案情、检察机关履职过程、指导意义和相关规定等部分。这是检察指导案例体例的基本要求。其中，"标题"一般包括当事人姓名和案由。"检例号"是检察指导案例的编号。案由加检例号，构成检察指导案例的"身份编号"。在办案中查找和参照适用的检察指导案例时，可以直接检索和引用检例号。"关键词"是检察指导案例涉及重要的问题和核心观点的概括，是应用检察指导案例时的查找索引，是要旨核心观点的提炼。"要旨"是检察指导案例的核心，类似案件办理应当参照适用的"司法规则"。"基本案情"是简要案件事实。"检察机关履职过程"是体现检察履职情况和履职特色的内容概括。"指导意义"是"要旨"的支撑和展开。从体例上来说，上述要求和布局，决定了检察指导案例是体例统一、形式完整的特殊案例。检察指导案例的体例要求，保证了检察指导案例的功能特色和特殊定位。

第四节　检察指导案例的功能定位和价值追求

从检察指导案例发展历程可以看出，建立中国特色的检察机关案例指导制度，是我国司法改革的一项成果，是检察工作不断发展完善的需要。检察指导案例是检察实践的智慧结晶，是鲜活生动的法治教材。

一、检察指导案例的功能定位

检察指导案例能够全面总结、立体呈现检察机关办案理念、办案方法，对推进各级检察机关贯彻落实依法治国基本方略，强化法律监督，规范法律适用具有特殊的重要作用。

（一）引导检察机关结合办案推进社会治理，让人民群众在每一个案件中感受到公平正义

案件是社会治理问题的折射。随着我国经济社会的快速发展，社会主要矛盾转化，人民群众对民主、法治、公平、正义、安全、环境等方面的需求更高，这些都越来越多地体现在检察机关办理的各类案件上。案例是丰富司法实践的生动体现，检察机关把具有典型性的案件研究好、总结好，上升为检察指导案例予以发布，有利于当事人对类似案件结果产生合理预期，让人民群众在每一个案件中都感受到公平正义，提升司法公信力。

（二）彰显检察机关法律监督职能作用

检察机关作为国家法律监督机关，要通过强化办案工作，给人民群众提供更优质的法治产品、检察产品。办案既是检察机关履行法律监督职责的基本手段，也是彰显法律监督效用的重要途径。各项法律监督权的落实，最终都要通过办案来实现，都得用一个个案例来证明。检察机关提供的优质法治产品和检察产品，都蕴含在一个个的具体案例中。检察指导案例是检察特色鲜明、检察职能作用充分发挥的案例，对其予以公布，有利于反映检察机关的办案理念，彰显检察机关的办案质量和办案效果。

（三）明确类案法律适用规则，统一法律适用标准，提高办案质量、效率

党的十八大以来，党中央启动了以落实司法责任制为核心的新一轮司

法体制改革。检察官成为检察机关司法办案的主体，依法承担"谁办案谁负责、谁决定谁负责"的司法责任，这对办案水平和办案质量提出了更高要求。检察指导案例为办理同类案件确立了参照标准，有利于指导和规范办案活动，统一司法尺度和法律适用标准，使较为原则的法律规范得以具体化、明确化，消除"同案不同处"现象，切实维护司法公正。

（四）提升检察官业务能力和法律职业素养，为检察理论研究提供实践素材

建立案例指导制度，是规范检察办案行为，积累检察业务经验，提升法律监督能力水平的重要方式。学习研究检察指导案例，有利于提升检察官总结、积累参照案例解决实践疑难问题的意识和思维，增强综合分析判断能力和释法说理能力。同时，案例作为法律与实践结合的产物，既是司法经验与智慧的结晶，又是联结实践与理论、问题与规则的桥梁。最高人民检察院发布检察指导案例能有效实现司法实践与法学教育、法学研究的交流互动，为拓宽深化检察理论研究提供实践素材。

（五）开展法律文书说理和以案释法，宣传检察工作，弘扬法治精神，促进社会治理

中央对"谁执法谁普法"提出明确要求，检察机关结合办案开展普法，是一项重要工作内容。法律的权威源自人民的内心拥护和真诚信仰。从社会公众角度来说，通过对案例的学习和领会，能够知道什么该做什么不该做，起到预防违法犯罪的作用，同时还可以了解维护自身权利的法律途径和防范措施，增强学法尊法守法用法意识。最高人民检察院发布检察指导案例，有利于展示检察工作的理念、原则和具体办案程序，利用案例的影响性、故事性，传递检察好声音，讲述检察好故事，以实际案例让公众了解、支持检察工作，落实"谁司法，谁普法"的普法责任制。

二、检察指导案例的价值追求

检察指导案例的价值追求，是一个立足于不同角度来看，具有不同发现和不同结论的问题。但是，无论是从检察官适用法律的角度，还是从最高人民检察院指导推动工作的角度，抑或是理论研究或社会普法的维度，检察指导案例都具有独特的功能和价值，在此，予以综合分析。

（一）检察指导案例提供了法治实现的另一条路径

案例指导制度是由最高司法机关运用指导性案例等各类案例的形式对下级司法机关适用法律和开展工作指导的工作制度。案例具有相对于法律和司法解释独特的功能。立足于法治的推进，如果用一句话简明概括，那就是，案例提供了法治实现的另一条路径、另一幕场景、另一种可能。这意味着，在中国特色社会主义司法体系的语境中重视案例，研究案例，运用案例，并不是要改变或者推翻中国成文法的传统和成就，而是要充分结合、运用案例的优点弥补成文法的不足与缺憾，拓宽法治实现的路径，丰富法治实现的场景。

对于司法来说，案例具有特殊的作用，提供了印证、判断先见或内心预判的样本。对此，诚如德国哲学家伽达默尔指出："人的权威最终不是基于某种服从或抛弃理性的行为，而是基于某种承认或认可的行动——即承认和认可他人在判断和见解方面的趋同。对于司法者来说，无论是谁，都不会无视先前判例的存在。"① 这就说明，对于司法者来说，案例提供了可供遵循的先在的经验理性，有利于其内心确信的形成或确认，有利于司法者纠正或者巩固自己的内心确信。同时，对于不同的司法者来说，案例也提供了对未定判决讨论的前提，能够保证不同司

---

① ［德］汉斯－格奥尔格·伽达默尔：《诠释学Ⅰ：真理与方法》，洪汉鼎译，商务印书馆 2007 年版，第 380 页。

法者在讨论未决案件时，有基本的先见遵循。

案例是司法实践的智慧结晶。从形而下的意义来说，就检察官办理具体案件的角度，检察指导案例有利于明确类案法律适用规则，统一法律适用标准，提高办案质量效率。我国是幅员辽阔的大国。各地情况千差万别，执法司法水平也存在较大差异。一段时间以来，同案不同判现象受到社会各界的诟病。受我国各地经济社会发展水平不平衡，检察人员司法能力差异等多种因素的影响，实践中存在的"同案不同办""同案不同判"的现象，影响司法权威，人民群众反映强烈。检察指导案例有利于发挥案例的特殊优势，以直观形象的特点，规范司法者自由裁量权行使，推进各地司法标准统一，有利于为检察官办理同类案件提供形象的参考，确保"同案同判""同案同办"。

特别是党的十八大以来，党中央启动了以落实司法责任制为核心的新一轮司法体制改革。检察官成为检察机关司法办案的主体，依法承担"谁办案谁负责、谁决定谁负责"的司法责任，这对办案水平和办案质量提出了更高要求。这就更有必要，借助检察指导案例的形式，为办理同类案件确立参照标准，用于指导和规范办案活动，使较为原则的法律规范得以具体化、明确化，维护司法公正。

（二）检察指导案例是最高人民检察院推动工作的有力武器

就检察机关内部行使检察工作领导、检察业务管理等角度进行分析，检察指导案例是最高人民检察院推动工作的有力武器。最高人民检察院应当重视运用这一武器，始终将这一武器牢牢抓在手中，并熟练运用，有效破除工作中的困难，开辟检察工作新境域，对此，可从三个方面予以解读。

1. 检察指导案例是最高人民检察院行使法律解释权的应有之义

依据法律规定，最高人民检察院对下级检察院检察工作中的法律适用问题，有权作出司法解释。司法解释是法律适用活动，对于统一法律适用标准、解决法律适用疑难复杂问题具有重要意义。实践中，司法解释的颁布往往时限较长，程序较为复杂。检察指导案例是最高人民检察院依法理解法律适用标准，并推进法律适用标准统一的重要载体，实际上发挥着"准司法解释"的作用。最高人民检察院发布检察指导案例，通过案例，阐明法律的理解和适用，实际上是阐明了法律精神，行使了法律解释权，可以说，是最高人民检察院行使法律解释权的应有之义。

2. 检察指导案例是最高人民检察院领导检察工作的重要方式

检察指导案例是最高人民检察院开展对下级人民检察院和各专门人民检察院工作领导的重要方式之一。案例具有相对于法律、司法解释更加生动灵活的特点。一件或者一组典型案例，能够生动反映检察工作理念、工作重点、工作方法，完整呈现出检察机关的法律监督职能特点和在刑事诉讼中的主导作用。

运用检察指导案例开展对下级指导，有利于解决上级院对下级指导能力不足的问题。最高人民检察院张军检察长深刻指出"最高检、省级检察院的领导指导能力与市、县检察院办案工作的实际需求不适应、不平衡"。出现这个不平衡的原因之一就是省级院和最高人民检察院因案件级别管辖原因，直接办理案件相对较少，但业务指导的任务较重。省级院和最高人民检察院通过对全省、全国检察机关工作的宏观情况进行大数据分析，研讨检察工作发展走向和存在问题，提出改进推进工作的思路和措施，无疑是业务指导的重要方面。同时，通过剖析、研究正反两方面典型个案，发现法律政策适用和工作开展中普遍性问题，提炼案件办理的规则和经验，为今后办理类似案件提供具体参考示范，无疑更是业务指导的重要方面。

3. 检察指导案例代表了检察机关对办案工作的经验总结

案例指导的本质是对办案经验的总结推广。运用案例的方法推进工作，实际上是在案件办结后，以一种"反刍"的态度对办案工作进行反思总结。毛主席说："我是靠总结经验吃饭的。"检察机关要不断提升办案质量和办案水平，必须善于、乐于、惯于总结办案经验。案例指导，就是推动各级人民检察院检察官以一种"解剖麻雀"的工匠精神，将典型案例放在"显微镜"和"聚光灯"下，予以全面的解剖、分析、总结，必然能发现很多办案过程中没有注意到的不足，总结办案中的经验，明确今后工作的方向。因此，检察指导案例是检察机关对办案工作的一种经验总结。

（三）检察指导案例丰富了理论研究的基石

案例对于理论研究来说具有独特的魅力。实际上，对于法学理论研究来说，案例丰富了理论研究的基石。没有案例支撑的理论必然是如空中楼阁，没有稳固的支撑和夯实的基础。案例中形形色色变化多端的社会关系，反映的千姿百态的社会生活，是无论多么高明的法学家在书斋中都难以想象的。对案例予以剖析，可以启发理论创新的灵感，为理论研究提供源源不断的源头活水，进而拓展理论研究的广度与深度。一个显见的事实是，理论研究的理性认识，必须建构在大量丰富的感性认识的基础上，而案例，正是这种感性认识的基础和原料。没有对案例作为基础的感性认识的消化吸收，法学理论研究的理性认识自然是纸上谈兵，只可能苍白而空洞。

不仅如此，案例又总是会反作用于理论，论证（包括"证成"或者"证否"）理论。案例是法学实践的最重要产品，法学理论是否能够成立，根本上来说，应当应用于办案工作，保证理论施加于办案，通过办案输出优质的案件产品。从这一意义上，案例是法治实践的典型产品，运用案例检验理论，符合"实践是检验真理的唯一标准"的哲学方法论。从这个意义上说，案例在理论和实践之间搭建了良性沟通的桥梁，促使从实践的视角看待理论，形成理论上观点的争辩、纠偏、磨合，促使法治共同体的形成。

检察理论的丰富，来源于每一名检察官的办案。而自觉研究案例，自觉学习应用检察指导案例，是每一名办案检察官规范检察办案行为，积累检察业务经验，提升法律监督能力水平的重要方式。学习研究检察指导案例的过程，就是检察官提升参照案例解决实践疑难问题的意识和思维、增强综合分析判断能力和释法说理能力的过程。检察官积极重视运用案例，能够有力提升检察官业务能力和法律职业素养，为检察理论研究提供实践素材。

（四）检察指导案例是法治宣传的最好样本

就社会价值层面来说，案例是鲜活生动的法治教材，是普法中最好的样本。检察机关作为国家法律监督机关，要通过强化办案工作，给人民群众提供更优质的法治产品、检察产品。办案既是检察机关履行法律监督职责的基本手段，也是彰显法律监督效用的重要途径。各项法律监督权的落实，最终都要通过办案来实现，都得用一个个案例来证明。检察指导案例是检察特色鲜明，检察职能作用发挥充分的案例，对其予以公布，有利于反映检察机关的办案理念，彰显检察机关的办案质量和办案效果。

案件是社会治理问题的折射。近年来，随着我国经济社会的快速发展，社会主要矛盾转化，人民群众对民主、法治、公平、正义、安全、环境等方面的需求更高，这些都越来越多地体现在检察机关办理的各类案件上。案例是丰富司法实践的生动体现，检察机关把具有典型性的案例研究好、总结好，上升为检察指导案例予以发布，有利于让当事人对类似案件结果有合理预期，让人民群众在每一个案件中都感受到公平正义，提升司法公信力。

中央对"谁执法谁普法"提出明确要求，检察机关结合办案开展普法，是一项重要工作内容。法律的权威源自人民的内心拥护和真诚信仰。案例是开展法治教育和普法工作最好的、生动的活教材。通过发布检察指导案例，从社会公众的角度来说，能够促使民众通过对案例的学习和领会，知道什么该做、什么不该做，了解合法与违法的边界，起到预防违法犯罪的作用。同时，民众还可以通过案例了解维护自身权利的法律途径和防范措施，增强学法、尊法、守法、用法意识，形成崇尚法治的良好氛围。特别是检察职能特色鲜明的检察指导案例，有利于展示检察工作的理念、原则和具体办案程序，利用案例的影响性、故事性，传递检察好声音，讲述检察好故事，以实际案例让公众了解、支持检察工作，落实检察机关"谁司法，谁普法"的普法责任制。

第二章　检察机关案例指导制度的
滥觞、建立、发展与创新

　　运用历史溯源的方法，有助于对检察机关案例指导制度的发展脉络进行梳理。在本章中，笔者试对检察机关案例指导制度分为滥觞、建立、发展与创新四个时期进行考察，为读者了解检察机关案例指导制度的发展提供清晰的历史脉络。

第一节　检察机关案例指导制度的滥觞

　　检察机关一直重视运用案例这种方式来指导和推动工作。新中国成立初期，最高人民检察院即通过收集、整理和研究案例，总结办案经验，发挥案例在检察工作中的规范指导作用，其后，在案例指导方面一直开展有效创造性工作，可谓检察机关案例指导制度正式建立之前的有益探索。

一、新中国成立初期最高人民检察院组织编纂典型案例

　　新中国成立之初，刑法、刑事诉讼法等法律尚未颁布，最高人民检察院通过收集、整理和编纂典型案例，总结办案经验，指导各级人民检察院开展办案工作。1954 年 3 月，时任最高人民检察署副检察长的高克林同志在第二届全国检察工作会议上所作的《关于过去检察工作的总结

和今后检察工作方针任务的报告》中提出："从处理各种典型案件中，总结案例，积累经验，使之逐步成为制度。"① 1954 年 9 月，第一次全国人民代表大会召开，讨论《人民检察署组织法（草案）》时，鉴于检察工作的重要性，由毛泽东主席亲自提议，将"检察署"改为"检察院"②，从而确立我国司法机关"两院"体制。1956 年，最高人民检察院办公厅汇编过侦查工作案例，作为检察业务参考资料下发学习。可谓最高人民检察院开展案例指导工作的早期探索。1964 年 1 月，时任最高人民检察院副检察长的张苏同志在全国省、市、自治区检察长会议上进一步提出："要把大案要案、冤案错案以及有突出经验或突出问题的案例掌握起来。今后每个县、区检察院，每年要选择一两个典型案例直接报送最高人民检察院。这样做，可以帮助领导机关掌握一批第一手材料，对于分析案情，指导办案，有很大的好处。"③ 这一时期，最高人民检察院将各地上报的案例汇编成《检察业务参考资料》印发各级检察机关，希望通过各地经验的交流，起到推动开展检察工作的作用。④ 遗憾的是，由于此后国家政治形势发生重大变化，国家检察制度受到冲击，运用典型案例总结、指导、推动检察工作的做法自然也就中断。

二、最高人民检察院组织编写刑事案例系列丛书

改革开放之初，检察机关恢复重建后，刑法、刑事诉讼法等法律相继颁布施行。为促进全国检察人员系统总结办案经验，深入学习和研究有关法律，进一步提高业务素质和办案质量，20 世纪 80 年代初，最高人民检察院刑事检察厅、法纪检察厅都编辑出版过案例丛书，推动检察

---

① 闵钐编：《中国检察史资料选编》，中国检察出版社 2008 年版，第517 页。
② 参见最高人民检察院编：《人民检察史——纪念检察机关恢复重建 40 周年》，中国检察出版社 2018 年版，第 133 页。
③ 闵钐编：《中国检察史资料选编》，中国检察出版社 2008 年版，第701 页。
④ 最高人民检察院办公厅编印：《检察业务参考资料》（侦查工作案例之一、之二），1956 年 10 月编印。

业务工作发展；除此之外，20 世纪 80 年代后期，最高人民检察院组织编写了《刑事犯罪案例丛书》。全套丛书共计 23 册，按照"全面、系统、准确、实用"的原则，从全国各地推荐的 5 万余件案例中遴选出约 6000 件案例予以整理，按罪名分册出版。该套丛书涉及司法实践中的主要法律条文、司法解释、有关法令和法规等，反映了各地办案中遇到的难点和应注意的问题，对准确理解适用 1979 年刑法和刑事诉讼法，正确区分罪与非罪界限，准确认定犯罪性质和罪名，提供了实例参考。时任最高人民检察院检察长的刘复之同志特为该丛书题词——严格执法，准确定性。

三、《最高人民检察院公报》刊登典型案例

1989 年 5 月，《最高人民检察院公报》（以下简称《公报》）创刊。① 《公报》作为最高人民检察院的机关刊物，是最高人民检察院对外发布司法解释，规范性文件，与检察工作有关的重要通知、规定、决定，以及重大典型案例的权威、法定平台。《公报》定期向社会公开发布各类重大典型案例，为各级检察机关司法办案提供参考借鉴，受到各界关注。具体来说，1990 年，《公报》第 3 期首次刊登了两则案例：罗云光受贿案和黄国林、关卫国、王新生故意杀人案，开了通过《公报》发布案例的先河。截至 2021 年 7 月，《公报》共发布案例 346 件。其中，包括第一批至第二十五批检察指导案例共 97 件。除检察指导案例外，还刊登其他典型案例 249 件。值得注意的是，在 2015 年第 4 期（总第 147 号）后，《公报》不再刊登其他典型案例，只刊登各批检察指导案例。2015 年第 4 期（总第 147 号）之前，《公报》刊登的案例中，主要是刑事案例，特别是重大职务犯罪案例。如李效时贪污、受贿案，田

---

① 《最高人民检察院公报》先后由最高人民检察院办公厅、检察日报社、最高人民检察院法律政策研究室编辑出版，1989 年至 2001 年为不定期发行，2002 年起固定为双月刊。截至 2021 年 7 月，总计发行 182 期。

凤岐受贿案，刘方仁受贿案，郑筱萸受贿、玩忽职守案，陈良宇受贿、滥用职权案等①，都是当时具有重大影响的职务犯罪案件。《公报》对这些重大职务犯罪案例的选登，反映出这一时期检察机关对刑事检察工作，特别是对职务犯罪侦查工作的高度重视。

《公报》作为最高人民检察院官方发布平台，受众面向各级党委、人大、政府工作人员，公、检、法、司及行政执法部门工作人员，各政法院校师生、法学研究人员，律师等，其刊登的案例具有权威性、典型性与代表性，受到实务部门及其他读者的肯定和欢迎，对各级检察机关办理同类案件具有重要指导与借鉴意义。《公报》选登各类典型案例，标志着案例工作成为检察机关重要的日常工作，检察机关典型案例的总结、发布工作进入常态化阶段。

四、最高人民检察院发布《关于加强案件管理的规定》

2003 年 6 月，最高人民检察院发布《关于加强案件管理的规定》（以下简称《案件管理规定》），首次从工作机制层面提出对有指导意义的案例进行编纂印发。最高人民检察院发布《案件管理规定》的目的在于，加强办案规范化建设，解决办案工作程序不规范，执法随意性大，办案质量不高的问题。《案件管理规定》提出："进一步加强案例编纂工作。最高人民检察院和省级人民检察院每年要组织业务交流和案例研讨，对带有普遍意义的案件进行深入分析，及时编纂和印发对办案工作具有指导意义的案例。各级人民检察院对本院办结的刑事案件，要按照有关规定和要求，及时录入《中国刑事案件数据库》。"其对规范检察机关的执法活动，提高执法水平，保证办案质量发挥了重要作用。当然，《案件管理规定》是在全面加强办案工作的背景下发布的，有关案例编纂和印发，也

---

① 分别发布在《公报》1994 年第 2 期、2004 年第 2 期、2004 年第 6 期、2007 年第 6 期、2009 年第 1 期。

是服从服务于检察机关加强办案工作的重点任务。

除发布《案件管理规定》外，这一时期最高人民检察院还继续开展了案例丛书编辑工作。例如，2005 年，最高人民检察院组织编写了《刑法分则实务丛书》，该套丛书由时任最高人民检察院党组副书记、常务副检察长的张耕同志担任总主编，从各地检察机关征集大量案例，并经专家学者精选、加工，根据司法实践中各类刑事案件发生率的多少，将刑法分则四百多个罪名划分为 30 个分册，包括典型案例、罪与非罪案例、此罪与彼罪案例等三种不同类型的案例，便于读者全面和深入地理解刑事案件的判断标准，把握疑难问题的分析方法。该丛书产生了较大影响，是检察机关重视研究运用案例的典型例证。

五、最高人民检察院各业务部门和地方各级人民检察院组织评选和编写典型案例

为促使各地检察机关进一步重视和提高案件质量，最高人民检察院各业务部门结合本部门职责，有的组织开展了精品案件、优秀案件评选活动；有的组织开展了办案标兵、办案能手的业务竞赛；还有的组织编写典型案例系列丛书。如最高人民检察院原民事行政检察厅选编《民事行政检察案例选编》（1993 年）、中国检察出版社选编《法纪检察案例丛书》（1997 年）、最高人民检察院法律政策研究室选编《典型疑难案例评析》（1999 年）、最高人民检察院检察技术局选编《检察技术案例集》（1991 年）、中国检察出版社选编《人民检察院检控案例定性指导》（2002 年）、最高人民检察院原民事行政检察厅选编《人民检察院民事行政抗诉案例选》（2006 年）、最高人民检察院法律政策研究室选编《刑事法理与案例评析》（2008 年）等，都是检察机关重视案例研究和案例编研工作的体现，这些案例书籍，都在不同时期对检察工作产生过良性促进作用。

此外，各地检察机关也相继编写出版案例丛书，如北京市人民检察

院编写《首都检察十大精品案例丛书》（2004 年），上海市人民检察院第一分院、上海市浦东新区人民检察院和浙江省宁波市人民检察院编写《司法疑难案件法律适用丛书》（2008 年），重庆市沙坪坝区人民检察院、西南政法大学联合编写《检察机关刑事疑难案例精析》（2008 年）等。上述案例丛书涉及检察工作多个领域，覆盖了当时主要检察业务工作，为各级检察机关履行法律监督职能提供了重要借鉴和参考，都是检察机关重视案例总结运用的有益成果。

第二节　检察机关案例指导制度的建立

建立中国特色的审判机关、检察机关案例指导制度，是 21 世纪初我国司法改革的一项成果。检察机关与审判机关案例指导制度的建立同时起步，是对中国特色社会主义司法经验不断探索总结的标志性制度产物。

一、检察机关案例指导制度的建立概述

建立案例指导制度，其背景是司法机关对当时发生的重大冤错案件的深刻反思总结。2005 年 7 月，最高人民检察院针对一个时期以来一系列典型刑事错案引发社会强烈反响的实际情况，下发了《关于认真组织学习讨论佘祥林等五个典型案件剖析材料的通知》[①]（以下简称《通知》）等。《通知》集中分析了佘祥林、孙万刚、黄亚全和黄圣玉三起错案以及李寿武、何红怀死亡事故案等五件案例，查找了检察机关在办案中存在的问题，剖析了发生问题的原因，提出了应当吸取的教训。《通知》采取典型案例分析的方式，旨在举一反三，吸取错案发生原因，

---

① 2005 年 7 月 4 日发布，发文号为：高检发办字〔2005〕7 号。

教育引导检察人员"切实转变执法观念、端正执法思想，强化法律监督意识、执法责任意识、办案质量意识和办案安全防范意识，做到严格执法、规范执法、公正执法"①。

针对我国幅员辽阔、各地区经济社会发展不平衡、各种案件复杂多样、不同地区检察院之间乃至同一个检察院的不同检察官之间存在的司法标准不统一等情况和问题，为统一司法尺度，规范检察官自由裁量权，及时总结检察工作的经验教训，指导检察工作，理论界和实务界都纷纷提出：有必要重视并借鉴西方国家司法制度中一些合理成分和积极因素，特别是英美法系判例法中的一些合理因素，结合中国国情，建立和完善具有中国特色的检察机关案例指导制度。

2008年底，中央启动了新一轮的司法体制改革，此轮改革的重点之一是加强对司法权力的监督制约。为此，中央政法委提出要建立中国特色的人民法院、人民检察院案例指导制度。2009年2月，中央政法委出台《关于深入学习实践科学发展观解决政法工作突出问题的意见》，要求"中央政法机关要加快构建具有地域性、层级性、程序性的符合中国国情的案例指导制度，充分发挥指导性案例在规范自由裁量权、协调法制统一性和地区差别性中的作用，减少裁量过程中的随意性"。2009年3月，最高人民检察院下发了《关于深化检察改革2009—2012年工作规划》，推出了一系列改革举措。其中，建立案例指导制度，作为检察机关建立健全对自身执法活动的监督制约机制，提高司法规范化和公信力的重要举措之一被予以正式提出。

2010年，中央政法委作出了关于探索建立案例指导制度的部署，并制定了具体工作方案。2010年3月11日，时任最高人民检察院党组书记、检察长曹建明在第十一届全国人民代表大会第三次会议上所作的《最高人民检察院工作报告》中提出"建立健全案例指导制度"。2010年7月，最

---

① 《佘祥林等5案例成警示"教材"，最高检要求认真总结》，载人民网2005年7月28日。

高人民检察院经第十一届检察委员会第四十次会议审议通过，发布《关于案例指导工作的规定》（以下简称 2010 年《案例指导规定》），正式建立检察机关案例指导制度。最高人民检察院在发布 2010 年《案例指导规定》的同时，指出：最高人民检察院建立案例指导制度，发布检察指导案例，目的在于通过发布检察机关在履行法律监督职责过程中容易发生执法偏差、群众反映比较强烈的案例，为检察机关处理类似案件提供指导和参考，为检察机关执法办案提供标准，促进自由裁量权的正确行使。

2010 年 12 月 31 日，最高人民检察院第一批检察指导案例发布，包括施某某等 17 人聚众斗殴案、忻元龙绑架案和林志斌徇私舞弊暂予监外执行案等三件案例，并统一编号为检例第 1、2、3 号。三件案例的正式发布，标志着检察指导案例制度正式启动运行。

二、检察机关案例指导制度建立的文件规定

如前文所述，为促进案例指导制度规范发展，2010 年 7 月，最高人民检察院制定了 2010 年《案例指导规定》，共 18 条。主要规定了五个方面的内容，这些内容，大多为后续的相关规定所沿承，有必要在此予以简述。

（一）明确了检察指导案例的标准及范畴

2010 年《案例指导规定》指出：检察指导案例是指检察机关在履行法律监督职责过程中办理的具有普遍指导意义的案例，主要包括：职务犯罪立案与不立案案件；批准（决定）逮捕与不批准（决定）逮捕、起诉与不起诉案件；刑事、民事、行政抗诉案件；国家赔偿案件；涉检申诉案件；其他新型、疑难和具有典型意义的案件。

（二）明确了最高人民检察院应当设立案例指导工作委员会

2010 年《案例指导规定》明确：最高人民检察院设立案例指导工

作委员会，负责人民检察院案例的审查、编选和发布等工作，其工作机构设在法律政策研究室。案例指导工作委员会由最高人民检察院有关领导、业务部门负责人和有关法学专家组成。法律政策研究室负责案例指导工作委员会的日常事务，统一受理选送、推荐和征集的案例，报请案例指导工作委员会审查决定等工作。

最高人民检察院设立案例指导工作委员会成为最高人民检察院重视案例指导工作的标志性事件，设立案例指导工作委员会，当时的设想是，如果检察指导案例素材比较成熟，从减轻检察委员会工作量、节约司法资源的角度，案例可以经案例指导工作委员会讨论后即予发布。但是，从其后的工作惯例来看，案例指导工作委员会更多的是在检察指导案例提交检察委员会审议之前，发挥把关作用。这一作用对于保障检察指导案例的质量，具有重要意义。2018年，人民检察院组织法第31条第2款明确规定："最高人民检察院对属于检察工作中具体应用法律的问题进行解释、发布指导性案例，应当由检察委员会讨论通过。"可见，无论是从实践经验总结来看，还是从保障检察指导案例质量来看，笔者认为，坚持案例指导工作委员会对检察指导案例提交检察委员会之前的审核把关作用，都应当坚持和强化。当然，案例指导工作委员会，如何更好地发挥对案例的审核把关作用，如何加强制度建设，从而促进审核讨论案例的专业化能力提升，可能是今后工作中应当着力加强的重要方面。

（三）明确了检察指导案例素材的推荐、报送、征集、遴选等具体工作程序

2010年《案例指导规定》指出：最高人民检察院各业务部门对人民检察院办理的案件，认为符合检察指导案例条件的，可以向最高人民检察院案例指导工作委员会选送。省级人民检察院对本院办结的以及下级人民检察院选送的案例进行审查，认为可以作为检察指导案例的，经

审查后向最高人民检察院案例指导工作委员会选送。最高人民检察院案例指导工作委员会可以向地方各级人民检察院征集有关案例。人大代表、政协委员、专家学者等社会各界人士对人民检察院办理的案件，认为符合检察指导案例条件的，可以向最高人民检察院案例指导工作委员会推荐。选送，推荐和征集的案例应当符合具体条件。

（四）明确了检察指导案例的体例

2010 年《案例指导规定》要求，各级人民检察院报送的案例素材，应当经过最高人民检察院遴选、编研，统一体例后才能经最高人民检察院案例指导工作委员会和检察委员会讨论发布。检察指导案例体例包括标题（主标题和副标题）、要旨、基本案情，主要争议问题、处理理由五个部分，并应当分别符合以下要求：（1）标题，主标题为案件核心内容的提炼，副标题为案件当事人和案由；（2）要旨，简要概述案件具有指导意义的要点提示；（3）基本案情，准确精练、层次清晰地概括反映案件的基本情况，包括办案经过、有关方面意见以及最终处理结果；（4）主要争议问题，全面介绍案件的争议焦点或者分歧意见；（5）处理理由，在对案件进行分析评议的基础上，充分阐明案件的指导价值。在后期的发展中，检察指导案例的体例有所创新发展，但总体来看，从创建之初便一直极具检察特色。

（五）关于检察指导案例的效力

检察指导案例效力问题是实践中争议较大的问题。2010 年《案例指导规定》制定过程中，有关该问题争议较大。2010 年《案例指导规定》采取了较为审慎和稳妥的写法，对检察指导案例效力作出了"可以参照"的规定。指出："指导性案例发布后，各级人民检察院在办理同类案件、处理同类问题时，可以参照执行。检察机关在办理同类案件、处理同类问题时，承办案件的检察官认为不应当适用指导性案例的，应当书面提出意见，报经检察长或者检察委员会决定。"对这一点，特别要说明的是，有关检察指导案例的效力，在随后修订时，成为有一定争议性的问题，这一最初的规定，随后有所修改。

第三节　检察机关案例指导制度的发展

2010 年检察机关案例指导制度建立以来，最高人民检察院高度重视检察指导案例工作，推动了相关工作深入发展。

一、检察机关案例指导制度发展时期的主要工作情况

2010—2018 年，最高人民检察院围绕案例指导主要开展了以下几个方面的工作。一是发布了 9 批 38 件检察指导案例。其中，刑事方面案例 33 件，民事及行政方面案例 5 件。二是案例指导工作进入常规化发展阶段。最高人民检察院开始采取措施广泛征集、有意识遴选编研各类案例。例如，最高人民检察院法律政策研究室每年年初下发通知，要求各省级检察院研究室积极选编、报送案例素材，并对各级检察院案例研究工作提出明确要求。三是不断提升检察指导案例质量。最高人民检察院不断探索、总结工作规律、特点，不断提升检察指导案例工作质量，采取多种措施提升案例指导工作的社会影响力。例如，最高人民检察院法律政策研究室与最高人民法院研究室多次沟通，共同研究促进案例指导工作。加强与案例指导工作委员会专家及法学界的联系互动，广泛听取专家学者的意见建议。

2014 年，党的十八届四中全会通过的《中共中央关于全面推进依法治国若干重大问题的决定》指出："加强和规范司法解释和案例指导，统一法律适用标准。"这是党中央全会文件中首次专门提到案例指导工作，在案例指导工作发展历程，乃至中国特色社会主义司法制度发展史上，值得特书的一笔。

二、检察机关案例指导制度发展时期相关文件的修订

为贯彻落实党的十八届四中全会部署，2015 年 12 月 31 日，最高人民检察院发布了修订后的《关于案例指导工作的规定》（以下简称 2015 年《案例指导规定》），旨在进一步加强检察机关案例指导工作，更好地发挥检察指导案例规范司法办案的作用，促进检察机关严格公正司法，保障法律统一正确实施。在修订过程中，最高人民检察院法律政策研究室在具体承办过程中广泛征求了全国人大常委会法工委、最高人民法院、各省级人民检察院及最高人民检察院各业务部门意见、建议。2015 年《案例指导规定》主要包括以下几方面内容。

（一）规范检察指导案例的发布主体、条件和适用方式

2015 年《案例指导规定》提出，检察指导案例由最高人民检察院统一发布，并且应当符合以下条件：案件处理结果已经发生法律效力；案件办理具有良好法律效果与社会效果；在事实认定、证据采信、法律适用、政策掌握等方面对办理类似案件具有指导意义。

（二）完善检察指导案例的征集遴选程序

2015 年《案例指导规定》明确了最高人民检察院各业务部门和省级人民检察院在收集审查和推荐备选案例方面的具体责任：最高人民检察院各业务部门负责与其业务工作有关的备选检察指导案例的收集审查推荐工作，省级人民检察院负责本地区各级人民检察院对备选检察指导案例的收集审查推荐工作。最高人民检察院各业务部门推荐的备选案例，应当经分管副检察长批准；省级人民检察院向最高人民检察院推荐的备选案例，应当经本院检察长批准或者检察委员会讨论。为了广辟案例征集渠道，2015 年《案例指导规定》提出最高人民检察院案例指导工作委员会工作机构根据工作需要，可以定期向最高人民检察院各业务

部门和省级人民检察院发布重点征集的案例类型。同时在原来规定人大代表、政协委员、专家学者等社会各界主体可以推荐备选案例基础上，增加了人民监督员、专家咨询委员等案例推荐主体，上述主体对认为符合条件的案例，可以建议办理案件的人民检察院按照相关程序向最高人民检察院案例指导工作委员会工作机构推荐。值得注意的是，根据2015年《案例指导规定》，检察指导案例素材的征集、遴选，最高人民检察院各业务部门都有具体责任，但检察指导案例的编研、发布明确归属于最高人民检察院法律政策研究室。为此，在这一时期，最高人民检察院法律政策研究室专门设立综合指导处，负责检察指导案例的选编、研制、发布等工作。当然，这一工作体制随后在2019年修订时作了修改，在此予以专门说明。

（三）规范检察指导案例的审议发布程序

2015年《案例指导规定》明确了对备选检察指导案例征求意见的程序，即案例指导工作委员会认为可以作为备选案例的，应当送有关业务部门、案例指导工作委员会专家委员征求意见，必要时可以征求其他有关单位、专家学者意见或者召开专家论证会，广泛听取各方面意见建议。2015年《案例指导规定》对案例指导工作委员会审议程序进行了完善，规定案例指导工作委员会实行民主集中制，对备选案例进行集体讨论，多数委员认为可以作为检察指导案例发布的，由案例指导工作委员会报经最高人民检察院检察长同意，提请最高人民检察院检察委员会审议。2015年《案例指导规定》确定了统一的检察指导案例发布平台，即最高人民检察院检察委员会审议通过的检察指导案例，应当在《最高人民检察院公报》《检察日报》和最高人民检察院网站公布。考虑到检察指导案例作为规范检察机关司法办案的重要依据，应当同法律和司法解释一样及时向社会公开发布，因此，2015年《案例指导规定》删除了原2010年《案例指导规定》和2015年《案例指导规定》中有关"总结经验、教训的案例及不宜公开发布的案例，可以在检察机关内部发布"的内容。由此，特别应当注意，即从 2015 年修订后开始，检察指导案例都应当是面向社会公开发布的，检察指导案例不存在内部发布或者内部下发的做法。实际上，2015 年之前，最高人民检察院也没有采取过内部发布指导性案例的做法，检察指导案例一直是公开发布。

（四）明确检察指导案例的宣告失效机制

考虑因法律和司法解释的废改立以及随着检察指导案例数量增多，之前发布的检察指导案例与新颁布的法律、司法解释以及新旧检察指导案例之间可能会发生冲突，2015 年《案例指导规定》提出建立检察指导案例宣告失效机制，对因特定原因不再适合作为检察指导案例的，应当及时清理和宣告失效，以保证检察指导案例的合法有效。

对此，2015 年《案例指导规定》明确了应当宣告检察指导案例失效的四种情形，即：（1）案例援引的法律或者司法解释废止的；（2）与新颁布的法律或者司法解释相冲突的；（3）与最高人民检察院新发布的检察指导案例相冲突的；（4）其他应当宣告失效的情形。各级人民检察院在办理案件过程中，发现有关检察指导案例具有上述应当宣告失效情形的，应当层报最高人民检察院案例指导工作委员会工作机构。对符合宣告失效条件的检察指导案例，经最高人民检察院检察委员会审议决定宣告失效。

（五）完善与案例指导工作相关的配套工作机制

针对各级检察院反映对检察指导案例了解不够、查询不便等问题，2015 年《案例指导规定》提出最高人民检察院应当加强检察指导案例编纂工作，建立检察指导案例数据库，为各级人民检察院和社会公众检索、查询、适用检察指导案例提供便利。为提高各级人民检察院适用检察指导案例的准确性和规范性，2015 年《案例指导规定》要求各级人民检察院应当将检察指导案例纳入培训课程，加强对检察指导案例的学习培训。

（六）明确检察指导案例的适用效力

2015 年《案例指导规定》修订中，关于检察指导案例效力仍是争议较大的问题。为回避这一争议，同时不断提升检察指导案例的效力，2015 年《案例指导规定》既回避了"应当"，也修改了 2010 年《案例指导规定》中"可以"的提法。而是明确规定"人民检察院参照指导性案例办理案件，可以引述相关指导性案例作为释法说理根据，但不得代替法律或者司法解释作为案件处理决定的直接法律依据"，可以说，采取了折衷但仍较为稳妥的提法。

2015 年《案例指导规定》发布实施后，2010 年《案例指导规定》（高检发研〔2010〕3 号）同时废止。

第四节　新时期检察机关案例指导制度的创新

2018 年以来，检察机关完成职务犯罪侦查预防工作转隶，司法体制综合配套改革被提上新的日程。2018 年 3 月 18 日，在第十三届全国人大一次会议上，张军同志当选最高人民检察院检察长。在改革大背景下，最高人民检察院确立了新时期检察工作全新的工作思路。检察机关案例指导工作也实现了系列创新发展。

一、新时期检察机关案例指导制度创新发展的时代背景

从党和国家工作全局来看，党的十九大作出中国特色社会主义进入新时代，我国社会主要矛盾发生转化的重大判断。在新时代，人民群众对民主、法治、公平、正义、安全、环境等方面提出了新的更高要求。

这一关系全局的历史性变化，对新时代检察工作提出了许多新要求。从检察机关自身情况来看，检察机关反贪等职能、机构、人员转隶，对检察工作产生全方位、深层次的重大影响，国家监察体制改革对检察工作发展影响深远。反贪转隶后，检察工作如何发展？检察机关再次走到了十字路口。在这种情况下，张军检察长鲜明地提出"转隶就是转机"！并提出了"讲政治、顾大局、谋发展、重自强"的工作思路。在这一工作思路指导下，最高人民检察院狠抓办案业务，狠抓检察官业务能力和专业素质的提升。围绕提升检察机关业务能力和专业素质，最高人民检察院提出了一系列举措。检察指导案例被作为新时期有力指导检察业务工作开展的重要抓手，有效提升检察队伍政治素质和业务素质的重要载体提上重要位置。最高人民检察院围绕检察指导案例的重新定位，对检察指导案例从形式到内容、从体例结构到工作机制等，作出全方位的调整和创新。

同时，2018 年 10 月，修订后的人民检察院组织法第 23 条第 2 款规定："最高人民检察院可以发布指导性案例。"这一规定以法律的形式确认了多年来最高人民检察院开展检察指导案例工作的实践成果，是检察指导案例首次明确规定在法律中。为更好贯彻落实立法精神，需要进一步重视发挥检察指导案例的特殊功能作用。

此外，新形势下，最高人民检察院更加重视发挥上级人民检察院对下级指导作用。2018 年 7 月 25 日，张军检察长在大检察官研讨班上深刻指出，检察工作由于过去以反贪为主、为重，导致反贪与其他工作不平衡，并由此派生形成"三个不平衡"：一是刑事检察与民事检察、行政检察、公益诉讼检察工作发展不平衡。二是刑事检察中公诉部门的工作与侦查监督部门、刑事执行检察部门的工作发展不平衡。三是最高人民检察院、省级检察院的领导指导能力与市、县检察院办案工作的实际需求不适应,也是一种不平衡。① 其中,"最高人民检察院、省级检察院的领导指导能力与市、县检察院办案工作的实际需求不适应、不平衡"是一个重要的不平衡。出现这个不平衡,原因之一就是省级院和最高人民检察院因案件级别管辖原因,直接办理案件相对较少。为解决这一现实存在的问题,最高人民检察院更加注重发挥案例工作的基础性作用,更加重视要求上级人民检察院运用案例的方式开展对下级指导。为此,上级检察院迫切需要加强案例研究和案例指导,通过剖析、研究正反两方面典型个案,发现法律政策适用和工作开展中普遍性问题,提炼案件办理的规则和经验,为下级人民检察院办理类似案件提供具体参考示范,同时提升上级人民检察院业务领导的工作能力。

二、新时期检察机关案例指导制度创新发展的主要内容

按照最高人民检察院党组部署,新时期检察指导案例实现了很多方面的创新发展,笔者试从以下几个方面予以概括归纳。

(一)功能定位的创新

最高人民检察院党组高度重视案例指导工作,赋予检察指导案例统一法律适用标准、加强对下级业务领导、指导检察工作开展等新的时代使命。在最高人民检察院的积极倡导下,检察系统从上到下逐渐形成案例意识,各级检察院重视检察指导案例的积极性被激发,检察机关案例指导工作的潜力被充分发掘,新时期检察指导案例工作良性发展获得强大的组织保障。

同时,检察指导案例的功能定位实现重大创新。检察指导案例不再仅仅是解决个别法律适用疑难问题的载体,而是推进全局工作发展的有

---

① 参见林平:《张军:解决三个不平衡,要重组办案机构实行捕诉合一》,载澎湃新闻 2018 年 7 月 25 日,https://www.thepaper.cn/newsDetail_forward_2291560。

力抓手，是倡导推进新兴、重点业务工作的引导和"风向标"，是关系检察机关履行法律监督职责的基础性、全局性工作。检察指导案例，被摆在前所未有的重要位置，成为新时期推进检察工作全面发展的重要工作。

（二）案例主题选择的创新

2018 年以来，检察指导案例主题选择实现创新。在案例主题的确定上，牢牢把握以人民为中心的立场，不断满足人民群众民主、法治、公平、正义、安全、环境等方面的新需求；集中体现检察机关实现刑事、民事、行政、公益诉讼各项检察监督工作全面协调充分发展等新的工作布局要求，选择人民群众广为关注的主题制发检察指导案例。在案例的遴选上，通过严格的程序层层把关，选择既能体现检察工作特色，又能较好发挥对类案法律适用的指导作用，且社会各界关注、办理效果良好的典型案例上升为检察指导案例予以发布。

例如，2018 年发布的第十批检察指导案例彰显了检察机关积极参与防控金融风险的鲜明立场。第十一批检察指导案例以未成年人保护为主题，表明了检察机关加强未成年人权利保护的坚决态度。第十二批检察指导案例渗透了激活正当防卫制度，弘扬社会正气，依法保护人民群众合法权利的理念。第十三批检察指导案例则体现了检察机关在公益诉讼中树立"双赢多赢共赢"的法律监督工作理念，通过制发检察建议、提起诉讼等多种手段，督促行政机关依法全面履职，确保国家利益和社会公共利益得到保护的司法过程。围绕这些主题制发检察指导案例，能够很好凸显检察工作新理念，凸显检察工作服务党和国家工作大局的积极成效，有力推进检察机关新兴、重点工作。

检察指导案例工作进一步发展的同时，最高人民检察院及时提出，要结合业务工作新发展和社会发展需要，实现检察指导案例对业务工作重点领域和重点环节的全覆盖。特别是要选取体现检察机关法律监督特点的重点环节来编研、发布检察指导案例。例如，最高人民检察院重视围绕检察履职中不起诉、不批准逮捕、自行补充侦查、执行监督等检察工作中具有特色的工作环节发布检察指导案例，凸显检察机关履职特点。

（三）案例体例的创新

按照新时期确立的检察指导案例工作思路，经过创新调整，检察指导案例在内容上和形式上都体现出了更加鲜明的特色。从第十批检察指导案例开始，最高人民检察院通过检察指导案例体例调整和内容充实，更好地生动再现检察履职情况，凸显检察工作特色，完整反映检察职能发挥。第十批检察指导案例将以往检察指导案例中的"诉讼过程"取消，增加了"指控与证明犯罪"这一板块。通过内容构造的充实，再现了检察机关以事实为根据，以法律为准绳，组织、运用证据指控与证明犯罪的过程，还原了法庭审理中控辩争议焦点和情境冲突，更好地揭示了犯罪行为的社会危害。结合检察履职过程，为更好地体现检察履职情况和履职特色，从第十一批检察指导案例开始，最高人民检察院又将"指控与证明犯罪"扩充为"检察履职过程"。这就大大扩充了检察指导案例的容量。改变了以往检察指导案例体例中，仅以只言片语概括诉讼过程，难以体现检察机关履职特色、履职重点工作的缺憾，凸显了检察履职重点情况。

在体例上，还有一个变化，从 2018 年第十批检察指导案例开始，最高人民检察院优化"要旨"和"指导意义"。"要旨"力求简明、精炼、准确。在各版块排布顺序上，"要旨"的位置被一再提前，第十二批检察指导案例开始，"要旨"已置于"关键词"之后，"基本案情"之前，一目了然。"指导意义"则在内容上进一步凸显"精""实""准"，一般从程序、实体、案件办理效果等方面入手，立足案例回应类案中带有普遍性的争议问题，发挥了检察指导案例指导检察工作开展的特色功能作用。

（四）案例内容的创新

新时期检察指导案例进一步凸显检察工作特色，凸显对各级人民检察院业务工作开展的针对性和指导性。这是新时期检察指导案例在内容方面最大的创新。所谓检察指导案例的"指导"，是指案例反映及解决的问题确属检察办案中在理解适用法律政策或司法解释上带有疑难性、分歧性和复杂性，需要明晰界限、统一标准，或者规范程序、明确方法，且带有一定普遍性的问题。仅仅具有宣传意义，或者虽然典型但不具有疑难性、复杂性的案例，或者虽可借鉴但不具有提炼规则意义的案例，可以作为一般的典型案例进行编发、宣传，但不再作为检察指导案例发布。

新时期，检察指导案例"指导"司法疑难的特色更加鲜明。案例选择更有针对性，案例内容更加凸显检察特色。例如，新设立的"检察履职过程"这一版块集中体现了检察机关在诉讼过程中工作情况。在检察履职过程中，集中反映刑事检察指导案例指控与证明犯罪过程或者检察机关对诉讼和执行活动的监督作用，检察机关自侦案件的查办犯罪过程；民事、行政和公益诉讼检察指导案例中，检察机关对诉讼和执行活动进行监督或者开展调查核实、诉前程序以及提起诉讼中的职能作用。

在语言叙述上，检察指导案例更加注重准确规范叙述，提升检察指导案例质量。更加重视检察指导案例的传播效应，优化内容结构讲好精彩检察故事。实际上，每个检察指导案例都是精彩的法治故事，不仅要讲清楚案例中蕴含的法、理、情，更要揭示案件背后的复杂的人情世态以及导致案件发生的社会治理方面的缺憾漏洞，推进社会治理中短板、弱项的补齐和解决，警示、防范违法行为发生，宣传法治的积极向善功能。这一时期检察指导案例改版内容构造，使案例叙述详略得当，有完整的"故事性"情节排布。注重通过案例讲述检察好故事，传递检察好声音，让检察指导案例成为生动的普法教材。例如，法庭审理唇枪舌剑争辩是案例故事情节集中展示的生动场景。检察指导案例在内容构造上增设了公诉人举证、质证，被告人和辩护人辩解、辩护的过程，层层抽丝剥茧，再现庭审过程，还原案发真相，从法律上让案件事实真相大白，从法理情融合上让犯罪危害无可辩驳，让公众如亲临其境般感受庭审激辩，看清犯罪本质，凸显案例的可读性。

（五）工作方式的创新

2018 年底，根据中央司法体制改革精神，同时为更好适应检察权运行机制的变革，最高人民检察院对内设机构进行了系统性、整体性、重构性改革，设置了第一至第十检察厅。各检察厅根据不同案件种类，对检察职能行使作出新的调整。具体来说，原有的侦查监督、公诉等刑事检察业务厅按案件类型重新组建 4 个专业化刑事办案机构；原有的民事行政检察厅被一分为三，分别组建单独的民事检察厅、行政检察厅、公益诉讼检察厅；临时机构未成年人检察工作办公室升格为未成年人检察厅。内设机构改革，确定了刑事、民事、行政、公益诉讼四大检察、十大业务全面协调充分发展的新时期检察工作格局。

内设机构改革后，最高人民检察院要求各检察厅不仅要重视办案工作，而且要重视通过典型案例的总结、提炼，加强对下级指导。检察指导案例编研发布工作日益成为各检察厅重要业务工作内容，日益成为最高人民检察院加强法律监督和对下级业务指导的重要抓手。

为体现内设机构改革后检察指导案例新的职能定位，同时，也为更好贯彻落实新时期最高人民检察院关于案例指导工作的新思路新要求，最高人民检察院对编研、发布检察指导案例工作作出新的部署，各业务条线都有遴选、编研、发布检察指导案例的工作职责，各检察厅负责遴选、编研、发布各自业务范围内的检察指导案例，法律政策研究室负责遴选、编研、发布综合业务检察指导案例。这就较好改变了以往检察指导案例由法律政策研究室一家牵头的局面，将检察指导案例编研发布工作调整为涉及全局的重点工作，保证了检察指导案例获得更广泛的案例来源，在推进全局工作中发挥更大作用。

工作机制进一步理顺，多部门协调联动发布检察指导案例，推进检察指导案例发布频率和力度进一步加大。2018 年以来，最高人民检察院检察指导案例工作力度进一步加大，检察指导案例发布频次明显提升。自 2010 年建立案例指导制度以来，截至 2021 年 8 月，最高人民检察院共发布检察指导案例 30 批 121 件。其中，2018 年以来就发布了 19 批 72 件，数量超过前 8 年之和；仅 2020 年就发布了 9 批 34 件；2021 年，截至 9 月 30 日，已发布了 6 批 28 件，数量、力度都是前所未有。目前，指导性案例基本覆盖了刑事、民事、行政和公益诉讼"四大检察"业务领域，可以说，更好地满足各级检察机关案例指导的迫切需求，从一个侧面也体现了最高人民检察院对下级业务指导能力的增强。

同时，为优化发布方式，最高人民检察院积极创新检察指导案例发布方式。2018 年，最高人民检察院在第十批和第十三批检察指导案例发布时，分别邀请案件承办人和作为检察建议对象的地方行政机关负责人到最高人民检察院参加新闻发布会，讲述办案细节和心得体会，畅谈结合检察建议加强改进工作的感受并回答记者提问，媒体对此做了广泛报道，取得很好的发布传播效果，也成为引导实现"检察官教检察官"和展现法律监督"双赢多赢共赢"理念的良好范例。其后，第十五批检察指导案例发布时，因主题为行政检察，最高人民检察院邀请相关行政执法部门负责同志共同发布。这些发布方式的转变，促进检察指导案例更加直接广泛发挥积极作用，产生更大社会影响力。

三、新时期检察机关案例指导制度创新发展的文件载体

为更好地巩固新时期检察指导案例创新发展工作成果，体现新时期最高人民检察院关于案例指导工作的一系列新思考、新部署，按照最高

人民检察院党组部署，最高人民检察院法律政策研究室从 2019 年 1 月启动了对 2015 年《案例指导规定》的修改工作，在认真调研、反复修改、多方听取意见的基础上，形成了征求意见稿；2019 年 3 月 20 日，经最高人民检察院第十三届检察委员会第十六次会议审议通过；2019 年 4 月，最高人民检察院正式印发修订后的《关于案例指导工作的规定》（以下简称 2019 年《案例指导规定》）。2019 年《案例指导规定》对涉及检察指导案例各方面的内容作出了新的规定，是最高人民检察院开展案例指导工作的基本遵循，集中体现了新时期最高人民检察院创新开展案例指导工作的思路，可以说，是新时期检察指导案例创新发展的重要文件载体。对其修订原则和修订内容，有必要予以论述。

（一）2019 年《案例指导规定》修订体现的原则

2019 年《案例指导规定》修订体现了几个原则：一是反映最高人民检察院党组关于案例指导工作的新思路和新精神，推进检察指导案例更好发挥指导各级人民检察院重视加强办案工作、不断提升业务素质能力的功能作用。二是总结了近年来检察机关开展案例指导工作的经验做法，对检察机关开展案例指导工作好的经验做法以规范性文件的形式予以巩固。三是本着删繁就简的原则，坚持实事求是易于操作，最大化激发各级人民检察院重视检察指导案例，加强案例素材报送，强化检察指导案例应用于实践的积极性。

（二）2019 年《案例指导规定》的主要内容

2019 年《案例指导规定》主要包括十个方面的重点内容。

1. 明确新时期案例指导工作的基本法律依据和功能作用

人民检察院组织法规定："最高人民检察院可以发布指导性案例。"这是最高人民检察院发布检察指导案例最直接、最重要的立法依据。2019 年《案例指导规定》第 1 条明确指出，根据人民检察院组织法等法律规定，结合检察工作实际制定该规定。同时，2019 年《案例指导规定》开宗明义指出，要充分发挥检察指导案例对检察办案工作的示范引领作用，促进检察机关严格公正司法，保障法律统一正确实施。

2. 确定检察指导案例的条件

检察指导案例应当充分体现检察特色，凸显检察职能发挥。对此，2019 年《案例指导规定》第 2 条对检察指导案例的条件作出了四个方面的界定：（1）案件处理结果已经发生法律效力；（2）办案程序符合法律规定；（3）在事实认定、证据运用、法律适用、政策把握、办案方法等方面对办理类似案件具有指导意义；（4）体现检察机关职能作用，取得良好政治效果、法律效果和社会效果。

3. 规定新时期检察指导案例的体例

关于检察指导案例的体例，总结近年来特别是 2018 年以来最高人民检察院开展案例指导工作的情况，2019 年《案例指导规定》第 3 条规定："指导性案例的体例，一般包括标题、关键词、要旨、基本案情、检察机关履职过程、指导意义和相关规定等部分。"

对比 2015 年《案例指导规定》，2019 年《案例指导规定》将有关检察指导案例结构中的"诉讼过程"修改为"检察机关履职过程"。因"要旨"是通过检察指导案例提炼的规则，是检察指导案例"指导性"的集中体现，有必要更加突出，修订时将"要旨"的位置调整到"基本案情"之前。

这样，修订后检察指导案例的结构，具体包括"标题""关键词""要旨""基本案情""检察机关履职过程""指导意义"和"相关规定"等几个部分。其中，"标题"反映案由，"检例号"是检察指导案例的编号，两者合起来，形成检察指导案例的"身份编号"，在办案中查找和参照适用检察指导案例时，可以直接检索和引用检例号。"关键词"是案例涉及的重要问题和核心观点的概括，是应用检察指导案例时的查找索引。"基本案情"是简要案件事实，"检察机关履职过程"是检察机关工作情况的集中体现。

除以上几部分外，检察指导案例的"核心"是"要旨"和"指导意义"。对此，2019 年《案例指导规定》中没有明确说明，但笔者认为，"要旨"是检察指导案例区别于典型案例和其他案例的标志。检察指导案例是人民检察院组织法规定的只能由最高人民检察院发布的一类特殊案例，其特殊性就在于，检察指导案例具有澄清法律适用疑难的特殊功能。这种功能决定了通过检察指导案例提炼的要旨，具有"准司法解释"的作用。换言之，"要旨"是类案办理应当参照适用的"司法规则"。"要旨"应当既在法律精神范围内，同时需要明晰法律或司法解释规定的模糊歧义之处，"要旨"是检察指导案例的"身份标志"。"指导意义"则是要旨的支撑和展开，"指导意义"既说明要旨，同时又围绕要旨进而深化。"指导意义"应避免"就案说案"，应不同于就案例进行的分析解读，而是要结合类案分析，对"要旨"提炼的规则予以展开、论证、升华。可以说，"要旨"的质量和"指导意义"的深度，直接决定了检察指导案例的高度和生命力。

4. 规范备选检察指导案例报送程序

对于检察指导案例素材报送，2019 年《案例指导规定》总体作了较为宽泛的规定，简化了推荐程序，鼓励各级人民检察院特别是一线办案检察官不断总结精品案件，积极报送案例素材。其中，第 5 条指出："省级人民检察院负责本地区备选指导性案例的收集、整理、审查和向最高人民检察院推荐工作。办理案件的人民检察院或者检察官可以向省级人民检察院推荐备选指导性案例。"这一规定删除了 2015 年《案例指导规定》中"报送案例需要经检察长批准或者检察委员会审议决定"的要求，增加了"检察官可以向省级人民检察院推荐备选指导性案例"的内容。

同时，为扩大检察工作社会影响力，积极构建良性检察公共关系，2019 年《案例指导规定》第 6 条提出，"人大代表、政协委员、人民监

督员、专家咨询委员以及社会各界人士，可以向办理案件的人民检察院
或者其上级人民检察院推荐备选指导性案例。"值得注意的是，与 2015
年《案例指导规定》相比，这里的推荐案例是直接推荐，不再是 2015
年《案例指导规定》要求的"建议办理案件的人民检察院按照相关程序
向最高人民检察院案例指导工作委员会工作机构推荐"。而且，推荐主
体包括各级人大代表、政协委员，各级人民检察院人民监督员、专家咨
询委员以及社会各界人士。换言之，一切关心支持检察工作的人士，都
可以向办理案件的人民检察院或者其上级检察院推荐备选检察指导案
例。为鼓励推荐案例的积极性，体现人民检察院认真负责的工作态度，
2019 年《案例指导规定》还要求，"接受推荐的人民检察院应当及时告
知推荐人备选指导性案例的后续情况"。

5. 明确编研发布检察指导案例的职责分工

关于研究编制检察指导案例的职能分工，是 2019 年《案例指导规
定》修改最为重要的内容：最高人民检察院第一至第十检察厅根据业务
需要，制发涉及本部门管辖案件的检察指导案例，法律政策研究室做好
统筹协调工作并制发综合性检察指导案例。第 7 条对法律政策研究室和
各检察厅在制发检察指导案例工作中的职责作出分工："最高人民检察
院法律政策研究室统筹协调指导性案例的立项、审核、发布、清理工
作。最高人民检察院各检察厅和法律政策研究室分工负责指导性案例的
研究编制工作。各检察厅研究编制职责范围内的检察指导案例，法律政
策研究室研究编制涉及多个检察厅业务或者院领导指定专题的指导性案
例。"法律政策研究室研究编制的检察指导案例，应当是综合性的、涉
及多个检察厅业务的检察指导案例，这与法律政策研究室综合业务部门
的职能定位是一致的。对此，2019 年，最高人民检察院法律政策研究室
围绕涉农检察工作制发检察指导案例，涉及刑事、民事、行政、公益诉
讼检察各个方面，是综合性专题指导性案例的代表。

6. 规范案例指导工作委员会运作程序

2010 年 7 月，最高人民检察院建立案例指导制度，同时成立了案例

指导工作委员会。目前，案例指导工作委员会由最高人民检察院党组副书记、最高人民检察院常务副检察长担任主任委员，由最高人民检察院分管法律政策研究室的副检察长和最高人民检察院检察委员会专职委员担任副主任委员，最高人民检察院各业务部门相关工作负责人担任委员，有关法学专家担任专家委员。从开展案例指导工作的实践来看，案例指导工作委员会对于检察指导案例的遴选、审查、把关发挥了重要作用。2019 年《案例指导规定》修订过程中，从节约司法资源的角度考虑，有观点提出：案例指导工作委员会的组成人员应当与检察委员会组成人员有所区分。修订时采纳了这一观点，对案例指导工作委员会组成人员作出调整。其中，第 9 条第 1 款规定："最高人民检察院设立案例指导工作委员会。案例指导工作委员会由最高人民检察院分管法律政策研究室的副检察长、检察委员会专职委员、部分检察厅负责人或者全国检察业务专家以及法学界专家组成。"关于案例指导工作委员会的作用，第 9 条第 2 款规定："提请检察委员会审议的备选指导性案例，应当经案例指导工作委员会讨论同意。"根据这一要求，备选检察指导案例在检察委员会审议之前，应由案例指导工作委员会进行讨论、把关，并提出修改意见。诚如前文所述，在今后的工作中，案例指导工作委员会对检察指导案例提交检察委员会审议之前的把关作用，应进一步强化。

此外，案例指导工作委员会在检察委员会领导下，专门负责检察指导案例相关工作。2019 年《案例指导规定》第 9 条第 3 款要求："案例指导工作委员会应当定期研究案例指导工作，每年度专题向检察委员会作出报告。"案例指导工作委员会的日常工作由法律政策研究室承担，对此，第 9 条第 4 款予以明确。

7. 规范检察指导案例的编研程序

关于检察指导案例的编研程序，2019 年《案例指导规定》在第 8、10、11、12、13 条作出了规范：最高人民检察院各检察厅和法律政策研究室收集检察指导案例素材后，经初步筛选，认为可以作为备选检察指导案例开展研究的，应当按照检察指导案例体例要求开展编制工作。编制过程中，可以根据实际情况，征求本业务条线、相关内设机构、有关机关对口业务部门和人大代表、专家学者等的意见。在充分听取意见修改后，认为符合备选检察指导案例条件的，报分管副检察长同意后，提交案例指导工作委员会讨论。

案例指导工作委员会讨论后，经会议研究同意作为备选检察指导案例提请检察委员会审议的，承办部门应当按照案例指导工作委员会讨论意见对备选检察指导案例进行修改，送法律政策研究室进行审核。在根据审核意见作进一步修改后，报检察长决定，提交检察委员会审议。

检察委员会审议是检察指导案例制发的必经程序。检察委员会审议备选检察指导案例时，按照"谁承办、谁负责"的原则，由承办部门汇报案例研究编制情况。经检察委员会审议通过后，承办部门应当根据审议意见对案例进行修改完善，送法律政策研究室进行法律核稿、统一编号后，报分管副检察长审核，由检察长签发。

结合 2019 年《案例指导规定》，概括来说，检察指导案例研究编制过程，要经过素材征集、研究编制、征求意见、案例指导工作委员会讨论、法律政策研究室审核、检察委员会审议、检察长签发等几个较为重要的阶段。

8. 明确检察指导案例的生效和失效程序

检察指导案例是法律规定具有法定效力的特殊案例，经检察委员会审议通过后，应当以正式形式予以公布生效。2019 年《案例指导规定》第 14 条对检察指导案例的公布予以规范："最高人民检察院发布的指导性案例，应当在《最高人民检察院公报》和最高人民检察院官方网站公布。"修订过程中，有意见提出，最高人民检察院确定的检察指导案例，应当及时通过最高人民检察院"检答网"和最高人民检察院官方微博、微信、新闻客户端等新媒体刊发。经研究，最高人民检察院检察指导案例在"检答网"和"两微一端"新媒体的刊发，都是对检察指导案例的宣传工作，与正式发布有所区别。检察指导案例的正式发布，应当以《最高人民检察院公报》和最高人民检察院官方网站发布为准。

检察指导案例制发后，根据情势变化，可能有失效的问题。2019 年《案例指导规定》第 19 条对检察指导案例的失效作出规定，指出检察指导案例具有"案例援引的法律或者司法解释废止""与新颁布的法律或者司法解释冲突""被新发布的指导性案例取代"以及其他特殊情形的，应当宣告失效。宣告失效，由最高人民检察院检察委员会决定，并在《最高人民检察院公报》和最高人民检察院官方网站予以公布。

9. 规定检察指导案例效力为"应当参照"

最高人民检察院检察指导案例的效力问题，即检察指导案例在司法实践中应当发挥什么样的作用以及作用如何发挥的问题，是涉及案例指导制度的重要问题，也是历次《关于案例指导工作的规定》修订中有一定争议性的重要问题。

2015 年《案例指导规定》中对检察指导案例效力的规定是："人民检察院参照指导性案例办理案件，可以引述相关指导性案例作为释法说理根据，但不得代替法律或者司法解释作为案件处理决定的直接法律依据。"为强化检察指导案例效力，2019 年《案例指导规定》在第 15 条对检察指导案例效力作出了"应当参照"的明确规定："各级人民检察院应当参照指导性案例办理类似案件，可以引述相关指导性案例进行释法说理，但不得代替法律或者司法解释作为案件处理决定的直接依据。"

10. 拓宽检察指导案例应用渠道

检察指导案例的生命在于应用，价值在于指导。检察指导案例工作能否获得不竭源泉和实践活力，关键在于一线检察官办案时能否切实重视发挥检察指导案例在释法说理、明晰法律等方面的作用。对此，2019 年《案例指导规定》体现了鲜明的导向，确立了具体的措施强化检察指导案例在实践中的应用。一是第 15 条第 2 款要求："各级人民检察院检察委员会审议案件时，承办检察官应当报告有无类似指导性案例，并说明参照适用情况。"对此,笔者认为,这里的"类似指导性案例"是指检察指导案例,当然法院指导案例也有参考价值。一般来说,在"两高"有"指导性案例"的情况下,类似案件就应当参照"指导性案例"办理。如果不参照适用,应当由承办检察官向检察委员会作出书面报告。二是最高人民检察院应当为各级人民检察院适用"指导性案例"提供便利条件。第 16 条要求:"最高人民检察院建立指导性案例数据库,为各级人民检察院和社会公众检索、查询、参照适用指导性案例提供便利。"三是要强化"指导性案例"的应用培训。第 17 条指出:"各级人民检察院应当将指导性案例纳入业务培训,加强对指导性案例的学习应用。"

总之,经过十多年的发展,同时结合新时期新要求,2019 年《案例指导规定》较好地将检察指导案例工作中成熟的工作经验和新的工作要求明确规定下来,检察指导案例进入了更加成型、更加规范、更加专业的发展轨道。

附件:

1. 2010 年《最高人民检察院关于案例指导工作的规定》
2. 2015 年《最高人民检察院关于案例指导工作的规定》
3. 2019 年《最高人民检察院关于案例指导工作的规定》

附件1

最高人民检察院关于案例指导工作的规定

（2010 年 7 月 29 日最高人民检察院第十一届检察委员会第四十次会议通过　高检发研字〔2010〕3 号）

第一条　为充分发挥指导性案例的作用，规范检察机关案例指导工作，结合检察工作实际，制定本规定。

第二条　检察机关建立案例指导制度应当立足于检察实践，通过选编检察机关办理的在认定事实、证据采信、适用法律和规范裁量权等方面具有普遍指导意义的案例，为全国检察机关依法办理案件提供指导和参考，促进法律的统一公正实施。

第三条　指导性案例是指检察机关在履行法律监督职责过程中办理的具有普遍指导意义的案例，主要包括：

（一）职务犯罪立案与不立案案件；

（二）批准（决定）逮捕与不批准（决定）逮捕、起诉与不起诉案件；

（三）刑事、民事、行政抗诉案件；

（四）国家赔偿案件；

（五）涉检申诉案件；

（六）其他新型、疑难和具有典型意义的案件。

第四条　最高人民检察院设立案例指导工作委员会，负责指导性案例的审查、编选和发布等工作。

案例指导工作委员会由最高人民检察院有关领导、业务部门负责人和有关法学专家组成。

第五条　最高人民检察院案例指导工作委员会的工作机构设在法律政策研究室，负责案例指导工作委员会的日常事务，统一受理选送、推荐和征集的案例，报请案例指导工作委员会审查决定等工作。

第六条　最高人民检察院各业务部门对人民检察院办理的案件，认为符合指导性案例条件的，可以向最高人民检察院案例指导工作委员会选送。

省级人民检察院对本院办结的以及下级人民检察院选送的案件进行审查，认为可以作为指导性案例的，经审查后向最高人民检察院案例指导工作委员会选送。

第七条　最高人民检察院案例指导工作委员会可以向地方各级人民检察院征集有关案例。

人大代表、政协委员、专家学者等社会各界人士对人民检察院办理的案件，认为符合指导性案例条件的，可以向最高人民检察院案例指导工作委员会推荐。

第八条　选送，推荐和征集的案例应当符合下列条件：

（一）已经发生法律效力的案件；

（二）具有下列情形之一：

1. 涉及的法律适用问题在现行法律规定中比较原则、不够明确具体的案件；

2. 可能多发的新类型案件或者容易发生执法偏差的案件；

3. 群众反映强烈、社会关注的热点案件；

4. 在法律适用上具有指导意义的其他案件。

（三）在事实认定、法律适用、政策掌握或者法律监督实践中具有典型性和代表性；

（四）适用法律正确，对法律的解释合乎法律的原则和精神；处理结果恰当、社会效果良好。

第九条　选送和征集的案例，有若单位或者部门应当提交下列材料：

（一）填写《案例选送表》，简要说明选送理由和依据；

（二）按照本规定体例要求撰写的案例材料；

（三）有关法律文书。

上述材料以纸质和电子介质两种形式一并报送。

第十条　撰写案例材料的体例包括标题（主标题和副标题）、要旨、基本案情，主要争议问题、处理理由五个部分，并符合下列制作要求：

（一）标题，主标题为案件核心内容的提炼，副标题为案件当事人和案由；

（二）要旨，简要概述案件具有指导意义的要点提示；

（三）基本案情，准确精练、层次清晰地概括反映案件的基本情况，包括办案经过、有关方面意见以及最终处理结果；

（四）主要争议问题，全面介绍案件的争议焦点或者分歧意见；

（五）处理理由，在对案件进行分析评议的基础上，充分阐明集件的指导价值。

第十一条　最高人民检察院案例指导工作委员会对选送、推荐和征集的案例进行初步审查后，分送有关业务部门，由其提出审查意见。

有关业务部门审查同意作为指导性案例的，应当准备相关材料，送交案例指导工作委员会的工作机构，由其报请案例指导工作委员会审议。必要时，召开专家论证会论证。

第十二条　案例指导工作委员会的工作机构应当提前将提交案例指导工作委员会讨论的案例材料分送各位委员，并在开会时对案例作简要说明。

第十三条　案例指导工作委员会审查指导性案例实行民主集中制原则，对案例进行集体讨论。

案例指导工作委员会认为应当作为指导性案例的，提请检察委员会审议决定。

第十四条　检察机关指导性案例由最高人民检察院公开发布，作为指导全国检察机关工作的一种形式。

总结经验、教训的案例以及不宜公开发布的案例，可以在检察机关内部发布。

第十五条　指导性案例发布后，各级人民检察院在办理同类案件、处理同类问题时，可以参照执行。

第十六条　在办理同类案件、处理同类问题时，承办案件的检察官认为不应当适用指导性案例的，应当书面提出意见，报经检察长或者检察委员会决定。

第十七条　公开发布的指导性案例，通过以下渠道供各级人民检察院和社会各界查询：

（一）最高人民检察院公报；

（二）人民检察院指导性案例汇编；

（三）最高人民检察院网站。

第十八条　最高人民检察院在开展案例指导工作中，应当加强与有关机关的沟通。必要时，可以征求有关机关的意见或者与有关机关共同发布指导性案例。

附件 2

最高人民检察院关于案例指导工作的规定

（2010 年 7 月 29 日最高人民检察院第十一届检察委员会第四十次会议通过，2015 年 12 月 9 日最高人民检察院第十二届检察委员会第四十四次会议修订　高检发研字〔2015〕12 号）

第一条　为了加强和规范检察机关案例指导工作，充分发挥指导性案例规范司法办案的作用，促进检察机关严格公正司法，保障法律统一正确实施，结合检察工作实际，制定本规定。

第二条　检察机关指导性案例由最高人民检察院统一发布。指导性案例应当符合以下条件：

（一）案件处理结果已经发生法律效力；

（二）案件办理具有良好法律效果与社会效果；

（三）在事实认定、证据采信、法律适用、政策掌握等方面对办理类似案件具有指导意义。

第三条　人民检察院参照指导性案例办理案件，可以引述相关指导性案例作为释法说理根据，但不得代替法律或者司法解释作为案件处理决定的直接法律依据。

第四条　检察机关指导性案例一般由标题、关键词、基本案情、诉讼过程、要旨、法理分析、相关法律规定等组成。

根据不同指导性案例的特点，发布指导性案例时可以对上述内容作适当调整。

第五条　最高人民检察院设立案例指导工作委员会。

案例指导工作委员会由最高人民检察院分管副检察长、检察委员会专职委员、各业务部门负责人和部分法学专家组成。

第六条 案例指导工作委员会设立工作机构，在案例指导工作委员会领导下，开展备选指导性案例的征集、遴选和其他日常工作。

案例指导工作委员会工作机构设在最高人民检察院法律政策研究室。

第七条 最高人民检察院各业务部门负责与其业务工作有关的备选指导性案例的收集、审查和推荐工作。

省级人民检察院负责本地区各级人民检察院对备选指导性案例的收集、审查和推荐工作。

最高人民检察院各业务部门和地方各级人民检察院应当确定专人负责案例指导相关工作。

第八条 最高人民检察院各业务部门推荐的备选指导性案例，应当经分管副检察长批准。

省级人民检察院向最高人民检察院推荐的备选指导性案例，应当经本院检察长批准或者检察委员会审议决定。

第九条 案例指导工作委员会工作机构应当广辟案例征集渠道。根据案例指导工作的需要，可以定期向最高人民检察院各业务部门和省级人民检察院发布重点征集的案例类型。

第十条 人大代表、政协委员、人民监督员、专家咨询委员以及社会各界人士对认为符合本规定第二条要求的案例，可以建议办理案件的人民检察院按照相关程序向最高人民检察院案例指导工作委员会工作机构推荐。

第十一条 最高人民检察院各业务部门和省级人民检察院推荐案例，应当提交以下材料：

（一）《指导性案例推荐表》；

（二）按照规定体例撰写的案例文本及说明材料；

（三）有关法律文书。

上述材料以纸质和电子介质两种形式一并报送。

第十二条　案例指导工作委员会工作机构对征集的案例进行研究，认为可以作为备选指导性案例的，送有关业务部门、案例指导工作委员会专家委员征求意见。必要时，可以征求其他有关单位、专家学者意见或者召开专家论证会。

第十三条　案例指导工作委员会工作机构根据征求意见情况，提出备选指导性案例的意见，提请案例指导工作委员会讨论。

第十四条　案例指导工作委员会实行民主集中制原则，对备选指导性案例进行集体讨论。多数委员认为可以作为指导性案例发布的，由案例指导工作委员会报经检察长同意，提请最高人民检察院检察委员会审议。

第十五条　最高人民检察院检察委员会审议通过的指导性案例，应当在《最高人民检察院公报》《检察日报》和最高人民检察院网站公布。

第十六条　最高人民检察院在开展案例指导工作中，应当加强与有关机关的沟通。必要时，可以商有关机关共同发布指导性案例。

第十七条　指导性案例具有下列情形之一的，最高人民检察院应当及时宣告失效，并在《最高人民检察院公报》《检察日报》和最高人民检察院网站公布：

（一）案例援引的法律或者司法解释废止的；

（二）与新颁布的法律或者司法解释相冲突的；

（三）与最高人民检察院新发布的指导性案例相冲突的；

（四）其他应当宣告失效的情形。

人民检察院在办理案件过程中，发现有关指导性案例具有前款规定应当宣告失效情形的，应当层报最高人民检察院案例指导工作委员会工作机构。

最高人民检察院宣告指导性案例失效，应当经检察委员会审议决定。

第十八条 最高人民检察院加强指导性案例编纂工作，建立指导性案例数据库，为各级人民检察院和社会公众检索、查询、适用指导性案例提供便利。

第十九条 各级人民检察院应当加强对指导性案例的学习培训，将指导性案例纳入培训课程，以提高适用指导性案例的准确性和规范性。

第二十条 本规定由最高人民检察院负责解释，自公布之日起施行。《最高人民检察院关于案例指导工作的规定》（高检发研字〔2010〕3号）同时废止。

附件3

最高人民检察院关于案例指导工作的规定

（2010 年 7 月 29 日最高人民检察院第十一届检察委员会第四十次会议通过，2015 年 12 月 9 日最高人民检察院第十二届检察委员会第四十四次会议第一次修订，2019 年 3 月 20 日最高人民检察院第十三届检察委员会第十六次会议第二次修订　高检发办字〔2019〕42 号）

第一条　为了加强和规范检察机关案例指导工作，发挥指导性案例对检察办案工作的示范引领作用，促进检察机关严格公正司法，保障法律统一正确实施，根据《中华人民共和国人民检察院组织法》等法律规定，结合检察工作实际，制定本规定。

第二条　检察机关指导性案例由最高人民检察院发布。指导性案例应当符合以下条件：

（一）案件处理结果已经发生法律效力；

（二）办案程序符合法律规定；

（三）在事实认定、证据运用、法律适用、政策把握、办案方法等方面对办理类似案件具有指导意义；

（四）体现检察机关职能作用，取得良好政治效果、法律效果和社会效果。

第三条　指导性案例的体例，一般包括标题、关键词、要旨、基本案情、检察机关履职过程、指导意义和相关规定等部分。

第四条　发布指导性案例，应当注意保守国家秘密和商业秘密，保护涉案人员隐私。

第五条　省级人民检察院负责本地区备选指导性案例的收集、整理、审查和向最高人民检察院推荐工作。办理案件的人民检察院或者检察官可以向省级人民检察院推荐备选指导性案例。

省级人民检察院各检察部和法律政策研究室向最高人民检察院对口部门推荐备选指导性案例，应当提交以下材料：

（一）指导性案例推荐表；

（二）按照规定体例撰写的案例文本；

（三）有关法律文书和工作文书。

最高人民检察院经初步审查认为可以作为备选指导性案例的，应当通知推荐案例的省级人民检察院报送案件卷宗。

第六条　人大代表、政协委员、人民监督员、专家咨询委员以及社会各界人士，可以向办理案件的人民检察院或者其上级人民检察院推荐备选指导性案例。

接受推荐的人民检察院应当及时告知推荐人备选指导性案例的后续情况。

第七条　最高人民检察院法律政策研究室统筹协调指导性案例的立项、审核、发布、清理工作。

最高人民检察院各检察厅和法律政策研究室分工负责指导性案例的研究编制工作。各检察厅研究编制职责范围内的指导性案例，法律政策研究室研究编制涉及多个检察厅业务或者院领导指定专题的指导性案例。

第八条　最高人民检察院各检察厅和法律政策研究室研究编制指导性案例，可以征求本业务条线、相关内设机构、有关机关对口业务部门和人大代表、专家学者等的意见。

第九条　最高人民检察院设立案例指导工作委员会。案例指导工作委员会由最高人民检察院分管法律政策研究室的副检察长、检察委员会专职委员、部分检察厅负责人或者全国检察业务专家以及法学界专家组成。

提请检察委员会审议的备选指导性案例，应当经案例指导工作委员会讨论同意。

案例指导工作委员会应当定期研究案例指导工作，每年度专题向检察委员会作出报告。

案例指导工作委员会的日常工作由法律政策研究室承担。

第十条 最高人民检察院各检察厅和法律政策研究室认为征集的案例符合备选指导性案例条件的，应当按照指导性案例体例进行编写，报分管副检察长同意后，提交案例指导工作委员会讨论。

第十一条 案例指导工作委员会同意作为备选指导性案例提请检察委员会审议的，承办部门应当按照案例指导工作委员会讨论意见对备选指导性案例进行修改，送法律政策研究室审核，并根据审核意见进一步修改后，报检察长决定提交检察委员会审议。

第十二条 检察委员会审议备选指导性案例时，由承办部门汇报案例研究编制情况，并就案例发布后的宣传培训提出建议。

第十三条 检察委员会审议通过的指导性案例，承办部门应当根据审议意见进行修改完善，送法律政策研究室进行法律核稿、统一编号后，报分管副检察长审核，由检察长签发。

第十四条 最高人民检察院发布的指导性案例，应当在《最高人民检察院公报》和最高人民检察院官方网站公布。

第十五条 各级人民检察院应当参照指导性案例办理类似案件，可以引述相关指导性案例进行释法说理，但不得代替法律或者司法解释作为案件处理决定的直接依据。

各级人民检察院检察委员会审议案件时，承办检察官应当报告有无类似指导性案例，并说明参照适用情况。

第十六条 最高人民检察院建立指导性案例数据库，为各级人民检察院和社会公众检索、查询、参照适用指导性案例提供便利。

第十七条 各级人民检察院应当将指导性案例纳入业务培训，加强对指导性案例的学习应用。

第十八条　最高人民检察院在开展案例指导工作中，应当加强与有关机关的沟通。必要时，可以商有关机关就互涉法律适用问题共同发布指导性案例。

第十九条　指导性案例具有下列情形之一的，最高人民检察院应当及时宣告失效，并在《最高人民检察院公报》和最高人民检察院官方网站公布：

（一）案例援引的法律或者司法解释废止；

（二）与新颁布的法律或者司法解释冲突；

（三）被新发布的指导性案例取代；

（四）其他应当宣告失效的情形。

宣告指导性案例失效，由最高人民检察院检察委员会决定。

第二十条　本规定自印发之日起施行。

第三章　检察指导案例的效力

　　检察指导案例的效力是研究检察机关案例指导制度中的一个重要前置性理论问题。对这一问题，学术界还有不同的观点，实践中也有不同的认识。笔者试运用比较的方法，结合我国国情，探寻界定检察指导案例效力的方法，以求形成共识。

第一节　案例效力的比较研究

　　自最高人民检察院建立案例指导制度以来，关于检察指导案例效力的问题，就成为理论上和实践中备受争议的问题。检察指导案例的效力问题，包括检察指导案例在司法实践中应当发挥什么样的功效、检察指导案例在法律体系中应当居于什么样的法律地位、检察指导案例在案件办理中起到什么样的作用，以及如何发挥作用等问题。对这些问题，可以运用比较分析的方法，在对当前英美法系判例法和大陆法系中判例的效力问题作一简要梳理的基础上，结合中国具体情况加以阐述和思考。

一、英美法系判例的效力

　　在英美等判例法国家，从来源上说，判例法作为一种法律制度，其生成机制体现为"法官造法"，在运行机制上具有两大核心规则："判例即法""遵循先例"。① "判例即法"，是指从法律地位上说，判例是正式的法律渊源，具有法定拘束力；"遵循先例"，是从判例的效力及法官适用判例的方法上来说，法官在作出判决时，应当遵循先例，也就是说，法官在审理案件时，要受到上级法院甚至是本级法院以前审理相类似案件判决的拘束。

具体来说，在英国，先期判例的效力可分为三种情况：（1）上议院所作的判决具有普遍的拘束力，所有法院都应当遵循上议院的判决；（2）上诉法院的判决除对上议院之外，对其他法院和自身都有拘束力；（3）高等法院的法官所作的判决对下级法院具有拘束力，但是对其内部法官审理类似案件不具有拘束力，只有一定的说服力。

在美国，判例主要是指阐释制定法的判例法（case law interpreting enacted law），在同一法院系统（司法辖区）内，上级法院的判例对所有下级法院均有拘束力，例如，佛罗里达州最高法院的判决对本州所有州属法院具有拘束力，此种效力被称作"纵向的（vertical）"遵循先例原则；与之对应，同一法院先前作出的判决对于本院以后的类似案件亦具有拘束力，这叫作"横向的（horizontal）"遵循先例原则。某个州的法院关于某个法律问题的决定对其他州的法院只具有说服力，但联邦最高法院的判决对全部联邦法院和各州法院都构成先例。联邦法院在适用某个州法律时，必须遵守该州法院所确立的先例；联邦法院在适用某个州的法律审理跨州案件时对法律作的解释，对于该州法院而言，仅具说服力而非拘束力。

二、大陆法系判例的效力

在大陆法系国家，判例制度的生成起源于对成文法缺陷的补救，所

---

① 刘作翔：《案例指导制度的定位及相关问题》，载《苏州大学学报（哲学社会科学版）》2011 年第 4 期。

以，判例制度的核心要旨是解释成文法，并保证成文法的统一适用。与普通法系的判例法相比，在大陆法系国家，一般而言，法院作出的判例不属于正式的法律渊源，但先例一般都具有事实上的拘束力。特别是从晚近趋势来看，先例在审判实践中对大陆法系的法官有重大的说服作用，或具有重要的参考、参照作用，上级法院的判例对下级法院法官作出判决的影响尤为明显。

例如：在德国，"判例"不是正式的法律渊源，但先例具有事实上的拘束力，法官通常会自愿遵从先例作出判决，德国还建立了"背离相告制度"保证先例的既定效力。所谓"背离相告制度"，是指法院如果不遵循判例进行判决时，必须向上级法院提交不遵循判例的书面报告，报告中要详细论证不遵循判例的理由以便使上级法院认可。在意大利，判例也具有事实上的拘束力，这种拘束力主要是通过裁判文书强制说理制度得以体现。意大利法官在作出判决时，如果遵循了最高法院的判例，则视为已经履行了强制说理义务；但如果法院未遵循最高法院的判例，则在裁判文书说理部分应当提出妥当、充分的理由来论证自己的裁决。在日本，判例事实上的拘束力非常明显。如果当事人发现裁判所的判决与最高裁判所或高等裁判所的判例相抵触，那么当事人可以以此为理由向上级裁判所提出上告。

综上，无论在英美法系还是在大陆法系，无论判例是否具有法律渊源地位，既有判例都对司法实践具有一定的影响力，只不过，英美法系先例具有法定拘束力，大陆法系判例具有事实上的拘束力。同时，在域外，司法者对同类案件作出与既有判例不同的判决时，都要承担一定的责任，一般都需要履行特定的向上级法院报告或经上级法院同意的程序。

第二节 检察指导案例效力的文本分析

目前关于检察指导案例效力的分析，应当结合最高人民检察院发布的规范性文件进行分析。采取文本分析的观点，从检察指导案例发展历程来看，对检察指导案例效力，可以结合 2010 年《关于案例指导工作的规定》（以下简称 2010 年《案例指导规定》）、2015 年《关于案例指导工作的规定》（以下简称 2015 年《案例指导规定》）及 2019 年《关于案例指导工作的规定》（以下简称 2019 年《案例指导规定》）对照予以沿袭性地开展分析。

一、关于检察指导案例效力的文本规定的比较分析

关于检察指导案例的效力，最高人民检察院在工作开展之初采取了较为谨慎的观点。2010 年《案例指导规定》第 15 条就检察指导案例的效力作出如下规定："指导性案例发布后，各级人民检察院在办理同类案件、处理同类问题时，可以参照执行。"在确定"可以参照执行"效力原则的同时，2010 年《案例指导规定》还确立了不适用检察指导案例的报告制度，即在第 16 条规定："在办理同类案件、处理同类问题时，承办案件的检察官认为不应当适用指导性案例的，应当书面提出意见，报经检察长或者检察委员会决定。"可以认为，2010 年《案例指导规定》第15 条、第 16 条结合起来，赋予了检察指导案例"可以参照执行"的效力，并建立了类似国外不遵循判例"背离报告制度"的"同类问题不适用指导性案例报告制度"。

就检察指导案例效力的规定来看，2015 年《案例指导规定》对2010 年《案例指导规定》进行修改的一个重点就是关于检察指导案例效力的表述。2015 年《案例指导规定》第 3 条将 2010 年《案例指导规

定》第 15 条规定的"可以参照执行"修改为:"人民检察院参照指导性案例办理案件,可以引述相关指导性案例作为释法说理根据,但不得代替法律或者司法解释作为案件处理决定的直接法律依据。"从这一表述来看,最高人民检察院作出这一重要修改,其原因就在于听取了下级人民检察院关于检察指导案例作用发挥不理想,有必要进一步明确检察指导案例效力的意见建议。但是,根据笔者了解的情况,在 2015 年《案例指导规定》修订时,是否将 2010 年《案例指导规定》确定的"可以参照执行"修改为"应当参照执行",成为文件制定时争议较大的一个问题。最终,2015 年《案例指导规定》回避了"可以"还是"应当"的提法,修改为较为笼统和折衷的表述,但讨论中,最高人民检察院进一步明确各级人民检察院在司法办案中处理同类问题时,一般情况下要参照检察指导案例,以进一步实化检察指导案例的效力,强化检察指导案例作用的发挥。

2019 年《案例指导规定》对检察指导案例"应当参照适用"的效力作出了更加明确的规定。2019 年《案例指导规定》第 15 条第 1 款指出:"各级人民检察院应当参照指导性案例办理类似案件,可以引述相关指导性案例进行释法说理,但不得代替法律或者司法解释作为案件处理决定的直接依据。"作为 2019 年《案例指导规定》修改的主要承办人,笔者见证,其修订时,对检察指导案例"应当参照适用"的规定,并未引起大的争议。笔者理解,能够形成共识并作出这一重要修改,一是因为发布检察指导案例已经入法,此类案例的"指导"带有法律上的约束意义已是不争事实;二是源于对检察机关上下级领导关系的深刻认识,最高人民检察院通过案例来指导地方各级人民检察院和专门人民检察院的工作,应当具有一定的强制力;三是由于以往规定得还不够明确,实践中检察指导案例的作用没能充分发挥,各地检察机关纷纷要求进一步明确检察指导案例的效力;四是最高人民检察院党组对检察指导案例前所未有高度重视,强化检察指导案例效力能够更好形成共识。

二、立足文本分析检察指导案例效力的相关问题

最高人民检察院发布 2019 年《案例指导规定》时，明确宣布 2015 年《案例指导规定》失效，这就说明，当前就检察指导案例效力来说，应当按照 2019 年《案例指导规定》，采取"应当参照适用"的结论。对于该结论应如何理解，笔者在调研中，一些检察官提出了以下两个方面的问题，在此予以论述说明。

（一）如何看待检察指导案例与法院指导案例效力的区别

案例指导制度是"两高"同步起步，同步运转的一项司法制度。作为司法改革的重要内容，2010 年最高人民法院也发布了《关于案例指导工作的规定》。其中，第 7 条规定："最高人民法院发布的指导性案例，各级人民法院审判类似案例时应当参照。"2015 年，最高人民法院发布《〈关于案例指导工作的规定〉实施细则》，其中，第 9 条规定："各级人民法院正在审理的案件，在基本案情和法律适用方面，与最高人民法院发布的指导性案例相类似的，应当参照相关指导性案例的裁判要点作出裁判。"第 10 条规定："各级人民法院审理类似案件参照指导性案例的，应当将指导性案例作为裁判理由引述，但不作为裁判依据引用。"从这一规定可以看出，对于指导性案例的效力，最高人民法院早在 2015 年就开始使用"应当参照"，而迟至 2019 年，最高人民检察院才在 2019 年《案例指导规定》中明确检察指导案例效力是"应当参照"。那么，是否意味着检察指导案例的效力低于法院指导案例的效力呢？

笔者认为，不能作这种形式上的理解。本质上，法院指导案例的效力，也是一种事实上的约束力，并不具有法律上的强制适用力。对此，最高人民法院审判委员会原专职委员胡云腾大法官在一系列论著中都是

持这种观点的。① 从根本上说，最高人民法院与最高人民检察院发布"指导性案例"没有区别，都是一种法律适用活动，都是上级司法机关对下级司法机关自由裁量权行使进行规范监督和开展业务指导的方式，两者的效力也不应当有所区别。因此，最高人民检察院 2015 年《案例指导规定》在论述检察指导案例效力的时候，虽然没有使用"应当参照"的表述，但从案例指导制度建立的初衷及实际价值来看，检察指导案例效力与法院指导案例效力一样，都是应当参照适用，并且，都是一种事实上的拘束力。只不过，正如前文所述，最高人民检察院在 2015 年《案例指导规定》中，关于是否明确使用"应当参照"一词，还有一些不同的意见，讨论中，一些学者及检察委员会委员建议立足实际情况，采取更为稳妥的表述。最终，从谨慎的角度，2015 年《案例指导规定》回避了"应当参照"和"可以参照"之争，使用了"人民检察院参照指导性案例办理案件，可以引述相关指导性案例作为释法说理根据，但不得代替法律或者司法解释作为案件处理决定的直接法律依据"这样比较概括的表述。但这种表述，并不意味着检察指导案例与法院指导案例的效力有所区别，对此，最高人民检察院 2019 年《案例指导规定》作出修改，就是最好的诠释。实际上，"两高"指导性案例的效力，在实践中完全应当等同视之。

实践中，经常还有观点提出，"两高"的"指导性案例"是否可以互相参照呢？对此，笔者认为，"两高"各自发布的"指导性案例"，其"参照"效力应分别及于人民法院系统和人民检察院系统，两者互相之间，并无相互"参照"效力。但是，由于"两高"发布的"指导性案例"大都经由人民法院裁决生效，在司法实践中具有疑难性、典型性、示范性，且在制发过程中往往相互征求意见并经专家论证，基本取

---

① 参见胡云腾、于同志：《案例指导制度若干重大疑难争议问题研究》，载《法学研究》2008 年第 6 期；胡云腾、罗东川等：《〈关于案例指导工作的规定〉的理解与适用》，载《人民司法》2011 年第 3 期。

得一致意见，因此，无论是哪家发布的"指导性案例"，对法官和检察官办理类似案件，都具有一定参考借鉴价值。

当然，也有观点进一步提出，如果下级检察院依据检察指导案例提起公诉，人民法院不依据案例作出判决，下级检察院是否应当提起抗诉呢？对此，笔者的观点是，"两高"同为中国特色社会主义司法制度的重要组成部分，两者在维护司法公正，树立司法权威方面的目的是一致的，通常来说，因为检察指导案例制发过程中，都会与最高人民法院进行全面充分的沟通，下级法院不会出现与"两高""指导性案例"明显冲突的判决。当然，实践中的情况是复杂的，如果类似案件，下级人民检察院认为下级人民法院作出的判决与检察指导案例阐明的要旨相冲突，应当及时将案件提交检察委员会讨论，检察委员会讨论后，认为确实存在下级法院判决与检察指导案例相冲突的，应当及时向上级人民检察院或者逐级向最高人民检察院报告，最高人民检察院应当积极与最高人民法院沟通，如果必要，及时启动审查程序，并报告最高人民检察院检察委员会研究，如果检察指导案例确实存在问题，难以获得各界认可的，有必要作出修改、废止、清理等处理决定；否则，可以依法提出纠正意见。

（二）检察指导案例如何在检察法律文书中应用

结合 2019 年《案例指导规定》，经常提出的一个问题是，检察指导案例能否在检察法律文书中应用？对此，笔者的观点是，根据 2019 年《案例指导规定》第 15 条的规定，检察指导案例的效力包括两个方面的含义：一方面，各级人民检察院应当参照检察指导案例办理类似案件，可以引述相关检察指导案例进行释法说理，这说明检察指导案例当然可以在办案时援引作为说理的根据；另一方面，检察指导案例不得代替法律或者司法解释作为案件处理决定的直接依据，这就说明，检察指导案例的效力，毕竟跟法律、司法解释具有很大的区别。

　　具体来说，在仅仅对内的法律文书中，检察指导案例完全可以用于作为说理的依据。例如，在内部的审查报告或案件研讨报告中，应当对最高人民检察院有没有发布类似检察指导案例作出说明，如果存在类似检察指导案例的，完全也应当援引检察指导案例加以论证。

　　在正式对外的法律文书中，检察指导案例能够在对外的检察法律文书中与法律和司法解释一道使用，作为论证法律、司法解释适用的说理依据，但是，不能在没有援引法律的情况下，单独作为检察机关提起公诉、作出批准逮捕、不批准逮捕、不起诉决定的依据。

　　特别值得注意的是，为认真贯彻中央《关于实行国家机关"谁执法谁普法"普法责任制的意见》要求，落实检察环节普法责任制，2017年6月28日，最高人民检察院颁布了修订后的《关于实行检察官以案释法制度的规定》（以下简称《以案释法制度规定》）。《以案释法制度规定》要求，检察官在办理案件过程中或者办结案件后，通过检察法律文书或者书面、口头说明等方式向诉讼参与人、利益相关人等与案件有关的人员和单位进行释法说理，《以案释法制度规定》第6条和第7条还要求，检察官着重围绕7类案件向8个方面的对象做好释法工作。其中，7类案件包括：（1）当事人等诉讼参与人对检察环节司法办案的公正性存在质疑，可能引发涉检网络舆情的案件；（2）涉及群体性利益、可能引发上访或者群体性事件的案件；（3）当事人对法律适用存在误解，释法说理有利于明确法律含义、阐明适用法律理由的案件；（4）涉及重大国家利益和社会公共利益的案件；（5）涉及老年人、妇女、未成年人、残疾人等特殊群体的案件；（6）作出不予立案、撤销案件、不批准逮捕、不起诉、附条件不起诉、不抗诉、不支持监督请求等终局性处理的案件，以及作出纠正违法、通知立案、通知撤销案件等监督决定的案件；（7）其他经当事人申请或者检察官认为有必要释法的案件。8个方面的对象，即：（1）审查逮捕、审查起诉案件的当事人及其近亲属；（2）犯罪嫌疑人、被告人的辩护律师及其诉讼代理人；（3）直接受理侦查案件的实名举报人、发案单位；（4）控告申诉案件的控告人、申诉人；（5）国家赔偿案件的赔偿请求人；（6）民事行政检察监督案件的当事人及其诉讼代理人；（7）案件涉及的其他诉讼参与人、利益相关人等与案件有关的人员和单位；（8）对检察机关作出的决定可能存有异议的相关办案机关。为配合《以案释法制度规定》的实施，2017 年 7 月 20 日，最高人民检察院又印发《关于加强检察法律文书说理工作的意见》（以下简称《加强法律文书说理意见》）。《加强法律文书说理意见》要求，人民检察院在履行法律监督职能过程中制作的决定书、意见书、建议书、告知书、通知书等各类检察法律文书，涉及公民、组织重要权利处置或者诉讼重要进程，可能引发质疑、异议或者舆论炒作的，应当在叙述式法律文书中或者送达、宣告决定时有重点地进行说理。

从《以案释法制度规定》和《加强法律文书说理意见》的要求来看，检察机关在办理案件时，应当注重援引检察指导案例，针对特定人群做好释法工作，也应当注重在检察法律文书中援引法律、司法解释的同时，参照、援引检察指导案例，加强法律文书的说理工作。根据《人民检察院刑事诉讼规则》，人民检察院刑事诉讼中的法律文书就有两百多种。其中，有以下几类法律文书，要特别注意引用检察指导案例进行释法说理：起诉书、公诉意见书、量刑意见书、刑事抗诉书不起诉决定书、刑事审查决定书，等等。

强化检察指导案例在检察法律文书说理中的运用，有利于增强法律文书的说服力，也能更好地普及宣传法治精神。从诉讼参与各方来看，既有利于增强当事人对检察机关司法办案依据的直观理解，也有利于扩大检察机关案例指导工作的社会影响力。上级检察机关应当采取措施，积极推广在检察法律文书中引用检察指导案例进行释法说理制度。

应当说明的是，在应用检察指导案例作为说理依据时，要注意规范地引用。一般来说，引用检察指导案例作为说理依据，应当援引明确的检例号和检察指导案例的名称，并对检察指导案例的基本事实有所概括性说明，针对检察指导案例提出的要旨予以引用，对检察指导案例归纳的指导意义，可以引用，也可以在案件办理时予以参照研究，或者在法律文书中予以引用。

第三节　检察指导案例效力的理论分析

实践中，结合规范性文件，关于检察指导案例的效力有了明确的规定，但是，理论上关于"指导性案例"效力如何认识，一直是一个争议很大的问题。最高人民法院和最高人民检察院发布有关案例指导工作的规定后，观点分歧并未消弭，理论界从不同的角度入手，对这个问题展开了深入讨论。

一、理论界观点的聚讼与分类

理论界关于"指导性案例"的效力，概括起来，主要有三种不同的观点：

第一种观点将"指导性案例"的效力界定为"指导"，认为"指导性案例"不具有正式的法律效力，不属于正式的法律渊源，但对于司法者在处理同类案件时不仅仅是参考作用，而是应具有"事实上的约束力"。"指导性案例的效力主要是一种说服力，人们服从它是因为它的正确和正当。"① 最高人民法院胡云腾大法官②、北京大学张骐教授③、中

---

① 张骐：《试论指导性案例的"指导性"》，载《法制与社会发展》2007 年第 6 期。
② 胡云腾、于同志：《案例指导制度若干重大疑难争议问题研究》，载《法学研究》2008 年第 6 期。
③ 张骐：《试论指导性案例的"指导性"》，载《法制与社会发展》2007 年第 6 期。

国人民大学王利明教授①等多数学者持这种观点，当前这种观点是比较主流的观点。

第二种观点为少数学者所主张，他们立足当前英美法系和大陆法系趋向融合的趋势，认为当前不仅英美法系国家和地区以判例法为主要法律渊源，法官一般根据"遵循先例"的原则来判案，同时大陆法系国家和地区也开始高度重视判例，上级法院的判例对下级法院也有约束力或重大影响。基于这种潮流和趋势，他们主张将我国的案例指导制度进行改造，建立起"具有中国特色的判例制度"。如国家法官学院曹三明教授主张这种观点②。中国人民大学法学院张志铭教授提出，"中国的案例指导制度也是司法判例制度的一种"③。从实践看，2002 年，郑州市中原区法院试行过先例判决制度④，天津市高级人民法院实行过"判例指导制度"⑤，都可以视为这种观点在实践中的体现，但近年来，类似做法很少再见诸报端。

第三种观点是少数实务界及理论界的同志提出的。他们从中国当前面临类似案件判决差别过大难题的现实出发，主张推进"指导性案例"在统一法律适用中发挥更大作用，极力呼吁将"指导性案例"规定为一

①　王利明：《我国案例指导制度若干问题研究》，载《法学》2012 年第 1 期。

②　曹三明：《中国判例法的传统与建立中国特色的判例制度》，载《法律适用（国家法官学院学报）》2002 年第 12 期。

③　张志铭：《司法判例制度构建的法理基础》，载《清华法学》2013 年第 6 期。

④　其主要做法是：该院审判委员会讨论决定的案件由审判委员会确定为"先例"，法官在审理同类案件时，应当参照"先例"作出裁判，认为不应当参照"先例"裁判的，应当报请该院审判委员会决定。法官如无正当理由不参照"先例"判决，一旦出现错判，则有可能被追究相关责任。

⑤　其主要做法是：将该院民商事审判领域中的典型案例选编为"判例"，经审判委员会讨论后正式予以公布，供司法管辖区内所有的法院在审理同类案件时作为裁判的参考。"判例"对辖区内的各级法院不具有法律意义上的强制约束力，只有指导性。但法官在审理与"判例"相同的案件时，如果没有参照"判例"判决，应在案件判决后将判决情况向高级人民法院作出书面报告。

种新的司法解释;① 甚至要"以例入律",建立以判例为主要形式的司法解释体制。② 还有学者从司法解释的功能入手,更为激进地主张当前要以"指导性案例"取代司法解释,推进法律适用和法律解释的相对统一。③最高人民检察院开展案例指导工作之初组织专家论证时,也有学者提出:"可以考虑赋予检察指导案例准司法解释的效力。"④ 可见,这种观点也是具有一定影响的。

对以上三种观点,笔者认为,将检察指导案例的效力理解为"一般情况下要参照,具有事实上的约束力"较为合理。即检察指导案例对司法实践具有事实上的指导作用,但这种事实上的指导并非规范意义上的指导,不同于法律、司法解释的强制适用效力。对此,可以从两个层面来具体阐述:一方面,检察指导案例的效力是一般情况下要参照,这就意味着这种"参照"不是可有可无,不是检察官想参照就参照,不想参照就不参照,而是没有特殊情况就应当参照,是一种事实上的约束力;另一方面,检察指导案例的效力又不同于法律或司法解释,没有强制适用效力,检察指导案例发挥作用,主要在于其对法律精神的准确阐释和精准应用,以及其对实践中疑难复杂问题的精准回应和缜密论证,对司法人员有较强的说服力,因而获得司法人员的认同,进而事实上对司法实践产生影响,发挥指导司法的功能作用。

---

① 朱建敏:《构建案例指导制度的几个具体问题——基于效力定位的视角》,载《法治研究》2008 年第 7 期;陆幸福:《最高人民法院指导性案例法律效力之证成》,载《法学》2014 年第 9 期。

② 干朝端:《建立以判例为主要形式的司法解释体制》,载《法学评论》2001 年第 3 期。

③ 宋晓:《裁判摘要的性质追问》,载《法学》2010 年第 2 期。

④ 张建升、王军等:《检察机关案例指导制度的建立与完善》,载《人民检察》2010 年第 9 期。

二、检察指导案例效力为"应当参照"

检察指导案例的效力是应当参照适用，这种应当参照适用意味着检察指导案例对下级检察机关司法办案活动具有事实上的约束力，这种约束力是一种"强"约束力，但是，又不等同于法律上的强制力。对此，笔者从以下三个方面加以解析说明：

（一）检察指导案例是"案例"指导，不是"判例"约束

当前，我国立法法没有将案例作为法律渊源予以体现，无论是理论界还是实务界，我国都没有将案例视为法律渊源的做法。上述第二种观点主张借鉴判例法中的合理因素，其立论的视野很开阔，其阐述的理由也是我国开展案例指导工作的重要理论根据。但目前最高人民法院和最高人民检察院发布的"指导性案例"都与英美法系语境中的判例有很大差别。具体理由如下：

首先，英美法中的判例是指"判决上的先例"，正如前文所述，在普通法国家，只要没有被后来的判决明确推翻，各级法院的判决都是判例。任何判例都具有先例价值，因而都应被以后的判决遵循。而在我国，检察指导案例的来源虽然是各级人民检察院实际办理并经人民法院作出生效裁判或者人民检察院作出终局性决定的案例，但在法律体系中没有独立地位，与英美法系中判例的地位截然不同。

其次，普通法上的判例是法官造法的结果，判例即是法。而在我国，检察指导案例本质上是司法机关对法律的适用，是法律精神的具体体现，不是司法者创设法律的结果，其性质与判例有重大区别。

最后，从形式上说，普通法上的判例实际上就是先在的判决，并且该判决作出后不再需要经过专门的制作程序即可成为先例。而在我国，检察指导案例有严格的制作和发布程序要求，必须经过最高人民检察院反复研究，提炼要旨和归纳指导意义，经最高人民检察院案例指导工作

委员会讨论和检察委员会审议，并公开发布后，才能参照适用。当然，法院指导案例也有严格的程序要求。因此，"指导性案例"与判例在外在形式上也是不同的。综上，检察指导案例与英美法系的判例有着本质区别，检察指导案例，不具备判例法中"判例"的法源地位和对司法机关法律适用的普遍强制力。

（二）检察指导案例的"指导性"是一种较强的拘束力，应当对检察机关司法办案活动具有实实在在的约束力

检察指导案例是检察机关在履行法律监督职责过程中办理的具有典型性的案例，由最高人民检察院依据严格的程序遴选，听取专家学者和各方面意见，经最高人民检察院案例指导工作委员会讨论和检察委员会审议通过后，面向全国检察机关和全社会公开发布。因此，从检察指导案例地位的法定性和规范司法办案活动、统一法律适用标准的宗旨，以及严格的遴选发布程序、权威的发布主体等角度看，对各级检察院办理类似案件应当具有带指令性的重要指导意义，是检察官办理类似案件必须检索和参考的重要根据。党的十八届四中全会通过的《中共中央关于全面推进依法治国若干重大问题的决定》给"指导性案例"的定位是"统一法律适用标准"。因此，"指导性案例""要旨"中总结的"规则"，意味着今后各级检察院办理相类似的案件，原则上只能参照此规则来认定性质、采取措施、开展工作，没有特殊情况和理由，不能作其他认定或采取其他做法。从落实宪法关于地方各级人民检察院和专门检察院受最高人民检察院工作领导的规定出发，从统一执法思想和司法尺度要求出发，必须参照检察指导案例办理类似案件。同时，只要依此规则行事，其法律效果也是可预期的。如果案例推广的观点和做法是可参照可不参照、愿意参照就参照、不愿意参照就不参照、参照了也不一定有预期法律效果，可以随意对待或者仅有一般性参考启发作用，那就不是"统一法律适用标准"的"指导性案例"，而只是一般意义上的案例。

（三）检察指导案例仅仅具有指导性，不同于法律的强制性，也不同于司法解释的法律效力

"指导"的含义是参考、参照、指引、规范等，"指导性案例"应当以其案情和提炼的规则为各级人民检察院办理相类似案件提供参照适用的"样板"，其本身是对法律和司法解释精神的阐释，有助于准确理解和运用法律和司法解释。"指导"意味着"指导性案例"应当以其立论的正确、论证的严密、思辨的合理获得司法者的认可，司法者在类似案件办理时，主动参照援引"指导性案例"得出合理结论。

检察指导案例仅仅是司法创设的一种，仅仅是司法活动的体现，检察指导案例不同于法律或者司法解释。在我国法律体系中，"指导性案例"没有法源地位，其法律效力不能等同于法律或者司法解释。

"指导性案例"本质上是司法范畴，是法律适用活动。对此，我国有学者指出：在中国实行的案例指导制度，是指以制定法为主，以案例指导为辅，在不影响制定法作为主要法律渊源的前提下，借鉴判例法的一些具体做法。制定法与"指导性案例"的关系是"主"与"辅"的关系，而不是"主"与"副"的关系。"辅"是指辅助、辅佐、辅协等意。① 这种观点是笔者所认可的，简单来说，"指导性案例"属于司法活动范畴，不能与立法并列，与法律不是同一个层面、同一个位阶的问题。

学界还有人主张"指导性案例"的效力至少应当等同于司法解释，例如，第三种观点关注"指导性案例"的实践应用效果，主张进一步扩大"指导性案例"在实践中的应用。对此，笔者认为，这种观点追求的目的也是我们所期望的；但是，即使就司法解释来说，"指导性案例"也不能等同，"指导性案例"应当弱于司法解释的效力。司法解释由立法机关明确授权，按照严格程序制定、发布和备案，具有法律效力；而

---

① 刘作翔：《案例指导制度的定位及相关问题》，载《苏州大学学报（哲学社会科学版）》2011年第4期。

"指导性案例"虽然是最高人民检察院检察委员会或最高人民法院审判委员会审议发布的，但不需要向全国人大常委会备案，也不具备法律上的效力。从定位上讲，"指导性案例"只能认为因具有灵活性、针对性等特点，是司法解释的有益、有效补充。从这个意义上讲，检察指导案例可以被视为带有一定"准司法解释"的特征，但究其本质，并不属于司法解释。"司法解释和指导性案例是两种不同性质和形式的司法指导方式。司法解释与其所解释的法律一样，具有法律效力；指导性案例则不具备法律效力。建立案例指导制度的目的是发挥指导性案例灵活、简便、快捷地指导司法的作用，以弥补司法解释的局限，把案例指导制度转变为司法解释制度，既不符合司法解释工作的规律，也不利于加强司法指导。"① 为实现强化"指导性案例"在实践中应用的目的，目前不能通过改变"指导性案例"定位来加以解决，而主要应当从强化司法者重视案例、应用案例的意识，提高"指导性案例"质量和加强对应用"指导性案例"的学习培训、引导教育和督促检查等方面着手。

三、强化检察指导案例效力的思考与建议

当前，各界对检察指导案例效力还存在一些不同的认识。这既有检察机关案例指导制度建立时间不够长的原因，也有检察指导案例本身的问题，如检察指导案例对实践中疑难复杂问题的关注不够，个别检察指导案例宣传色彩过于浓厚，没有充分发挥指导检察机关正确适用法律解决疑难复杂案件的功能，导致一线办案检察官总体感觉检察指导案例离自己比较远，不太"解渴"，对检察指导案例效力的问题不太重视等。

鉴此，有必要重申，2019 年《案例指导规定》对检察指导案例的效力有了新的要求和规定，明确指出：检察指导案例应当对全国检察机关办理类似案件具有实实在在的约束力。检察指导案例是法律精神的重

---

① 孙谦：《建立刑事司法案例指导制度的探讨》，载《中国法学》2010 年第 5 期。

要体现，同类案件，在存在检察指导案例的情况下，就应当按照检察指导案例确立的要旨和指导意义去办理，这是保障法律精神得到统一贯彻实施和保证检察机关公正规范司法的基本要求。

　　为统一对检察指导案例效力的认识，在未来完善检察机关案例指导制度时，应当探索建立同类案件不适用检察指导案例报告制度。具体来说，可以参照大陆法系国家的相关做法，建立"同类情况不适用检察指导案例报告"制度。检察官在司法办案中，如果遇到与检察指导案例阐明的事实类似的情况，应当接受检察指导案例的指导，按照检察指导案例要旨概括的规则和指导意义阐明的法律精神去办理案件和开展工作。如果检察官不适用检察指导案例或作出与检察指导案例要旨和指导意义相冲突的决定，应当向检察长或者检察委员会作出说明，同时，向上级人民检察院作出报告。通过加强上级检察院的有效监督，既可以保证检察指导案例得到较好地应用，也有利于强化上级检察院对下级检察院进行业务领导。

　　在此基础上，最高人民检察院应当提升检察指导案例的质量，加强检察指导案例的"感召力"和"说服力"。所谓增强检察指导案例的"感召力"，是指要使一线办案检察官在办案实践中遇到司法问题，主动自觉将目光投向检察指导案例，进而找到解决问题的答案。所谓增强检察指导案例的"说服力"，是指检察指导案例应当不断提升质量，以其缜密的逻辑说理和严密的法理论证，获得一线办案检察官的内心认可，说服引导一线检察官积极参照检察指导案例办理案件。

　　此外，提升检察指导案例质量，迫切需要增强其及时性、针对性和说理性，有效运用案例解决法律、司法解释、规范性文件难以及时回应的问题；注意围绕业务工作中的重点问题、新兴领域，凸显检察履职特色，有效解决办案中带有普遍性、疑难性的法律适用问题；重视强化检察指导案例的说理性，对影响违法与犯罪认定，涉及定罪量刑关键情节，对指控与证明犯罪具有重要影响的重点问题作出有说服力的说理分析，同时，对争议问题作出回应和解答。

　　检察指导案例制发过程中，应当采取多种形式开展类案调研和办案指导，结合检察办案工作，开展综合分析，找准检察办案中的业务需求，更加有效运用检察指导案例指导检察业务工作的开展。

　　同时，最高人民检察院还可以探索建立和推进类案强制检索制度。积极探索运用信息化手段，推进案例便利检索、强制检索和参照学习，加大案例学习应用的督促检查力度。对检察官办理的案件提交检察官联席会议讨论、报请检察长决定、提请检察委员会审议的，应当提出进行检索的要求，通过健全机制，狠抓质量建设，强化过硬措施，保证检察指导案例效力实现。

第四章　案例指导制度初步发展时期
检察指导案例主要内容
（第一批至第九批）

为便于读者通览已发布的检察指导案例，笔者对各批检察指导案例的发布背景、案例主要内容等进行了梳理，因本部分涉及的内容较多，分两章予以叙述。本章主要综述了第一批至第九批检察指导案例的主要内容，该九批检察指导案例均由最高人民检察院法律政策研究室承担了相关遴选、编研、发布等工作。

第一节　第一批至第三批检察指导案例
说明的主要问题

一、第一批检察指导案例说明的问题

2010 年，最高人民检察院发布第一批三件检察指导案例，以检察机关履行法律监督职责为主题，包括施某某等 17 人聚众斗殴案、忻元龙绑架案、林志斌徇私舞弊暂予监外执行案 3 件案例。第一批检察指导案例主要揭示了以下三个方面的问题。

一是从检察机关工作方法的角度，检例第 1 号施某某等 17 人聚众斗殴案揭示出，检察机关办理群体性事件引发的犯罪案件，要从促进社会矛盾化解的角度，深入了解案件背后的各种复杂因素，依法慎重处

理，积极参与调处矛盾纠纷，以促进社会和谐，实现案件办理法律效果与社会效果的有机统一。

二是从死刑监督的角度，检例第2号忻元龙绑架案强调，对于死刑案件的抗诉，要正确把握适用死刑的条件，严格证明标准，依法履行刑事审判法律监督职责。死刑案件中，何谓"罪行极其严重"？检察机关实践办案中容易存在分歧认识。忻元龙绑架案，从三个方面说明了该案被告人忻元龙所犯罪行极其严重。第一，忻元龙精心预谋实施绑架犯罪、主观恶性极深；第二，忻元龙绑架他人并实施杀人行为，犯罪后果极其严重、社会危害性极大；第三，从造成的社会影响来看，该案民愤极大。结合案情，对于"罪行极其严重"的被告人应当判处死刑并予立即执行，但是最高人民法院二审将死刑立即执行改判为死刑缓期2年执行的，最高人民检察院应当依据刑事诉讼法的有关规定，依法向最高人民法院提出抗诉。

三是通过检例第3号林志斌徇私舞弊暂予监外执行案，说明司法工作人员收受贿赂，对不符合减刑、假释、暂予监外执行条件的罪犯，予以减刑、假释或者暂予监外执行的，应当根据具体情况追究刑事责任，如果存在渎职行为的，应当以徇私舞弊减刑、假释、暂予监外执行罪追究刑事责任。

二、第二批检察指导案例说明的问题

2012年11月15日，最高人民检察院发布第二批检察指导案例，以"渎职犯罪检察工作"为主题，包括崔建国环境监管失职案等5件案例。

其中，检例第4号崔建国环境监管失职案强调，实际行使行政管理职权的国有公司、企业和事业单位的工作人员拥有一定管理公共事务和社会事务的职权，符合渎职罪主体要求，实施渎职行为构成犯罪的，应当依照刑法关于渎职罪的规定追究刑事责任。

检例第5号陈根明、林福娟、李德权滥用职权案说明，村民委员会、居民委员会等基层组织人员协助政府从事行政管理工作时，滥用职权、玩忽职守构成犯罪的，应当依照刑法关于渎职罪的规定追究刑事责任。值得说明的是，对于渎职罪主体的问题，2002 年 12 月 28 日第九届全国人民代表大会常务委员会第三十一次会议通过的《全国人民代表大会常务委员会关于〈中华人民共和国刑法〉第九章渎职罪主体适用问题的解释》明确规定："在依照法律、法规规定行使国家行政管理职权的组织中从事公务的人员，或者在受国家机关委托代表国家机关行使职权的组织中从事公务的人员，或者虽未列入国家机关人员编制但在国家机关中从事公务的人员，在代表国家机关行使职权时，有渎职行为，构成犯罪的，依照刑法关于渎职罪的规定追究刑事责任。"实践中，对于渎职犯罪主体，应当按照立法解释有关规定予以执行。

检例第 6 号罗建华、罗镜添、朱炳灿、罗锦游滥用职权案强调，国家机关工作人员滥用职权"造成恶劣社会影响的"，应当依法认定为"致使公共财产、国家和人民利益遭受重大损失"。

检例第 7 号胡宝刚、郑伶徇私舞弊不移交刑事案件案强调，检察机关和办案人员应当坚持办案与监督并重，建立健全行政执法与刑事司法有效衔接的工作机制，善于在办案中发现各种职务犯罪线索，对于行政执法人员徇私舞弊不移交刑事案件构成犯罪的，应当依法追究刑事责任。

检例第 8 号杨周武玩忽职守、徇私枉法、受贿案强调，负有监管职责的国家机关工作人员不认真履行监管职责，未能有效防止危害结果发生，其危害行为与危害结果之间具有刑法意义上的因果关系的，应当承担相应刑事责任；国家机关工作人员实施渎职犯罪并收受贿赂，同时构成受贿罪的，除刑法第 399 条第 4 款有特别规定的外，以渎职犯罪和受贿罪数罪并罚。有关收受贿赂后实施渎职行为构成犯罪应当数罪并罚的规定，实际上为后续一系列司法解释所阐明。

三、第三批检察指导案例的简要情况

2013 年 5 月，经最高人民检察院第十二届检察委员会第六次会议决定，最高人民检察院发布了李泽强编造、故意传播虚假恐怖信息案等 3 件案例为第三批检察指导案例。

第三批检察指导案例以编造、故意传播虚假恐怖信息罪为主题。当时，实践中发生了几起重大的编造、故意传播虚假恐怖信息，威胁民航安全的案件，造成重大经济损失，影响民航正常运营秩序，为加大对此类犯罪的打击力度，最高人民检察院选择相关案例，对编造、故意传播虚假恐怖信息罪法律适用问题予以明确，以指导各级检察机关准确及时加大对此类犯罪行为的打击力度。

编造、故意传播虚假恐怖信息罪是 2001 年《刑法修正案（三）》增设的罪名。司法机关在办理该类案件时存在法律构成要件认定疑难。比如，犯罪中的"编造行为"和"故意传播行为""严重扰乱社会秩序""造成严重后果"等犯罪构成要素如何认定，就存在不同认识。第三批检察指导案例以专题形式集中颁布了三个编造、故意传播虚假恐怖信息罪的案例，为编造、故意传播虚假恐怖信息罪的定罪量刑提供了指导规则，对于编造、故意传播虚假恐怖信息罪的查处与认定具有重要意义。

检例第 9 号李泽强编造、故意传播虚假恐怖信息案涉及的主要是罪名认定问题。本案要旨指出："编造、故意传播虚假恐怖信息罪是选择性罪名。编造恐怖信息以后向特定对象散布，严重扰乱社会秩序的，构成编造虚假恐怖信息罪。编造恐怖信息以后向不特定对象散布，严重扰乱社会秩序的，构成编造、故意传播虚假恐怖信息罪。对于实施数个编造、故意传播虚假恐怖信息行为的，不实行数罪并罚，但应当将其作为量刑情节予以考虑。"根据这一要旨，编造、故意传播虚假恐怖信息罪是选择性罪名，实际上包括了编造虚假恐怖信息罪和故意传播虚假恐怖信息罪两个罪名。显然，编造与传播是两种不同的行为，据此可以将两

罪加以区分。但编造虚假恐怖信息以后必然进行传播，如果编造以后向特定对象传播，则这一传播行为只是不可罚的事后行为，只能认定为编造虚假恐怖信息罪。如果编造以后向不特定对象传播，则这一传播行为又构成了故意传播虚假恐怖信息罪。在这种情况下，应当按照编造、故意传播虚假恐怖信息罪这一选择性罪名认定，并不构成数罪。还有些犯罪分子并没有编造虚假恐怖信息，而是明知是他人编造的虚假恐怖信息而予以传播，对此应当认定为故意传播虚假恐怖信息罪。此外，该检察指导案例的要旨还基于我国司法实践中对同种数罪不并罚的司法惯例进行了说明，明确规定行为人实施了数个编造、故意传播虚假恐怖信息行为的，不实行数罪并罚，但可以作为量刑情节予以考虑。在检例第9号中，被告人李泽强编造了虚假恐怖信息以后，又向不特定的人故意传播虚假恐怖信息。检察机关以编造、故意传播虚假恐怖信息罪对被告人李泽强起诉、法院以同一罪名对被告人李泽强定罪量刑，就是为了说明这一司法规则。

检例第10号卫学臣编造虚假恐怖信息案，主要涉及对编造、故意传播虚假恐怖信息罪如何认定"严重扰乱社会秩序"的构罪要素等问题。根据刑法第291条之一的规定，编造、故意传播虚假恐怖信息罪是指编造爆炸威胁、生化威胁、放射威胁等恐怖信息，或者明知是编造的恐怖信息而故意传播，严重扰乱社会秩序的行为。"严重扰乱社会秩序"的认定直接关系到罪与非罪的界限。检例第10号的要旨指出："关于编造虚假恐怖信息造成'严重扰乱社会秩序'的认定，应当结合行为对正常的工作、生产、生活、经营、教学、科研等秩序的影响程度、对公众造成的恐慌程度以及处置情况等因素进行综合分析判断。对于编造、故意传播虚假恐怖信息威胁民航安全，引起公众恐慌，或者致使航班无法正常起降的，应当认定为'严重扰乱社会秩序'。"这一检察指导案例的要旨，为严重扰乱社会秩序的认定提供了一般性原则，即应当从影响程度、恐慌程度和处置情况等方面进行综合分析判断。同时，该要旨还鉴于当时编造、故意传播威胁民航安全的虚假恐怖信息案件时有发生的情况，专门对编造、故意传播威胁民航安全的虚假恐怖信息行为构成犯罪的"严重扰乱社会秩序"认定标准提供了较为具体的指导规则。根据这一要旨，编造、故意传播威胁民航安全的虚假恐怖信息只要引起公众恐慌，或者致使航班无法正常起降的，就应当认定为严重扰乱社会秩序。在检例第 10 号中，被告人卫学臣在编造了虚假恐怖信息以后，打电话告诉机场，机场立即启动防恐预案，因此造成航班晚点，属于检察指导案例要旨中"致使航班无法正常起降"的情形，可以认定为构成要件中的"严重扰乱社会秩序"。因此，检察机关以编造虚假恐怖信息罪对被告人卫学臣起诉、法院以同一罪名对被告人卫学臣定罪量刑，符合法律规定并具有指导意义。

检例第 11 号袁才彦编造虚假恐怖信息案，主要涉及两个问题：一是编造、故意传播虚假恐怖信息罪中"造成严重后果"的认定标准问题；二是编造、故意传播虚假恐怖信息罪与敲诈勒索等其他犯罪的竞合问题。关于上述第一个问题，根据刑法第 291 条之一的规定，编造、故意传播虚假恐怖信息罪分为两个罪刑单位：基本构成犯罪处 5 年以下有期徒刑、拘役或者管制；加重构成犯罪处 5 年以上有期徒刑。而"造成严重后果"是本罪的加重构成要素，因此，编造、故意传播虚假恐怖信息罪是否"造成严重后果"，直接关系到对犯罪分子的刑罚适用。检例第 11 号要旨指出："对于编造虚假恐怖信息造成有关部门实施人员疏散，引起公众极度恐慌的，或者致使相关单位无法正常营业，造成重大经济损失的，应当认定为'造成严重后果'。"这一检察指导案例的要旨，从是否采取了疏散措施，是否达到极度恐慌程度，是否致使单位无法正常经营，是否造成重大经济损失等方面，为造成严重后果的认定提供了较为具体的标准。关于上述第二个问题，检例 11 号要旨指出："以编造虚假恐怖信息的方式，实施敲诈勒索等其他犯罪的，应当根据案件事实和证据情况，择一重罪处断。"在该案中，被告人袁才彦编造虚假恐怖信息，并以此对有关单位进行敲诈勒索。这种情形属于刑法理论上的想象竞合犯，即一行为触犯两个罪名。对此，应当实行从一重罪处断的原则。在袁才彦编造虚假恐怖信息案中，被告人袁才彦编造虚假恐怖信息以后，以此向上海太平洋百货有限公司徐汇店等 6 个单位敲诈勒索财物共计 26 万元，其行为分别触犯编造虚假恐怖信息罪和敲诈勒索罪。从本案的情节来看，被告人袁才彦在编造虚假恐怖信息以后向 6 个单位散布，造成有关单位实施人员疏散，引起极度恐慌，应当在第二个量刑档次裁量适用刑罚，即判处 5 年以上有期徒刑。袁才彦案件发生和判决是在 2005 年。根据当时刑法第 274 条的规定，敲诈勒索罪只有两个量刑档次：第一个量刑档次是 3 年以下有期徒刑；第二个量刑档次是 3 年以上 10 年以下有期徒刑。① 当时敲诈勒索罪的最高法定刑是 10 年以下有期徒刑，根据从一重罪处断原则，对被告人袁才彦应当以编造虚假恐怖信息罪论处，判处有期徒刑 12 年，剥夺政治权利 3 年。

第二节　第四批至第七批检察指导案例说明的主要问题

一、第四批检察指导案例的简要情况

第四批检察指导案例的主题是食品安全。食品安全与人民群众身体健康和生命安全息息相关。危害食品安全犯罪严重危害人民群众身体健康和生命安全，严重破坏社会主义市场经济秩序，严重影响社会稳定，是民生领域危害严重的犯罪。

---

① 2011 年 2 月 25 日全国人大常委会发布的《刑法修正案（八）》，对敲诈勒索罪法定刑进行修改，规定了三个量刑档次：第一个量刑档次是三年以下有期徒刑；第二个量刑档次是三年以上十年以下有期徒刑；第三个量刑档次是十年以上有期徒刑。

2013 年，最高人民法院、最高人民检察院出台了《关于办理危害食品安全刑事案件适用法律若干问题的解释》，对生产、销售不符合安全标准的食品罪，生产、销售有毒、有害食品罪等危害食品安全犯罪的定罪量刑标准作出了明确规定。

为回应社会关切，加大对危害食品安全相关犯罪的打击，同时，也为配合上述有关办理危害食品刑事案件司法解释的实施，2014 年，最高人民检察院围绕惩治打击危害食品安全犯罪出台了第四批检察指导案例。

第四批检察指导案例包括五件案例。其中，柳立国等人生产、销售有毒、有害食品，生产、销售伪劣产品案（检例第 12 号），明确了明知对方是食用油经销者，仍将用餐厨废弃油（俗称"地沟油"）加工而成的劣质油脂销售给对方，导致劣质油脂流入食用油市场供人食用的，构成生产、销售有毒、有害食品罪；明知油脂经销者向饲料生产企业和药品生产企业等单位销售豆油等食用油，仍将用餐厨废弃油加工而成的劣质油脂销售给对方，导致劣质油脂流向饲料生产企业和药品生产企业等单位的，构成生产、销售伪劣产品罪。

徐孝伦等人生产、销售有害食品案（检例第 13 号），该案例指出：在食品加工过程中，使用有毒、有害的非食品原料加工食品并出售的，应当认定为生产、销售有毒、有害食品罪；明知是他人使用有毒、有害的非食品原料加工出的食品仍然购买并出售的，应当认定为销售有毒、有害食品罪。

孙建亮等人生产、销售有毒、有害食品案（检例第 14 号）。该案例要旨是：明知盐酸克伦特罗（俗称"瘦肉精"）是国家禁止在饲料和动物饮用水中使用的药品，而用以养殖供人食用的动物并出售的，应当认定为生产、销售有毒、有害食品罪。明知盐酸克伦特罗是国家禁止在饲料和动物饮用水中使用的药品，而买卖和代买盐酸克伦特罗片，供他人用以养殖供人食用的动物的，应当认定为生产、销售有毒、有害食品罪的共犯。

胡林贵等人生产、销售有毒、有害食品，行贿；骆梅、刘康素销售伪劣产品；朱伟全、曾伟中生产、销售伪劣产品；黎达文等人受贿，食品监管渎职案（检例第 15 号）。该案例说明：实施生产、销售有毒、有害食品犯罪，为逃避查处向负有食品安全监管职责的国家工作人员行贿的，应当以生产、销售有毒、有害食品罪和行贿罪实行数罪并罚。负有食品安全监督管理职责的国家机关工作人员，滥用职权，向生产、销售有毒、有害食品的犯罪分子通风报信，帮助逃避处罚的，应当认定为食品监管渎职罪；在渎职过程中受贿的，应当以食品监管渎职罪和受贿罪实行数罪并罚。

赛跃、韩成武受贿、食品监管渎职案（检例第 16 号），该案例指出：负有食品安全监督管理职责的国家机关工作人员，滥用职权或玩忽职守，导致发生重大食品安全事故或者造成其他严重后果的，应当认定为食品监管渎职罪。在渎职过程中受贿的，应当以食品监管渎职罪和受贿罪实行数罪并罚。

第四批检察指导案例，对于指导检察机关正确办理危害食品安全犯罪及相关职务犯罪案件，体现出对危害食品安全犯罪从严打击的精神，具有重要意义。同时，也体现了检察机关通过检察指导案例，及时、灵活回应社会关切，有效化解社会矛盾的积极职能作用。

二、第五批检察指导案例的主要内容

2014 年 9 月 15 日，最高人民检察院发布第五批检察指导案例。该批检察指导案例以"检察机关刑事抗诉工作"为主题，包括三个案例：陈邓昌抢劫、盗窃，付志强盗窃案；郭明先参加黑社会性质组织、故意杀人、故意伤害案；张某、沈某某等 7 人抢劫案。

刑事抗诉是人民检察院发现或者认为人民法院作出的刑事判决、裁定确有错误，提请人民法院重新审理并予以纠正的诉讼行为。通过抗诉纠正确有错误的判决、裁定，保证法律统一正确实施，是法律赋予人民检察院的重要职责，也是人民检察院履行法律监督职能的重要手段。第五批检察指导案例具体情况说明如下：

陈邓昌抢劫、盗窃，付志强盗窃案（检例第 17 号）。该案例主要涉及转化型"入户抢劫"认定，检察机关第一审程序中补充起诉以及第二审抗诉条件等问题。该案例的要旨在于：对于入户盗窃，因被发现而当场使用暴力或者以暴力相威胁的行为，应当认定为"入户抢劫"；在人民法院宣告判决前，人民检察院发现被告人有遗漏的罪行可以一并起诉和审理的，可以补充起诉；人民检察院认为同级人民法院第一审判决重罪轻判，适用刑罚明显不当的，应当提出抗诉。该案例说明了三个问题：

一是准确把握转化型"入户抢劫"的认定问题。本案例中对于被告人陈邓昌 2012 年 2 月 18 日的盗窃行为属于"入户盗窃"没有争议，争议焦点在于"入户盗窃"在什么条件下能够转化为"入户抢劫"？对此，2000 年 11 月 17 日通过的最高人民法院《关于审理抢劫案件具体应用法律若干问题的解释》第 1 条规定，对于入户盗窃，因被发现而当场使用暴力或以暴力相威胁的行为，应当认定为入户抢劫。2005 年 6 月 8 日公布并施行的最高人民法院《关于审理抢劫、抢夺刑事案件适用法律若干问题的意见》第 1 条依据前述解释，对于"入户抢劫"中"户"的范围、"入户目的的非法性"、暴力行为发生地点等问题作了进一步细化，其中关于"入户目的"的非法性，明确规定进入他人住所须以实施抢劫等犯罪为目的。这里的"抢劫等犯罪"就意味着不仅限于抢劫罪，还应当包括盗窃等其他犯罪。本案中一审判决认定陈邓昌"入户"不以抢劫为目的而是在"户内临时起意并以暴力相威胁"，从而未认定其所犯抢劫罪具有"入户"情节，这一认定显然错误。经检察机关抗诉，二审判决予以改判，认定陈邓昌抢劫行为属于"入户抢劫"。

二是正确行使第一审程序中检察机关的补充起诉权。在刑事诉讼中，人民检察院提起公诉后可以变更、追加、补充、撤回起诉。这是现代刑事诉讼制度控审分离、不告不理原则的体现和要求。我国刑事诉讼法对公诉案件变更、追加、补充、撤回起诉未作明确规定，但从司法实践和办案需要出发，各界均认为人民检察院有权变更、追加、补充和撤回起诉。其中关于追加、补充起诉问题，《人民检察院刑事诉讼规则》第423条规定："人民法院宣告判决前，人民检察院发现被告人的真实身份或者犯罪事实与起诉书中叙述的身份或者指控犯罪事实不符的，或者事实、证据没有变化，但罪名、适用法律与起诉书不一致的，可以变更起诉。发现遗漏同案犯罪嫌疑人或者罪行的，应当要求公安机关补充移送起诉或者补充侦查；对于犯罪事实清楚，证据确实、充分的，可以直接追加、补充起诉。"本案一审期间，人民检察院发现被告人陈邓昌有遗漏的入室盗窃转化为抢劫的犯罪事实一起和陈邓昌伙同他人共同盗窃的犯罪事实两起，遂依法向人民法院补充起诉，保证了起诉的公正性和准确性，也符合准确及时惩罚犯罪及有罪必究的要求。

三是准确把握检察机关第二审程序刑事抗诉的条件。我国刑法第263条规定犯抢劫罪的，处3年以上10年以下有期徒刑，并处罚金；但有"入户抢劫"等8种情形之一的，处10年以上有期徒刑、无期徒刑或者死刑，并处罚金或者没收财产。本案一审判决虽然认定被告人陈邓昌犯抢劫罪，认定罪名正确，但由于未能准确认定其行为属于"入户抢劫"，因此只判处其有期徒刑3年9个月，明显属于量刑畸轻。检察机关抗诉后，二审判决认定其行为属于"入户抢劫"，改判其有期徒刑10年，符合刑法关于抢劫罪的处罚规定和罪责刑相适应的原则。

郭明先参加黑社会性质组织、故意杀人、故意伤害案（检例第18号）。该案例说明了死刑适用相关刑事政策的理解和适用。死刑是剥夺犯罪分子生命的刑罚，是最严厉的刑罚。我国刑法保留死刑，但在司法实践中严格控制并慎用死刑。刑法第48条第1款规定，死刑只适用于罪行极其严重的犯罪分子。对于应当判处死刑的犯罪分子，如果不是必须立即执行的，可以判处死刑同时宣告缓期 2 年执行。在理解该条规定时，需要对严格控制死刑的死刑政策和宽严相济的刑事政策有一个全面正确的把握。从死刑政策上说，少杀慎杀并非绝对不杀，只是强调要从严掌握适用条件，能不杀的则不杀。从宽严相济刑事政策上说，当宽则宽，该严则严，需要把握正确的尺度，二者不能偏废。是否适用死刑，应当充分考虑犯罪行为的严重社会危害性、犯罪人的人身危险性及化解矛盾、维护稳定、促进和谐、保护公众利益的实际需要和社会公众的接受程度等进行综合考量。虽然对死刑的基本态度是严格限制适用，但从维护国家和社会重大利益、保护人民生命安全的角度，对一些罪行极其严重、犯罪手段残忍、犯罪后果严重，人身危险性极大的罪犯，还是应当依法判处死刑。根据本案中被告人郭明先的罪行严重程度和主观恶性程度，一审判决判处其死刑缓期 2 年执行，明显属于量刑畸轻。检察机关抗诉后，二审法院予以改判，使罪行极其严重、依法应当判处死刑立即执行的犯罪分子受到应有的惩罚，符合广大人民群众对于刑罚公正的预期。

张某、沈某某等 7 人抢劫案（检例第 19 号）。该案例系未成年人和成年人共同犯罪的案件，该案例的要旨在于：办理未成年人与成年人共同犯罪的案件，一般应当将未成年人与成年人分案起诉，但对于未成年人系犯罪集团的组织者或者其他共同犯罪中的主犯，或者具有其他不宜分案起诉情形的，可以不分案起诉；办理未成年人与成年人共同犯罪案件，应当根据未成年人在共同犯罪中的地位、作用，综合考量未成年人实施犯罪行为的动机、目的，犯罪时的年龄、是否初犯、犯罪后悔罪表现、个人成长经历和一贯表现等因素，依法从轻或者减轻处罚；未成年人犯罪不构成累犯。

三、第六批检察指导案例的简要情况

2015 年 7 月 1 日，经最高人民检察院第十二届检察委员会第三十七次会议决定，最高人民检察院发布第六批检察指导案例。该批检察指导案例以最高人民检察院如何办理核准追诉案件为主题，包括 4 个案例：马世龙（抢劫）核准追诉案（检例第 20 号）、丁国山等（故意伤害）核准追诉案（检例第 21 号）、杨菊云（故意杀人）不核准追诉案（检例第 22 号）、蔡金星、陈国辉等（抢劫）不核准追诉案（检例第 23 号）。

我国 1979 年刑法第 76 条和 1997 年刑法第 87 条均规定了核准追诉制度，即法定最高刑为无期徒刑、死刑的犯罪，超过 20 年追诉期限后，认为必须追诉的，须报请最高人民检察院核准。核准追诉制度的根据在于刑法上的追诉时效制度。所谓追诉时效，是指刑法规定的、对犯罪人追究刑事责任的有效期限。在追诉时效内，司法机关有权追究犯罪人的刑事责任；超过追诉时效，司法机关就不能再追究其刑事责任。一般认为，追诉时效制度在促使和激励犯罪分子改过自新、实现预防犯罪目的、节约刑事司法资源、便于司法机关集中精力打击现行犯罪和维护社会关系持续稳定等方面具有积极意义。

实践中，检察机关办理核准追诉案件存在疑难。如决定核准追诉或者不核准追诉的条件等仍然比较原则，检察机关对有些规定的理解把握存在模糊之处等，因而有必要以检察指导案例的形式予以明确。第六批检察指导案例简要情况如下：

（一）马世龙（抢劫）核准追诉案（检例第 20 号）

马世龙（抢劫）核准追诉案，主要涉及对特定类型严重刑事犯罪如何把握核准追诉条件的问题。该案例要旨是：故意杀人、抢劫、强奸、绑架、爆炸等严重危害社会治安的犯罪，经过 20 年追诉期限，仍然严重影响人民群众安全感，被害方、案发地群众、基层组织等强烈要求追究犯罪嫌疑人刑事责任，不追诉可能影响社会稳定或者产生其他严重后果的，对犯罪嫌疑人应当追诉。

结合该案例，检察机关在核准追诉时应当注意以下两点：

一是对于严重危害社会治安等性质特别严重的犯罪一般应当从严从重打击。对特定犯罪行为决定是否核准追诉时，既要看具体犯罪行为的情节、后果，也要考虑犯罪行为的性质，一般来说犯罪的性质越严重，对其追诉的必要性也就越大。

二是判断该类犯罪的社会危害性和影响是否消失，应当把人民群众的安全感作为重要因素。故意杀人、抢劫、强奸、绑架、爆炸等严重危害社会治安的犯罪，不仅直接侵害了被害人的生命、健康、自由等权利，同时也对不特定的社会公众在心理上造成巨大恐慌，严重影响人民群众在正常生活中的安全感。特别是一些在案发当时造成较大轰动、影响恶劣的犯罪，经过较长时间仍然很难被社会公众遗忘，对这类犯罪如果不进行追诉，有可能加剧和放大相关犯罪行为对社会公众造成的恐慌心理，甚至使人民群众对社会安全和正常社会秩序丧失信心。因此，在办理核准追诉案件时，考察这类犯罪行为的社会危害性和影响是否消失，除了要考虑犯罪行为对具体被害人造成的危害后果外，还要充分结合犯罪行为造成的社会影响，主要是对当地群众造成的恐慌心理是否已经消失，社会公众的安全感是否得到恢复等情况综合考量。结合该检察指导案例来说，本案中犯罪嫌疑人马世龙等人经预谋实施入户抢劫，并且造成一人死亡的严重后果，这一严重刑事犯罪不仅对被害人家庭和亲属造成严重伤害，而且对当地群众在日常生活中的安全感造成严重冲击，在案发地造成恶劣社会影响，即使经过了 20 年追诉期限，当地居民仍然表现出一定的恐慌心理，强烈要求对犯罪嫌疑人追究刑事责任，说明犯罪的社会危害性和影响仍然存在，综合全案其他情况，对犯罪嫌疑人马世龙仍有追诉的必要。

（二）丁国山等（故意伤害）核准追诉案（检例第 21 号）

该案例主要涉及对共同犯罪人如何报请核准追诉以及如何把握犯罪嫌疑人是否仍然具有人身危险性等问题。本案例要旨为：涉嫌犯罪情节恶劣、后果严重，并且犯罪后积极逃避侦查，经过 20 年追诉期限，犯罪嫌疑人没有明显悔罪表现，也未通过赔礼道歉、赔偿损失等获得被害方谅解，犯罪造成的社会影响没有消失，不追诉可能影响社会稳定或者产生其他严重后果的，对犯罪嫌疑人应当追诉。检察机关在适用中应当注意以下两点：

一是侦查机关对已经到案的共同犯罪人应当一并报请核准追诉。共同犯罪是指二人以上共同故意犯罪。共同犯罪一旦成立，其社会危害性就有整体性，因此对共同犯罪的责任追究，应当实行"部分行为共同责任"的整体责任原则，每个构成犯罪的行为人应当为整体犯罪承担刑事责任。这一原则在办理核准追诉案件中应当同样适用。由于报请核准追诉案件多数处于侦查阶段，一般情况下案件事实尚未全部查清，相关证据尚未达到确实、充分的标准，在这种条件下，对共同犯罪中各犯罪人的地位、作用以及各自适用的量刑幅度尚未最终确定，因此很难且不宜对其分别计算追诉时效期限，再以此决定对每个犯罪嫌疑人是否应当报请核准追诉。从本案情况看，侦查机关根据共同犯罪共同责任原则，将所有到案犯罪人一并报请最高人民检察院核准追诉的做法，有利于全面查清案情、保障相关追诉活动顺利进行。

二是犯罪嫌疑人的人身危险性是判断对其追诉必要性的重要内容。追诉时效制度的重要功能之一是促使犯罪人积极改过自新、不再重新犯罪，有效实现刑法的预防犯罪目的。这里所说的不再重新犯罪，不应仅仅理解为犯罪人在追诉时效期间没有再犯罪，而且应当包括根据其行为表现，确信其今后也不再具有重新犯罪的人身危险性。如果犯罪人在追诉期限内没有再犯罪，但是其行为表明仍然具有重新犯罪的危险性，从追诉时效制度的预防功能出发，就应当认为对其仍然具有特殊预防的必要，从而需要通过核准追诉继续追究其刑事责任。关于犯罪分子人身危险性的判断，需要结合多方面因素综合判断，其中积极逃避侦查、缺乏悔罪表现是重要表现形式之一。虽然一般情况下，如果司法机关没有对犯罪分子立案（根据1997年刑法）或者采取强制措施（根据1979年刑法），犯罪分子即使有积极逃避侦查或者审判的行为，仍然应受追诉期限限制，只要追诉期限届满，就不再追究其刑事责任。但是在核准追诉案件中，犯罪分子是否仍然具有人身危险性就成为一个重要的考量因素。结合检察指导案例来看，本案中，丁国山等4名犯罪嫌疑人作案后即潜逃，而且在得知被害人死亡后分别更名潜逃到黑龙江、陕西等地，其间没有任何向被害人赔礼道歉、赔偿损失、积极消除犯罪影响等悔罪表现，这种积极躲避侦查、拒不认罪悔罪的行为，反映出其主观恶性仍然没有得到彻底改造，人身危险没有完全消失，客观上仍然对社会具有较大的社会危害性，因此有必要继续对其追诉。

（三）杨菊云（故意杀人）不核准追诉案（检例第22号）

该案例主要涉及对婚姻家庭等民间矛盾激化引发的犯罪如何把握核准追诉条件的问题。本案要旨为：（1）因婚姻家庭等民间矛盾激化引发的犯罪，经过20年追诉期限，犯罪嫌疑人没有再犯罪危险性，被害人及其家属对犯罪嫌疑人表示谅解，不追诉有利于化解社会矛盾、恢复正常社会秩序，同时不会影响社会稳定或者产生其他严重后果的，对犯罪嫌疑人可以不再追诉。（2）须报请最高人民检察院核准追诉的案件，侦查机关在核准之前可以依法对犯罪嫌疑人采取强制措施。侦查机关报请核准追诉并提请逮捕犯罪嫌疑人，人民检察院经审查认为必须追诉而且符合法定逮捕条件的，可以依法批准逮捕。检察机关在适用过程中应当注意以下两方面：

一是对婚姻家庭等民间矛盾激化引发的犯罪决定是否核准追诉，应当充分考虑化解社会矛盾、促进社会和谐的需要。因婚姻家庭矛盾、邻里纠纷引发的犯罪往往发生在具有一定血缘、地缘关系的熟人之间，并且多数是因为日常生活中发生的矛盾、冲突不能得到有效化解而引发，虽然有些犯罪造成的后果比较严重，但与其他严重刑事犯罪相比，犯罪人一般主观恶性不深，人身危险性和社会危害性相对较小。因此办理这类案件时，应当本着"冤家宜解不宜结"的精神，着重从化解矛盾、促进和谐的角度，积极调解、促使犯罪嫌疑人通过赔礼道歉等方式取得被害方谅解，尽可能恢复被犯罪破坏的正常社会关系。本案中犯罪嫌疑人杨菊云的犯罪行为是由于家庭矛盾引起，虽然造成的犯罪后果严重，但从日常行为表现看，其并不具有严重的人身危险性，而且经过较长时间后，犯罪人、被害方的生活都已恢复到正常状态，特别是在杨菊云与被害人的儿子吴某恳求下，被害方家属已经对杨菊云表示原谅，在这种情况下，不再追诉犯罪人的犯罪行为，有利于维护现有家庭关系和社会秩序稳定。

二是 1997 年 9 月 30 日以前实施的犯罪，司法机关立案侦查但未对犯罪嫌疑人采取强制措施的，应当受追诉期限限制。我国 1979 年刑法第 77 条规定："在人民法院、人民检察院、公安机关采取强制措施以后，逃避侦查或者审判的，不受追诉期限的限制。"1997 年刑法第 88 条第 1 款规定："在人民检察院、公安机关、国家安全机关立案侦查或者在人民法院受理案件以后，逃避侦查或者审判的，不受追诉期限的限制。"与 1979 年刑法相比，1997 年刑法规定在司法机关立案或者受理后逃避侦查或者审判的，即使没有采取强制措施，也不受追诉期限的限制，表明对应受追诉期限限制的情形较以前规定得更为严格。因此按照我国刑法从旧兼从轻的原则，对 1997 年刑法生效以前的犯罪，在认定犯罪嫌疑人是否应受追诉期限限制时，就应当适用 1979 年刑法的相关规定。结合检察指导案例来看，本案中杨菊云的犯罪行为发生在 1989 年，其实施犯罪行为后，公安机关虽然立案侦查，但未对其采取任何强制措施，因此根据 1979 年刑法第 77 条规定，仍然应当受追诉期限限制，经过 20 年追诉期限后，如果需要对其继续追诉，就应当报请最高人民检察院核准。

办案机关在核准追诉前可以依法对犯罪嫌疑人采取强制措施。根据我国刑法规定，符合报请核准追诉条件的案件往往都是比较严重的刑事犯罪，而且在报请核准追诉时多数处于侦查阶段，从维护社会安全、保障诉讼活动顺利进行等方面考虑，各级司法机关在办理核准追诉案件时，对于确实需要采取强制措施的犯罪嫌疑人，可以依照上述规定采取必要的强制措施。但同时必须牢固树立打击犯罪与保障人权并重的司法理念，严格坚持少用慎用强制措施的原则。

（四）蔡金星、陈国辉等（抢劫）不核准追诉案（检例第23号）

该案例主要涉及核准追诉过程中对犯罪嫌疑人认罪悔罪表现以及共同犯罪中追诉时效延长问题的把握。该案例要旨为：（1）涉嫌犯罪已过20年追诉期限，犯罪嫌疑人没有再犯罪危险性，并且通过赔礼道歉、赔偿损失等方式积极消除犯罪影响，被害方对犯罪嫌疑人表示谅解，犯罪破坏的社会秩序明显恢复，不追诉不会影响社会稳定或者产生其他严重后果的，对犯罪嫌疑人可以不再追诉。（2）1997年9月30日以前实施的共同犯罪，已被司法机关采取强制措施的犯罪嫌疑人逃避侦查或者审判的，不受追诉期限限制。司法机关在追诉期限内未发现或者未采取强制措施的犯罪嫌疑人，应当受追诉期限限制；涉嫌犯罪应当适用的法定量刑幅度的最高刑为无期徒刑、死刑，犯罪行为发生20年以后认为必须追诉的，须报请最高人民检察院核准。检察机关在适用中应当注意以下两个方面：

一是犯罪嫌疑人是否积极消除犯罪影响、争取被害方谅解是判断追诉必要性的重要内容。最高人民检察院《关于在检察工作中贯彻宽严相济刑事司法政策的若干意见》提出：检察机关在办理刑事案件中，应当加强对与犯罪有关的社会矛盾、纠纷的化解和调处工作，将矛盾化解情况和达成协议以及履行情况作为考虑从宽处理的一个重要因素。这一规定对办理核准追诉案件也具有重要的指导意义。犯罪嫌疑人积极消除犯罪影响、争取被害方谅解，既是判断犯罪嫌疑人真诚悔罪、人身危险性消失的重要标准，也是被犯罪破坏的社会秩序得以恢复的重要途径。从预防犯罪的刑罚目的分析，如果犯罪嫌疑人经过追诉时效期限，能够真正认识到其犯罪行为给被害人和社会带来的危害，并且通过实际行动积极消除犯罪影响，就应当认为其主观恶性已经得到比较好地改造，从而不再具有继续追诉的必要。司法机关在办理核准追诉案件时，对于有直接被害人的案件，也要注意积极促使犯罪嫌疑人向被害人赔礼道歉、赔偿损失，取得被害人的谅解。本案中蔡金星、陈国辉两名犯罪嫌疑人在核准追诉前，已经与被害人达成了和解协议，并且实际支付了包括直接损失和间接损失在内的赔偿金 40 余万元，最终得到了被害人的谅解；同时两名犯罪嫌疑人在犯罪后表现良好，基层组织建议不再对其追诉，这说明犯罪嫌疑人不仅再犯罪的危险性已经消失，而且因犯罪引发的社会矛盾已经化解，社会秩序得到恢复。对犯罪嫌疑人不再追诉，不仅有利于已经改过自新的犯罪嫌疑人重新融入正常社会生活，而且也能较好地发挥对其他犯罪嫌疑人积极认罪悔罪的教育和预防效果。

二是发生在 1997 年 9 月 30 日以前的共同犯罪，对不同犯罪人是否延长追诉时效应当根据实际情况分别确定。追诉时效延长，是指在追诉时效的进行期间，因为发生法律规定的事由，而使追诉时效暂时停止执行。在发生追诉时效延长的情况下，犯罪嫌疑人将不受追诉期限限制，不论经过多长时间，司法机关都可以对其直接追诉。关于是否延长追诉时效，1979 年刑法第 77 条规定：在人民法院、人民检察院、公安机关采取强制措施后，逃避侦查或者审判的，不受追诉期限限制。但是在共同犯罪中，由于各种原因，可能会出现在特定诉讼阶段，只发现部分共同犯罪嫌疑人或者只对部分共同犯罪嫌疑人采取强制措施的情况，对此在办理核准追诉案件时，就应当严格依照相关法律规定和案件事实，分别准确认定各个犯罪嫌疑人是否应受追诉期限的限制，切实保障其应当享有的合法权利。本案发生在 1997 年 9 月 30 日以前，如前所述，应当按照从旧兼从轻原则适用 1979 年刑法规定。案件发生后，侦查机关只对李建忠、蔡金文、陈锦城3名犯罪嫌疑人作出刑事拘留决定，而且3人一直设法逃避侦查，因此不受追诉期限限制，虽然2011年公安机关抓获3名犯罪嫌疑人时已经超过20年追诉期限，但司法机关仍然可以直接追究其刑事责任。由于侦查机关在追诉期限内没有发现蔡金星、陈国辉两名犯罪嫌疑人，也就不可能对其采取任何强制措施，而且两人在案发后没有再犯罪，因此应当受追诉期限限制，如果继续追究其刑事责任，就必须报请最高人民检察院核准。

四、第七批检察指导案例的简要情况

2016年5月13日，经第十二届检察委员会第五十一次会议决定，最高人民检察院发布了马乐利用未公开信息交易案等4件案例作为第七批检察指导案例。第七批检察指导案例以刑事监督为主题，对检察机关依法履行法律监督职能，加强对刑事判决、裁定和侦查活动的监督进行指导。

加强对刑事判决、裁定和侦查活动的监督，是法律赋予人民检察院的重要职责，也是人民检察院履行法律监督职能的重要方式。第七批检察指导案例，涵盖了第二审刑事抗诉、审判监督程序抗诉和审查批捕等多个监督环节，既包括对人民法院刑事判决、裁定的监督，也包括对公安机关侦查活动的监督，通过全面阐述检察机关监督理由和人民法院、公安机关采纳监督意见情况，指导各级人民检察院在办理类似案件、处理类似问题时统一司法标准，提高办案质量。同时，通过发布本批检察指导案例，也充分展现了各级司法机关在刑事诉讼中坚守防止冤假错案底线和勇于担当、有错必纠的司法理念，以及检察机关在诉讼过程中充分发挥法律监督职能、确保司法公正的独特价值。

马乐利用未公开信息交易案（检例第24号）是由最高人民法院开庭审理，最高人民检察院派员出庭履行职务的刑事抗诉案件。该案争议焦点是如何理解适用刑法第180条第4款援引同条第1款法定刑的问题。

该案一审、二审中，法院均以刑法第 180 条第 4 款未规定"情节特别严重"为由，认定马乐的行为属于"情节严重"，判处其有期徒刑 3 年，缓刑 5 年。对此深圳市人民检察院、广东省人民检察院、最高人民检察院先后提出抗诉，认为刑法第 180 条第 4 款属于援引法定刑的情形，应当援引同条第 1 款的全部规定，对马乐的行为认定为犯罪情节特别严重，依照"情节特别严重"的量刑档次处罚。2015 年 12 月 11 日，最高人民法院作出终审判决，采纳最高人民检察院的抗诉意见，改判马乐有期徒刑 3 年。该案的抗诉和再审改判，进一步明确了我国刑法有关援引法定刑的基本原则，对于统一法律适用标准、指导同类案件依法正确处理具有重要影响。

于英生申诉案（检例第 25 号）和陈满申诉案（检例第 26 号）是检察机关充分发挥法律监督职能，通过发出再审检察建议、提出抗诉等方式，监督人民法院纠正已生效的错误判决、裁定，使蒙冤被告人由死刑改判无罪、重获公正与自由的典型案例。通过监督纠正上述冤错案件，体现了检察机关在刑事审判监督过程中，坚决贯彻证据裁判、疑罪从无原则，严格把握纠错标准，依法监督、敢于监督、善于监督的司法理念和工作要求。

王玉雷不批准逮捕案（检例第 27 号）是检察机关在办理审查逮捕案件过程中，重视发现和排除非法证据，严格把握逮捕条件，有效避免冤错案件发生的成功案例。办案过程中，检察机关秉持保障人权和惩罚犯罪并重的理念，对不符合逮捕条件的犯罪嫌疑人依法作出不批准逮捕决定，切实保障了犯罪嫌疑人合法权利；同时加强对审查逮捕案件的跟踪监督，引导侦查机关全面收集证据，推动案件得以及时侦破，使有罪的人最终受到法律追究，体现出检察机关法律监督职能在防范冤假错案中的特殊重要作用，办案效果很好，对类似案件办理具有指导价值。

第三节　第八批检察指导案例的解读①

2016 年 12 月 29 日，最高人民检察院发布了第八批检察指导案例。第八批检察指导案例以检察机关提起公益诉讼为主题，目的是总结检察机关提起公益诉讼的特点和规律，加大检察机关提起公益诉讼的工作力度，为建立具有中国特色、符合检察职能特点的公益诉讼制度进行有益的探索。

一、第八批检察指导案例制发的背景和过程

党的十八届四中全会明确提出："探索建立检察机关提起公益诉讼制度。"2015 年 7 月 1 日，第十二届全国人大常委会第十五次会议《关于授权最高人民检察院在部分地区开展公益诉讼试点工作的决定》（以下简称《决定》），授权最高人民检察院在生态环境和资源保护、国有资产保护、国有土地使用权出让、食品药品安全等领域开展提起公益诉讼试点。最高人民检察院根据全国人大常委会的授权，在全国 13 个省级检察院、86 个市级检察院和 761 个县级检察院开展为期两年的公益诉讼试点工作。截至 2016 年 12 月底，各试点地区检察机关共办理公益诉讼案件 4378 件，其中诉前程序案件 3883 件，提起诉讼案件 495 件。

为推动公益诉讼试点工作，经最高人民检察院第十二届检察委员会第五十九次会议决定，2016 年 12 月 29 日，最高人民检察院公开发布了第八批检察指导案例，包括江苏省常州市检察院诉许建惠、许玉仙民事公益诉讼案，吉林省白山市检察院诉白山市江源区卫生和计划生育局及江源区中医院行政附带民事公益诉讼案，湖北省十堰市郧阳区检察院诉

---

① 本节内容原载于《人民检察》2017 年第 3 期，本书收录时作了较大删改。

郧阳区林业局行政公益诉讼案，福建省清流县检察院诉清流县环保局行政公益诉讼案，贵州省锦屏县检察院诉锦屏县环保局行政公益诉讼案5件案例。

二、第八批检察指导案例的主要内容

（一）检例第28号：许建惠、许玉仙民事公益诉讼案

许建惠、许玉仙因非法经营清洗废树脂桶和废油桶业务导致污染环境受到刑事处罚，但是环境污染的侵害后果并未消除，常州市检察院就此提起了民事公益诉讼。该案例可参考的指导作用有以下四个方面：

1. 提起公益诉讼的必要性

因民事责任与行政责任、刑事责任属于不同的法律责任，侵权人因同一行为已经承担行政责任或者刑事责任的，不影响承担民事侵权责任。本案例中，二被告虽已因污染环境行为承担刑事责任，被判处有期徒刑，但仍应对其污染环境的行为承担民事侵权责任，消除继续污染危险并将被污染的环境恢复原状。但由于本案造成的直接损失难以估算，检察机关无法通过刑事附带民事诉讼一并予以解决民事责任问题，而被污染的环境可以通过被告承担生态环境修复费用方式，要求二被告承担治理污染和修复生态的责任。经常州市检察院调查核实，常州市虽有三家环保组织，其中两家并不专门从事环境保护公益活动，另一家环保组织成立未满5年，均不符合提起民事公益诉讼主体要求。因此，本案只能由检察机关提起民事公益诉讼，通过诉讼判决及时消除环境污染危险，让侵权人承担治理污染和修复生态的责任。

2. 如何确定赔偿费用

本案例中二被告长期排污并对地下水和周边环境造成的污染，已难以通过修复工程予以恢复，其恢复成本远大于收益且缺乏环境损害评价指标体系。公益诉讼人参考环保部制定的《环境损害鉴定评估推荐方

法》，采用虚拟治理成本法计算修复费用。根据相关证据证明排污总量，主张两被告至少产生500吨废水，洗桶废水处置费用为600元每吨，并根据当地区域水体敏感受体的宋剑湖（Ⅲ类水体）水质为参照，以虚拟治理成本的4.5—6倍计算污染修复费用，得到了法院的认可。法院考虑到污染者的过错程度、污染物性质、周边环境敏感度等因素，酌情确定以虚拟治理成本5倍计算，赔偿数额为150万元。在污染环境民事公益诉讼案件中，环境污染所致生态环境损害经常会出现无法通过恢复工程完全恢复、恢复成本远大于收益、缺乏生态环境损害恢复评价指标、生态环境修复费用难以确定、确定具体数额所需鉴定费用明显过高等情形，此时就需要确立科学的计算修复费用方法来确定赔偿费用。虚拟治理成本是按照现行的治理技术和水平治理排放到环境中的污染物所需要的支出。虚拟治理成本法即是在虚拟治理成本基数的基础上根据受污染区域的环境功能敏感程度与对应的敏感系数相乘予以合理确定治污费用。环境污染所致生态环境损害无法通过恢复工程完全恢复的，恢复成本远大于收益的，缺乏生态环境损害恢复评价指标、生态环境修复费用难以确定的，都可适用虚拟治理成本法。虚拟治理成本法可以解决目前诸多污染环境案件认定侵权人承担治理污染和修复生态的赔偿金额问题，为类案处理提供参考。

3. 引入专家辅助人

由于本案涉及较强的环境专业技术问题，为了更加公正、准确地认定事实，公益诉讼人向法院申请，由常州市环保局从常州市环境应急专家库中甄选环境专家作为专家辅助人，就本案涉及的环境专业性问题发表意见。专家辅助人的专业意见论证了案件中土壤被污染的鉴定意见和环境修复技术方案的科学性，也得到法院的认可。专家辅助人是一种专业人士，也就是我们平时说的"专家"。我国民事诉讼法和相关司法解释称为"有专门知识的人"。专家辅助人属于某一专业领域的专家或专业人士，他们通常具有某一方面的专业知识。"专家辅助人"的引入，说明在公益诉讼中有专门知识的人在法官就专业问题作出判断时承担辅助人的角色。在事实认定上，当出现专业性问题时，法官需要得到专家的协助。一些环境领域公益诉讼案件中，由于涉及环境污染、因果关系、环境修复等大量的专业技术问题，办案人员可能对该方面的专业技术问题掌握得不是那么透彻，此时就可以通过甄选环境专家协助办案，帮助厘清关键证据中的专业性技术问题。在庭审过程中，检察机关可以向法院申请专家辅助人出庭作证，由专家辅助人对鉴定意见及因果关系、生态环境修复方式和费用以及生态环境受到损害至恢复原状期间服务功能的损失等专门性问题作出说明或提出意见。专家辅助人对专门性问题作出说明或提出意见，经质证后可以作为认定事实的根据。

4. 赔偿金的处置

本案在诉讼过程中，对于民事公益诉讼赔偿金的处置问题，常州市中级人民法院判决二被告赔偿对环境造成的损失 150 万元，支付至常州市环境公益基金专用账户。民事公益诉讼的赔偿金应当用于修复被损害的生态环境，该案对民事公益诉讼赔偿金的处置方式，也为类案的处理提供了参考。

（二）检例第 29 号：白山市江源区卫生和计划生育局及江源区中医院行政附带民事公益诉讼案

吉林省白山市江源区中医院在污水处理系统未建设、环保验收未合格的情况下，将未经有效处理的医疗污水排入院内渗井及院外渗坑，污染了周边地下水及土壤。在江源区中医院未提供环评合格报告的情况下，江源区卫生和计划生育局却对区中医院《医疗机构执业许可证》校验结果评定为合格。检察机关向江源区卫生和计划生育局发出检察建议，但区卫生和计划生育局未能有效制止江源区中医院违法排放医疗污水，同时查明吉林省内没有符合可以提起公益诉讼的社会组织。白山市人民检察院以公益诉讼人身份向白山市中级人民法院提起了行政附带民事公益诉讼。在公益诉讼试点阶段，本案例实际上确立了检察机关提起行政附带民事公益诉讼制度。

（三）检例第 30 号：郧阳区林业局行政公益诉讼案

湖北省十堰市郧阳区检察院诉郧阳区林业局行政公益诉讼案中，金兴国等 3 人为开采建筑石料，违法将国家和省级生态公益林地砍伐。郧阳区林业局对金兴国等 3 人作出行政处罚决定，责令其停止违法行为，恢复所毁林地原状，并分别处以罚款。但金兴国等 3 人未全额缴纳罚款，也未将被毁公益林地恢复原状。郧阳区检察院向区林业局发出检察建议，未见成效后提起了行政公益诉讼。该案例可参考的指导作用有以下两个方面。

1. 关于公共利益的界定

本案是否侵害到公共利益，区林业局在案件审理过程提出抗辩：本案所被毁坏的林地属集体所有及个人承包经营，被处罚人占用林地采石事先取得了权属人的同意。但法院审理后认为，集体或者村民对林地、林木享有所有权，与森林本身的属性和作用是公益林并不矛盾。《国家级公益林区划界定办法》《湖北省生态公益林管理办法》等规章法规均将林权与林地的性质和用途予以区分，林地归谁所有与林地是否属于公益林，并不存在必然的联系，不论林地归谁所有，均不能改变其公益林的性质。

检察机关提起公益诉讼的前提是公共利益受到侵害。笔者认为，公益诉讼中"公共利益"的范畴，可以从以下六个方面来把握：一是公共利益的主体是不特定的多数人。公共利益首先是一种多数人的利益，但又不同于一般的多数人利益，其享有主体具有开放性和不确定性。二是公共利益具有基本性。公共利益是有关国家和社会共同体及其成员生存和发展的基本利益，如公共安全、公共秩序、自然环境和公民的生命、健康、自由等。三是公共利益具有整体性和层次性。公共利益是一种整体性利益，可以分享，但不可以分割。公共利益不仅有涉及全国范围的存在形式，也有某个地区的存在形式。四是公共利益具有发展性。公共利益始终与社会价值取向联系在一起，会随着时代的发展变化而变化，也会随着不同社会价值观的改变而变动。五是公共利益具有重大性，代表的利益都是重大利益。六是公共利益具有相对性。它受时空条件的影响，在此时此地认定为公共利益的事项，彼时彼地可能应认定为非公共利益。

2. 行政执法后不履行后续监督管理法定职责，可以认定为行政不作为

行政机关违法作为或不作为是人民检察院提起行政公益诉讼的前提条件。行政不作为是指行政主体负有某种作为的法定义务，并具有作为的可能性而在程序上逾期不为的行为。实践中，在生态环境和资源保护领域，存在部分行政机关对环境资源的保护和合理利用负有作为的法定义务，并且在有条件、有能力履行的情况下，消极地不履行、未完全履行或者拖延履行其行政管理义务，这些都属于行政不作为。如本案例中，郧阳区林业局对金兴国等3人逾期未履行生效行政处罚决定的行为，未依法采取法律规定的措施督促履行，也未申请人民法院强制执行，致使行政处罚决定得不到有效执行，被金兴国等3人非法改变用途的林地未恢复原状，剩余罚款未依法收缴。区林业局怠于履行后续监督管理职责，应认定为行政不作为。因行政机关行政不作为，导致国家和社会公共利益受到侵害，经检察机关发出检察建议后，行政机关仍怠于履行法定职责，国家和社会公共利益仍未脱离受侵害状态，检察机关可以向人民法院提起公益诉讼。

（四）检例第 31 号：清流县环保局行政公益诉讼案

福建省三明市清流县环保局会同县公安局现场制止刘文胜非法焚烧电子垃圾，当场查扣危险废物电子垃圾 28 吨并存放在附近的养猪场，后将电子垃圾转移至不具有贮存危险废物条件的东莹公司和九利公司仓库存放。清流县检察院向县环保局发出检察建议，未见成效后提起行政公益诉讼。该案例可参考的指导作用有以下两个方面。

1. 检察建议的制发

检察建议是人民检察院为促进法律正确实施和社会和谐稳定，在履行法律监督职能过程中，结合司法办案，建议有关单位完善制度，加强内部监督、制约，正确实施法律法规，完善社会管理、服务，预防和减少违法犯罪的一种重要方式。发出检察建议作为行政公益诉讼的诉前程序，主要目的在于增强行政机关纠正违法行政行为的主动性，也是为了最大限度地节约诉讼成本和司法资源。行政公益诉讼中，检察机关发出检察建议的前提条件应当是在充分调查核实的基础上，公共利益受到侵害，相关行政机关存在违法行使职权或不作为；目的在于督促行政机关纠正违法行为或者依法履行职责。行政机关应当在收到检察建议书后一个月内依法办理，并将办理情况及时书面回复人民检察院。检察机关要跟踪落实检察建议效果，对于行政机关不纠正违法或怠于履行职责，公共利益仍处在受侵害状态的，检察机关才可提起公益诉讼。如本案例中，清流县环保局虽回函称，拟将电子垃圾等危险废物交由有资质的单位处置，但实际上县环保局根本没有对电子垃圾进行依法处理。清流县检察院跟踪案件办理情况，发现县环保局没有依照检察建议纠正违法行政行为，社会公共利益仍处在被侵害状态，于是向人民法院提起了行政公益诉讼。另外，对于行政机关拒不纠正违法行为或怠于履行职责的，检察机关提起行政公益诉讼时，提出的诉讼请求一般应与检察建议的主要内容基本一致。

2. 适时变更诉讼请求

检察机关发出检察建议和提起行政公益诉讼，目的都是督促涉案行政机关积极依法履行职责，有效维护国家和社会公共利益。行政公益诉讼审理过程中，行政机关纠正违法行为或者依法履行职责而使人民检察院的诉讼请求全部实现的，继续诉求行政机关纠正违法行为或依法履职已经没有意义，人民检察院可以变更诉讼请求，请求判决确认行政行为违法，或者撤回起诉。这种做法有利于提高诉讼效率，节约司法资源。如本案例中，清流县环保局在诉讼期间，依法将涉案电子垃圾交由具有处理资质的公司进行处理，并对刘文胜作出责令停止生产、对焚烧现场残留物进行无害化处理及罚款的行政处罚。此时，侵害公共利益的情形已经消失，清流县检察院的诉讼请求已提前实现，符合变更诉讼请求为确认行政行为违法或者撤回起诉的条件。为节约司法资源，清流县检察院将诉讼请求变更为确认清流县环保局先前的处置危险废物行为违法，并得到法院的判决支持。

（五）检例第 32 号：锦屏县环保局行政公益诉讼案

贵州省锦屏县鸿发、雄军等 7 家石材加工企业未按环保要求修建环保设施，将生产中的污水直接排放清水江，造成清水江污染的后果。锦屏县检察院先后两次向锦屏县环保局发出检察建议，未见成效后提起了行政公益诉讼。该案例可参考的指导作用有以下两个方面。

1. 指定集中管辖

现行诉讼管辖制度和模式下，各基层法院对第一审环境资源案件行使管辖权，公益诉讼中也仅是民事公益诉讼和部分行政公益诉讼由中级人民法院管辖，绝大多数案件处于分散审理状态。特别是生态环保民事、行政案件，涉及问题的专业性较强，采取集中管辖模式，有利于组建专业办案团队，解决疑难问题，可以避免对跨行政区划环境污染分段治理，各自为政，治标不治本的问题，更好地实现法律效果和社会效果的统一。如本案例中，贵州省高级人民法院就对环境保护案件进行了指定集中管辖，这为各地借鉴推广生态环保案件指定集中管辖提供了实践经验。

2. 依法履职到位的判断

行政机关虽有执法行为，但由于执法方式、执法手段不科学、不合理，履行法定职责不到位，导致行政相对人的违法行为仍在继续。这种履行法定职责不到位的情形，属于怠于履行监督管理职责，应认定为行政不作为。实践中，判断行政机关履行法定职责到位，行政相对人违法行为是否停止可以作为一个标准。如本案例中，锦屏县环保局在锦屏县检察院发出检察建议前，明知鸿发、雄军两家企业存在违法排污行为，但不正确履职，对该行为的监督只停留在下达整改通知，并未真正地规范企业的排污行为。在鸿发、雄军石材企业违法排污行为持续时间长达16个月后，才作出处罚决定，且仍没有采取有效措施阻止鸿发、雄军石材企业生产排污。锦屏县环保局这种怠于履行法定职责的表现，就是典型的行政不作为，履职不到位。经诉前程序后，行政机关仍怠于履行法定职责，国家和社会公共利益仍处在被侵害状态，人民检察院可以将行政机关作为被告提起行政公益诉讼。

第四节　第九批检察指导案例的解读①

为加大对网络犯罪的打击力度，2017 年 10 月 12 日，经最高人民检察院第十二届检察委员会第七十次会议决定，最高人民检察院围绕计算机网络犯罪主题发布了第九批检察指导案例，包括 6 件案例。

一、围绕计算机网络犯罪主题制发检察指导案例的意义

当今社会已经进入互联网时代，以移动互联网、大数据、云计算和人工智能为代表的现代科技在给生产生活带来便利的同时，也给社会治理带来新问题。当前，网络犯罪已成为第一大犯罪类型，占犯罪总数近1/3，并且每年以近30% 幅度上升。一些传统犯罪也利用计算机网络技

---

① 本节内容原载于《人民检察》2017 年第 12 期。

术不断升级，给人民群众安全带来严重威胁。随着网络信息技术不断演进，互联网对经济社会发展渗透、融合、驱动作用日益显现，与之同时，计算机网络犯罪对经济社会发展的破坏性也不断增大。网络犯罪隐蔽性、智能化和产业化、链条化特点明显。围绕计算机网络犯罪制发检察指导案例，具有重要意义。

一是有利于规范和指导检察机关准确适用法律。计算机网络犯罪属于新类型犯罪，犯罪手法比较新颖，网络技术发展较快，法律具有概括性和原则性，导致在司法实践中对打击此类犯罪存在一些法律适用方面的新情况新问题。以检察指导案例的方式提炼司法实践中可行的法律适用规则，有利于指导检察人员准确理解法律精神，提高法律适用能力，有力打击此类新型犯罪。

二是能够推进检察机关更好地服务和保障"互联网＋"经济健康发展。随着"互联网＋"战略上升为国家战略，以电子商务为基础的新兴产业和新兴业态得到迅速发展。现实生活中，网约车、网约餐饮服务等已经进入千家万户，在给人们生活带来极大便利的同时，也导致不法分子利用规则漏洞进行犯罪的现象明显增多，对新兴产业和新兴业态带来较大危害。以检察指导案例的方式指导法律适用，能够促使检察机关更好地为"互联网＋"经济保驾护航。

三是有助于指导检察机关不断加大打击遏制计算机网络犯罪高发态势。中国网民数量庞大，互联网渗透经济社会生活各个方面。制发网络犯罪主题检察指导案例，凸显加大对计算机网络犯罪的打击力度，有利于以案释法，强化对广大网民的法治教育，引导民众树立网络法治意识，规范网络行为，实现预防计算机网络犯罪的良好社会效果。

二、第九批检察指导案例的特点

2017 年 6 月初，经充分调研，并多次召开检察系统论证会、专家论证会，广泛听取各界意见建议后，最高人民检察院法律政策研究室围绕计算机网络犯罪编研了 6 件案例，经最高人民检察院案例指导工作委员会讨论和最高人民检察院检察委员会审议后作为第九批检察指导案例正式发布。这批检察指导案例具有以下几个方面的显著特点。

一是针对互联网犯罪中常见多发亟须解决的问题给出明确的司法认定方案。近年来，互联网犯罪逐渐成为实践中常见多发犯罪形态，既有利用计算机网络的形式，实施传统盗窃、诈骗等犯罪的问题，也有利用计算机网络本身实施犯罪的问题。一些犯罪如何定性亟须统一认识。在充分调研，听取各方面意见建议后，第九批检察指导案例选取了互联网犯罪中常见的，具有典型性和代表性的犯罪，以检察指导案例的形式予以明确。如李骏杰破坏计算机信息系统案中，有关删除网络购物差评的行为，随着电商经济的发展，这种行为逐渐多发常见，其危害性在于直接破坏网上交易公平公正，直接损坏大型购物网站数据管理，易造成人们消费财产损失。对此类行为，第九批检察指导案例明确在后果严重的情况下，应以破坏计算机信息系统罪论处。

二是着眼服务保障"互联网＋"经济发展。近年来，中央部署实施"互联网＋"经济发展新战略。一大批互联网企业站在了高速发展的风口上。网约车、网约餐饮等一批新兴企业推动、引领"互联网＋"经济发展。与此同时，针对新型"互联网＋"经济发展的犯罪也不断滋生，成为制约影响新兴企业发展的重大隐患。为体现检察机关对经济发展新业态的鲜明保护，第九批检察指导案例选取了董亮等 4 人诈骗案等案例，明确表明检察机关斩断伸向新兴互联网企业黑手的坚决态度。

三是注重阐明相关法律司法解释精神。计算机犯罪手法、形态变化极快。刑法及相关司法解释制定后，立法精神及法律、司法解释具体含义亟待明确。为及时阐明法律及司法解释的精神，第九批检察指导案例选取了曾兴亮、王玉生破坏计算机信息系统案，明确了法律中的"计算机信息系统"包括智能手机操作系统；选取了卫梦龙等非法获取计算机信息系统数据案，明确了刑法第 285 条的非法获取计算机信息系统数据罪中的"侵入"，包括超出授权范围进入计算机信息系统的行为。

四是坚持凝聚共识指导实践审慎稳妥的原则。计算机犯罪中新问题很多，其中一些问题，理论界和实务界都还存在较大争论。第九批检察指导案例坚持充分调研，多方论证，广泛听取意见建议。在研究案例时，注意收集其他各地类似案例，对起诉判决情况反复研究，寻求共识。对一些能够获得广泛认可的问题，以案例的形式予以明确。对争议较大的问题，暂不归纳提出。例如，张四毛盗窃一案，第九批检察指导案例明确了域名具有财产属性，盗窃域名可构成盗窃罪。但对于游戏币、游戏中的武器等虚拟财产，目前争议还较大，第九批检察指导案例暂时未涉及这一问题。又如，李丙龙破坏计算机信息系统一案，第九批检察指导案例对能够形成共识的域名劫持行为定性问题进行了说明，但对如何认定域名劫持后，受影响的计算机信息系统用户数的统计认定问题，第九批检察指导案例采取了谨慎表述。

三、第九批检察指导案例涉及的法律问题

第九批检察指导案例包括李丙龙破坏计算机信息系统案等 6 件案例，明确了域名劫持等网络违法犯罪行为的法律定性，具体说明如下。

（一）李丙龙破坏计算机信息系统案（检例第 33 号）

被告人李丙龙，男，1991 年 8 月生，个体工商户。被告人李丙龙为谋取非法利益，预谋以修改大型互联网网站域名解析指向的方法，劫持互联网流量访问相关赌博网站，获取境外赌博网站广告推广流量提成。2014 年 10 月 20 日，李丙龙冒充某知名网站工作人员，采取伪造该网站公司营业执照等方式，骗取该网站注册服务提供商信任，获取网站域名解析服务管理权限。10 月 21 日，李丙龙通过其在域名解析服务网站平台注册的账号，利用该平台相关功能自动生成了该知名网站二级子域名部分 DNS（域名系统）解析列表，修改该网站子域名的 IP 指向，使其

连接至自己租用境外虚拟服务器建立的赌博网站广告发布页面。当日 19 时许，李丙龙对该网站域名解析服务器指向的修改生效，致使该网站不能正常运行。23 时许，该知名网站经技术排查恢复了网站正常运行。11 月 25 日，李丙龙被公安机关抓获。至案发时，李丙龙未及获利。经司法鉴定，该知名网站共有 559 万有效用户，其中邮箱系统有 36 万有效用户。按日均电脑客户端访问量计算，10 月 7 日至 20 日邮箱系统日均访问量达 12.3 万次。李丙龙的行为造成该知名网站 10 月 21 日 19 时至 23 时长达 4 小时左右无法正常发挥其服务功能，案发当日仅邮件系统电脑客户端访问量就从 12.3 万次减少至 4.43 万次。本案由上海市徐汇区人民检察院于 2015 年 4 月 9 日以被告人李丙龙犯破坏计算机信息系统罪向上海市徐汇区人民法院提起公诉。11 月 4 日，徐汇区人民法院作出判决，认定李丙龙的行为构成破坏计算机信息系统罪。根据最高人民法院、最高人民检察院《关于办理危害计算机信息系统安全刑事案件应用法律若干问题的解释》第 4 条的规定，李丙龙的行为符合"造成为五万以上用户提供服务的计算机信息系统不能正常运行累计一小时以上""后果特别严重"的情形。结合量刑情节，判处李丙龙有期徒刑 5 年。一审宣判后，被告人李丙龙提出上诉，经上海市第一中级人民法院终审裁定，维持原判。

该案的起诉和判决，明确了修改域名解析服务器指向，强制用户偏离目标网站或网页进入指定网站或网页，造成计算机信息系统不能正常运行的域名劫持行为，属于破坏计算机信息系统，后果严重的，构成破坏计算机信息系统罪。

通常认为，域名劫持是指通过 DNS 劫持、植入插件等手段，强制用户偏离目标网站或网页而进入指定网站或网页的行为。域名劫持是一种针对 DNS 解析的常见劫持方式。正常情况下，用户在浏览器输入网址，向网络运营商发出一个 HTTP 请求，后者会通过域名解析，提供网络服务器的 IP 地址，将用户导向预定的网站或网页。但在域名解析被劫持的情况下，目标域名被恶意解析到其他 IP 地址，用户被迫进入其他网站或网页，因而无法正常上网。

李丙龙一案中，被告人李丙龙为谋取非法利益，以修改大型互联网网站域名解析指向的方法，劫持互联网流量访问相关赌博网站，获取境外赌博网站广告推广流量提成，导致某知名网站不能正常运行，访问量锐减。这种修改域名解析服务器指向，强制用户偏离目标网站或网页进入指定网站或网页的行为，是典型的域名劫持行为。行为人使用恶意代码修改目标网站域名解析服务器，目标网站域名被恶意解析到其他 IP 地址，无法正常发挥网站服务功能，这种行为实质是对计算机信息系统功能的修改、干扰，符合刑法第 286 条第 1 款 "对计算机信息系统功能进行删除、修改、增加、干扰" 的规定，应以破坏计算机信息系统罪论处。

该案中，对于域名劫持用户数的认定问题，是一个争议较大的问题，检察院起诉及法院判决时，根据独立 IP 用户来计算用户数量。但在论证过程中，有专家提出，根据独立 IP 用户计算用户数量，不太符合现实，也不太符合技术实际。经综合考虑，对独立用户数的认定，检察指导案例采取了较为概括谨慎的表述，指出："认定遭受破坏的计算机信息系统服务用户数，可以根据计算机信息系统的功能和使用特点，结合网站注册用户、浏览用户等具体情况，作出客观判断。"

（二）李骏杰等破坏计算机信息系统案（检例第 34 号）

被告人李骏杰，男，1985 年 7 月生，原系浙江杭州某网络公司员工。2011 年 5 月至 2012 年 12 月，被告人李骏杰在工作单位及自己家中，单独或伙同他人通过聊天软件联系需要修改中差评的某购物网站卖家，并从被告人黄福权（男，1987 年 9 月生，务工）等处购买发表中差评的该购物网站买家信息 300 余条。李骏杰冒用买家身份，骗取客服审核通过后重置账号密码，登录该购物网站内部评价系统，删改买家的中差评 347 个，获利 9 万余元。

　　经查：被告人胡榕（男，1975 年 1 月生，原系江西省九江市公安局民警）利用职务之便，将获取的公民个人信息分别出售给被告人黄福权、董伟、王凤昭。2012 年 12 月 11 日，被告人李骏杰被公安机关抓获归案。此后，因涉嫌出售公民个人信息、非法获取公民个人信息，被告人胡榕、黄福权、董伟、王凤昭等人也被公安机关先后抓获。

　　本案由浙江省杭州市滨江区人民检察院于 2014 年 3 月 24 日以被告人李骏杰犯破坏计算机信息系统罪、被告人胡榕犯出售公民个人信息罪、被告人黄福权等人犯非法获取公民个人信息罪，向浙江省杭州市滨江区人民法院提起公诉。2015 年 1 月 12 日，杭州市滨江区人民法院作出判决，认定被告人李骏杰的行为构成破坏计算机信息系统罪，判处有期徒刑 5 年；被告人胡榕的行为构成出售公民个人信息罪，判处有期徒刑 10 个月，并处罚金人民币 2 万元；被告人黄福权、董伟、王凤昭的行为构成非法获取公民个人信息罪，分别判处有期徒刑、拘役，并处罚金。一审宣判后，被告人董伟提出上诉。杭州市中级人民法院二审裁定驳回上诉，维持原判。判决已生效。

　　李骏杰一案的起诉和判决，明确了冒用购物网站买家身份进入网站内部评价系统删改购物评价，属于对计算机信息系统内存储数据进行修改操作，应当认定为破坏计算机信息系统的行为。

　　购物网站评价系统是对店铺销量、买家评价等多方面因素进行综合计算分值的系统，其内部储存的数据直接影响到搜索流量分配、推荐排名、营销活动报名资格、同类商品在消费者购买比较时的公平性等。买家在购买商品后，根据用户体验对所购商品分别给出好评、中评、差评三种不同评价。所有的评价都是以数据形式存储于买家评价系统中，成为整个购物网站计算机信息系统整体数据的重要组成部分。

　　李骏杰一案说明，侵入评价系统删改购物评价，其实质是对计算机信息系统内存储的数据进行删除、修改操作的行为。这种行为危害到计算机信息系统数据采集和流量分配体系运行，使网站注册商户及其商品、服务的搜索受到影响，导致网站商品、服务评价功能无法正常运作，侵害了购物网站所属公司的信息系统安全和消费者的知情权。

同时，该案中，被告人李骏杰冒用买家身份，骗取客服审核通过后重置账号密码，登录该购物网站内部评价系统，删改买家的中差评347个，获利9万余元。根据最高人民法院、最高人民检察院《关于办理危害计算机信息系统安全刑事案件应用法律若干问题的解释》第4条的规定："破坏计算机信息系统功能、数据或者应用程序，具有下列情形之一的，应当认定为刑法第二百八十六条第一款和第二款规定的'后果严重'：……（三）违法所得五千元以上或者造成经济损失一万元以上的……"及"实施前款规定行为，具有下列情形之一的，应当认定为破坏计算机信息系统'后果特别严重'：（一）数量或者数额达到前款第（一）项至第（三）项规定标准五倍以上的"的规定，属于构成破坏计算机信息系统罪，并且成立"后果特别严重"的情形，应当依法判处5年以上有期徒刑。

（三）曾兴亮、王玉生破坏计算机信息系统案（检例第35号）

被告人曾兴亮，男，1997年8月生，农民。被告人王玉生，男，1992年2月生，农民。2016年10月至11月，被告人曾兴亮与王玉生结伙或者单独使用聊天社交软件，冒充年轻女性与被害人聊天，谎称自己的苹果手机因故障无法登录"iCloud"（云存储），请被害人代为登录，诱骗被害人先注销其苹果手机上原有的ID，再使用被告人提供的ID及密码登录。随后，曾、王二人立即在电脑上使用新的ID及密码登录苹果官方网站，利用苹果手机相关功能将被害人的手机设置修改，并使用"密码保护问题"修改该ID的密码，从而远程锁定被害人的苹果手机。曾、王二人再在其个人电脑上，用网络聊天软件与被害人联系，以解锁为条件索要钱财。采用这种方式，曾兴亮单独或合伙作案共21起，涉及苹果手机 22 部，锁定苹果手机 21 部，索得人民币合计 7290 元；王玉生参与作案 12 起，涉及苹果手机 12 部，锁定苹果手机 11 部，索得人民币合计 4750 元。2016 年 11 月 24 日，二人被公安机关抓获。本案由江苏省海安县人民检察院于 2016 年 12 月 23 日以被告人曾兴亮、王玉生犯破坏计算机信息系统罪向海安县人民法院提起公诉。2017 年 1 月 20 日，海安县人民法院作出判决，认定被告人曾兴亮、王玉生的行为构成破坏计算机信息系统罪，分别判处有期徒刑 1 年 3 个月、有期徒刑 6 个月。一审宣判后，二被告人未上诉，判决已生效。

曾兴亮、王玉生破坏计算机信息系统案明确了智能手机终端应当认定为刑法保护的计算机信息系统，锁定智能手机导致不能使用的行为，可认定为破坏计算机信息系统的行为；同时，也明确了行为人采用非法手段锁定手机后以解锁为条件索要钱财，在数额较大或多次敲诈的情况下，其目的行为又构成敲诈勒索罪，应当作为牵连犯从一重罪处断，以重罪即破坏计算机信息系统罪论处。

计算机信息系统包括计算机、网络设备、通信设备、自动化控制设备等。智能手机和计算机一样，使用独立的操作系统、独立的运行空间，可以由用户自行安装软件等程序，并可以通过移动通信网络实现无线网络接入，应当认定为刑法上的"计算机信息系统"。

行为人通过修改被害人手机的登录密码，远程锁定被害人的智能手机设备，使之成为无法开机的"僵尸机"，属于对计算机信息系统功能进行修改、干扰的行为。造成 10 台以上智能手机系统不能正常运行，符合刑法第 286 条破坏计算机信息系统罪构成要件中"对计算机信息系统功能进行修改、干扰""后果严重"的情形，构成破坏计算机信息系统罪。行为人采用非法手段锁定手机后以解锁为条件，索要钱财，在数额较大或多次敲诈的情况下，其目的行为又构成敲诈勒索罪。在这类犯罪案件中，手段行为构成的破坏计算机信息系统罪与目的行为构成的敲诈勒索罪之间成立牵连犯。牵连犯应当从一重罪处断。破坏计算机信息系统罪在后果严重的情况下，法定刑为 5 年以下有期徒刑或者拘役；敲诈勒索罪在数额较大的情况下，法定刑为 3 年以下有期徒刑、拘役或管制，并处或者单处罚金。本案应以重罪即破坏计算机信息系统罪论处。

（四）卫梦龙、龚旭、薛东东非法获取计算机信息系统数据案（检例第 36 号）

被告人卫梦龙，男，1987 年 10 月生，原系北京某公司经理。被告人龚旭，女，1983 年 9 月生，原系北京某大型网络公司运营规划管理部员工。被告人薛东东，男，1989 年 12 月生，无固定职业。被告人卫梦龙曾于 2012 年至 2014 年在北京某大型网络公司工作，被告人龚旭供职于该大型网络公司运营规划管理部，两人原系同事。被告人薛东东系卫梦龙商业合作伙伴。

因工作需要，龚旭拥有登录该大型网络公司内部管理开发系统的账号、密码、Token 令牌（计算机身份认证令牌），具有查看工作范围内相关数据信息的权限。但该大型网络公司禁止员工私自在内部管理开发系统查看、下载非工作范围内的电子数据信息。

2016 年 6 月至 9 月，经事先合谋，龚旭向卫梦龙提供自己所掌握的该大型网络公司内部管理开发系统账号、密码、Token 令牌。卫梦龙利用龚旭提供的账号、密码、Token 令牌，违反规定多次在异地登录该大型网络公司内部管理开发系统，查询、下载该计算机信息系统中储存的电子数据。后卫梦龙将非法获取的电子数据交由薛东东通过互联网出售牟利，违法所得共计 37000 元。

本案由北京市海淀区人民检察院于 2017 年 2 月 9 日以被告人卫梦龙、龚旭、薛东东犯非法获取计算机信息系统数据罪，向北京市海淀区人民法院提起公诉。6 月 6 日，北京市海淀区人民法院作出判决，认定被告人卫梦龙、龚旭、薛东东的行为构成非法获取计算机信息系统数据罪，情节特别严重。判处卫梦龙有期徒刑 4 年，并处罚金人民币 4 万元；判处龚旭有期徒刑 3 年 9 个月，并处罚金人民币 4 万元；判处薛东东有期徒刑 4 年，并处罚金人民币 4 万元。一审宣判后，三被告人未上诉，判决已生效。

该案明确了超出授权范围使用账号、密码登录计算机信息系统，属于侵入计算机信息系统的行为；侵入计算机信息系统后下载其储存的数据，可以认定为非法获取计算机信息系统数据。

非法获取计算机信息系统数据罪中的"侵入"，是指违背被害人意愿、非法进入计算机信息系统的行为，其表现形式既包括采用技术手段破坏系统防护进入计算机信息系统，也包括未取得被害人授权擅自进入计算机信息系统，还包括超出被害人授权范围进入计算机信息系统。

本案中，被告人龚旭将自己因工作需要掌握的本公司账号、密码、Token 令牌等交由卫梦龙登录该公司管理开发系统获取数据，虽不属于通过技术手段侵入计算机信息系统，但内外勾结擅自登录公司内部管理开发系统下载数据，明显超出正常授权范围。超出授权范围使用账号、密码、Token 令牌登录系统，也属于侵入计算机信息系统的行为。行为人违反《计算机信息系统安全保护条例》第 7 条、《计算机信息网络国际联网安全保护管理办法》第 6 条第 1 项等国家规定，实施了非法侵入并下载获取计算机信息系统中存储的数据的行为，构成非法获取计算机信息系统数据罪。按照 2011 年最高人民法院、最高人民检察院《关于办理危害计算机信息系统安全刑事案件应用法律若干问题的解释》规定，构成犯罪，违法所得 2.5 万元以上，应当认定为"情节特别严重"，处 3 年以上 7 年以下有期徒刑，并处罚金。

（五）张四毛盗窃案（检例第 37 号）

被告人张四毛，男，1989 年 7 月生，无业。2009 年 5 月，被害人陈某在大连市西岗区登录网络域名注册网站，以人民币 11.85 万元竞拍取得"www.8.cc"域名，并交由域名维护公司维护。

　　被告人张四毛预谋窃取陈某拥有的域名"www.8.cc"，其先利用技术手段破解该域名所绑定的邮箱密码，后将该网络域名转移绑定到自己的邮箱上。2010 年 8 月 6 日，张四毛将该域名从原有的维护公司转移到自己在另一网络公司申请的 ID 上，又于 2011 年 3 月 16 日将该网络域名再次转移到张四毛冒用"龙嫦"身份申请的 ID 上，并更换绑定邮箱。2011 年 6 月，张四毛在网上域名交易平台将网络域名"www.8.cc"以人民币 12.5 万元出售给李某。2015 年 9 月 29 日，张四毛被公安机关抓获。

　　本案由辽宁省大连市西岗区人民检察院于 2016 年 3 月 22 日以被告人张四毛犯盗窃罪向大连市西岗区人民法院提起公诉。2016 年 5 月 5 日，大连市西岗区人民法院作出判决，认定被告人张四毛的行为构成盗窃罪，判处有期徒刑 4 年 7 个月，并处罚金人民币 5 万元。一审宣判后，当事人未上诉，判决已生效。

　　该案指导意义在于明确了网络域名具备法律意义上的财产属性，盗窃网络域名可以认定为盗窃行为。网络域名是网络用户进入门户网站的一种便捷途径，是吸引网络用户进入其网站的窗口。网络域名注册人注册了某域名后，该域名将不能再被其他人申请注册并使用，因此网络域名具有专属性和唯一性。网络域名属稀缺资源，其所有人可以对域名行使出售、变更、注销、抛弃等处分权利。网络域名具有市场交换价值，所有人可以以货币形式进行交易。通过合法途径获得的网络域名，其注册人利益受法律承认和保护。本案中，行为人利用技术手段，通过变更网络域名绑定邮箱及注册 ID，实现了对域名的非法占有，并使原所有人丧失了对网络域名的合法占有和控制，其目的是非法获取网络域名的财产价值，其行为给网络域名的所有人带来直接的经济损失。该行为符合以非法占有为目的窃取他人财产利益的盗窃罪本质属性，应以盗窃罪论处。对于网络域名的价值，当前可综合考虑网络域名的购入价、销赃价、域名升值潜力、市场热度等综合认定。值得注意的是，当前理论界和实务界对网络虚拟财产的法律性质还有不同看法。张四毛案明确了域名的财产属性，笔者认为，网络域名不能等同视为网络空间游戏装备、游戏币之类的虚拟财产。诚如前文分析指出，较妥当的观点是认为网络域名是一种类似知识产权的新型民事权利。明确域名的财产属性，并不意味着对网络空间游戏装备、游戏币之类的虚拟财产法律性质的确定，而是仅仅明确域名的性质。当前，涉及网络域名的犯罪较为常见多发，且呈上升趋势，明确网络域名的财产属性，对实践具有较大的指导意义。至于网络空间游戏装备、游戏币之类的虚拟财产的法律性质，因实践中还存在较大的争议，第九批检察指导案例暂不涉及。

（六）董亮等四人诈骗案（检例第 38 号）

被告人董亮，男，1981 年 9 月生，无固定职业。被告人谈申贤，男，1984 年 7 月生，无固定职业。被告人高炯，男，1974 年 12 月生，无固定职业。被告人宋瑞华，女，1977 年 4 月生，原系上海杨浦火车站员工。

2015 年，某网约车平台注册登记司机董亮、谈申贤、高炯、宋瑞华，分别用购买、租赁未实名登记的手机号注册网约车乘客端，并在乘客端账户内预充打车费一二十元。随后，他们各自虚构用车订单，并用本人或其实际控制的其他司机端账户接单，发起较短距离用车需求，后又故意变更目的地延长乘车距离，致使应付车费大幅提高。由于乘客端账户预存打车费较少，无法支付全额车费。网约车公司为提升市场占有率，按照内部规定，在这种情况下由公司垫付车费，同样给予司机承接订单的补贴。四被告人采用这一手段，分别非法获取网约车公司垫付车费及公司给予司机承接订单的补贴。董亮获取 40664.94 元，谈申贤获取 14211.99 元，高炯获取 38943.01 元，宋瑞华获取 6627.43 元。

本案由上海市普陀区人民检察院于 2016 年 4 月 1 日以被告人董亮、谈申贤、高炯、宋瑞华犯诈骗罪向上海市普陀区人民法院提起公诉。2016 年 4 月 18 日，上海市普陀区人民法院作出判决，认定被告人董亮、谈申贤、高炯、宋瑞华的行为构成诈骗罪，综合考虑四被告人到案后能如实供述自己的罪行，四被告人家属均已代为全额退赔赃款，依法从轻处罚，分别判处被告人董亮有期徒刑 1 年，并处罚金人民币 1000 元；被告人谈申贤有期徒刑 10 个月，并处罚金人民币 1000 元；被告人高炯有期徒刑 1 年，并处罚金人民币 1000 元；被告人宋瑞华有期徒刑 8 个月，并处罚金人民币 1000 元；四被告人所得赃款依法发还被害单位。一审宣判后，四被告人未上诉，判决已生效。

在网络约车、网络订餐等互联网经济新形态发展迅速的新形势下，一些互联网公司为抢占市场，以提供订单补贴的形式吸引客户参与。某些不法分子采取违法手段，骗取互联网公司给予的补贴，数额较大的，可以构成诈骗罪。在网络约车中，行为人以非法占有为目的，通过网约车平台与网约车公司进行交流，发出虚构的用车需求，使网约车公司误认为是符合公司补贴规则的订单，基于错误认识，给予行为人垫付车费及订单补贴的行为，符合诈骗罪的本质特征，是一种新型诈骗罪的表现形式。该案明确了以非法占有为目的，采用自我交易方式，虚构提供服务事实，骗取互联网公司垫付费用及订单补贴，数额较大的，应认定为诈骗罪。

第五章　案例指导制度创新时期 检察指导案例主要内容 （第十批至第三十批）

　　2018 年，最高人民检察院完成了职务犯罪侦查预防工作转隶重要改革。2018 年 3 月 18 日，第十三届全国人民代表大会第一次会议选举张军同志担任最高人民检察院检察长。最高人民检察院党组确定了讲政治、顾大局、谋发展、重自强的检察工作思路。检察指导案例工作也进入了全新发展时期。从 2018 年开始，截至 2021 年 9 月，最高人民检察院共发布了 21 批指导性案例，对其主要内容，本章予以综述。值得注意的是，从第十二批检察指导案例开始，检察指导案例不完全由最高人民检察院法律政策研究室承办，各业务部门分别承担了相应的检察指导案例编研遴选工作。具体来说，最高人民检察院法律政策研究室承担了第十、十一、十三、十六、二十三批检察指导案例的遴选、编研、发布工作；第十二、十四、十五、十七、十八、十九、二十、二十一、二十二、二十四、二十五、二十六、二十七、二十八、二十九、三十批检察指导案例则由相应业务部门承担遴选、编研、发布工作。

第一节　第十批检察指导案例的解读①

经最高人民检察院第十三届检察委员会第二次会议审议通过，2018年7月，最高人民检察院发布了第十批检察指导案例。该批检察指导案例以金融犯罪为主题，针对金融检察工作中遇到的一些疑难问题作出指导，旨在明确法律适用，指导检察机关依法加大惩治金融犯罪力度，由最高人民检察院法律政策研究室具体承办。

一、发布第十批检察指导案例的背景

金融是现代经济的核心和血脉，金融安全是国家安全的重要组成部分，金融制度是经济社会发展中重要的基础性制度。打击金融犯罪，防范化解重大金融风险，是党的十九大报告提出的防范化解重大风险、精准脱贫、污染防治三大攻坚战的重要组成部分。以习近平同志为核心的党中央对打击防范金融犯罪高度重视，明确了我国金融市场和金融行业发展的基本指导思想，确立了服务实体、严控风险和深化改革的发展政策。同时指出："对违法犯罪金融活动要敢于亮剑，对涉嫌利益输送和权钱交易的内鬼、操纵市场和幕后交易的'金融大鳄'、顶风作浪的非法集资和地下钱庄要加大惩处力度，形成震慑。"2018年1月22日召开中央政法工作会议，中央政法委书记郭声琨同志在讲话中指出：金融风险是当前最突出的重大风险之一，我们要充分发挥职能作用，积极参与金融风险防范化解工作，把对涉众型经济犯罪案件的查办和化解风险、追赃挽损、维护稳定结合起来，防止引发次生风险。

当前，我国金融事业在蓬勃发展的同时，金融领域的犯罪也随之呈

---

① 本节内容原载于《人民检察》2018年第7期，本书收录时有删改。

现高发态势，特别是借助于网络信息技术，金融犯罪更趋复杂化和多样化，犯罪手段不断翻新，犯罪金额巨大，社会影响面极广。金融犯罪高发，不仅破坏了正常的金融监管秩序，而且影响到金融安全和社会稳定，成为金融系统性风险的重要隐患，必须依法采取措施进行规制、打击、防范。

为积极履行检察职能，主动应对金融犯罪高发态势，推动、指导各级检察机关依法加大对金融犯罪打击防范力度，经研究论证，最高人民检察院决定围绕金融犯罪主题制发一批检察指导案例。2017 年 9 月，最高人民检察院开始收集研究相关案例，邀请最高人民法院相关业务庭和研究室、公安部经济犯罪侦查局，最高人民检察院案例指导工作委员会专家委员和相关领域专家，多次召开调研论证会。还书面征求了中国人民银行、银监会等有关部门意见，经反复修改，将朱炜明操纵证券市场案等 3 件案例作为第十批检察指导案例予以发布。

二、第十批检察指导案例的意义

一是彰显检察机关积极参与防控金融风险的鲜明态度和立场。金融安全关系国计民生，社会各方面极为关注。第十批检察指导案例包括操纵证券市场，集资诈骗，利用网络组织、领导传销等突出犯罪。发布这些案例，体现了检察机关保障国家金融监管法律政策实施，积极参与防范化解金融风险的鲜明立场和态度。例如，证券犯罪严重破坏资本市场"公开公平公正"原则，严重扰乱金融管理秩序。通过发布朱炜明操纵证券市场案，体现了检察机关对以不正当手段在证券市场兴风作浪，操纵证券市场的犯罪行为依法严惩不贷的鲜明态度。又如，涉众型金融犯罪，涉案金额大，参与人群广，犯罪分子往往大肆开展虚假宣传，极易蒙蔽群众，造成众多参与者巨额财产损失，是当前风险性和危害性极大的金融犯罪。通过发布周辉集资诈骗案和叶经生等组织、领导传销活动案，彰显了检察机关加大对涉众型金融犯罪打击力度的坚定决心。

　　二是明确多发疑难及新型金融犯罪法律适用标准。金融犯罪中法律适用疑难问题较多，且犯罪手段翻新快，极易复制扩散。最高人民检察院发布检察指导案例，具有进一步明确法律条文和司法解释具体含义，统一检察工作法律适用标准的功能和作用。这批发布的三件案例，涉及的法律问题较为复杂，司法实践中亟待统一认识和明确办案标准。通过展示这些案例成功办理的过程和结果，揭示蕴含其中的法律精神和内涵，可以较为直观地回答办理同类案件可能遇到的疑难复杂法律问题。

　　三是加强对检察机关办理类似案件工作的指导。操纵证券市场和非法集资，利用网络形式组织、领导传销都是当前常见多发的金融犯罪，第十批检察指导案例对检察机关办理类似案件应当注意和把握的问题进行归纳分析，强化了对办理类似案件的指导作用。如朱炜明操纵证券市场案，指出了检察机关办理证券类犯罪案件中，证券监管部门在行政执法和查办案件中收集的物证、书证、视听资料、电子数据等证据材料，在刑事诉讼中可以作为证据使用。周辉集资诈骗案，指出了检察机关办理集资诈骗案，要围绕融资项目真实性、资金去向、归还能力等收集运用证据，对被告人非法占有的目的予以清晰证明。叶经生等组织、领导传销活动案，说明了对利用网络从事传销活动，要重点收集涉及入门费、设层级、拉人头等传销基本特征的证据及企业资金投入、人员组成、资金来源去向、网站功能等方面的证据，证明传销犯罪没有创造价值，经营模式难以持续，用后加入者的财物支付给先加入者，通过发展下线牟利骗取财物的本质特征。

　　四是发挥以案释法的教育作用。金融证券活动专业性、创新性强，法律政策较为复杂，一些不法分子利用金融证券知识和信息的不对称，以各种名义和招牌在社会上大肆进行欺诈活动，很容易使善良百姓上当受骗。第十批检察指导案例实现体例的创新，通过展示举证、质证和辩论的过程，清晰揭示金融犯罪分子在各种堂皇面纱下肆意吞噬社会财富、聚敛巨额资金的非法目的和危害本质，不仅可以为专业人士研究新型金融犯罪和法庭审理活动提供新的视角和维度，也对人民群众了解金融知识、自觉防范金融风险起到很好的教育作用。

三、第十批检察指导案例的简要案情

（一）朱炜明操纵证券市场案（检例第 39 号）

2013 年 2 月至 2014 年 8 月，被告人朱炜明在担任国开证券有限责任公司上海龙华西路证券营业部证券经纪人期间，先后多次在其受邀担任上海电视台第一财经频道《谈股论金》节目特邀嘉宾之前，使用实际控制的三个证券账户，事先买入多只股票，并于当日或次日在上述电视节目中，对其先期买入的股票进行公开评价、预测及推介，于节目在电视台首播后一至二个交易日内抛售相关股票，人为地影响前述股票的交易量与交易价格，获取利益。经查，其买入股票交易金额共计人民币 2094.22 万余元，卖出股票交易金额共计人民币 2169.70 万余元，非法获利 75.48 万余元。2017 年 7 月 28 日，上海市第一中级人民法院以操纵证券市场罪判处被告人朱炜明有期徒刑 11 个月，没收其违法所得，并处罚金人民币 76 万元。一审宣判后，被告人未上诉，判决已生效。

该案主要明确了证券公司、证券咨询机构、专业中介机构及其工作人员，违背从业禁止规定，买卖或者持有证券，并在对相关证券作出公开评价、预测或者投资建议后，通过预期的市场波动，反向操作谋取利益，构成"抢帽子"交易操纵行为，情节严重的，应当以操纵证券市场罪追究其刑事责任。

证券制度是国家金融制度的重要组成部分。近年来，我国证券市场大幅波动，给投资者特别是广大小散投资者财产利益造成重大损害。第十批检察指导案例选取了朱炜明操纵证券市场案，明确在证券市场上实施"抢帽子"交易行为的，应当以操纵证券市场罪追究刑事责任。

"抢帽子"交易操纵证券市场行为是一种形象的比喻。由于早期证券交易都是由交易员在场内喊价，日内短线炒作的交易员频繁举手报价，场景看起来如同一群人在争抢空中的帽子，因此这种交易模式便被形象地称为"抢帽子"。通常实施"抢帽子"交易操纵证券市场，都是"先买入股票，之后发布推荐，然后迅速抛出"，以实现套利。实践中，实施"抢帽子"交易行为的行为人往往是具有一定社会知名度的证券从业人员，他们借助影响力较大的传播平台，发布诱导性信息对普通投资者的交易决策产生影响。其在发布信息后，又利用证券价格波动实施与投资者反向交易的行为获利。因此这种行为侵害和破坏了证券市场管理秩序，违反了证券市场公开公平公正原则。

实施"抢帽子"交易操纵证券市场，相关行为人必然实施炒作消息行为，引起证券市场行情的波动；必然在炒作消息前后买进或卖出相关股票，获取相关利益；行为人编造并散布完全没有客观依据的虚假性或误导性投资咨询意见，利用其在投资咨询行业的影响力欺诈客户或市场投资者，诱使其进行完全没有合理市场依据的资本配置，必然严重侵害"小散"投资者利益。可以说，在"抢帽子"交易操纵中，行为人不仅具有欺诈市场的主观恶性，而且实际造成欺骗误导投资者并对其合法权益造成了重大实际损害的客观后果。

"抢帽子"交易操纵属于信息型市场操纵。本质上，"抢帽子"交易与连续交易、约定交易、自我交易等刑法明确列举的价量操纵行为具有相同的行为性质，均是违反公平交易准则，干扰市场定价机制的行为。第十批检察指导案例通过朱炜明操纵证券市场案，明确"抢帽子"交易操纵证券市场，情节严重的，属于 2017 年刑法第 182 条第 1 款第 4 项"以其他方法操纵证券、期货市场的"情形之一，情节严重的，应以操纵证券市场罪进行处罚。值得注意的是，2019 年 7 月 1 日起施行的最高人民法院、最高人民检察院《关于办理操纵证券、期货市场刑事案件适用法律若干问题的解释》第 1 条第 2 项规定，"通过对证券及其发行人、上市公司、期货交易标的公开作出评价、预测或者投资建议，误导投资者作出投资决策，影响证券、期货交易价格或者证券、期货交易量，并进行与其评价、预测、投资建议方向相反的证券交易或者相关期货交易的"，可以认定为 2017 年刑法第 182 条第 1 款第 4 项规定的"以其他方法操纵证券、期货市场"，构成"操纵证券、期货市场罪"。可见，检察指导案例确定"抢帽子"交易构成操纵证券市场罪后，相关规则被司法解释吸收，这也可谓检察指导案例确立类案办理规则，为成文法确定吸收的例证。

本案在侦查期间，被告人朱炜明对涉案账户系其本人代其亲属控制的事实一直予以否认。检察机关在审查起诉过程中，注重收集朱炜明父亲朱某等证人证言、证监会对朱炜明操纵证券市场行为性质的认定函、司法会计鉴定意见书等证据。将相关证据向朱炜明及其辩护人出示，并一一阐明证据与朱炜明行为之间的证明关系。（1）账户登录、交易 IP 地址大量位于朱炜明所在的办公地点，与朱炜明出行等电脑数据轨迹一致。例如，2014 年 7 月 17 日、18 日，涉案的朱某证券账户登录、交易 IP 地址在重庆，与朱炜明的出行记录一致。（2）涉案三个账户之间与朱炜明个人账户资金往来频繁，初始资金有部分来自朱炜明账户，转出资金中有部分转入朱炜明银行账户后由其消费，证明涉案账户资金由朱炜明控制。

通过检察机关缜密证明，朱炜明对自己实施"抢帽子"交易操纵他人证券账户买卖股票牟利的事实供认不讳。通过这一证明过程，该检察指导案例旨在说明：证券犯罪具有专业性、隐蔽性、间接性等特征，被告人及其辩护人经常会提出涉案账户实际控制人及操作人非其本人的辩解。对此，检察机关可以通过行为人资金往来记录，设备 MAC 地址、终端 IP 地址与互联网访问轨迹的重合度与连贯性，身份关系和资金关系的紧密度，涉案股票买卖与公开荐股在时间及资金比例上的高度关联性，相关证人证言在细节上是否吻合等入手，构建严密证据体系，确定被告人与涉案账户的实际控制关系。

该案中，证监会还对朱炜明操纵证券市场行为性质出具了认定函、司法会计鉴定意见书等证据。证监会认定：2013 年 3 月 1 日至 2014 年 8 月 25 日期间，朱炜明在《谈股论金》节目中通过明示股票名称或描述股票特征的方法，对"利源精制"等 15 只股票进行公开评价预测。朱炜明通过其控制的三个证券账户在节目播出前一至二个交易日或当天买入推荐的股票，交易金额 2094.22 万余元，并于节目播出后一至二个交易日内卖出上述股票，交易金额 2169.70 万余元，获利 75.48 万余元。朱炜明所荐股票次日交易价量明显上涨，偏离行业板块和大盘走势，其行为构成操纵证券市场，性质特别恶劣，严重扰乱了证券市场秩序并造成严重社会影响。

通过这一证明过程，该案例旨在说明：对该类证券犯罪，检察机关应当与证券监管部门紧密联系、取得配合。证券监管部门在行政执法和查办案件中收集的物证、书证、视听资料、电子数据等证据材料，在刑事诉讼中可以作为证据使用。

（二）周辉集资诈骗案（检例第 40 号）

被告人周辉注册成立中宝投资公司，并担任法定代表人。公司上线运营"中宝投资"网络平台，借款人（发标人）在网络平台注册、交纳会费后，可发布各种招标信息，吸引投资人投资。运行前期，周辉通过网络平台为 13 个发标人提供总金额 170 余万元的融资服务，因部分发标人未能还清借款造成公司亏损。此后，周辉除用本人真实身份信息在公司网络平台注册 2 个会员外，自 2011 年 5 月至 2013 年 12 月陆续虚构 34 个发标人，并利用上述虚假身份自行发布大量虚假抵押标、宝石标等，以支付投资人约 20% 的年化收益率及额外奖励等为诱饵，向社会不特定公众募集资金。所募资金未进入公司账户，全部由周辉个人掌控和支配。除部分用于归还投资人到期的本金及收益外，其余主要用于购买房产、高档车辆、首饰等，这些资产绝大部分登记在周辉名下或供周辉个人使用。

2015 年 8 月 14 日，浙江省衢州市中级人民法院作出一审判决，认定被告人周辉犯集资诈骗罪，判处有期徒刑 15 年，并处罚金人民币 50 万元。继续追缴违法所得，返还各集资人。一审宣判后，浙江省衢州市人民检察院以一审判决量刑过轻提出抗诉，被告人周辉以量刑畸重为由提出上诉。本案二审期间，《刑法修正案（九）》生效实施。浙江省高级人民法院经审理后认为，《刑法修正案（九）》修改了集资诈骗罪法定刑设置，根据从旧兼从轻原则，作出裁定，维持原判。终审判决作出后，周辉及其父亲不服判决提出申诉，浙江省高级人民法院受理申诉并经审查后，认为原判事实清楚，证据确实充分，定性准确，量刑适当，于 2017 年 12 月 22 日驳回申诉，维持原裁判。

该案明确了网络借贷信息中介机构或其控制人，利用网络借贷平台发布虚假信息，非法建立资金池募集资金，所得资金大部分未用于生产经营活动，主要用于借新还旧和个人挥霍，无法归还所募资金数额巨大的，应认定为具有非法占有目的，以集资诈骗罪追究刑事责任。

是否具有非法占有目的，是正确区分非法吸收公众存款罪和集资诈骗罪的关键要素。对非法占有目的的判断，应当围绕融资项目真实性、资金去向、归还能力等事实进行综合判断。本案中，被告人周辉注册网络借贷信息平台，在早期从事少量融资信息服务，公司造成亏损、经营难以为继的情况下，虚构借款人和借款标的，以欺诈方式面向不特定投资人吸纳资金，自建"资金池"。虽然在侦查机关立案查处时仍可通过"拆东墙补西墙"的方式偿还部分旧债和收益，维持周转，但根据其所募资金主要用于还本付息和个人消费挥霍，未投入生产经营，不可能产生利润回报的事实，后续资金缺口势必不断扩大，最终必将难以为继，无法归还所募资金，故可以认定其具有非法占有的目的，应以集资诈骗罪对其定罪处刑。

办理非法集资犯罪案件，应注意厘清非法集资人主观故意是否发生变化，即是否存在由非法吸纳资金的故意转变为非法占有资金的故意。实践中，部分非法集资人在吸纳他人资金之初并没有不予偿还的意图，且将吸收的资金用于经营活动。但是，在吸收一部分资金且经营活动明显不能为继的情况下，继续吸收资金，并将资金主要用于个人消费、挥霍的，可以认定其对后续资金具有非法占有的故意。

非法集资是当前金融领域乱象之一。打着互联网旗号进行"庞氏骗局"的犯罪时有发生，非法集资等大要案时有发生，导致经济社会领域重大风险隐患。该案例对检察机关办理类似案件具有四个方面的指导作用：一是检察机关办理涉众型金融犯罪，特别是集资诈骗罪，要准确认定"非法占有目的"。二是检察机关在具体办案中，要强化审前过滤，做好审前证据审查工作。非法集资案中，参与集资人数多、涉及面广，受主客观因素影响，侦查机关取证工作易出现瑕疵和问题。检察机关在案件审查过程中要坚持证据裁判原则，强化证据审查，建立起完整、牢固的证据锁链，夯实认定案件事实的证据基础。三是在法庭审理中，要注重围绕行为人主观上非法占有目的及客观上以欺诈手段非法集资的事实举证、质证，运用证据证明犯罪事实。法庭指控中，公诉人要针对常见的辩护理由，围绕集资诈骗罪构成要件，梳理组合证据，形成完整的证据链，对涉及犯罪的关键事实予以清晰证明。四是要结合办案开展以案释法。非法集资等涉众型金融犯罪危害大，极易导致人民群众财产损失，检察机关要结合案件办理，加强对社会公众，特别是集资参与人的法治宣传教育。

（三）叶经生等组织、领导传销活动案（检例第 41 号）

被告人叶经生等人成立上海宝乔网络科技有限公司，以"经销商管理系统网站""金乔网商城网站"作为平台，采取上线经销商会员推荐并交纳保证金发展下线经销商，保证金或购物消费额双倍返利；在全国各地设区域代理，给予区域代理业绩比例提成奖励的方式发展会员。被告人叶青松是金乔网浙江省区域总代理。至案发，金乔网注册会员3万余人，其中注册经销商会员1.8万余人，在全国各地发展省、地区、县三级区域代理300余家，涉案金额1.5亿余元。叶青松直接或间接发展下线经销商会员1886人，收取浙江省区域会员保证金、参与返利的消费额10%现金、区域代理费等共计3000多万元，通过银行转汇给叶经生。叶青松通过抽取保证金推荐奖金、股权分红、天天返利等提成的方式非法获利70多万元。

2013年8月23日，浙江省松阳县人民法院判决认定被告人叶经生、叶青松构成组织、领导传销活动罪，判处被告人叶经生有期徒刑7年、并处罚金人民币150万元，判处被告人叶青松有期徒刑3年、并处罚金人民币30万元，扣押和冻结的涉案财物予以没收，继续追缴两被告人的违法所得。一审宣判后，二被告人不服提出上诉。浙江省丽水市中级人民法院经审理，认定原判事实清楚，证据确实、充分，定罪准确，量刑适当，审判程序合法，驳回上诉，维持原判。

该案例明确了对于组织者或者经营者利用网络发展会员，要求被发展人员以交纳或者变相交纳"入门费"为条件获得提成和发展下线的资格，通过发展人员组成层级关系，并以直接或者间接发展的人员数量作为计酬或者返利的依据，引诱被发展人员继续发展他人参加，骗取财物，扰乱经济秩序的行为，应以组织、领导传销活动罪追究刑事责任。

近年来，实践中传销组织在手段上不断翻新，打着"金融创新"的旗号，以网络形式进行传销的案件时有发生，危害性极大。实践中，常见的"资本运作型"网络传销表现形式为：组织者、经营者注册一个电子商务企业，再以此名义建立一个电子商务网站，并以网络营销、网络直销等名义，变相收取入门费，设置各种返利机制，激励会员发展下线，以其直接或者间接发展的下线数量作为返利依据。此种方式运行过程中，几乎没有实际的商品交易行为，而是以虚拟的传销标的发展会员，其手段虽然披上了"资本运作""金融创新"等外衣，但本质是通过发展下线组成层级关系并依靠返利获利。在这些活动中，不管是以什么名义，只要是以交纳或者变相交纳入门费获得计提报酬和发展下线的"资格"，直接或者间接发展下线拉人头组成层级关系，上线从直接或者间接发展的下线的销售业绩中计提报酬，或以直接或者间接发展的人员数量为依据计提报酬或者返利的，就应当认定符合传销活动的本质特征。

该案例指导意义在于：检察机关办理组织、领导传销活动犯罪，要紧扣传销犯罪骗取财物的特征和构成要件，收集、审查、运用证据。特别要注意针对传销网站的经营特征与其他合法经营网站的区别，重点收集涉及入门费、设层级、拉人头等传销基本特征的证据及企业资金投入、人员组成、资金来源去向、网站功能等方面的证据，揭示传销犯罪没有创造价值，用后加入者的财物支付给前加入者，通过发展下线牟利的骗取财物本质。

四、第十批检察指导案例的创新

第十批检察指导案例相对以往发布的检察指导案例，在体例和制发思路上都作了较大的创新调整。以往制发的检察指导案例，主要是介绍案情、要旨、结果和指导意义。这次发布的检察指导案例，不仅有案情、要旨、裁判结果和指导意义，更重要的是，在体例上增加"指控与证明犯罪"，再现检察机关以事实为根据，以法律为准绳，组织、运用证据指控与证明犯罪的过程，还原诉讼过程中控辩争议的焦点和法庭审理的冲突，揭示犯罪行为的本质特征。既体现检察机关检察指导案例的"检察"特色，又能较好发挥案例本身的指导意义和普法意义。

例如，朱炜明操纵证券市场案，针对审查起诉中朱炜明的辩解，检察官通过认真审查证据、依法退回补充侦查，查明了案件的关键事实，补强了相关证据。在检察官出示的证据面前，朱炜明对实施"抢帽子"交易操纵证券市场牟利的事实供认不讳。案例完整地呈现了检察机关针对证券犯罪隐蔽性强的特点，引导公安机关全面收集相关证据，构建严密证据锁链，从而有力证明犯罪的过程。

周辉集资诈骗案，展现了检察官针对辩护人提出的被告人周辉系利用互联网从事P2P借贷融资，主观上不具有非法占有集资款目的的辩护意见，组织、运用证据进行答辩，有力地证明了被告人具有非法占有目的，其行为与P2P网络借贷有本质区别，已构成集资诈骗罪的过程。

叶经生等组织、领导传销活动案，涉及人数众多，犯罪组织形式复杂。针对庭审中被告人叶经生提出的宝乔公司系依法成立，金乔网模式是消费模式的创新，没有组织、领导传销的故意，会员之间没有层级关系，不构成组织、领导传销活动罪的辩解，检察官通过当庭讯问被告人、通知鉴定人出庭作证和出示相关证据等，证明了金乔网没有实质性的经营活动，所谓经营活动和利润来源纯粹依靠后加入人员交纳的费用；金乔网会员层级呈现金字塔状，上线会员可通过下线、下下线会员发展会员获得收益，从而揭示了被告人的行为具有组织、领导传销活动骗取财物的本质特征。

检察指导案例制发思路的创新，目的在于使专业人士和社会各界更加全面地看待检察官的作用和检察工作的特色，较为完整地呈现刑事案件庭审指控和证明犯罪的过程。刑事案件庭审的过程是指控和证明犯罪的过程，检察官通过法庭上的示证、质证，运用证据、逻辑、法律指控与证明犯罪，与辩护人控辩论战，直接决定案件的走向，直接影响庭审的质量和效果。庭审过程的再现，能让公众有身临其境回到庭审现场的感觉，既能直观地感受到被告人在事实和证据面前认罪服法的过程，又能深切体会到检察官在庭审中的重要地位和作用，从中受到生动的法治宣传教育。

第二节　第十一批检察指导案例的解读①

2018 年 11 月，最高人民检察院围绕未成年人权利保护主题发布了齐某强奸、猥亵儿童案等 3 件检察指导案例。该批检察指导案例针对未成年人权利保护中常见的法律适用问题作出指导，推进了新兴的未成年人检察工作，该批指导性案例由最高人民检察院法律政策研究室具体承办。

一、第十一批检察指导案例发布的背景

最高人民检察院高度关注未成年人权利保护问题，为进一步推进未成年人权利保护，经最高人民检察院法律政策研究室、未成年人检察工作办公室（现改为最高人民检察院第九检察厅）共同调研，听取各级人民检察院和社会各界意见建议，决定围绕未成年人权利保护主题制发一批检察指导案例。其目的在于：

一是彰显加强未成年人权利保护的坚决态度。未成年人权利保护是当前社会各界关注的重要问题，检察机关在未成年人权利保护中责无旁贷。近年来，侵害儿童权利犯罪呈高发多发态势。性侵、猥亵儿童恶性案件屡屡发生，严重侵害未成年人权利，损害未成年人身心健康，影响社会和谐稳定，有必要以检察指导案例的形式，明确加大打击力度，坚决以法治利剑斩断伸向祖国花朵的魔爪。

二是明确惩治涉及未成年人权利保护犯罪中的法律适用疑难问题。未成年人权利保护方面，性侵、猥亵、虐待儿童等各类犯罪中涉及的一些法律适用问题，各界认识还不尽一致。实践中，基层检察院多有呼

---

① 本节内容原载于《人民检察》2019 年第 1 期。

吁，希望最高人民检察院加强对办理未成年人犯罪案件的指导。最高人民检察院经充分调研听取基层意见后，对未成年人权利保护中具有典型性的问题，以检察指导案例的形式予以明确，以利于统一认识，准确适用法律。

三是凸显检察机关在保护未成年人权利中的特殊作用。性侵、猥亵、虐待儿童等各类犯罪，社会关注度高，严格依法及时有效打击惩治此类犯罪，是检察机关积极参与社会治理，发挥检察职能作用的重要体现。这次发布的 3 件案例，检察机关作用发挥比较充分，检察特色比较明显，有利于倡导各级检察机关积极发挥作用加强未成年人权利的司法保护。

二、第十一批检察指导案例的基本案情及涉及的主要法律问题

（一）齐某强奸、猥亵儿童案（检例第 42 号）

基本案情：2011 年夏天至 2012 年 10 月，被告人齐某在担任班主任期间，利用午休、晚自习及宿舍查寝等机会，在学校办公室、教室、洗澡堂、男生宿舍等处多次对被害女童 A（10 岁）、B（10 岁）实施奸淫、猥亵，并以带 A 女童外出看病为由，将其带回家中强奸。齐某还在女生集体宿舍等地多次猥亵被害女童 C（11 岁）、D（11 岁）、E（10 岁），猥亵被害女童 F（11 岁）、G（11 岁）各一次。

该案例主要阐明：（1）性侵未成年人犯罪案件中，被害人陈述稳定自然，对于细节的描述符合正常记忆认知、表达能力，被告人辩解没有证据支持，结合生活经验对全案证据进行审查，能够形成完整证明体系的，可以认定案件事实。（2）奸淫幼女具有最高人民法院、最高人民检察院、公安部、司法部《关于依法惩治性侵害未成年人犯罪的意见》规定的从严处罚情节，社会危害性与刑法第 236 条第 3 款第 2—4 项规定的

情形相当的，可以认定为该款第 1 项规定的"情节恶劣"。（3）行为人在教室、集体宿舍等场所实施猥亵行为，只要当时有多人在场，即使在场人员未实际看到，也应当认定犯罪行为是在"公共场所当众"实施。

指控与证明犯罪过程及重点问题：该案经历了一审、二审和再审程序。2013 年 4 月 14 日，某市人民检察院以齐某犯强奸罪、猥亵儿童罪对其提起公诉。5 月 9 日，某市中级人民法院依法不公开开庭审理本案。9 月 23 日，该市中级人民法院作出判决，认定齐某犯强奸罪，判处死刑缓期 2 年执行，剥夺政治权利终身；犯猥亵儿童罪，判处有期徒刑 4 年 6 个月；决定执行死刑，缓期 2 年执行，剥夺政治权利终身。被告人未上诉，判决生效后，报某省高级人民法院复核。

2013 年 12 月 24 日，某省高级人民法院以原判认定部分事实不清为由，裁定撤销原判，发回重审。

2014 年 11 月 13 日，某市中级人民法院经重新审理，作出判决，认定齐某犯强奸罪，判处无期徒刑，剥夺政治权利终身；犯猥亵儿童罪，判处有期徒刑 4 年 6 个月；决定执行无期徒刑，剥夺政治权利终身。齐某不服提出上诉。

2016 年 1 月 20 日，某省高级人民法院经审理，作出终审判决，认定齐某犯强奸罪，判处有期徒刑 6 年，剥夺政治权利 1 年；犯猥亵儿童罪，判处有期徒刑 4 年 6 个月；决定执行有期徒刑 10 年，剥夺政治权利 1 年。

某省人民检察院认为该案终审判决确有错误，提请最高人民检察院抗诉。最高人民检察院经审查，认为该案适用法律错误，量刑不当，应予纠正。2017 年 3 月 3 日，最高人民检察院依照审判监督程序向最高人民法院提出抗诉。2017 年 12 月 4 日，最高人民法院依法不公开开庭审理本案。2018 年 7 月 27 日，最高人民法院作出终审判决，认定原审被告人齐某犯强奸罪，判处无期徒刑，剥夺政治权利终身；犯猥亵儿童罪，判处有期徒刑 10 年；决定执行无期徒刑，剥夺政治权利终身。

诉讼过程中，关于证明齐某犯罪的证据问题及齐某强奸罪是否属于情节恶劣，猥亵犯罪是否属于在公共场所当众实施，是指控犯罪中的重点问题。

最高人民检察院检察员在再审审理中，针对三个问题分别发表意见。

第一，针对本案证据问题，出庭检察员指出：原审被告人齐某犯强奸罪、猥亵儿童罪的犯罪事实清楚，证据确实充分。主要理由在于：一是各被害人及其家长和齐某在案发前没有矛盾。报案及时，无其他介入因素，可以排除诬告的可能。二是各被害人陈述内容自然合理，可信度高，且有同学的证言予以印证。被害人对于细节的描述符合正常记忆认知、表达能力，如齐某实施性侵害的大致时间、地点、方式、次数等内容基本一致。因被害人年幼、报案及作证距案发时间较长等客观情况，具体表达存在不尽一致之处，完全正常。三是各被害人陈述的基本事实得到本案其他证据印证，如齐某卧室勘验笔录、被害人辨认现场的笔录、现场照片、被害人生理状况诊断证明等。

第二，针对强奸犯罪情节恶劣的问题，出庭检察员指出：原审被告人齐某犯强奸罪情节恶劣，且在公共场所当众猥亵儿童，某省高级人民法院判决对此不予认定，属于适用法律错误，导致量刑畸轻。其原因在于，齐某奸淫幼女"情节恶劣"。齐某利用教师身份，多次强奸 2 名幼女，犯罪时间跨度长。本案发生在校园内，对被害人及其家人伤害非常大，对其他学生造成了恐惧。齐某的行为具备最高人民法院、最高人民检察院、公安部、司法部《关于依法惩治性侵害未成年人犯罪的意见》第 25 条规定的多项"更要依法从严惩处"的情节，综合评判应认定为"情节恶劣"，判处 10 年有期徒刑以上刑罚。

第三，针对齐某的行为是否属于在"公共场所当众"猥亵儿童的问题。出庭检察员指出：公共场所系供社会上多数人从事工作、学习、文化、娱乐、体育、社交、参观、旅游和满足部分生活需求的一切公用建筑物、场所及其设施的总称，具备由多数人进出、使用的特征。基于对未成年人保护的需要，最高人民法院、最高人民检察院、公安部、司法部《关于依法惩治性侵害未成年人犯罪的意见》第23条明确将"校园"这种除师生外，其他人不能随便进出的场所认定为公共场所。司法实践中也已将教室这种相对封闭的场所认定为公共场所。本案中女生宿舍是20多人的集体宿舍，和教室一样属于校园的重要组成部分，具有相对涉众性、公开性，应当是公共场所。最高人民法院、最高人民检察院、公安部、司法部《关于依法惩治性侵害未成年人犯罪的意见》第23条规定，在公共场所对未成年人实施猥亵犯罪，"只要有其他多人在场，不论在场人员是否实际看到"，均可认定为当众猥亵。本案中齐某在熄灯后进入女生集体宿舍，当时就寝人数较多，床铺之间没有遮挡，其猥亵行为易被同寝他人所感知，符合上述规定"当众"的要求。

针对该案中的法律适用问题，最高人民法院召开审判委员会，最高人民检察院张军检察长依法列席了最高人民法院审判委员会，发表了意见，主要包括：一是最高人民检察院抗诉书认定的齐某犯罪事实、情节符合客观实际。性侵害未成年人案件具有客观证据、直接证据少，被告人往往不认罪等特点。本案中，被害人家长与原审被告人之前不存在矛盾，案发过程自然。被害人陈述及同学证言符合案发实际和儿童心理，证明力强。综合全案证据看，足以排除合理怀疑，能够认定原审被告人强奸、猥亵儿童的犯罪事实。二是原审被告人在女生宿舍猥亵儿童的犯罪行为属于在"公共场所当众"猥亵。考虑本案具体情节，原审被告人猥亵儿童的犯罪行为应当判处10年有期徒刑以上刑罚。三是某省高级人民法院二审判决确有错误，依法应当改判。

该案例的指导意义：一是性侵未成年人犯罪案件中证据审查认定的问题。该案例指出：对性侵未成年人犯罪案件证据的审查，要根据未成年人的身心特点，按照有别于成年人的标准予以判断。审查言词证据，要结合全案情况予以分析。根据经验和常识，未成年人的陈述合乎情理、逻辑，对细节的描述符合其认知和表达能力，且有其他证据予以印证，被告人的辩解没有证据支持，结合双方关系不存在诬告可能的，应当采纳未成年人的陈述。

二是奸淫幼女犯罪中，"情节恶劣"如何理解适用的问题。刑法第236条第3款第1项规定，奸淫幼女"情节恶劣"的，处10年以上有期徒刑、无期徒刑或者死刑，何谓"情节恶劣"相关法律及司法解释未予以明确。齐某强奸案中，被告人具备教师的特殊身份，奸淫2名幼女，且分别奸淫多次，齐某利用照护职责，实施对未成年人的多次强奸，应当认定符合"情节恶劣"的规定，该要旨实际上拓展了司法解释规定，明确了法律相对模糊概括的规定内容，但是，与立法精神一致。2020年12月26日《刑法修正案（十一）》增加规定第236条之一的"负有照护职责人员性侵罪"，明确对负有照护职责人员性侵从重处罚，检察指导案例明确的要旨与立法精神一致。

三是强奸、猥亵未成年人犯罪中，"公共场所当众"这一情节如何理解适用的问题。刑法对"公共场所当众"实施强奸、猥亵未成年人犯罪，作出了从重处罚的规定。最高人民法院、最高人民检察院、公安部、司法部《关于依法惩治性侵害未成年人犯罪的意见》第23条规定了在"校园、游泳馆、儿童游乐场等公共场所"对未成年人实施强奸、猥亵犯罪，可以认定为在"公共场所当众"实施犯罪。适用这一规定，是否属于"当众"实施犯罪至为关键。对在规定列举之外的场所实施强奸、猥亵未成年人犯罪的，只要场所具有相对公开性，且有其他多人在场，有被他人感知可能的，就可以认定为在"公共场所当众"犯罪。结合齐某猥亵罪，可以看出：学校中的教室、集体宿舍、公共厕所、集体洗澡间等，是不特定未成年人活动的场所，在这些场所实施强奸、猥亵未成年人犯罪的，应当认定为在"公共场所当众"实施犯罪。

（二）骆某猥亵儿童案（检例第43号）

基本案情：2017年1月，被告人骆某使用化名，通过QQ软件将13

岁女童小羽加为好友。聊天中得知小羽系初二学生后，骆某仍通过言语恐吓，向其索要裸照。在被害人拒绝并在 QQ 好友中将其删除后，骆某又通过小羽的校友周某对其施加压力，再次将小羽加为好友。同时骆某还虚构"李某"的身份，注册另一 QQ 号并添加小羽为好友。之后，骆某利用"李某"的身份在 QQ 聊天中对小羽进行威胁恐吓，同时利用周某继续施压。小羽被迫按照要求自拍裸照十张，通过 QQ 软件传送给骆某观看。后骆某又以在网络上公布小羽裸照相威胁，要求与其见面并在宾馆开房，企图实施猥亵行为。因小羽向公安机关报案，骆某在依约前往宾馆途中被抓获。

该案例主要阐明：行为人以满足性刺激为目的，以诱骗、强迫或者其他方法要求儿童拍摄裸体、敏感部位照片、视频等供其观看，严重侵害儿童人格尊严和心理健康的，构成猥亵儿童罪。

指控与证明犯罪过程及重点问题：该案一审作出判决后，检察机关提起抗诉。二审采纳检察机关的抗诉意见，认定被告人骆某犯猥亵儿童罪，判处有期徒刑 2 年。在该案办理过程中，有关被告人骆某为满足性刺激，通过网络对不满 14 周岁的女童进行威胁恐吓，强迫被害人按照要求的动作、姿势拍摄裸照供其观看的行为是否构成猥亵儿童罪是争辩焦点。公诉人认为该种行为应认定为猥亵儿童罪，且应从重处罚；辩护人认为，认定该种行为构成猥亵儿童罪的证据不足。二审审理中，针对争辩焦点，出庭检察员指出：从猥亵儿童罪侵害儿童人格尊严和心理健康的实质要件进行判断，被告人骆某强迫被害人拍摄裸照并传输观看的行为构成猥亵儿童罪，且应为犯罪既遂。这一观点为法庭所认可。

该案指导意义：一是说明猥亵儿童罪的本质。猥亵儿童罪是指以淫秽下流的手段猥亵不满 14 周岁儿童的行为。刑法没有对猥亵儿童的具体方式作出列举，需要根据实际情况进行判断和认定。实践中，只要行为人主观上以满足性刺激为目的，客观上实施了猥亵儿童的行为，侵害了特定儿童人格尊严和身心健康的，应当认定构成猥亵儿童罪。

二是说明网络环境下，被告人虽未直接与被害儿童进行身体接触，但是通过网络软件实施的某些行为可以认定构成猥亵儿童犯罪。网络环境下，以满足性刺激为目的，虽未直接与被害儿童进行身体接触，但是通过 QQ、微信等网络软件，以诱骗、强迫或者其他方法要求儿童拍摄、传送暴露身体的不雅照片、视频，行为人通过画面看到被害儿童裸体、敏感部位的，是对儿童人格尊严和心理健康的严重侵害，与实际接触儿童身体的猥亵行为具有相同的社会危害性，应当认定构成猥亵儿童罪。

三是说明检察机关如何办理网络环境下的猥亵儿童犯罪案件。检察机关办理利用网络对儿童实施猥亵行为的案件，要及时固定电子数据，证明行为人出于满足性刺激的目的，利用网络，采取诱骗、强迫或者其他方法要求被害人拍摄、传送暴露身体的不雅照片、视频供其观看的事实。要准确把握猥亵儿童罪的本质特征，全面收集客观证据，证明行为人通过网络不接触被害儿童身体的猥亵行为，具有与直接接触被害儿童身体的猥亵行为相同的性质和社会危害性。

（三）于某虐待案（检例第 44 号）

基本案情：2016 年 9 月以来，因父母离婚，父亲丁某常年在外地工作，被害人小田（女，11 岁）一直与继母于某共同生活。于某以小田学习及生活习惯有问题为由，长期、多次对其实施殴打。2017 年 11 月 21 日，于某又因小田咬手指甲等问题，用衣服撑、挠痒工具等对其实施殴打，致小田离家出走。小田被爷爷找回后，经鉴定，其头部、四肢等多处软组织挫伤，身体损伤程度达到轻微伤等级。

该案例主要阐明：（1）被虐待的未成年人，因年幼无法行使告诉权利的，属于刑法第 260 条第 3 款规定的"被害人没有能力告诉"的情形，应当按照公诉案件处理，由检察机关提起公诉，并可以依法提出适用禁止令的建议。（2）抚养人对未成年人未尽抚养义务，实施虐待或者其他严重侵害未成年人合法权益的行为，不适宜继续担任抚养人的，检察机关可以支持未成年人或者其他监护人向人民法院提起变更抚养权诉讼。

指控与证明犯罪过程及重点问题：该案办理中，检察机关综合运用刑事、民事等多种手段，最大限度地维护了涉案未成年人的权利。2017年11月22日，网络披露11岁女童小田被继母虐待的信息，引起舆论关注。某市某区人民检察院未成年人检察部门的检察人员得知信息后，会同公安机关和心理咨询机构的人员对被害人小田进行询问和心理疏导。检察机关通过调查发现，其继母于某存在长期、多次殴打小田的行为，涉嫌虐待罪。本案被害人系未成年人，没有向人民法院告诉的能力，也没有近亲属代为告诉。检察机关决定提起公诉。法庭审理中，针对于某存在可能再次实施对被害人暴力殴打的情况，检察机关及时提出适用禁止令，禁止被告人于某再次对被害人实施家庭暴力的建议。最终法庭经审理，认定检察机关指控成立，认定被告人于某犯虐待罪，判处有期徒刑6个月，缓刑1年；并采纳检察机关适用禁止令的建议，禁止被告人于某再次对被害人实施家庭暴力。

案件办结后，检察机关继续关注小田的状况。经进一步了解发现，小田父母离婚后，其被判归父亲抚养，但父亲长期在外地工作，没有能力亲自抚养小田。小田生母也在本市生活，检察人员征求了小田生母武某的意见。武某表示愿意抚养小田。检察机关支持武某到人民法院起诉变更抚养权。2018年1月15日，小田生母武某向某市某区人民法院提出变更抚养权诉讼。法庭经过调解，裁定变更小田的抚养权，改由生母武某抚养，生父丁某给付抚养费至其独立生活为止。

该案例的指导意义：一是明确了虐待罪中"自诉转公诉"的问题。刑法第260条规定，虐待家庭成员，情节恶劣的，告诉的才处理，但被害人没有能力告诉，或者因受到强制、威吓无法告诉的除外。虐待未成年人犯罪案件中，未成年人往往没有能力告诉，应按照公诉案件处理，由检察机关提起公诉，维护未成年被害人的合法权利。

二是侵犯未成年人权利犯罪中禁止令适用的问题。最高人民法院、最高人民检察院、公安部、司法部《关于对判处管制、宣告缓刑的犯罪分子适用禁止令有关问题的规定（试行）》第 7 条规定，人民检察院在提起公诉时，对可能宣告缓刑的被告人，可以建议禁止其从事特定活动，进入特定区域、场所，接触特定的人。对未成年人遭受家庭成员虐待的案件，结合犯罪情节，检察机关可以在提出量刑建议的同时，有针对性地向人民法院提出适用禁止令的建议，禁止被告人再次对被害人实施家庭暴力，依法保障未成年人合法权益，督促被告人在缓刑考验期内认真改造。

三是检察机关支持变更抚养权的问题。未成年人抚养权变更是常见的问题。在父母离婚或者其他特殊情况下，法院会判决未成年人抚养权由一方享有。实践中经常出现夫妻离婚后，与未成年子女共同生活的一方不尽抚养义务，对未成年人实施虐待或者其他严重侵害合法权益的行为，不适宜继续担任抚养人的情形。对这种情况，按照民事诉讼法第 15 条的规定，检察机关可以支持未成年人或者其他监护人向人民法院提起变更抚养权诉讼，切实维护未成年人合法权益。

第三节　第十二批检察指导案例的解读

2018 年 12 月，最高人民检察院围绕正当防卫主题发布第十二批检察指导案例，共四件案例，解决了正当防卫认定中涉及的常见问题。该批检察指导案例由最高人民检察院原公诉厅具体承办。

正当防卫法律规定的精神是保障国家、公共利益和个人合法权益免受正在进行的不法侵害，但是，实践中对如何理解和认定正当防卫存在不同认识。最高人民检察院通过第十二批检察指导案例，激活了适用率低，长期"休眠"的正当防卫条款，体现了"法不能向不法让步"的理念，有利于震慑不法侵害人，鼓励人民群众勇于同违法犯罪作斗争，弘扬社会主义核心价值观，向社会释放正能量。根据刑法第 20 条的规定，正当防卫的成立，应当具备五个方面的条件：（1）存在现实的不法侵害行为；（2）不法侵害行为正在进行；（3）具有制止不法侵害的防卫目的；（4）针对侵害人本人进行防卫；（5）没有明显超过必要限度造成重大损害。特殊防卫的，不受防卫限度的限制。

实践中，对于正当防卫的认定，主要有以下一些疑难问题：何谓正在进行的不法侵害？何谓防卫行为没有明显超过必要限度？防卫手段是否符合正当防卫要求？特殊防卫中，"行凶"及概括性的"其他严重危及人身安全的暴力犯罪"如何认定？等等。认识上的分歧导致正当防卫条款成为"休眠条款"，立法保护公民防卫权，鼓励公民同违法行为作斗争的精神得不到体现，一些特殊案件引发社会广泛关注。

最高人民检察院发布第十二批检察指导案例，通过具体案例的形式，回答了正当防卫认定中的相关分歧问题。

一、"正在进行的不法侵害"的界定

正当防卫以不法侵害正在进行为前提。所谓"正在进行"，是指不法侵害已经开始但尚未结束。不法侵害行为多种多样、性质各异，判断是否正在进行，应就具体行为和现场情境作具体分析。不法侵害的现实危险已经迫在眼前，或者已达既遂状态但侵害行为没有实施终了的，也可认定为正在进行。

于海明正当防卫案（检例第 47 号）回答了这个问题。此案中，侵害人刘某与防卫人于海明发生争执，刘某从轿车内取出砍刀（系管制刀具），连续用刀面击打于海明颈部、腰部、腿部。在击打过程中砍刀甩脱，于海明抢到砍刀，刘某上前争夺，于海明捅刺刘某的腹部、臀部，砍击其右胸、左肩、左肘。刘某受伤后跑向轿车，于海明继续追砍 2 刀均未砍中。后刘某死亡。

关于刘某的侵害行为是否属于"正在进行"的问题,有意见提出,于海明抢到砍刀后,刘某的侵害行为已经结束,不属于正在进行。检察指导案例提出,判断侵害行为是否已经结束,应看侵害人是否已经实质性脱离现场以及是否还有继续攻击或再次发动攻击的可能。于海明抢到砍刀后,刘某立刻上前争夺,侵害行为没有停止,刘某受伤后又立刻跑向之前藏匿砍刀的汽车,于海明此时作不间断的追击符合防卫的需要。于海明追砍两刀均未砍中,刘某跑开后,于海明未再追击。因此,在于海明抢得砍刀顺势反击时,刘某既未放弃攻击行为也未实质性脱离现场,不能认为侵害行为已经停止。于海明的行为仍属于针对正在进行的不法侵害进行防卫。

二、防卫"超过必要限度造成重大损害"的判断

正当防卫的目的是制止正在进行的不法侵害行为,而非对不法侵害人进行事后报复或者惩罚,因此必须具备限度条件,即以达到制止侵害目的为限。法律对此规定"正当防卫明显超过必要限度造成重大损害的,应当负刑事责任"。对防卫的限度,要根据不法侵害的性质、手段、强度和危害程度,防卫行为的性质、手段、强度、时机和所处环境,以及防卫行为保护的权利与造成的损害后果之轻重等因素等进行综合判断。

其中,从防卫的手段看,防卫措施的强度应当具有必要性。若防卫措施的强度与侵害的程度相差悬殊,则属于防卫过当。如第十二批检察指导案例中的朱凤山故意伤害(防卫过当)案(检例第46号)。朱凤山之女朱某与齐某系夫妻,因离婚诉讼分居回娘家居住。2016年5月8日22时许,齐某酒后驾车到朱凤山家,欲从小门进入院子,未得逞后在大门外叫骂。朱凤山劝齐某离开未果,齐某强行进入朱凤山家院子后徒手与朱凤山撕扯,朱凤山用宰羊刀刺中齐某胸部一刀,致齐某失血死亡。该案中,齐某的行为属于正在进行的不法侵害,朱凤山的行为也具有防

卫的正当性。但齐某上门闹事、滋扰的目的是不愿离婚，希望能与朱某和好继续共同生活，齐某虽实施了投掷瓦片、撕扯的行为，但整体仍在闹事的范围内，对朱凤山人身权利的侵犯尚属轻微，没有危及朱凤山及其家人健康或生命的明显危险，朱凤山在有继续周旋、安抚、等待余地的情况下，选择使用刀具，在撕扯过程中直接捅刺齐某的要害部位，最终造成了齐某伤重死亡的重大损害，朱凤山的防卫行为，在防卫措施的强度上不具有必要性，在防卫结果与所保护的权利对比上也相差悬殊，应当认定为明显超过必要限度造成重大损害，属于防卫过当。该案例说明，对轻微人身侵害行为，可以进行正当防卫，但防卫行为的手段、工具、强度，造成的后果，应当与侵害行为具有相当性。

同时，还要对防卫行为造成的后果与意图保护的利益之间进行综合判断。第十二批检察指导案例中的陈某正当防卫案（检例第 45 号）确立了这一规则，陈某系未成年人，因与同学产生矛盾，受到 6 人围殴。"有人用膝盖顶击陈某的胸口、有人持石块击打陈某的手臂、有人持钢管击打陈某的背部，其他人对陈某或勒脖子或拳打脚踢。"陈某掏出随身携带的折叠式水果刀，乱挥乱刺后逃脱，经鉴定，造成 3 人重伤。陈某在遭受 6 人围攻的情况下，掏出水果刀反击，就不能说是防卫手段超过了必要限度，因此，检察机关认定陈某的行为属于正当防卫，作了不予逮捕的决定。

还应指出的是，法律规定正当防卫明显超过必要限度，并且造成重大损害的，才是防卫过当，不能因已造成重大损害，就认为明显超过必要限度。如于海明案，于海明在人身安全处于现实的、急迫的和严重的危险的情况下，抢到砍刀，捅刺刘某致其死亡，虽然造成死亡的重大后果，但其防卫行为是出于保护自身人身安全的需要，不能认为明显超过必要限度。

三、作为特殊防卫对象的"行凶"的认定

检察指导案例通过于海明正当防卫案，说明了对行凶的认定，应当

遵循刑法第 20 条第 3 款的规定，以"严重危及人身安全的暴力犯罪"作为把握的标准。于海明案中，侵害方刘某开始阶段的推搡、踢打行为不属于"行凶"，但从刘某持砍刀击打于海明后，行为性质已经升级为暴力犯罪。刘某攻击行为凶狠，所持凶器随时可致人死伤。随着事态发展，接下来会造成什么样的损害后果难以预料，于海明的人身安全处于现实的、急迫的和严重的危险之下。刘某具体抱持杀人的故意还是伤害的故意不确定。因此，刘某的行为符合"行凶"的认定标准，应当认定为"行凶"。

由该案例，归纳了作为特殊防卫前提的"行凶"，认定可遵循三条规则：一是行凶必须是暴力犯罪，对于非暴力犯罪或不足以危及人身安全的一般暴力行为，不能认定为行凶。二是必须严重危及人身安全，即对人的生命、健康构成现实的严重危险。在具体案件中，有些暴力行为的主观故意尚未通过客观行为明确表现出来，或者行为人本身就是持概括故意予以实施，这类行为的故意内容虽不确定，但已表现出多种故意的可能，其中只要有现实可能造成他人重伤或死亡的，均应当认定为"行凶"。三是对行凶不能作过于宽泛的认定。对于因民间矛盾引发、不法与合法对立不明显以及夹杂泄愤报复成分的案件，在认定特殊防卫时应当十分慎重。

四、刑法第 20 条第 3 款规定的"其他严重危及人身安全的暴力犯罪"的认定

检察指导案例通过侯雨秋正当防卫案（检例第 48 号），说明了判断不法侵害行为是否属于刑法第 20 条第 3 款规定的"其他严重危及人身安全的暴力犯罪"，应当以本款列举的杀人、抢劫、强奸、绑架为参照，通过比较暴力程度、危险程度和刑法给予惩罚的力度等综合作出判断。侯雨秋一案属于单方持械聚众斗殴，侯雨秋一方没有斗殴的故意，打斗的起因系对方挑起，5 人聚众持棒球棍、匕首等杀伤力很大的工具进行

斗殴，短时间内已经打伤3人，应当认定为"其他严重危及人身安全的暴力犯罪"。

由该案例，归纳出认定刑法第20条第3款规定的"其他严重危及人身安全的暴力犯罪"，除了在方法上，以本款列举的四种罪行为参照，通过比较暴力程度、危险程度和刑法给予惩罚的力度作出判断以外，还应当注意把握以下几点：一是不法行为侵害的对象是人身安全，即危害人的生命权、健康权、自由权和性权利。人身安全之外的财产权利、民主权利等其他合法权利不在其内，这也是特殊防卫区别于一般防卫的一个重要特征。二是不法侵害行为具有暴力性，且应达到犯罪的程度。对本款列举的杀人、抢劫、强奸、绑架应作广义的理解，即不仅指这四种具体犯罪行为，也包括以此种暴力行为作为手段，而触犯其他罪名的犯罪行为。如本案中的聚众斗殴，可转化为故意伤害、故意杀人；又如，以抢劫为手段的抢劫枪支、弹药、爆炸物的行为，以绑架为手段的拐卖妇女、儿童的行为，以及针对人的生命、健康而采取的放火、爆炸、决水等行为。三是不法侵害行为应当达到一定的严重程度，即有可能造成他人重伤或死亡的后果。需要强调的是，不法侵害行为是否已经造成实际伤亡后果，不必然影响特殊防卫的成立。关于对"互殴"行为可否认定正当防卫的问题，第十二批检察指导案例通过侯雨秋案阐明：单方聚众斗殴的，属于不法侵害，没有斗殴故意的一方可以进行正当防卫。

第四节　第十三批检察指导案例的解读①

2018年12月12日，经最高人民检察院第十三届检察委员会第十一次会议审议，最高人民检察院发布了第十三批检察指导案例，包括陕西省宝鸡市环境保护局凤翔分局不全面履职案等3件案例。

———

① 本节内容原载于《人民检察》2019年第2期。

一、第十三批检察指导案例的发布意义

习近平总书记指出：检察官作为公共利益的代表，肩负着重要责任。2017 年 6 月，全国人大常委会修改民事诉讼法和行政诉讼法，明确将检察机关提起公益诉讼职责写入法律。当前，检察机关公益诉讼工作快速发展，成为新时代检察工作重要职能和新的发展着力点。最高人民检察院围绕公益诉讼主题发布第十三批检察指导案例，主要意义在于：

一是大力推进公益诉讼检察工作。当前，公益诉讼检察工作快速发展，成为检察机关履行法律监督职责的新领域。最高人民检察院发布公益诉讼检察指导案例，就是要大力推动各级检察机关不断加大公益诉讼检察工作力度，贡献更多优质检察产品和法治产品，不断满足人民群众对民主、法治、公平、正义、安全、环境等方面日益增长的美好生活需求。

二是集中反映公益诉讼检察工作新理念。第十三批检察指导案例集中反映了检察机关在公益诉讼中新的工作理念。陕西凤翔案，集中展示了检察机关树立正确的办案监督理念，通过依法提起诉讼，督促行政机关依法全面履职，确保国家利益和社会公共利益得到保护的司法过程。湖南长沙案，检察机关着眼于切实维护国家利益和社会公共利益的目标，在依法提出检察建议后，又和行政机关、政府部门加强联系和沟通，从实际情况出发提出了切实可行的整改方案，体现了检察机关在履行法律监督职责中"双赢多赢共赢"的工作理念。

三是回应解决公益诉讼中的法律适用疑难问题。检察指导案例具有针对性强、灵活及时等特点，在指导规范检察工作中具有独特作用。当前各级检察机关积极开展公益诉讼工作，在取得成绩的同时，也面临一些亟待解决的法律疑难问题。第十三批检察指导案例在广泛调研的基础上，选取典型案例回应了实践中如何判断行政机关依法全面履职、如何根据行政成本较小原则提出检察建议、英烈保护民事公益诉讼如何履行

诉前程序等疑难问题，是检察机关开展公益诉讼业务工作的重要参考。

四是以案释法开展普法宣传教育。检察指导案例是生动的法治教材，也是最好的普法素材。最高人民检察院发布公益诉讼检察指导案例，旨在通过优秀案例传递检察好声音，讲述检察好故事，落实检察环节"谁司法谁普法"的普法责任，让人民群众通过案例更好了解、支持公益诉讼工作，形成社会主义法治建设的强大合力。

二、第十三批检察指导案例的简要案情、要旨和指导意义

（一）陕西省宝鸡市环境保护局凤翔分局不全面履职案（检例第 49 号）

该案基本案情：陕西长青能源化工有限公司在甲醇项目试生产期满后未停止生产，造成燃煤锅炉大气污染物排放值持续超标。陕西宝鸡市环境保护局凤翔分局虽有罚款等履职行为，但未依法全面履职，违法生产行为及颗粒物超标排放持续存在。凤翔县人民检察院在发出《检察建议书》未实现应有效果的前提下，依法提起行政公益诉讼，法院判决凤翔分局未依法全面履行环境监管职责的行为违法，采取措施督促长青能源化工有限公司颗粒物排放达到国家和地方标准。

该案例主要阐明：行政机关在履行环境保护监管职责时，虽有履职行为，但未依法全面运用行政监管手段制止违法行为，检察机关经诉前程序仍未实现督促行政机关依法全面履职目的的，应当向人民法院提起行政公益诉讼。

该案指导意义：一是检察机关在诉前程序中，要围绕行政机关不依法履职或者不全面履职行为的客观表现、主观过错、与国家利益或者社会公共利益遭受侵害后果的关系以及相关的法律依据、政策要求、文件规定等全面收集、固定证据，对违法事实进行调查核实，在查清事实的

基础上依法提出检察建议，督促行政机关纠正违法、依法履职。二是对行政机关不依法履行法定职责的判断，应以法律规定的行政机关法定职责为依据，对照行政机关的执法权力清单和责任清单，以是否全面运用法律法规和规范性文件规定的行政监管手段制止违法行为，国家利益或者社会公共利益是否得到了有效保护为标准进行判断。通过这一案例，明确了行政机关不依法全面履职的具体含义和判断标准，为今后开展公益诉讼工作提供了参考和依据。

（二）湖南省长沙县城乡规划建设局等不依法履职案（检例第50号）

该案基本案情：威尼斯城房产公司开发的房产项目将原定项目建设性质、规模、容积率等作出重大调整后，未重新报批环境影响评价文件即开工建设。行政部门虽有处罚行为但未能制止违法建设。长沙市人民检察院经调查核实后，依法发出检察建议，并根据执法成本较小、社会效益较大的原则提出了可行的解决方案，最终督促行政机关依法履职，房产公司违法建设行为被制止并接受处罚，取得良好的社会效果和法律效果。

该案例主要阐明：检察机关通过检察建议实现了督促行政机关依法履职、维护国家利益和社会公共利益目的的，不需要再向人民法院提起诉讼。

该案例指导意义：检察机关办理公益诉讼案件，应当着眼于维护国家利益和社会公共利益的目标，加强与行政机关沟通协调，注重各项实际措施的落实到位，充分发挥诉前程序的功能作用，努力实现案件办理政治效果、社会效果和法律效果的有机统一。通过这一案例，明确了检察机关依法提出检察建议后，还要积极有效开展工作，督促违法行为得到纠正。

（三）曾云侵害英烈名誉案（检例第 51 号）

该案基本案情：曾云在微信群公开发表言论，侮辱谢勇烈士名誉，造成了较为恶劣的社会影响。江苏省淮安市人民检察院经诉前程序征求谢勇烈士近亲属意见后，对曾云行为提起民事公益诉讼，依法追究了曾云侵权责任。

该案例主要阐明：对侵害英雄烈士的姓名、肖像、名誉、荣誉，损害社会公共利益的行为人，英雄烈士近亲属不提起民事诉讼的，检察机关可以依法向人民法院提起公益诉讼，要求侵权人承担侵权责任。

该案例指导意义：英烈名誉是民族精神的体现，是引领社会风尚的标杆，绝不允许恶意侮辱。英雄烈士的姓名、肖像、名誉和荣誉等是社会正义的重要组成内容，承载着社会主义核心价值观，具有社会公益性质。侵害英雄烈士名誉就是对社会公共利益的损害。2021 年 12 月 26 日第十三届全国人民代表大会常务委员会第二十四次会议通过的《中华人民共和国刑法修正案（十一）》增设规定"侵害英雄烈士名誉、荣誉罪"。修订后的刑法第 299 条之一规定，"侮辱、诽谤或者以其他方式侵害英雄烈士的名誉、荣誉，损害社会公共利益，情节严重的，处三年以下有期徒刑、拘役、管制或者剥夺政治权利"。根据这一规定，侵害英雄烈士名誉、荣誉，损害社会公共利益，情节严重的，构成犯罪。同时，不管侵害行为是否构成犯罪，对侵害英雄烈士名誉的行为，都可以提起民事诉讼，要求侵权人承担侵权责任。对于英雄烈士没有近亲属或者近亲属不提起诉讼的，检察机关应当依法提起公益诉讼，捍卫社会公共利益。本案例是首例检察机关英烈保护民事公益诉讼案例，为检察机关开展英烈名誉、荣誉保护公益诉讼工作提供了实践依据。为更好贯彻立法规定，检察机关应当全面协调充分发挥刑事、民事、公益诉讼检察职能，履行法律监督职责，及时有力保护英烈名誉、荣誉。

三、第十三批检察指导案例说明的主要法律问题

（一）行政机关依法全面履职如何判断

检察机关提起公益诉讼工作中，关于行政机关是否依法全面履职，是一个常见的需要明确的问题。陕西凤翔案较好地说明了这个问题。对此，应以法律规定的行政机关法定职责为依据，对照行政机关的执法权力清单和责任清单，从三个方面进行判断：一是是否采取有效措施制止违法行为；二是是否全面运用法律法规和规范性文件规定的行政监管手段；三是国家利益或者社会公共利益是否得到了有效保护。

（二）检察机关在诉前程序如何提出检察建议

湖南省长沙县城乡规划建设局等不依法履职案是通过诉前程序解决问题的典型案例。该案例主要说明了检察机关在行政公益诉讼中如何根据行政成本最小的原则，恰当提出检察建议，促进违法行为整改。修改后的人民检察院组织法第21条规定，人民检察院依法提起公益诉讼时，可以进行调查核实，并依法提出检察建议。有关单位应当予以配合，并及时将采纳纠正意见、检察建议的情况书面回复人民检察院。调查核实是公益诉讼诉前程序中一项重要工作。检察机关开展诉前调查，应当围绕行政机关的法定职责、权限和法律依据；行政机关不依法履职的事实；国家利益或者社会公共利益受到侵害的事实及状态以及其他需要查明的事实开展调查。长沙市人民检察院在诉前程序中，主要查明了长沙县城乡规划建设局等三行政机关的法定职责，行政机关违法行使职权或者不作为的情况及证据、国家利益或者社会公共利益受到侵害情况及证据。同时，在诉前程序开展调查核实后，着眼于切实维护国家利益和社会公共利益的目标，根据执法成本较小、社会效益较大的原则提出了可行的解决方案。这主要是考虑长沙威尼斯城四期项目是当地的重点工

程，涉及不特定多数购房人利益，群众比较关注。如果依法撤销威尼斯城四期项目第 6 栋的建设工程规划许可证和建筑工程施工许可证，可能损害数量众多不知情群众利益。长沙市人民检察院经充分调查，并与行政机关反复沟通协商后，认为采取将星沙自来水厂取水口上移，取消对长沙威尼斯城四期项目建设用地的饮水水源地的保护这一措施执法成本最小、社会效果最好，建议采取这种整改措施。这些工作充分说明：检察机关在依法提出检察建议后，又和行政机关、政府部门加强联系和沟通，不是一发了之，而是持续跟进，并与行政部门以及地方政府进行反复协调沟通，促进相关建议落实，促进诉前程序取得了良好效果。该案例说明检察机关通过检察建议实现了督促行政机关依法履职、维护国家利益和社会公共利益的目的，不需要再向人民法院提起诉讼。

（三）英烈名誉为什么是一种公共利益

英雄烈士保护法第 25 条规定："英雄烈士没有近亲属或者近亲属不提起诉讼的，检察机关依法对侵害英雄烈士的姓名、肖像、名誉、荣誉，损害社会公共利益的行为向人民法院提起诉讼。"江苏淮安案集中说明了英烈名誉为什么是一种社会公共利益。该案例说明：英雄烈士行为是国家民族精神的体现，英雄事迹是社会主义核心价值观和民族精神的体现，是引领社会风尚的标杆，英雄烈士名誉等权利不仅属于英雄烈士本人或者其近亲属，更是社会正义的重要组成内容，承载社会主义核心价值观，具有社会公益性质。

（四）检察机关保护英烈名誉民事公益诉讼中如何履行诉前程序

英烈保护法赋予了检察机关英烈保护公益诉讼职能后，曾云侵害英烈名誉案系检察机关办理的全国首例英烈保护民事公益诉讼案件。检察机关在办理该类案件，很多具体程序问题有待探索。该案例说明了检察机关办理保护英烈名誉公益诉讼案，既要借鉴既有的民事公益诉讼制度，又要对于目前法律尚没有明确规定的或者规定不具体时的一些疑难问题，在法律精神的指引下积极探索。例如，英雄烈士保护法对检察机关提起英烈保护民事公益诉讼如何履行诉前程序没有明确规定。根据现有法律、司法解释规定检察机关对"生态环境和资源保护、食品药品安全领域"提起民事公益诉讼可通过公告履行诉前程序，公告对象是法律规定的机关和社会组织。而英烈保护公益诉讼诉前程序的对象是英雄烈士的近亲属，诉前程序对象的不同决定了不宜一律采取公告的方式履行诉前程序，应当根据英雄烈士近亲属的具体情形采取不同的方式履行诉前程序，对于英雄烈士有近亲属的，可以借鉴该案例中当面征询烈士近亲属是否提起诉讼的意见的形式，既充分保证近亲属的诉权，又有利于效率原则实现。对于英雄烈士没有近亲属或者近亲属下落不明的，检察机关应当通过公告的方式履行诉前程序。

第五节　第十四批、第十五批检察
指导案例的概述

一、第十四批检察指导案例概述

经 2019 年 4 月 22 日最高人民检察院第十三届检察委员会第十七次会议决定，2019 年 5 月 21 日，最高人民检察院围绕民事虚假诉讼主题发布了第十四批检察指导案例，包括广州乙置业公司等骗取支付令执行虚假诉讼监督案（检例第 52 号）、武汉乙投资公司等骗取调解书虚假诉讼监督案（检例第 53 号）、陕西甲实业公司等公证执行虚假诉讼监督案（检例第 54 号）、福建王某兴等人劳动仲裁执行虚假诉讼监督案（检例第 55 号）、江西熊某等交通事故保险理赔虚假诉讼监督案（检例第 56 号）共 5 件案例，该批案例由最高人民检察院第六检察厅具体承办。

实践中，民事虚假诉讼是指当事人单方或者与他人恶意串通，以谋取非法利益为目的，采取虚构事实、伪造证据等手段，捏造民事法律关系，通过提起民事诉讼或申请仲裁等合法途径，规避法律法规，侵害国家利益、社会公共利益或他人合法权益，妨害司法秩序的行为。民事虚假诉讼不仅侵害合法权益，违反诚信原则，而且扰乱司法秩序，损害司法权威和司法公信力，影响恶劣。围绕虚假诉讼开展法律监督，是最高人民检察院立足法律监督职能，聚焦民事审判监督的重要方面。

第十四批检察指导案例主要阐明了以下几个方面的问题。

一是应当将虚假支付令纳入民事虚假诉讼监督范畴。第十四批检察指导案例通过广州乙置业公司等骗取支付令执行虚假诉讼监督案，阐明要旨：当事人恶意串通、虚构债务，骗取法院支付令，并在执行过程中通谋达成和解协议，通过以物抵债的方式侵占国有资产，损害司法秩序，构成虚假诉讼。检察机关对此类案件应当依法进行监督，充分发挥法律监督职能，维护司法秩序，保护国有资产。

二是应当将虚假调解书纳入虚假诉讼监督范畴。通过武汉乙投资公司等骗取调解书虚假诉讼监督案，阐明要旨：伪造证据、虚构事实提起诉讼，骗取法院调解书，妨害司法秩序、损害司法权威，不仅损害他人合法权益，而且损害国家和社会公共利益，构成虚假诉讼。检察机关办理此类虚假诉讼监督案件时，应当从交易和诉讼中的异常现象出发，追踪利益流向，查明当事人之间的通谋行为，确认是否构成虚假诉讼，依法予以监督。

三是明确利用虚假公证申请法院强制执行是民事虚假诉讼的一种表现形式，应当加强检察监督。通过陕西甲实业公司等公证执行虚假诉讼监督案，阐明要旨：当事人恶意串通、捏造事实，骗取公证文书并申请法院强制执行，侵害他人合法权益，损害司法秩序和司法权威的，构成虚假诉讼。检察机关对此类虚假诉讼应当依法监督，规范非诉执行行为，维护司法秩序和社会诚信。

四是针对虚假劳动仲裁执行进行检察机关法律监督。通过福建王某兴等人劳动仲裁执行虚假诉讼监督案，阐明要旨：为从执行款项中优先受偿，当事人伪造证据将普通债权债务关系虚构为劳动争议申请劳动仲裁，获取仲裁裁决或调解书，据此向法院申请强制执行，构成虚假诉讼。检察机关对此类虚假诉讼行为应当依法进行监督。

五是聚焦交通事故保险理赔虚假诉讼，通过江西熊某等交通事故保险理赔虚假诉讼监督案，阐明要旨：假冒原告名义提起诉讼，采取伪造证据、虚假陈述等手段，取得法院生效裁判文书，非法获取保险理赔款，构成虚假诉讼。检察机关在履行职责过程中发现虚假诉讼案件线索，应当强化线索发现和调查核实的能力，查明违法事实，纠正错误裁判。

二、第十五批检察指导案例概述

2019 年 9 月 9 日，最高人民检察院首次围绕行政检察法律监督主题发布第十五批检察指导案例，该批案例包括某实业公司诉某市住房和城乡建设局征收补偿认定纠纷抗诉案等 3 件案例，具体由最高人民检察院第七检察厅承办。

行政检察的核心是行政诉讼监督，主要包括生效裁判结果监督、审判人员违法行为监督、执行活动监督三项业务。第十五批检察指导案例聚焦行政检察法律监督中的常见问题，涵盖违法占地、违法建设领域案件，包括生效裁判监督类案例 1 件，非诉执行监督类案例 2 件。

检例第 57 号"某实业公司诉某市住房和城乡建设局征收补偿认定纠纷抗诉案"，阐明要旨：人民检察院办理行政诉讼监督案件，应当秉持客观公正立场，既保护行政相对人的合法权益，又支持合法的行政行为。依职权启动监督程序，不以当事人向人民法院申请再审为前提。认为行政判决、裁定可能存在错误，通过书面审查难以认定的，应当进行调查核实。

　　该案指导意义包括三个方面：一是人民检察院办理行政诉讼监督案件，应当秉持客观公正立场，既注重保护公民、法人和其他组织的合法权益，也注重支持合法的行政行为，保护国家利益和社会公共利益。人民检察院行政诉讼监督的重要任务是维护社会公平正义，监督人民法院依法审判和执行，促进行政机关依法行政。人民检察院是国家的法律监督机关，应当居中监督，不偏不倚，依法审查人民法院判决、裁定所基于的事实根据和法律依据，发现行政判决、裁定确有错误，符合法定监督条件的，依法提出抗诉或再审检察建议。本案中，人民检察院通过抗诉，监督人民法院纠正了错误判决，保护了国家利益，维护了社会公平正义。二是人民检察院依职权对行政裁判结果进行监督，不以当事人申请法院再审为前提。按照案件来源划分，对行政裁判结果进行监督分为当事人申请监督和依职权监督两类。法律规定当事人在申请检察建议或抗诉之前应当向法院提出再审申请，目的是防止当事人就同一案件重复申请、司法机关多头审查。人民检察院是国家的法律监督机关，是公共利益的代表，担负着维护司法公正、保证法律统一正确实施、维护国家利益和社会公共利益的重要任务，对于符合《人民检察院行政诉讼监督规则（试行）》第9条规定的行政诉讼案件，应当从监督人民法院依法审判、促进行政机关依法行政的目的出发，充分发挥检察监督职能作用，依职权主动进行监督，不受当事人是否申请再审的限制。本案中，虽然当事人未上诉也未向法院申请再审，但人民检察院发现存在损害国家利益的情形，遂按照《人民检察院行政诉讼监督规则（试行）》第9条第1项的规定，依职权启动了监督程序。三是人民检察院进行行政诉讼监督，通过书面审查卷宗、当事人提供的材料等对有关案件事实难以认定的，应当进行调查核实。人民检察院组织法规定，人民检察院行使法律监督权，可以进行调查核实。办理行政诉讼监督案件，通过对卷宗、当事人提供的材料等进行书面审查后，对有关事实仍然难以认定的，为查清案件事实，确保精准监督，应当进行调查核实。根据《人民检察院行政诉讼监督规则（试行）》等相关规定，调查核实可以采取以下措施：（1）查询、调取、复制相关证据材料；（2）询问当事人或者案外人；（3）咨询专业人员、相关部门或者行业协会等对专门问题的意见；（4）委托鉴定、评估、审计；（5）勘验物证、现场；（6）查明案件事实所需要采取的其他措施。调查核实的目的在于查明人民法院的行政判决、裁定是否存在错误，审判和执行活动是否符合法律规定，为决定是否监督提供依据和参考。本案中，市住建局作出复函时已有事实根据和法律依据，并在诉讼中及时向法庭提交，但法院因采信原告提供的虚假证据作出了错误判决。检察机关通过调查核实，向原审人民法院调取案件卷宗，向规划部门调取规划许可证件等文件原件，向出具书证的不动产登记中心及工作人员了解询问规划许可证件等文件复印件的形成过程，进而查明原审判决采信的关键证据存在涂改，为检察机关依法提出抗诉提供了依据。

检例第58号"浙江省某市国土资源局申请强制执行杜某非法占地处罚决定监督案"，阐明要旨：人民检察院行政非诉执行监督要发挥监督法院公正司法、促进行政机关依法行政的双重监督功能。发现人民法院对行政非诉执行申请裁定遗漏请求事项的，应当依法监督。对于行政非诉执行中的普遍性问题，可以以个案为切入点开展专项监督活动。

该案指导意义包括三个方面：一是人民检察院履行行政非诉执行监督职能，应当发挥既监督人民法院公正司法又促进行政机关依法行政的双重功能，实现双赢多赢共赢。行政非诉执行监督对于促进人民法院依法、公正、高效履行行政非诉执行职能，促进行政机关依法履行职责，维护公共利益和社会秩序，保护公民、法人和其他组织的合法权益，具有重要作用。人民检察院对人民法院行政非诉执行的受理、审查和实施等各个环节开展监督，针对存在的违法情形提出检察建议，有利于促进人民法院依法审查行政决定、正确作出裁定并实施，防止对违法的行政决定予以强制执行，保护行政相对人的合法权益。开展行政非诉执行监督，应当注意审查行政行为的合法性，包括是否具备行政主体资格、是否明显缺乏事实根据、是否明显缺乏法律法规依据、是否损害被执行人合法权益等。对于行政行为明显违法，人民法院仍裁定准予执行的，应当向人民法院和行政机关提出检察建议予以纠正，防止被执行人合法权益受损。对于行政行为符合法律规定的，应当引导行政相对人依法履行法定义务，支持行政机关依法行政。二是人民法院对行政非诉执行申请裁定遗漏请求事项的，人民检察院应当依法提出检察建议予以监督。根据行政强制法第57条和第58条的规定，人民法院受理行政机关强制执行申请后进行书面审查，应当对行政机关提出的强制执行申请请求事项作出是否准予执行的裁定。本案中，市国土资源局向区人民法院申请强制执行的项目中包括强制执行13856.06元罚款，但区人民法院却未对该请求事项予以裁定，致使罚款无法通过强制执行方式收缴，影响了行政决定的公信力。人民检察院应当对人民法院遗漏申请事项的裁定依法提出检察建议予以纠正。三是人民检察院应当坚持在办案中监督、在监督中办案的理念，在办理行政非诉执行监督案件过程中，注重以个案为突破口，积极开展专项活动，促进一个区域内一类问题的解决。人民检察院履行行政非诉执行监督职责，要注重举一反三，深挖细查，以小见大，以点带面，针对人民法院行政非诉执行受理、审查和实施等各个环节存在的普遍性问题开展专项活动，实现办理一案、影响一片的监督效果。某市两级检察机关在成功办理本案的基础上，开展专项监督活动，有力推进了全市国土资源领域"执行难"等问题的解决，促进了行政管理目标的实现。市中级人民法院针对检察机关专项监督活动中发现的问题，在全市法院系统开展专项评查，规范了行政非诉执行活动。

检例第59号"湖北省某县水利局申请强制执行肖某河道违法建设处罚决定监督案"，阐明要旨：检察机关办理行政非诉执行监督案件，应当查明行政机关对相关事项是否具有直接强制执行权，对具有直接强制执行权的行政机关向人民法院申请强制执行，人民法院不应当受理而受理的，应当依法进行监督。人民检察院在履行行政非诉执行监督职责中，发现行政机关的行政行为存在违法或不当履职情形的，可以向行政机关提出检察建议。该案指导意义包括两个方面：一是人民检察院办理行政非诉执行监督案件，应当依法查明行政机关对相关事项是否具有直接强制执行权。二是人民检察院在履行行政非诉执行监督职责中，发现行政机关的行政行为存在违法或不当履职情形的，可以向行政机关提出检察建议。

第六节　第十六批检察指导案例相关情况 *

按照中央部署，各级检察机关立足检察职能，主动服务大局，在服务保障农业农村发展，维护农民权益等方面积极工作，彰显了涉农检察的力量和作为。为进一步推进检察机关加强涉农检察工作，服务实施乡村振兴战略，经第十三届第二十八次检察委员会审议通过，最高人民检察院发布以涉农检察为主题的第十六批检察指导案例，包括刘强非法占用农用地案等 4 件案例。该批检察指导案例由最高人民检察院法律政策研究室具体承办。

一、第十六批检察指导案例发布的背景

（一）检察机关开展涉农检察工作主要情况

近年来，按照最高人民检察院党组部署要求，各级检察机关始终把涉农检察工作摆在突出位置，充分运用刑事、民事、行政、公益诉讼四大检察职能，精准服务保障新时代乡村振兴战略实施，不断满足人民群众特别是广大农民对民主、法治、公平、正义、安全、环境等方面内涵

---

* 本节内容原载于《人民检察》2020 年第 5 期，收入本书时作了删改。

更丰富、更高水平的需求，做了大量工作。

一是积极服务保障平安乡村建设。农村安全与稳定是农民群众对美好生活的基本期盼，也是做好"三农"工作的基础。各级检察机关始终把依法打击犯罪、维护农村社会治安稳定放在推动农村社会治理首位，积极参与平安乡村建设，严惩危害农村生产生活秩序、侵害农民人身财产权益的各类犯罪，特别是打掉了一批人民群众深恶痛绝的黑恶势力犯罪集团，守护一方百姓安宁。

二是依法惩治打击生产、销售伪劣农资产品类犯罪。2019 年，最高人民检察院会同最高人民法院、公安部、农业农村部等六部门联合开展了"全国农资打假专项治理行动"，并下发了《关于进一步做好 2019 年农资打假工作的意见》，指导各级检察机关运用检察职能，依法打击农资领域犯罪。

三是突出加强农村生态环境司法保护。各级检察机关牢固树立和践行"绿水青山就是金山银山"的理念，运用检察力量守护生态红线，贯彻落实退耕还林还草政策，推动以绿色发展理念引领乡村振兴。非法占用农用地案是近年来农村生态环境保护领域高发多发类案件。检察机关注重运用公益诉讼检察职能加强对农村生态环境的保护。对在履行职责中发现行政机关在农村生态保护中违法行使职权或者不行使职权，或者有关单位、个人非法破坏生态环境、损害公共利益的，综合运用检察建议、提起诉讼等方式保护受损公益，推动完善农村地区生态环境监管体系，确保农村环境突出问题综合治理取得实效。

四是依法办理发生在农民群众身边的职务犯罪。各级检察机关坚决贯彻中央部署要求，依法惩治侵吞国有资产、村集体财产职务犯罪。依法起诉支农惠农财政补贴中的腐败犯罪和扶贫领域腐败犯罪，以及农村"两委"组成人员职务犯罪。

五是积极参与全面乡村振兴。检察机关充分发挥检察职能，在助力打赢脱贫攻坚战的情况下，继续将农业、农村、农民问题作为检察工作重点，按照中央部署，以更加有力的举措，更加务实的方案，全面参与巩固脱贫攻坚成果，推进实现乡村振兴相关工作。

（二）第十六批检察指导案例发布的背景和意义

为贯彻落实中央要求，更好推进在全面建成小康社会关键时期不断加大检察机关服务保障"三农"工作力度，最高人民检察院围绕涉农检察工作主题发布第十六批检察指导案例，具有三个方面意义。

一是彰显检察机关服务保障党和国家工作大局的决心和作为。中央强调，做好"三农"工作，要对标对表全面建成小康社会目标，强化举措、狠抓落实，集中力量打赢脱贫攻坚战和补上全面小康"三农"领域突出短板两大重点任务。各级检察机关认真做好涉农检察工作，对于服务保障经济社会发展大局稳定发挥了应有的职能作用。围绕涉农检察主题制发检察指导案例，有利于推动各级检察机关深刻领会中央关于新时期"三农"工作的部署要求，进一步把服务"三农"工作作为服务大局、保障民生的重要内容，找准切入点和着力点，更加重视做好涉农检察工作，积极参与乡村基层治理和法治建设，努力为农业农村改革发展和乡村振兴战略实施提供有力法治保障。

二是积极推进检察工作深入发展。涉农检察工作，涉及刑事、民事、行政、公益诉讼"四大检察"各个领域。围绕涉农检察工作发布检察指导案例，目的是更好地发挥检察指导案例的示范、引领作用，推进各级人民检察院进一步认识当前涉农检察工作的重点难点，充分运用各项法律监督职能，依法打击扰乱农村生产生活秩序、危害农民生命财产安全的各类坑农害农犯罪；积极参与美丽乡村建设，综合运用督促履职、公益诉讼等方式，促进完善农村地区生态环境保护体系，推动检察工作在新形势下进一步取得新成绩。

三是促进法律适用疑难问题的解决。当前涉农检察工作中，非法侵占耕地、假农药、假种子等传统犯罪仍呈多发态势，农村人居环境改善涉公益诉讼等新类型案件不断出现，其中涉及的一些法律适用疑难复杂问题，亟须统一认识。最高人民检察院面向全国开展了案例征集，逐案调阅卷宗、核实关键问题，深入挖掘在证据运用、事实认定、法律适用、政策把握等方面具有疑难性、创新性、典型性的案例，并征求了最高人民法院、自然资源部、农业农村部，法学专家和地方各级人民检察院意见，全面总结分析涉农案件中的法、理、情因素，针对涉农案件办理中的疑难复杂问题提炼出案件办理的规则和经验，为今后办理类似案件提供具体参考示范。

二、第十六批检察指导案例的主要情况

第十六批检察指导案例，包括刘强非法占用农用地案等 4 件案例。4 件案例具体案情及阐明的要旨简要说明如下：

（一）刘强非法占用农用地案（检例第 60 号）

该案要旨是：行为人违反土地管理法规，在耕地上建设"大棚房""生态园""休闲农庄"等，非法占用耕地数量较大，造成耕地等农用地大量毁坏的，应当以非法占用农用地罪追究实际建设者、经营者的刑事责任。

该案基本案情是：2016 年 3 月，被告人刘强经人介绍以人民币 1000 万元的价格与北京春杰种植专业合作社（以下简称合作社）签订协议，受让合作社位于北京市延庆区延庆镇广积屯村东北蔬菜大棚 377 亩集体土地使用权。其后，刘强未经国土资源部门批准，以合作社的名义组织人员对蔬菜大棚园区进行非农建设改造，并将园区命名为"紫薇庄园"。截至 2016 年 9 月 28 日，刘强先后组织人员在园区内建设鱼池、假山、规划外道路等设施，同时将原有蔬菜大棚加高、改装钢架，并将其一分为二，在其中各建房间，每个大棚门口铺设透水砖路面，外垒花墙。截至案发，刘强组织人员共建设"大棚房"260 余套（每套面积 350 平方

米至 550 平方米不等，内部置橱柜、沙发、藤椅、马桶等各类生活起居设施），并对外出租。经北京市国土资源局延庆分局组织测绘鉴定，该项目占用耕地 28.75 亩，其中含永久基本农田 22.84 亩，造成耕地种植条件被破坏。

截至 2017 年 4 月，北京市规划和国土资源管理委员会、延庆区延庆镇人民政府先后对该项目下达《行政处罚决定书》《责令停止建设通知书》《限期拆除决定书》，均未得到执行。2017 年 5 月，延庆区延庆镇人民政府组织有关部门将上述违法建设强制拆除。

该案办理中，刘强拒不承认犯罪事实，作出一系列辩解。检察机关经缜密工作，查清了一系列证据，并通过严密证据指控被告人刘强违反土地管理法规，非法占用耕地进行非农建设改造，改变被占土地用途，造成耕地大量毁坏的犯罪事实。2018 年 10 月 16 日，刘强被以非法占用农用地罪判处有期徒刑 1 年 6 个月，并处罚金人民币 5 万元。

本案中，延庆镇规划管理与环境保护办公室虽然采取了约谈、下发《责令停止建设通知书》和《限期拆除决定书》等方式对违法建设予以制止，但未遏制住违法建设，履职不到位，北京市延庆区监察委员会给予延庆镇副镇长等 4 人处分。

近年来，随着传统农业向产业化、规模化的现代农业转变，以温室大棚为代表的设施农业快速发展。一些地区出现了假借发展设施农业之名，擅自或者变相改变农业用途，在耕地甚至永久基本农田上建设"大棚房""生态园""休闲农庄"等现象，造成土地资源被大量非法占用和毁坏，严重侵害农民权益和农业农村的可持续发展，在社会上造成恶劣影响。2018 年，自然资源部和农业农村部在全国开展了"大棚房"问题专项整治行动，推进落实永久基本农田保护制度和最严格的耕地保护政策。该案告诉我们：十分珍惜、合理利用土地和切实保护耕地是我国的基本国策。在基本农田上建设"大棚房"予以出租出售，违反土地管理法，属于破坏耕地或者非法占地的违法行为。非法占用耕地数量较大或者造成耕地大量毁坏的，应当以非法占用农用地罪追究实际建设者、经营者的刑事责任。

（二）王敏生产、销售伪劣种子案（检例第61号）

该案要旨：以同一科属的此品种种子冒充彼品种种子，属于刑法上的"假种子"。行为人对假种子进行小包装分装销售，使农业生产遭受较大损失的，应当以生产、销售伪劣种子罪追究刑事责任。

该案基本案情是：2017年3月，江西省南昌县种子经销商郭宝珍询问隆平高科的经销商之一江西省丰城市"民生种业"经营部的闵生如、闵蜀蓉父子（以下简称闵氏父子）是否有"T优705"水稻种子出售，在得到闵蜀蓉的肯定答复并报价后，先后汇款共30万元给闵生如用于购买种子。

闵氏父子找到隆平高科宜春地区区域经理王敏订购种子，王敏向隆平高科申报了"陵两优711"稻种计划，后闵生如汇款20万元给隆平高科作为订购种子款（单价13元/公斤）。王敏找到金海环保包装有限公司的曹传宝，向其提供制版样式，印制了标有四川隆平高科种业有限公司"T优705"字样的小包装袋29850个。收到隆平高科寄来的"陵两优711"散装种子后，王敏请闵氏父子帮忙雇工人将运来的散装种子分装到此前印好的标有"T优705"的小包装袋（每袋1公斤）内，并将分装好的24036斤种子运送给郭宝珍。郭宝珍销售给南昌县等地的农户。农户播种后，禾苗未能按期抽穗、结实，导致200余户农户4000余亩农田绝收，造成直接经济损失460余万元。

该案办理中，检察机关重点查清了被告人王敏负刑事责任的根据和农民损失的认定。检察机关通过引导公安机关收集物流司机等人的证言、农户购买谷种小票、农作物不同生长期照片、货运单、王敏任职证明等证据。查清并指控证明了王敏作为隆平高科的区域经理，负有对隆平高科销售种子的质量进行审查监管的职责，却将未通过江西地区审定的"陵两优 711"种子冒充"T 优 705"种子，违背职责分装并销售，使农业生产遭受特别重大损失，其行为构成生产、销售伪劣种子罪的事实。

针对损失认定，检察机关引导公安机关开展了科学的评估认定，经过开展现场勘查，邀请农科院土肥、农业、气象方面专家进行评估，认定损失为 461 万余元。该案以生产、销售伪劣种子罪判处被告人王敏有期徒刑 7 年，并处罚金人民币 15 万元。

该案指导意义在于两个方面：一是以此种子冒充彼种子应认定为假种子。二是对伪劣种子造成的损失，可由专业人员根据现场勘查情况结合亩产产量、市场行情等因素予以综合计算。

（三）南京百分百公司等生产、销售伪劣农药案（检例第 62 号）

该案要旨是：（1）未取得农药登记证的企业或者个人，借用他人农药登记证、生产许可证、质量标准证等许可证明文件生产、销售农药，使生产遭受较大损失的，以生产、销售伪劣农药罪追究刑事责任。（2）对于使用伪劣农药造成的农业生产损失，可采取田间试验的方法确定受损原因，并以农作物绝收折损面积、受害地区前 3 年该类农作物的平均亩产量和平均销售价格为基准，综合计算认定损失金额。

该案基本案情是：2014 年 5 月，被告单位喜洋洋公司、百分百公司准备从事除草剂农药经营活动。被告人许全民以百分百公司的名义与被告人王友定商定，借用久易公司吡蚜酮的农药登记证、生产许可证、质量标准证生产除草剂。后如期生产，因质量不过关，除草剂中混入了杀虫剂成分，含有药害成分的农药由喜洋洋公司分售给江苏多家农资公司，农资公司销售给农户。泰州市姜堰区农户使用该批农药后，发生不同程度的药害。经调查，初步认定发生药害水稻面积 5800 余亩，折损面积计 2800 余亩，造成经济损失计 270 余万元。

该案办理中，检察机关重点查清了两个方面的问题：一是通过系列证据，证明被告人及被告单位在无"农药三证"的情况下，生产、销售有药害成分的农药，并造成特别重大损失，其行为构成生产、销售伪劣农药罪。二是针对农药含有药害成分与作物受损因果关系这一疑难问题，检察机关积极引导公安机关运用"七种配方，八块试验田"的试验方法，科学确定水稻受损原因。

根据我国法律规定，农药生产销售应具备"农药三证"。实践中，取得"农药三证"不仅要逐级上报、还要有大田试验、毒理试验等步骤，手续办理环节多、时间长，借证或者通过非法转让获得"三证"生产农药行为常见多发。一些企业通过非法转让或者购买等手段非法获取"三证"生产不合格农药，不仅极大扰乱了农药市场，影响知名企业声誉，而且易造成农业减产，危害农民利益。该案以案释法，警示不依法依规生产农药及违法违规出借农药"三证"者，可能触及刑律，受到刑事追究。

（四）湖北省天门市人民检察院诉拖市镇政府不依法履行职责行政公益诉讼案（检例第 63 号）

该案要旨是：一级政府对本行政区域的环境质量保护负有法定职责。政府在履行农村环境综合整治职责中违法行使职权或者不作为，损害社会公共利益的，检察机关可以发出检察建议督促其依法履职。对于行政机关作出的整改回复，检察机关应当跟进调查；对于无正当理由未整改到位的，可以依法提起行政公益诉讼。

该案基本案情是：2005 年 4 月，湖北省天门市拖市镇人民政府（以下简称拖市镇政府）违反土地管理法，未办理农用地转为建设用地相关手续，也未开展环境影响评价，与天门市拖市镇拖市村村民委员会（以下简称拖市村委会）签订《关于垃圾场征用土地的协议》，租用该村 5.1 亩农用地建设垃圾填埋场，用于拖市镇区生活垃圾的填埋。该垃圾填埋场于同年 4 月投入运行，至 2016 年 10 月停止。该垃圾填埋场在运行过程中，违反污染防治设施必须与主体工程同时设计、同时施工、同时投产使用的"三同时"规定，未按照规范建设防渗工程等相关污染防治设施，对周边环境造成了严重污染。

该案办理中，检察机关在诉前程序中，通过调查核实，查清了拖市镇政府作为一级人民政府，对本行政区域负有环境保护职责，应当对自身违法行使职权造成环境污染的行为予以纠正，并及时治理污染，修复生态环境。天门市人民检察院依法向拖市镇政府发出检察建议，但并未取得理想效果，后提起行政公益诉讼。诉讼过程中，天门市人民检察院通过系列证据证明了拖市镇政府行政行为的违法性。镇政府与拖市村委会签订征地协议，建设、运行垃圾填埋场，目的是处置镇区生活垃圾，履行农村环境综合整治职责，是行使职权的行政行为。但其履职不到位，未办理用地审批、环境评价，未建设防渗工程、渗滤液处理、地下水导排监测等必要配套设施，导致周边环境严重污染，造成社会公共利益受到损害，其行政行为违法。这一诉讼请求得到支持。

值得说明的是，该案办理取得双赢多赢共赢的法律监督良好效果。该案判决后，拖市镇政府积极履职，组织清运原垃圾填埋场覆土下的各类垃圾1000余立方米并进行了无害处理。案件办理后，天门市人民检察院摸排发现全市乡镇垃圾填埋场普遍存在环境污染风险问题。经过全面调查分析，天门市人民检察院向天门市委、市政府报送《关于建议进一步加强对全市乡镇垃圾填埋场进行整治的报告》，提出了将乡镇垃圾填埋场整治工作纳入天门市污染防治工作总体规划、进行清挖转运以及覆土植绿等建议。天门市委、市政府高度重视，相关职能部门迅速组织力量，对全市乡镇27个非正规垃圾填埋场、堆放点进行了专项重点督查，整治恢复土地近8.5万平方米。

三、适用第十六批检察指导案例指导涉农案件办理应注意的问题

各级人民检察院在办理在适用第十六批检察指导案例，加大对涉农

检察案件办理力度时，要注意四个方面的问题。

（一）严格区分设施农业和非农建设的界限

近年来，国家不断鼓励和扶持传统农业向产业化、规模化的现代农业转变，以温室大棚为代表的设施农业快速发展。但一些地区出现了假借发展设施农业之名，擅自或者变相改变农业用途，在耕地甚至基本农田上建设"大棚房""生态园""休闲农庄"等问题，造成土地资源被大量非法占用和毁坏，严重侵害农民权益和农业农村的可持续发展。2020 年 1 月 1 日起施行的土地管理法进一步明确了最严格的耕地保护制度，明确将"基本农田"修改为"永久基本农田"予以保护。非法占用农用地，导致农用地特别是耕地资源锐减，国家粮食安全受到严重威胁，同时，还损害农民利益，损害党和政府公信力，危及社会和谐稳定，必须依法予以严惩。

检察机关办理此类案件时，要根据案情依法予以区分，既保障现代农业的有序发展，又严厉打击破坏农业生产犯罪行为。区分过程中需要把握的重点是，对经过批准且有利于农业生产的设施建设，应当予以保护；对未经批准、改变土地用途的建设行为，造成严重损失的，应当依法追究刑事责任。

例如，在刘强非法占用农用地案中，被告人购买集体土地使用权，未经国土资源部门批准，以合作社的名义组织人员对蔬菜大棚园区进行改造，建设鱼池、假山、规划外道路等设施，并在大棚内建房对外出租，造成耕地种植条件被破坏，并难以恢复，属于破坏耕地或者非法占地的违法行为，应当以非法占用农用地罪追究实际建设者、经营者的刑事责任。

（二）依法全面审查认定生产销售伪劣种子、农药的行为性质

生产销售伪劣种子、农药的行为严重危害农业生产，损害农民合法

利益，及时准确打击该类犯罪，检察机关责无旁贷。司法实践中，该类犯罪隐蔽性较强，审查认定的难度较大，尤其是如何准确认定一般质量瑕疵与伪劣产品，一些被告人往往辩解，对生产销售的伪劣种子、农药不明知，不具有犯罪主观故意；还有的辩解称，生产、经营行为符合规范，产品质量存在瑕疵受其他因素影响，自身不存在责任。对此，可以综合经营资质、包装标识、从业经历等因素予以认定。对没有生产经营资质，未尽到质量注意义务，或者明知是不合格产品，而采用明示标明方式予以销售，造成农业生产遭受重大损失的，应依法以生产销售伪劣种子、农药罪追究相关人员刑事责任。

例如，在王敏生产、销售伪劣种子案中，被告人王敏作为四川隆平高科宜春地区经理，具有对种子质量进行审查的职责，其明知隆平高科不生产"T优705"种子，出于谋利，将"陵两优711"分装并标识为"T优705"进行销售，应当认定为以彼种子冒充此种子进行包装、销售，构成生产、销售伪劣种子罪。又如，在南京百分百公司等生产、销售伪劣农药案中，被告单位及被告人无生产经营资质，通过非法获取"三证"生产农药，生产完成后未进行严格的检验即出厂销售，造成农作物减产，危害农民利益，应予依法惩处。

（三）科学认定并积极协助挽回涉农犯罪给农民造成的经济损失

生产销售伪劣种子、农药犯罪是结果犯，办理此类案件需以"使生产遭受较大损失"为前提，科学认定损失是办案关键。首先，可以运用田间试验确定犯罪行为与生产损失的因果关系。如办理生产销售伪劣农药案件，可在公证部门见证下，依据农业生产专家指导，根据农户对受损作物实际使用的农药种类，科学确定试验方法和试验所需样本田块数量，综合认定农药使用与生产损失的因果关系。其次，认定损失一般要由专业人员现场勘查，结合现场调查情况，对农作物产量及其损失进行综合计算。在此基础上，检察机关应当积极协调地方党委政府，共同督促被告人赔偿受害农户损失，最大限度地保障农民群众的利益。

例如，在南京百分百公司等生产、销售伪劣农药案中，鉴于农业生产和粮食作物价格具有一定的波动性，对损害具体数额的评估，综合考察受损地区前 3 年农作物平均亩产量和平均销售价格，科学计算损害后果，帮助全部挽回了实际损失，得到了受害农户的认可。

（四）综合运用督促履职、公益诉讼手段推动乡村治理

改善农村人居环境是实施乡村振兴战略的重要内容。实践中，一些地区行政机关及职能部门，在农村环境综合整治中违法行使职权或者不作为，导致环境污染损害社会公共利益。但农村环境治理涉及多个行政监管主体，包括规划、环保、国土、城建、基层人民政府等多个部门。如何选择履职主体是检察机关要解决的主要问题。按照法律法规规定，基层人民政府对本行政区域的环境质量负责，一般在农村环境治理、生活垃圾处置方面起主导作用。结合镇政府的法定职责，及其在污染治理和生态修复方面具有的统筹优势，如果环境污染行为与其违法行使职权直接相关的，检察机关应当督促镇政府依法履职，对其作出的整改回复，应当密切跟进调查；对无正当理由不整改或整改不到位的，依法提起行政公益诉讼。

第七节　第十七批至第十九批检察指导案例说明的主要问题

一、第十七批检察指导案例说明的主要法律问题

2020 年 2 月 5 日，最高人民检察院发布了第十七批检察指导案例，包括杨卫国等人非法吸收公众存款案（检例第 64 号），王鹏等人利用未公开信息交易案（检例第 65 号）和博元投资股份有限公司、余蒂妮等

人违规披露、不披露重要信息案（检例第 66 号）共 3 件案例。该批案例由最高人民检察院第四检察厅具体负责编研发布工作。

其中，杨卫国等人非法吸收公众存款案，明确了单位或个人假借开展网络借贷信息中介业务之名，未经依法批准，归集不特定公众的资金设立资金池，控制、支配资金池中的资金，并承诺还本付息的，构成非法吸收公众存款罪。实际上，根据我国有关法律规定，P2P 网络借贷是指个体和个体之间通过互联网平台实现的直接借贷，P2P 网络借贷平台仅提供信息交互、撮合、资信评估等中介服务，不得设立资金池，不得发放贷款，不得非法集资，不得代替客户承诺保本保息，不得通过虚构、夸大融资项目收益前景等方法误导出借人，不得从事线下营销。违反相关禁止性规定，打着 P2P 网络借贷平台旗号，实施非法集资活动，其行为具有"非法性"特征。一旦 P2P 平台涉及吸收资金，并蓄积资金池，将资金运用于个人投资或向外借贷等支配资金的活动，即具有金融活动的本质，危害金融管理秩序，可能构成非法吸收公众存款罪，杨卫国等人非法吸收公众存款案即属于这种情形。该案对于以金融创新之名擅自从事非法金融活动，特别是针对当时网贷平台乱象具有指导意义和警示意义。

王鹏等人利用未公开信息交易案，则针对证券犯罪指出：具有获取未公开信息职务便利条件的金融机构从业人员及其近亲属从事相关证券交易行为明显异常，且与未公开信息相关交易高度趋同，即使其拒不供述未公开信息传递过程等犯罪事实，但其他证据之间相互印证，能够形成利用未公开信息交易犯罪的完整证明体系，足以排除其他可能的，可以依法认定犯罪事实。该案实际上与第十批检察指导案例中的朱炜明操纵证券市场案说明的问题具有类似性。证券犯罪中，犯罪嫌疑人、被告人往往拒不认罪，直接证据又极度缺乏，这时，如何加强对间接证据的收集、审查、运用，以有力指控与证明犯罪，就成为证券犯罪审查起诉中的一个重点问题。该案指出，在王鹏等人利用未公开信息交易案中，没有直接证据证明王鹏及其父母利用未公开信息进行交易，检察机关组织、运用证据证明了以下客观事实的存在：（1）基于3名被告人被指控犯罪时段和其他时段证券交易数据、某基金公司未公开信息等证据，证明3名被告人交易行为显著异常的客观事实，即其交易行为与未公开信息具有高度的关联性、趋同性且异于其他时段交易习惯。（2）基于身份关系、资金往来等证据，证明王鹏与其父母之间具备传递信息的动机和条件等客观事实。（3）基于王鹏父母专业背景、职业经历、接触人员等证据，证明王鹏父母的交易行为不符合其个人能力经验等客观事实。根据证券市场的基本规律和一般人的经验常识，不具有专业证券交易知识、不知道某基金公司相关证券交易信息的普通人，其交易行为不可能与一个基金公司的交易行为长时间保持如此之高的趋同度，而且不具备获取未公开信息条件与具备获取未公开信息条件时的交易习惯出现如此显著的差异。因此，虽然上述通过证据证明的客观事实不直接等同于利用未公开信息交易，仍能作出利用未公开信息交易犯罪事实成立的司法判断。

博元投资股份有限公司、余蒂妮等人违规披露、不披露重要信息案，则结合案例谈刑法关于单位犯罪的规定的适用，实际上说明的是刑法总则的问题。刑法中，有一些罪名，实施犯罪行为的主体是单位，刑罚规定只处罚直接负责的主管人员和其他直接责任人员，如违规披露、不披露重要信息罪，妨害清算罪，虚假破产罪，违法运用资金罪。对这些犯罪，究竟是不认为单位构成犯罪，在侦查环节，公安机关不应当立案，由检察机关监督撤案；还是认为单位不构成犯罪，但是由检察机关在起诉环节作不起诉处理，抑或认为单位构成犯罪，但是不受刑罚处罚，即应当在审判环节定罪免刑？实践中有不同的做法。最高人民检察院反复研究，并征求各方意见后，通过检察指导案例指出，对这种情形，如果公安机关以该罪将单位移送起诉的，检察机关应当对单位直接负责的主管人员及其他直接责任人员提起公诉，对单位依法作出不起诉决定。同时，检察机关还应当依法提出检察意见，对不追究刑事责任的单位，督促有关机关追究行政责任。

二、第十八批检察指导案例的简要说明

2020 年 3 月 28 日，最高人民检察院发布了以电信网络犯罪为主题的第十八批检察指导案例，该批案例包括张凯闵等 52 人电信网络诈骗案等三件案例。其中，张凯闵等 52 人电信网络诈骗案（检例第 67 号）主要说明电信诈骗中证据认定的问题，跨境电信网络诈骗犯罪往往涉及大量的境外证据和庞杂的电子数据。通过该案例明确，对境外实施犯罪的证据应着重审查是否符合我国刑事诉讼法的相关规定。对于能够证明案件事实且符合我国刑事诉讼法规定的，可以作为证据使用。

叶源星、张剑秋提供侵入计算机信息系统程序、谭房妹非法获取计算机信息系统数据案（检例第 68 号），涉及侵犯计算机犯罪中，"侵犯计算机信息系统程序"如何认定的问题，通过该案明确，对有证据证明用途单一，只能用于侵入计算机信息系统的程序，司法机关可依法认定为"专门用于侵入计算机信息系统的程序"；难以确定的，应当委托专门部门或司法鉴定机构作出检验或鉴定。

姚晓杰等 11 人破坏计算机信息系统案（检例第 69 号）涉及网络DDoS 攻击的问题。通过该案明确，有组织地利用木马软件操控控制端服务器实施 DDoS 攻击，构成破坏计算机信息系统罪，办理该类案件，对证明网络攻击犯罪发生、危害后果达到追诉标准的证据，可委托专业技术人员进行检验、鉴定，并结合其他证据明确网络攻击类型、攻击特点和攻击后果。对于认定攻击事实和攻击结果间因果关系的证据，可通过溯源分析，比对犯罪嫌疑人网络身份与现实身份，比对被害人受到的攻击与犯罪嫌疑人实施攻击的类型、特点和时间，结合网络攻击后被害人受到的威胁等证据综合进行认定。对于网络犯罪的共同犯罪，应重点审查供述和辩解，通过审查自供和互证的情况以及与其他证据间的印证情况，准确认定主犯、从犯。

三、第十九批检察指导案例的简要说明

2020年2月28日，最高人民检察院发布了第十九批检察指导案例，包括宣告缓刑罪犯蔡某等12人减刑监督案（检例第70号）、罪犯康某假释监督案（检例第71号）和罪犯王某某暂予监外执行监督案（检例第72号）共三件案例。该批检察指导案例由最高人民检察院第五检察厅具体承办。

其中，宣告缓刑罪犯蔡某等12人减刑监督案主要说明，对于判处拘役或者3年以下有期徒刑并宣告缓刑的罪犯，即使在缓刑考验期内确有悔改表现或者有一般立功表现的，一般不适用减刑。对宣告缓刑的罪犯实行社区矫正时，检察机关可以依法对社区矫正工作实行法律监督，发现法院对于确有悔改表现或者有一般立功表现但没有重大立功表现的缓刑罪犯裁定减刑的，应当依法监督纠正。

罪犯康某假释监督案说明：检察机关办理未成年罪犯减刑、假释监督案件，应当比照成年罪犯依法适当从宽把握假释条件；审查未成年罪犯是否符合假释条件时，应当结合各方面因素综合认定。对既符合法定减刑条件又符合法定假释条件的，可以建议刑罚执行机关优先适用假释。具体包括四个方面的含义：一是罪犯既符合法定减刑条件又符合法定假释条件的，可以优先适用假释；二是对犯罪时未满18周岁的罪犯适用假释可以依法从宽掌握，综合各种因素判断罪犯是否符合假释条件；三是对于犯罪时未满18周岁的罪犯假释案件，检察机关可以建议罪犯的父母参与假释庭审；四是检察机关应当做好罪犯监狱刑罚执行和社区矫正法律监督工作的衔接，继续加强对假释罪犯社区矫正活动的法律监督。

罪犯王某某暂予监外执行监督案，重点说明检察机关办理暂予监外执行监督案件，应当对司法鉴定意见、病情诊断意见所依据的原始资料

进行重点审查，发现暂予监外执行不符合法律规定的，应当依法予以监督纠正，同时还应注意发现和查办案件背后的相关司法工作人员职务犯罪案件。

第八节　第二十批至第二十四批检察指导案例的主要情况

2020 年下半年，最高人民检察院发布了第二十批至第二十四批检察指导案例，笔者对这五批检察指导案例作如下简要解读。

一、第二十批检察指导案例的主要情况

2020 年 7 月 16 日，最高人民检察院发布检察机关办理职务犯罪案件的第二十批检察指导案例，分别是浙江省某县图书馆及赵某、徐某某单位受贿、私分国有资产、贪污案（检例第 73 号）；李华波贪污案（检例第 74 号）；金某某受贿案（检例第 75 号）；张某受贿，郭某行贿、职务侵占、诈骗案（检例第 76 号）。该批案例由最高人民检察院第三检察厅具体承办，旨在总结监检衔接经验，指导全国检察机关积极适用法律规定的新程序、新制度，提高职务犯罪案件办理质效。

其中，浙江省某县图书馆及赵某、徐某某单位受贿、私分国有资产、贪污案旨在说明，人民检察院在对职务犯罪案件审查起诉时，如果认为相关单位亦涉嫌犯罪，且单位犯罪事实清楚、证据确实充分，经与监察机关沟通，可以依法对犯罪单位提起公诉。检察机关在审查起诉中发现遗漏同案犯或犯罪事实的，应当及时与监察机关沟通，依法处理。根据监察法的规定，监察机关重在对涉及公权力行使的公职人员进行监察，调查职务违法和职务犯罪。实践中，监察机关查处职务犯罪时，可能存在对刑法规定的单位犯罪没有一并查处并移送审查起诉的情形。对

此，该案例明确，检察机关对单位犯罪可依法直接追加起诉。

李华波贪污案是检察机关办理的重要的境外追赃追逃案例。检察机关将该案例作为检察指导案例发布，旨在明确，对于贪污贿赂等重大职务犯罪案件，犯罪嫌疑人、被告人逃匿，在通缉1年后不能到案，如果有证据证明有犯罪事实，依照刑法规定应当追缴其违法所得及其他涉案财产的，应当依法适用违法所得没收程序办理。违法所得没收裁定生效后，在逃的职务犯罪嫌疑人自动投案或者被抓获，监察机关调查终结移送起诉的，检察机关应当依照普通刑事诉讼程序办理，并与原没收裁定程序做好衔接。

金某某受贿案提炼的规则非常明确，即对于重大职务犯罪案件，犯罪嫌疑人自愿认罪认罚的，应当依法适用认罪认罚从宽制度办理。

张某受贿，郭某行贿、职务侵占、诈骗案旨在说明，检察机关提前介入应认真审查案件事实和证据，准确把握案件定性，依法提出提前介入意见。检察机关在审查起诉阶段仍应严格审查，提出审查起诉意见。审查起诉意见改变提前介入意见的，应及时与监察机关沟通。对于在审查起诉阶段发现漏罪，如该罪属于公安机关管辖，但犯罪事实清楚，证据确实充分，符合起诉条件的，检察机关在征得相关机关同意后，可以直接追加起诉。

二、第二十一批检察指导案例的主要情况

经第十三届检察委员会第四十五次会议审议通过，2020年7月30日，最高人民检察院发布以民事检察服务保障民营企业为主题的第二十一批检察指导案例。该批案例由最高人民检察院第六检察厅负责具体遴选、编研、发布等工作，包括深圳市丙投资企业（有限合伙）被诉股东损害赔偿责任纠纷抗诉案等4件案例。值得说明的是，民事案例中，法律关系相对较为复杂，但民事案例归纳总结中，应当突出主要法律关系，该批案例较好地围绕主要法律关系，归纳总结各案例，使案情叙述

和诉讼过程总体较为清晰。该批案例明确了以下法律问题：

一是公司股东应以出资额为限，对公司承担有限责任。股东未滥用公司法人独立地位逃避债务，并且股东的行为未严重损害公司债权人利益的，不应对公司债务承担连带责任。公司人格独立和股东有限责任是公司法的基本原则。根据现代公司法的基本原则，公司适用有限责任制度，股东仅依出资额承担有限责任。但是，特殊情况下，公司独立人格也可被否认，什么特殊情况呢？在股东滥用公司法人独立地位逃避债务，或者股东的行为严重损害公司债权人利益的情况下，民事纠纷中，就可否认公司独立人格，由滥用公司法人独立地位和股东有限责任的股东对公司债务承担连带责任。这是股东有限责任的例外。对此，在具体案件中应依据特定的法律事实和法律关系，综合判断和审慎适用，依法区分股东与公司的各自财产与债务，维护市场主体的独立性和正常的经济秩序。深圳市丙投资企业（有限合伙）被诉股东损害赔偿责任纠纷抗诉案（检例第 77 号）明确了在具体案件中，如何依据特定的法律事实和法律关系，综合判断和审慎适用，依法区分股东与公司的各自财产与债务，维护市场主体的独立性和正常的经济秩序。

二是关于企业被错列入失信被执行人名单，检察机关应予监督的问题。近年来，人民法院为有力推进解决"执行难"问题，实行了失信被执行人黑名单制度。该制度对于促进依法公正执行具有重要作用。但实践中如果被滥用，可能会对民营企业融资、运行等正常经营行为造成较大影响。某牧业公司被错列失信被执行人名单执行监督案（检例第 78 号），明确了查封、扣押、冻结的财产足以清偿生效法律文书确定的债务的，执行法院不应将被执行人纳入失信被执行人名单。执行法院违法将被执行人纳入失信被执行人名单的，检察机关应当及时发出检察建议，监督法院纠正对被执行人违法采取的信用惩戒措施，以维护企业的正常经营秩序，优化营商环境。

三是关于检察机关应当监督人民法院错误查封、扣押、冻结的问题。实践中，人民法院对民营企业债务纠纷进行判决时，可能存在错误查封、扣押、冻结的问题，对此，检察机关应当纠正明显超标的额的违法查封行为，消除对涉案企业正常生产经营的不利影响。南漳县丙房地产开发有限责任公司被明显超标的额查封执行监督案（检例第79号）说明：查封、扣押、冻结被执行人财产应与生效法律文书确定的被执行人的债务相当，不得明显超出被执行人应当履行义务的范围。检察机关对于明显超标的额查封的违法行为，应提出检察建议，督促执行法院予以纠正，以保护民营企业产权，优化营商环境。

四是福建甲光电公司、福建乙科技公司与福建丁物业公司物业服务合同纠纷和解案（检例第80号）说明：检察机关办理民事监督案件，在不影响审判违法监督的前提下，可以引导当事人和解，但必须尊重当事人意愿，遵循意思自治与合法原则，在查清事实、厘清责任的基础上，依法促成和解，减轻当事人诉累，营造良好营商环境。

三、第二十二批检察指导案例的主要情况

2018年10月修改刑事诉讼法，明确以法律的形式，规定了刑事诉讼中认罪认罚从宽制度。该制度运行以来，对促进犯罪嫌疑人自愿认罪认罚，增强接受教育矫治的自觉性，更好回归社会，最大限度减少社会对立面，有效促进社会和谐稳定，显著提升刑事诉讼效率发挥了重要作用。但是，认罪认罚从宽制度中还存在不少较为具体的法律适用问题。该批检察指导案例由最高人民检察院第一检察厅具体承办。

经最高人民检察院第十三届检察委员会第五十二次会议决定，2020年11月24日，最高人民检察院发布了以认罪认罚从宽制度为主题的第二十二批检察指导案例。该批案例包括无锡F警用器材公司虚开增值税专用发票案等4件案例，值得说明的是，该批检察指导案例说明的是认罪认罚从宽制度中具有普遍性的问题，充分体现了通过检察指导案例回应解决实践中具有普遍性类案问题的特征。

该批案例说明了以下问题：（1）对民营企业犯罪，能够适用认罪认罚从宽制度的，应当积极适用认罪认罚从宽制度［无锡 F 警用器材公司虚开增值税专用发票案（检例第 81 号）］。（2）检察机关适用认罪认罚从宽制度，应当有效保障辩护人或者值班律师参与量刑协商［钱某故意伤害案（检例第 82 号）］。（3）被告人自愿认罪认罚后，无正当理由又上诉，检察机关可以依法提出抗诉，建议法院取消从宽"优惠"［琚某忠盗窃案（检例第 83 号）］。（4）认罪认罚从宽制度可以适用于所有刑事案件，即使是对涉黑涉恶犯罪案件，也应当积极适用该制度［林某彬等人组织、领导参加黑社会性质组织案（检例第84 号）］。

四、第二十三批检察指导案例的主要内容及解读①

经第十三届检察委员会第五十四次会议审议通过，2020 年 12 月 3 日，最高人民检察院发布了以"检察机关依法履职促进社会治理"为主题的第二十三批检察指导案例，指导各级人民检察院进一步依法履行检察职能，促进社会治理创新，推进国家治理体系和治理能力现代化。该批案例由法律政策研究室具体承办。

（一）第二十三批检察指导案例发布的背景和目的

党的十九届四中全会明确提出社会治理是国家治理的重要方面，必须加强和创新社会治理。党的十九届五中全会对加强和创新社会治理提出了新要求，指出"十四五"时期，实现经济社会高质量发展，全面建设社会主义现代化国家，要实现"社会治理特别是基层社会治理水平明显提高"。按照中央要求，检察机关积极履行刑事、民事、行政、公益诉讼检察职能，紧紧围绕司法办案，推进社会治理创新，取得了积极成效。司法案件往往是社会治理中某一方面或某一个环节短板弱项和问题

---

① 本部分内容原载于《人民检察》2021 年第 4 期，本书收入时有删改。

缺漏的折射。检察机关在办案一线，能够直观、深刻感受到社会治理中的短板弱项和问题缺漏所在。检察机关依托司法办案促进社会治理创新，具有特殊的优势，是助力国家治理体系和治理能力现代化建设的重要方面。

进入新时代，人民群众对民主、法治、公平、正义、安全、环境等方面有了新的更大期待，对检察机关办案工作质量效率效果提出了新的更高要求。检察机关办案，不仅要实现案结事了人和，还应当结合办案做好案件背后的"后半篇文章"，通过办案发现并推动解决社会治理中的问题，促进社会治理创新。这是优化检察机关法律监督职能的体现，也是完善党委领导、政府负责、民主协商、社会协同、公众参与、法治保障、科技支撑的社会治理体系，促进社会治理现代化的应有之义。

该批案例涉及的企业创新、长江经济带保护、扫黑除恶专项斗争、未成年人保护、供水安全等，都是社会各界比较关注的热点问题，为充分尊重涉案当事人的权利，特别是涉案企业目前仍在正常经营，我们对相关信息采取了隐名化处理的方式。

（二）第二十三批检察指导案例的基本情况

第二十三批检察指导案例包括刘远鹏涉嫌生产、销售"伪劣产品（不起诉）案"等5件案例。

1. 刘远鹏涉嫌生产、销售"伪劣产品"（不起诉）案（检例第85号）

该案发生在企业创新产品研发领域。浙江省检察机关对涉案企业研发销售的"智能平板健走跑步机"是否属于不合格产品，没有简单套用传统产品的质量标准，而是本着既鼓励创新又保证人身财产安全的原则进行实质性研判，认定涉案产品不存在危及人身财产安全的不合理危险，且具备应有使用性能，不属于伪劣产品。与此同时，检察机关通过听证的方式充分听取行业意见和专家意见，增强检察机关办案公信力，最终对刘远鹏作出不起诉处理决定。案件办理效果良好。

2. 盛开水务公司污染环境刑事附带民事公益诉讼案（检例第 86 号）

该案发生在长江生态环境保护领域。涉案企业盛开水务有限公司利用暗管向长江违法排放高浓度废水和废液，造成生态环境损害。江苏省检察机关依法诉请其承担 4.7 亿元生态环境损害赔偿责任。案件审理过程中，盛开水务公司提出调解申请，称其资产为 1 亿元左右，无力全额承担 4.7 亿元的赔偿费用。检察机关在保障公共利益最大化实现的前提下，与被告达成调解，并认可其控股股东公司自愿申请连带赔偿的请求。采取签署分四期支付 2.37 亿元的现金赔偿及承担新建污水处理厂、改造现有污水处理厂、设立江豚保护公益项目等替代性修复义务的方式履行调解协议，实现了修复长江生态环境与保障企业经营发展的双赢效果。在此基础上，检察机关对办案中发现的普遍性问题，通过提出检察建议、立法建议等方式，促进完善长江生态环境治理。

3. 李卫俊等"套路贷"虚假诉讼案（检例第 87 号）

该案发生在非法金融活动虚假诉讼领域。江苏省检察机关对涉黑涉恶"套路贷"犯罪中的虚假诉讼行为开展监督，依法查明被告人利用虚假的借条、租赁合同等向法院提起民事诉讼 50 件，涉及金额 140 余万元，欺骗法院作出民事判决及主持签订调解协议的事实。检察机关依法启动民事诉讼监督程序，同步推进刑事与民事检察监督。案件办理后，检察机关开展打击虚假诉讼的专项活动，针对小微金融行业无证照开展业务等管理漏洞，向行政主管部门发出检察建议，向相关人大常委会专题报告民事虚假诉讼检察监督工作情况，推动出台民事虚假诉讼法律监督工作情况的审议意见，促进从源头上铲除非法金融活动的滋生土壤。

4. 北京市海淀区人民检察院督促落实未成年人禁烟保护案（检例第 88 号）

该案发生在未成年人保护领域。针对未成年人权益保护受到侵害涉及公共利益时提起公益诉讼，是新修订的未成年人保护法赋予检察机关的法定职责。北京市检察机关在法治进校园宣传活动中，发现学校周边存在违法出售烟草制品的情况后，及时督促相关行政部门履职，并联合行政执法机关开展形式多样的控烟预防活动，积极推动完善社会各方协同治理机制，推进未成年人禁烟保护工作，促进未成年人保护社会治理创新。

5. 黑龙江省检察机关督促治理二次供水安全公益诉讼案（检例第89号）

该案发生在城市供水安全领域。黑龙江省检察机关针对监督中发现的供水公司未取得卫生许可证、工作人员未取得健康证、水箱未定期清洗消毒等居民用水安全隐患，积极履行行政公益诉讼职能，发挥检察一体优势，三级检察院协同联动，在全省范围内开展了二次供水安全隐患类案监督。在充分调查基础上，黑龙江省人民检察院向黑龙江省人民政府送达检察建议书，建议省政府牵头各主管部门对城市二次供水安全隐患加强监督整改。黑龙江省人民政府高度重视，协调相关部门推进"二次供水设施"改造，采取有力措施保障了居民用水安全。

（三）第二十三批检察指导案例明确的主要法律问题

在第二十三批检察指导案例研制过程中，最高人民检察院法律政策研究室调研了解了各级人民检察院相关工作情况，并采取多种形式听取了相关司法机关的意见建议，通过案例的形式，明确了当前检察工作中一些需要重点明确的问题。

1. 防止对企业"创新产品"作出不当认定

实践中，在一些情况下，有检察机关片面依据鉴定意见，对企业创新产品"一刀切"地认定为伪劣产品。为加大对企业创新的保护力度，最高人民检察院发布检例第85号刘远鹏涉嫌生产、销售"伪劣产品"（不起诉）案，明确对创新产品要进行实质性审查判断，不宜简单套用现有产品标准认定为伪劣产品。

刑法第140条规定，以不合格产品冒充合格产品的，构成生产、销售伪劣产品罪。2001年4月10日起施行的最高人民法院、最高人民检察院《关于办理生产、销售伪劣商品刑事案件具体应用法律若干问题的解释》第1条第4款规定："刑法第一百四十条规定的'不合格产品',是指不符合《中华人民共和国产品质量法》第二十六条第二款规定的质量要求的产品。"产品质量法第26条第2款规定："产品质量应当符合下列要求：（一）不存在危及人身、财产安全的不合理的危险，有保障人体健康和人身、财产安全的国家标准、行业标准的，应当符合该标准；（二）具备产品应当具备的使用性能，但是，对产品存在使用性能的瑕疵作出说明的除外；（三）符合在产品或者其包装上注明采用的产品标准，符合以产品说明、实物样品等方式表明的质量状况。"根据这些要求，对于已有国家标准、行业标准的传统产品，只有符合标准的才能认定为合格产品。实践中，一些企业生产的产品属于对原产品进行加工、升级或者更新换代等形成的创新产品，尚无国家标准或者行业标准。如检例第85号中涉及的当事人生产的"健走跑步机"，就由于运行速度较慢、结构相对简单、外形小巧等特点，不属于跑步机，不能适用跑步机的国家标准。对此，如何判断其是否属于"伪劣产品"？检例第85号指出："对于尚无国家标准、行业标准的创新产品，应当本着既鼓励创新，又保证人身、财产安全的原则，多方听取意见，进行实质性研判。""创新产品在使用性能方面与传统产品存在实质性差别的，不宜简单化套用传统产品的标准认定是否'合格'。创新产品不存在危及人身、财产安全隐患，且具备应有使用性能的，不应当认定为伪劣产品。相关质量检验机构作出鉴定意见的，检察机关应当进行实质审查。"

2. 检察机关办理刑事附带民事公益诉讼案件可以依法参与调解

关于检察机关办理刑事附带民事公益诉讼案件是否可以依法参与调解的问题，以往法律规定并不明确。2017年修订后的民事诉讼法明确规定，检察机关可以提起民事公益诉讼。目前没有司法解释对检察机关在公益诉讼中是否可以参与调解作出规定。2015年1月7日起施行的最高人民法院《关于审理环境民事公益诉讼案件适用法律若干问题的解释》（2020 年 12 月 29 日已被修正）第 25 条规定："环境民事公益诉讼当事人达成调解协议或者自行达成和解协议后，人民法院应当将协议内容公告，公告期间不少于三十日。公告期满后，人民法院审查认为调解协议或者和解协议的内容不损害社会公共利益的，应当出具调解书。当事人以达成和解协议为由申请撤诉的，不予准许。调解书应当写明诉讼请求、案件的基本事实和协议内容，并应当公开。"

结合既有法律及相关司法解释规定，经过认真研究，我们认为，检察机关提起民事公益诉讼，其主要目的是实现公益保护，如果采取调解的方式，有利于公益保护目的的最大化实现，那么，可以采取调解的方式实现诉讼请求。鉴此，最高人民检察院发布检例第 86 号"盛开水务公司污染环境刑事附带民事公益诉讼案"，明确"检察机关办理环境污染民事公益诉讼案件，可以在查清事实明确责任的基础上，遵循自愿、合法和最大限度保护公共利益的原则，积极参与调解"。同时明确，与一般的民事调解不同，检察机关代表国家提起公益诉讼，在调解中不能随意让渡减损公共利益，应当保障公共利益最大化实现。

在被告愿意积极赔偿的情况下，检察机关考虑生态修复的需要，综合评估被告财务状况、预期收入情况、赔偿意愿等情节，可以推进运用现金赔偿、替代性修复等方式，既落实责任承担，又确保受损环境得以修复。在实施替代性修复时，对替代性修复项目应当进行评估论证。项目应当既有利于生态环境恢复，又具有公益性，同时，还应当经人民检察院、人民法院和社会公众的认可。

换言之，检察机关向相关企业主张生态修复费用及惩罚性赔偿时，可以探索通过分期支付、替代性修复等方法促使其接受惩罚、守法经营、健康发展。以本次发布的检例第 86 号盛开水务公司污染环境刑事附带民事公益诉讼案为例，涉案的盛开水务公司承担 100 余家园区企业生产废水的接管净化处理工作，仅 1 亿元资产，无法承担 4.7 亿元的生态修复费用，如强制破产，大量企业将无法运转，数万名企业职工受到影响，严重影响当地经济社会发展。检察机关综合考虑上述因素，就公益损害责任承担方式和履行期限等具体问题与被告进行协商，最终达成调解协议，由盛开水务公司采取"现金赔偿＋替代性修复"、分期付款、开展技术创新和改造等方式承担相关责任，较好地解决了责任承担的问题。

3. 检察机关办理公益诉讼案件可以允许股东自愿参与共同承担损害赔偿责任

正如前文所述，检察机关参与公益诉讼案件，其基本目的是实现生态环境公益保护。检例第 86 号"盛开水务公司污染环境刑事附带民事公益诉讼案"，明确在环境民事公益诉讼中，被告单位的控股股东自愿共同承担公益损害赔偿责任，检察机关经审查认为其加入确实有利于生态环境修复等公益保护的，可以准许，并经人民法院认可，将其列为第三人。

当然，是否准许加入诉讼，检察机关应当予以审查。具体来说，检察机关需要重点审查控股股东是否对损害的发生确无法律上的义务和责任。如果控股股东对损害的发生具有法律上的义务和责任，则应当由人民法院追加其参加诉讼，不能由其自主选择是否参加诉讼。

4. 涉黑涉恶案件办理中虚假诉讼等相关问题的处理

"扫黑除恶"专项斗争中，一些案件存在套路贷与涉黑恶违法犯罪交织在一起的问题。如检例第 87 号涉及的李卫俊等"套路贷"虚假诉讼案，该案中，以李卫俊为首要分子的恶势力犯罪集团长期以"套路贷"的形式放贷，随后采用电话骚扰、言语恐吓、堵锁换锁等"软暴力"手段，向借款人、担保人及其家人索要高额利息，或者以收取利息为名让其虚写借条。在借款人无法给付时，又以虚假的借条、租赁合同等向法院提起虚假民事诉讼，欺骗法院作出民事判决或者主持签订调解协议。对该类案件，检察指导案例明确，检察机关办案时，应当强化刑事检察和民事检察职能协同。既充分发挥刑事检察职能，严格审查追诉犯罪；又发挥民事检察职能，以发现的异常案件线索为基础，开展关联案件的研判分析，并予以精准监督。刑事检察和民事检察联动，形成监督合力，加大打击涉黑恶犯罪力度，提升法律监督质效。对是否存在虚假诉讼手段，应当围绕案件中是否存在疑似职业放贷人，借贷合同是否为统一格式，原告提供的证据形式是否不合常理，被告是否缺席判决等方面进行审查。

5. 未成年人权益保护是检察机关开展公益诉讼工作的重要内容

检例第 88 号北京市海淀区人民检察院督促落实未成年人禁烟保护案，发生在未成年人保护法修订之前，该案办理时，针对未成年人禁烟保护开展公益诉讼，尚属于检察机关积极探索开展公益诉讼工作的新领域案件。2020 年 10 月 17 日第十三届全国人民代表大会常务委员会第二十二次会议第二次修订、2021 年 6 月 1 日正式施行的《中华人民共和国未成年人保护法》第 59 条已作出明确规定："学校、幼儿园周边不得设置烟、酒、彩票销售网点。禁止向未成年人销售烟、酒、彩票或者兑付彩票奖金。烟、酒和彩票经营者应当在显著位置设置不向未成年人销售烟、酒或者彩票的标志；对难以判明是否是未成年人的，应当要求其出示身份证件。任何人不得在学校、幼儿园和其他未成年人集中活动的公共场所吸烟、饮酒。"第 106 条还规定："未成年人合法权益受到侵犯，相关组织和个人未代为提起诉讼的，人民检察院可以督促、支持其提起诉讼；涉及公共利益的，人民检察院有权提起公益诉讼。"

由此可见，新修订的未成年人保护法立足于更加全面有效地保护未成年人权益需要，通过增设公益诉讼的方式，为检察机关依法开展涉及不特定多数未成年人公共利益的诉讼活动明确了法律依据。各级检察机关应当以此次发布检察指导案例为契机，进一步加大未成年人保护公益诉讼相关工作力度，依法保护未成年人合法权益，护航未成年人健康成长。

6. 检察机关办理重大公益诉讼案件应当上下联动、检察一体，争取最佳效果

检例第 89 号黑龙江省检察机关督促治理二次供水安全公益诉讼案，是涉及重大民生公益诉讼的案件。该案例明确，检察机关办理涉及重大民生的公益诉讼案件，如果其他地方存在类似问题时，应当在依法办理的同时，及时向上级人民检察院报告。对于较大区域内存在公共利益受损情形且涉及多个行政部门监管职责的问题，可以由上级人民检察院向人民政府提出检察建议，促使其统筹各部门协同整改。该案例中，黑龙江存在二次供水安全问题，可能危及公共安全和群众身体健康。对这样的重大基础性的民生工程，检察机关在深入调查核实和广泛听取意见的基础上，既办好个案，又注重从个案到类案的拓展，更好地提升监督效果。通过该案例，最高人民检察院旨在明确，检察机关办理涉及重大民生的公益诉讼案件，如认为其他地方也有类似问题，应当在依法办理的同时，向上级人民检察院报告。如果公益受损问题在一定区域内具有多发性和普遍性，基层人民检察院难以解决的，应当及时将案件线索向上级人民检察院报告。上级人民检察院应当及时受理，并发挥"检察一体"的优势，组织开展调查核实。在办理涉及重大民生公共利益且具有多发性的公益诉讼案件时，上级人民检察院可以采取类案监督的方式，集中解决区域或者行业内普遍存在的公益受损问题，达到"办理一案，整治一片"的效果。至于提出检察建议的方式，上级人民检察院应当发挥站位高、协调能力强的优势，对于重大公益受损问题，可以向有统筹协调职能的单位提出检察建议，促成问题的系统性整改。实践中，对于相关管理制度不完善、涉及上级行政机关监管职责或者多个行政机关职能交叉等因素而致使涉及面广的重大公益受损问题，应当由上级检察机关督促同级政府或者相关部门依法履职，从根本上推动问题的解决，促进自上而下进行源头性、系统性整改，形成公益保护的长效机制，发挥检察机关在社会治理中的积极作用。

7. 检察机关通过办案促进社会治理创新的方式

检察机关在履行刑事、民事、行政、公益诉讼检察职能过程中，可以依法运用法律赋予的提起公诉、不起诉、提起公益诉讼、开展调查核实、发出检察建议等手段，促进社会治理创新。具体来说，可以采取以下措施。一是可以充分运用诉权参与社会治理创新，包括对刑事案件、公益诉讼案件提起诉讼，维护法律所保护的利益。检察机关依法行使诉权，既可以维护法益，又具有规范和促进社会治理的作用。二是可以灵活运用不起诉、听证、参与调解等方式参与社会治理创新。比如，检例第 85 号中，检察机关通过听证的方式充分听取行业意见和专家意见，增强检察机关办案公信力，最终对刘远鹏作出不起诉处理决定。同时在案件办理后推动地方市场监督管理部门层报国家市场监督管理总局，就"健走跑步机"类产品的名称、宣传、安全标准等方面提出了规范性意见。又如，检例第 86 号中，检察机关在保障公共利益最大化实现的前提下，与被告达成调解，并达成替代性修复义务的调解协议，实现修复长江生态环境与保障企业经营发展双赢的效果。三是可以综合运用检察建议的方式参与社会治理创新。检察建议是人民检察院组织法明确赋予检察机关的履职手段。检察建议在推动有关部门建章立制、堵塞漏洞、消除隐患方面，具有特殊的优势，最高人民检察院专门出台了《人民检察院检察建议工作规定》，加强和规范检察建议的适用。第二十三批检察指导案例的检例第 88 号中，检察机关积极开展公益诉讼工作，及时督促相关行政部门履职。检例第 89 号中，检察机关通过行政公益诉讼向政府部门送达检察建议书，建议对城市二次供水安全隐患加强监督整改，保障居民用水安全，都是运用检察建议推进社会治理创新的典型范例。四是通过提出立法建议或工作建议的方式参与社会治理创新。对于有关部门无法有效解决的突出问题，检察机关可以依法提出相关立法或工作建议，推动在制度机制层面研究解决。如检例第 87 号中，检察机关结合案件办理，向相关人大常委会专题报告民事虚假诉讼检察监督工作情况，推动出台民事虚假诉讼法律监督工作情况的审议意见。

8. 检察机关通过办案促进社会治理创新的具体工作要求

当前，各级检察机关对依法履职促进社会治理创新工作积极性很高，各种创新性做法也很多。最高人民检察院发布第二十三批检察指导案例，对这方面工作进一步予以规范，既强调各级检察机关要以更优质的检察履职增强法治供给，立足依法办案，准确把握检察机关的法律监督职能，提升促进社会治理创新的工作成效；又提出各级检察机关要聚焦人民群众关注的安全、环境、食品、医疗等突出问题，对社会治理的短板和盲区保持敏感。在参与社会治理时更加注重深入调查研究，通过实地走访、专家论证等方式，找准问题关键症结，提出行之有效的对策建议，提升检察监督的精准性和时效性。同时，各级检察机关参与社会治理，还应当准确把握宪法法律赋予的法律监督职能定位，注意把握检察权行使的边界，紧紧立足司法办案，结合办案开展社会治理创新。

五、第二十四批检察指导案例的主要内容

经 2020 年 12 月 2 日最高人民检察院第十三届检察委员会第五十五次会议决定，2020 年 12 月 21 日，最高人民检察院发布了以涉非公经济立案监督为主题的第二十四批检察指导案例，包括许某某、包某某串通投标立案监督案等 4 件案例，由最高人民检察院第十检察厅具体承办。

该批案例明确的法律问题如下：（1）串通拍卖行为不能构成串通投标罪，不构成犯罪。公安机关不当立案的，检察机关应予监督（检例第90 号许某某、包某某串通投标立案监督案）。（2）检察机关办理涉企业合同诈骗犯罪案件，应当严格区分合同诈骗与民事违约行为的界限。要注意审查涉案企业在签订、履行合同过程中是否具有非法占有目的和虚构事实、隐瞒真相的行为，准确认定是否具有诈骗故意。发现公安机关对企业之间的合同纠纷以合同诈骗进行刑事立案的，应当依法监督撤销案件。对于立案后久侦不结的"挂案"，检察机关应当向公安机关提出

纠正意见（检例第91号温某某合同诈骗立案监督案）。（3）负有执行义务的单位和个人以更换企业名称、隐瞒到期收入等方式妨害执行，致使已经发生法律效力的判决、裁定无法执行，情节严重的，应当以拒不执行判决、裁定罪予以追诉。申请执行人认为公安机关对拒不执行判决、裁定的行为应当立案侦查而不立案侦查，向检察机关提出监督申请的，检察机关应当要求公安机关说明不立案的理由。经调查核实，认为公安机关不立案理由不能成立的，应当通知公安机关立案。对于通知立案的涉企业犯罪案件，应当依法适用认罪认罚从宽制度（检例第92号上海甲建筑装饰有限公司、吕某拒不执行判决立案监督案）。（4）检察机关在办理售假犯罪案件时，应当注意审查发现制假犯罪事实，强化对人民群众切身利益和企业知识产权的保护力度。对于公安机关未立案侦查的制假犯罪与已立案侦查的售假犯罪不属于共同犯罪的，应当按照立案监督程序，监督公安机关立案侦查。对于跨地域实施的关联制假售假犯罪，检察机关可以建议公安机关并案管辖（检例第93号丁某某、林某某等人假冒注册商标立案监督案）。

第九节　第二十五批至第三十批检察指导案例主要情况

2021年1月至9月30日，最高人民检察院发布了共6批28件检察指导案例，笔者对各批检察的指导案例的简要情况分述如下。

一、第二十五批检察指导案例的主要内容

2021年1月20日，经2020年12月4日最高人民检察院第十三届检察委员会第五十六次会议决定，最高人民检察院发布第二十五批检察指导案例，以安全生产案件为主题，包括余某某等人重大劳动安全事故重

大责任事故案（检例第 94 号），宋某某等人重大责任事故案（检例第 95 号），黄某某等人重大责任事故、谎报安全事故案（检例第 96 号），夏某某等人重大责任事故案（检例第 97 号）4 件案例。该批案例由最高人民检察院第二检察厅具体承办。

主要说明：一是办理危害生产安全刑事案件，要根据案发原因及涉案人员的职责和行为，准确适用重大责任事故罪和重大劳动安全事故罪。要全面审查案件事实证据，依法追诉漏罪漏犯，准确认定责任主体和相关人员责任，并及时移交职务违法犯罪线索。针对事故中暴露出的相关单位安全管理漏洞和监管问题，要及时制发检察建议，督促落实整改。

二是对相关部门出具的安全生产事故调查报告，要综合全案证据进行审查，准确认定案件事实和相关人员责任。要正确区分相关涉案人员的责任和追责方式，发现漏犯及时追诉，对不符合起诉条件的，依法作出不起诉处理。

三是检察机关要充分运用行政执法和刑事司法衔接工作机制，通过积极履职，加强对线索移送和立案的法律监督。认定谎报安全事故罪，要重点审查谎报行为与贻误事故抢救结果之间的因果关系。对同时构成重大责任事故罪和谎报安全事故罪的，应数罪并罚。应注重涉事单位或有关部门及时赔偿被害人损失，有效化解社会矛盾。安全生产事故涉及生态环境污染等公益损害的，刑事检察部门要和公益诉讼检察部门加强协作配合，督促协同行政监管部门，统筹运用法律、行政、经济等手段严格落实企业主体责任，修复受损公益，防控安全风险。

四是内河运输中发生的船舶交通事故，相关责任人员可能同时涉嫌交通肇事罪和重大责任事故罪，要根据运输活动是否具有营运性质以及相关人员的具体职责和行为，准确适用罪名。重大责任事故往往涉案人员较多，因果关系复杂，要准确认定涉案单位投资人、管理人员及相关国家工作人员等涉案人员的刑事责任。

二、第二十六批检察指导案例的主要内容

2021 年 2 月 4 日，经 2021 年 1 月 21 日最高人民检察院第十三届检察委员会第六十次会议决定，最高人民检察院发布第二十六批检察指导案例，以检察机关依法保护知识产权为主题，共包括邓秋城、双善食品（厦门）有限公司等销售假冒注册商标的商品案（检例第 98 号），广州卡门实业有限公司涉嫌销售假冒注册商标的商品立案监督案（检例第 99 号），陈力等八人侵犯著作权案（检例第 100 号），姚常龙等五人假冒注册商标案（检例第 101 号），金义盈侵犯商业秘密案（检例第 102 号）5 件案例。该批案例由最高人民检察院知识产权检察办公室具体承办。

主要说明：一是办理侵犯注册商标类犯罪案件，应注意结合被告人销售假冒商品数量、扩散范围、非法获利数额及在上下游犯罪中的地位、作用等因素，综合判断犯罪行为的社会危害性，确保罪责刑相适应。在认定犯罪的主观明知时，不仅考虑被告人供述，还应综合考虑交易场所、交易时间、交易价格等客观行为，坚持主客观相一致。对侵害众多消费者利益的情形，可以建议相关社会组织或自行提起公益诉讼。

二是在办理注册商标类犯罪的立案监督案件时，对符合商标法规定的正当合理使用情形而未侵犯注册商标专用权的，应依法监督公安机关撤销案件，以保护涉案企业合法权益。必要时可组织听证，增强办案透明度和监督公信力。

三是办理网络侵犯视听作品著作权犯罪案件，应注意及时提取、固定和保全相关电子数据，并围绕客观性、合法性、关联性要求对电子数据进行全面审查。对涉及众多作品的案件，在认定"未经著作权人许可"时，应围绕涉案复制品是否系非法出版、复制发行且被告人能否提供获得著作权人许可的相关证明材料进行审查。

四是凡在我国合法注册且在有效期内的商标，商标所有人享有的商标专用权依法受我国法律保护。未经商标所有人许可，无论假冒商品是

否销往境外，情节严重构成犯罪的，依法应予追诉。判断侵犯注册商标犯罪案件是否构成共同犯罪，应重点审查假冒商品生产者和销售者之间的意思联络情况、对假冒违法性的认知程度、对销售价格与正品价格差价的认知情况等因素综合判断。

五是办理侵犯商业秘密犯罪案件，被告人作无罪辩解的，既要注意审查商业秘密的成立及侵犯商业秘密的证据，又要依法排除被告人取得商业秘密的合法来源，形成指控犯罪的证据链。对鉴定意见的审查，必要时可聘请或指派有专门知识的人辅助办案。

三、第二十七批检察指导案例的主要内容

2021 年 3 月 2 日，经 2021 年 2 月 26 日最高人民检察院第十三届检察委员会第六十三次会议决定，最高人民检察院发布第二十七批检察指导案例，以对涉罪未成年人附条件不起诉为主题，共包括胡某某抢劫案（检例第 103 号），庄某等人敲诈勒索案（检例第 104 号），李某诈骗、传授犯罪方法、牛某等人诈骗案（检例第 105 号），牛某非法拘禁案（检例第 106 号），唐某等人聚众斗殴案（检例第 107 号）5 件案例。该批案例由最高人民检察院第九检察厅具体承办。

主要说明：一是办理附条件不起诉案件，应准确把握其与不起诉的界限。对于涉罪未成年在校学生附条件不起诉，应当坚持最有利于未成年人健康成长原则，找准办案、帮教与保障学业的平衡点，灵活掌握办案节奏和考察帮教方式。要阶段性评估帮教成效，根据被附条件不起诉人角色转变和个性需求，动态调整考验期限和帮教内容。

二是检察机关对共同犯罪的未成年人适用附条件不起诉时，应当遵循精准帮教的要求对每名涉罪未成年人设置个性化附带条件。监督考察时，要根据涉罪未成年人回归社会的不同需求，督促制定所附条件执行的具体计划，分阶段评估帮教效果，发现问题及时调整帮教方案，提升精准帮教实效。

三是对于一人犯数罪符合起诉条件，但根据其认罪认罚等情况，可能判处1年有期徒刑以下刑罚的，检察机关可以依法适用附条件不起诉。对于涉罪未成年人存在家庭教育缺位或者不当问题的，应当突出加强家庭教育指导，因案因人进行精准帮教。通过个案办理和法律监督，积极推进社会支持体系建设。

四是检察机关对于公安机关移送的社会调查报告应当认真审查，报告内容不能全面反映未成年人成长经历、犯罪原因、监护教育等情况的，可以商公安机关补充调查，也可以自行或者委托其他有关组织、机构补充调查。对实施犯罪行为时系未成年人但诉讼过程中已满18周岁的犯罪嫌疑人，符合条件的，可以适用附条件不起诉。对于外地户籍未成年犯罪嫌疑人，办案检察机关可以委托未成年人户籍所在地检察机关开展异地协作考察帮教，两地检察机关要各司其职，密切配合，确保帮教取得实效。

五是对于被附条件不起诉人在考验期内多次违反监督管理规定，逃避或脱离矫治和教育，经强化帮教措施后仍无悔改表现，附条件不起诉的挽救功能无法实现，符合"违反考察机关监督管理规定，情节严重"的，应当依法撤销附条件不起诉决定，提起公诉。

四、第二十八批检察指导案例的主要内容

2021年4月27日，经2021年4月1日最高人民检察院第十三届检察委员会第六十四次会议决定最高人民检察院下发第二十八批检察指导案例，以检察机关民事执行监督为主题，共包括江苏某银行申请执行监督案（检例第108号）、湖北某房地产公司申请执行监督案（检例第109号）、黑龙江何某申请执行监督案（检例第110号）3件案例。该批案例由最高人民检察院第六检察厅具体承办。

主要说明：一是质权人为实现约定债权申请执行法院解除对质物的冻结措施，向法院承诺对申请解除冻结错误造成的损失承担责任，该承

诺不是对出质人债务的保证,人民法院不应裁定执行其财产。对人民法院错误裁定执行其财产的行为不服提出的异议是对执行行为的异议,对该异议裁定不服的救济途径为复议程序而非执行异议之诉。

二是对于民事执行监督中当事人有证据证明执行标的物评估结果失实问题,人民检察院应当依法受理并围绕影响评估结果的关键性因素进行调查核实;经过调查核实查明违法情形属实的,人民检察院应当依法监督纠正;对于发现的执行人员和相关人员违纪、违法犯罪线索应当及时移送有关单位或部门处理。

三是执行程序应当按照生效判决等确定的执行依据进行,变更、追加被执行人应当遵循法定原则和程序,不得在法律和司法解释规定之外或者未经依法改判的情况下变更、追加被执行人。对于执行程序中违法变更、追加被执行人的,人民检察院应当依法监督。

五、第二十九批检察指导案例的主要内容

2021 年 8 月 19 日,经 2021 年 5 月 27 日最高人民检察院第十三届检察委员会第六十七次会议决定,最高人民检察院发布第二十九批检察指导案例,共包括海南省海口市人民检察院诉海南 A 公司等三被告非法向海洋倾倒建筑垃圾民事公益诉讼案(检例第 111 号)、江苏省睢宁县人民检察院督促处置危险废物行政公益诉讼案(检例第 112 号)、河南省人民检察院郑州铁路运输检察分院督促整治违建塘坝危害高铁运营安全行政公益诉讼案(检例第 113 号)、江西省上饶市人民检察院诉张某某等三人故意损毁三清山巨蟒峰民事公益诉讼案(检例第 114 号)、贵州省榕江县人民检察院督促保护传统村落行政公益诉讼案(检例第 115 号)5 件案例。该批案例由最高人民检察院第八检察厅具体承办。

主要说明:一是对于海洋生态环境损害,行政机关的履职行为不能有效维护公益,又未提起生态环境损害赔偿诉讼的,检察机关可以依法提起民事公益诉讼。公益诉讼案件二审开庭,上一级人民检察院应当派

员出庭，与下级检察机关共同参加法庭调查、法庭辩论、发表意见等，积极履行出庭职责。

二是对犯罪行为造成的持续污染，检察机关可综合运用刑事检察和公益诉讼检察职能，对损害国家利益和社会公共利益的情形进行全方位监督。公安机关调查取证完成后，犯罪嫌疑人无力处置污染物，行政机关又不履行代处置义务的，检察机关应当督促其依法履职。

三是对于高铁运营安全存在的重大安全隐患，行政机关未依法履职的，检察机关可以开展行政公益诉讼。对于跨行政区划的公益诉讼案件，可以指定铁路运输检察机关管辖。涉及多级、多地人民政府及其职能部门职责的，检察机关可以对具有统筹协调职责的上级人民政府发出检察建议。

四是破坏自然遗迹和风景名胜的行为，属于"破坏生态环境和资源保护"的公益诉讼案件范围，检察机关依法可以提起民事公益诉讼。对独特景观的生态服务价值损失，可以采用"条件价值法"进行评估，确定损害赔偿数额。

五是纳入《中国传统村落名录》的传统村落属于环境保护法所规定的"环境"范围。地方政府及其相关职能部门对传统村落保护未依法履行监管、保护职责的，检察机关应当发挥行政公益诉讼职能督促其依法履职。对具有一定普遍性的问题，可以结合办案促进相关政策转化和地方立法完善。

六、第三十批检察指导案例的主要内容

2021年8月17日，经2021年6月30日最高人民检察院第十三届检察委员会第六十九次会议决定，最高人民检察院发布第三十批检察指导案例，包括某材料公司诉重庆市某区安监局、市安监局行政处罚及行政复议检察监督案（检例第116号）、陈某诉江苏省某市某区人民政府强制拆迁及行政赔偿检察监督案（检例第117号）、魏某等19人诉山西省

某市发展和改革局不履行法定职责检察监督案（检例第118号）、山东省某包装公司及魏某安全生产违法行政非诉执行检察监督案（检例第119号）、王某凤等45人诉北京市某区某镇政府强制拆除和行政赔偿检察监督系列案（检例第120号）、姚某诉福建省某县民政局撤销婚姻登记检察监督案（检例第121号）6件检察指导案例。该批案例由最高人民检察院第七检察厅具体承办。

主要说明：一是人民检察院办理行政诉讼监督案件，应当在履行法律监督职责中开展行政争议实质性化解工作，促进案结事了。人民检察院化解行政争议应当注重释法说理，有效回应当事人诉求，解心结、释法结。

二是人民检察院办理未经人民法院实体审理的行政赔偿监督案件，依据行政委托关系确定行政机关为赔偿责任主体的，可以促使双方当事人在法定补偿和赔偿标准幅度内达成和解。对于疑难复杂行政争议，应当充分发挥检察一体化优势，凝聚化解行政争议合力。

三是检察机关提出抗诉的行政案件，为保障申请人及时实现合法诉求，维护未提起行政诉讼的同等情况的其他主体合法权益，可以继续跟进推动行政争议化解，通过公开听证等方式，促成解决同类问题。对行政机关以法律、法规和规范性文件规定不明确为由履职不到位导致的行政争议，应当协调有关部门予以明确，推动行政争议解决，促进系统治理。

四是人民检察院办理当事人申请监督并提出合法正当诉求的行政非诉执行监督案件，可以立足法律监督职能开展行政争议实质性化解工作。人民检察院通过监督人民法院非诉执行活动，审查行政行为是否合法，发现人民法院执行活动违反法律规定，行政机关违法行使职权或者不行使职权的，应当提出检察建议。

五是人民检察院办理行政诉讼监督案件，应当把实质性化解行政争议作为"监督权力"和"保障权利"的结合点和着力点。对与行政争议直接相关的民事纠纷应一并审查，促进各方达成和解，通过解决民事纠纷促进行政争议的一并化解，及时有效保护各方当事人的合法权益。

六是人民检察院对于人民法院以超过起诉期限为由不予立案或者驳回起诉，当事人通过诉讼途径未能实现正当诉求的行政案件，应当发挥法律监督职能，通过促进行政机关依法履职，维护当事人合法权益。人民检察院办理行政诉讼监督案件，应当综合运用调查核实、公开听证、专家论证、检察建议、司法救助等多种方式，促进行政争议实质性化解。人民检察院办理婚姻登记行政诉讼监督案件，对确属冒名婚姻登记的应当建议民政部门依法撤销，发现有关个人涉嫌犯罪的，应当依法监督有关部门立案侦查。

第六章　检察指导案例实践的具体问题

检察机关案例指导制度能否良性运行，涉及实践中许多具体问题。针对检察指导案例编研发布等实践中的具体问题，笔者试在初步梳理和思考总结的基础上，有针对性地予以回答，希望能够对制度良性运行有所裨益。

第一节　检察指导案例编研发布相关工作

如何看待检察指导案例编研发布工作的本质？检察指导案例编研发布一般应当经过哪些工作程序？在此，笔者根据以往工作惯例、做法进行梳理。

一、检察指导案例编研发布本质上是一种办案活动

检察指导案例的编选、研制、发布等工作，本质上是检察机关办案工作的延续和有机组成部分。人民检察院组织法第 23 条第 2 款，明确将最高人民检察院发布检察指导案例规定在人民检察院的职权一章，这就说明，编选、研制、发布检察指导案例，是最高人民检察院司法职权的重要组成内容，本质上是一种办案工作。

从实际运行来看，检察指导案例的编研发布，不同于纯粹的概念分析与理论演绎，检察指导案例的编研发布，总是以实践中的办案工作为基础的。没有优质的办案，检察指导案例的编研发布工作难以运转。故

而检察指导案例的编研发布与办案工作相互伴随、相互依存。

办案工作的本质是在具体案件中通过司法裁判判断确定当事人或当事方权利义务的分配与承担。检察指导案例的研制与发布，无非就是在办案工作结束后，以一种反刍的态度，以一种反思的视角，回看办案工作，并借此总结办案经验，确定办案规则，明确办案方法。而通过检察指导案例确定的规则，无疑又会对后续具体案件中当事人或当事方的权利分配与义务承担具有事实上的约束力，这种特征符合办案的本质特征。当然，可能有人提出：立法也会对案件中当事人或当事方的权利义务分配承担产生影响。但笔者以为，立法不涉及具体案件，总是以一种抽象的一般性规则确立、分配权利义务，与检察指导案例通过具体案件确定规则有所不同。

此外，从类比的角度来看，运用检察指导案例，对检察办案工作进行分析、总结，类似于医学上的病例分析。病例分析方法，对于了解疾病发生的原因，分析疾病在临床上的表现，寻找诊断疾病依据具有重要意义，是临床医学赖以发展的重要方法。诚如病例分析是医生的天然职责一般，案例分析（包括开展检察指导案例的遴选、编研、发布工作）同样是办案工作中应当由检察官承担的重要工作职责。

二、检察指导案例编研发布的具体程序

检察指导案例编研发布需要经过哪些具体程序？对此，笔者试结合工作情况，进行简要的梳理归纳。值得说明的是，这种归纳，仅仅是笔者从事这一工作的经验梳理，实践中，检察指导案例的具体编研发布，可结合实际情况，从有利于检察指导案例效果，确保检察指导案例质量的角度出发，灵活掌握。

（一）确定主题，制定计划

从当前实践来看，每年年初，最高人民检察院法律政策研究室都要

听取各业务厅意见，制订检察指导案例工作计划。检察指导案例工作计划中，一般都要确定各业务条线当年的检察指导案例立项主题。

通常来说，最高人民检察院每一批检察指导案例一般都有明确的主题。确定检察指导案例主题之前，各检察厅应当进行充分全面的调研，多方听取意见，必要时还应当召开论证会，广泛听取省级检察院及各方意见后，根据本业务条线当年工作重点、新兴工作及业务工作发展方向，确定工作主题。同时，根据 2019 年最高人民检察院《关于案例指导工作的规定》第 7 条第 2 款的规定："各检察厅研究编制职责范围内的指导性案例，法律政策研究室研究编制涉及多个检察厅业务或者院领导指定专题的指导性案例。"这样，最高人民检察院各检察厅应当在各自业务范围内确定检察指导案例主题，最高人民检察院法律政策研究室则应当确定综合性主题的检察指导案例选题。以 2019 年至 2021 年为例，2019 年，最高人民检察院第一检察厅至第十检察厅，分别根据各自管辖范围，确定了适当的检察指导案例选题计划，而法律政策研究室则选择"涉农检察"这一综合性主题确定检察指导案例选题；2020 年，最高人民检察院法律政策研究室则围绕"检察机关依法履职促进社会治理创新"编研发布了第二十三批检察指导案例；2021 年，最高人民检察院法律政策研究室在听取各检察厅意见基础上，制订了含 12 个选题的检察指导案例工作计划。需要说明的是，2021 年最高人民检察院法律政策研究室主要承担了检察案例库建设的相关工作。

检察指导案例主题选择，是一个需要对业务工作具体宏观把握后予以确定的重要问题。从以往工作情况来看，检察指导案例选题中存在的问题是，一些情况下，在确定检察指导案例选题时，往往存在对业务工作的宏观把握不够，对检察工作中法律适用的疑难性、复杂性问题把握不够准确，特别是类案研究不够充分等问题。这些问题导致一些选题过宽或过窄。随之而来，主题过于宽泛，往往导致编研案例选择案例素材时，各个案例之间联系不够密切，主题难以集中，难以针对实践中系列疑难问题作出集中回应。主题过于狭窄，则很可能导致选取的案例重叠，提取的案例要旨或归纳的指导意义同质化严重，或难以选取适当数量的适宜案例作为一批案例集中发布，检察指导案例难以成型。

特别要说明的是，如果围绕法律适用问题制发检察指导案例，前期应当对相关法律和司法解释进行深入研究，对相关案件发案情况有充分的了解。前期对类案有充分的调研和研究，找准实践中问题所在，明确检察指导案例业务指导的重点和方向。

（二）征集案例，选择素材

案例主题选择后，最高人民检察院各业务厅通常以各业务条线为支撑，向下级检察院征集案例。需要说明的是，在 2019 年以前，最高人民检察院检察指导案例通常由法律政策研究室进行承办，征集案例一般由最高人民检察院法律政策研究室组织各级检察院法律政策研究室完成。但是，根据 2019 年《关于案例指导工作的规定》，对检察指导案例制发作出新的分工后，征集案例则通常以第一检察厅至第十检察厅为划分，各业务条线分别向下征集案例。相应地，各下级人民检察院法律政策研究室也起到综合协调作用。

征集案例通常要下发通知，最高人民检察院下发通知后，应给地方各级检察院留足时间，便于各级人民检察院收集、报送案例。一般来说，征集案例应至少给地方检察院 1 个月的时间。征集案例以省为单位，从激发工作积极性及推进工作均衡发展的角度，应当适当兼顾地域平衡。征集案例不宜过多，应保证每省初步筛选后，以报送 3—5 件为宜。

各省级检察院收到最高人民检察院征集案例的通知后，应当高度重视，结合检察工作具体情况，采取专人负责的方式，对本辖区内围绕特定主题的办案情况进行总体性的调研分析，有重点地收集案例。收集案例一般应当以 3 年内为期。办结时间过长的案例，一般不宜作为检察指导案例素材上报，办理时间过近，往往案件未审结，或处于二审阶段，一般也不宜上报。

通过各个渠道收集到合适的案例素材后，各省级检察院应当以负责的态度，组织相关检察官进行研究、遴选，选择3—5件案例进行上报。上报之前，可以提交检察委员会讨论。如果没有提交检察委员会讨论的，应当由检察长签批同意。

同时，对上报的检察指导案例素材，一般来说，应当根据检察指导案例的体例进行初步的编辑和调整，一些重要的法律文书应当收集，一并上报。最好每件案例，都能确定专门的联系人，以便于后续的联系沟通和修改审核。

（三）开展评选，初选"苗子"

收集归拢各省级检察院报送的检察指导案例素材后，最高人民检察院相关案例研制承办部门应当进行初步研究，剔除明显不合适的案例，例如，定性有问题的案例，有明显瑕疵的案例，指导意义不强的案例。保留有可能作为检察指导案例开展工作的案例，一般来说，应当保留20—30件左右的案例。在这一过程中，应当注意围绕主题尽可能选择不同类型的案例。且应适当兼顾地域平衡，一些工作基础较好的地区，可能报送的案例总体质量较好，但在确定素材时，一般不宜过于集中。

承办部门初步确定20—30件案例素材后，可以组织召开小型论证会，也可以提交检察官联席会进行讨论。一般来说，小型论证会可以邀请最高人民检察院相关业务厅及法律政策研究室业务骨干、最高人民法院等相关业务骨干参加。必要时，还可以邀请学者代表参加，经过评审，可以确定10件左右的案例开展集中研究。

这一过程可以说是选择最高人民检察院检察指导案例"苗子"的过程，是检察指导案例研制工作的基础。参与选择检察指导案例素材的检察人员，应当对本条线的业务工作有充分全面的把握和认识，对通过检察指导案例需要解决的问题或推动的工作"胸有成竹"。同时，在选择检察指导案例素材的过程中，应当秉持对业务工作负责的态度，祛除过多的其他因素干扰，对案例进行认真分析，选择可以对类案发生指导作用的案例开展研究。

（四）研究论证、斟酌修改

在确定备选案例基础上，最高人民检察院相关承办部门应当对经过评审、拟作为检察指导案例开展研究的 10 件左右的案例进行调取案卷，结合法律等开展集中研究，并按照检察指导案例的体例要求，准确提炼要旨、归纳指导意义，反复推敲，确定基本案情表述等。这一过程可能会发现某些案例经深入研究，并不适宜作为检察指导案例发布。遇到这种情况，可以对相关案例进行剔除，根据需要，特殊情况下，也可增补1—2 件案例开展研究。

这里特别需要说明的是，最高人民检察院研制检察指导案例，是一个对办案过程进行"复盘"① 的过程，这一过程，要对案件办理中的一些细节问题进行仔细核实。最高人民检察院各检察厅应当确定业务水平高、文字能力强的检察官负责这一工作。在研制过程中，如果遇到办案中的一些细节问题需要核实，可以跟下级检察院承办人进行多次、反复沟通。必要时，可以邀请下级检察院承办人面对面了解情况。总之，研制过程中，应当"吃透"原有案例，切忌"夹生饭"，切忌对办案中的一些关键事实、重要证据或细节性问题一知半解、粗枝大叶。

经研究论证，形成案例初稿后，报承办部门领导批准，可以以案例初稿分阶段、分批次征求各方面意见。一般来说，应当征求各省级检察院对应业务部门、最高人民检察院各检察厅及法律政策研究室、最高人

---

① 复盘，围棋术语，也称"复局"，指对局完毕后，复演该盘棋的记录，以检查对局中招法的优劣与得失关键。这里借用指案件办结后，对办案过程中涉及的问题进行分析。

民法院及公安部等各方面意见，如果案例涉及的专业性较强，还可以征求相关行政主管部门的意见。如证券犯罪检察指导案例，可征求相关证券主管部门的意见。如果征求意见过程中，争议较大，可组织相关案件承办人、专家学者、各方面代表等进行面对面研究论证。征求意见主要是为了解决案例研究中需要认真研究解决的问题，应当以"有效"为必要，不必过于拘泥形式。

值得注意的是，根据2019年《关于案例指导工作的规定》第8条的要求，最高人民检察院各检察厅和法律政策研究室研究编制检察指导案例，可以征求本业务条线、相关内设机构、有关机关对口业务部门和人大代表、专家学者等的意见。从实践情况来看，最高人民检察院编研检察指导案例，一般都应当征求本业务条线对应的省级检察院各部门意见、最高人民检察院各业务部门互相之间的意见以及最高人民法院和公安部的意见。除此之外，征求各行政主管部门、人大代表、专家学者等的意见，则是选择性的。最高人民检察院各业务部门可以根据案例的成熟度，对案例中涉及的专业问题采取书面论证、召开座谈会等方式听取意见。

根据论证过程中的意见，检察指导案例研制工作的具体承办人应当对案例进行反复修改，确保提炼的要旨简明准确，指导意义具有针对性，案例涉及的细节没有错误，同时，文字也应通畅明了。

（五）提交案例指导工作委员会讨论

经多方研究论证，反复修改形成初稿后，案例承办人可以形成报送稿，报最高人民检察院分管副检察长批准同意，并报兼任最高人民检察院案例指导工作委员会主任的常务副检察长同意后，提交案例指导工作委员会讨论。经案例指导工作委员会讨论后，确定案例是否适宜作为检察指导案例提交检察委员会审议，哪几件案例可以提交检察委员会审议。一般来说，案例指导工作委员会可能会对初稿中若干件案例提出较大的不同意见，这些案例就不宜再作为检察指导案例备选案例提交检察委员会审议。经案例指导工作委员会讨论后，能够达成一致意见的，才可进一步提交检察委员会审议。案例指导工作委员会讨论后，应当形成案例指导工作委员会会议纪要，相关承办部门应当根据讨论情况及会议纪要要求，对拟提交检察委员会审议的案例进行认真修改。

（六）提交最高人民检察院检察委员会审议

经案例指导工作委员会讨论，并经承办人反复修改后，可以形成检察指导案例审议稿，报最高人民检察院分管副检察长批准，并报检察长同意后，提交检察委员会审议。提交检察委员会审议之前，应当按照最高人民检察院检察委员会事项类议题标准进行反复修改并制作供会议讨论的议题材料。

检察委员会审议时，一般逐案审议。检察委员会审议通过的，应当形成检察委员会会议纪要。承办部门应当按照检察委员会审议意见及检察委员会会议纪要认真修改。

（七）审签发布

经检察委员会审议通过，并将案例最终修改完善后，承办部门应当按照最高人民检察院相关文件发文程序，层层审核后，报检察长签发。检察指导案例的发布日期，应当是检察长签发的日期。如果同时有几批检察指导案例发布，应当以检察长签发的日期先后为序，对其批次进行顺序排布，并确定检例号。检察长签发后，案例应当面向社会公开发布，同时，应当在《最高人民检察院公报》《检察日报》和最高人民检察院官方网站公布，必要时，还可以召开新闻发布会，进行一系列宣传解读工作。

三、检察指导案例编研发布涉及的其他问题

（一）制发检察指导案例过程中应凝聚各方面意见

制发检察指导案例是一个不断凝聚各方面共识，以案例巩固统一认识的过程。制发检察指导案例过程中，应当采取召开调研座谈会，书面征求意见等各种形式，广泛征求下级检察院、最高人民法院等相关单位、专家学者、原案件承办人及原一审、二审法院的意见建议。特别说明的是，有关法律适用方面的检察指导案例，应当认真听取最高人民法院的意见。一般来说，对最高人民法院有不同意见的案例，应当特别慎重选择作为检察指导案例发布。当然，对于最高人民法院的具体意见，也可加强沟通。从既有工作经验来看，案例总有一些问题或案件之外的因素难以通过文书、案卷等形式反映出来。如果与原办案检察官面对面座谈，全面听取意见，就可能对案件外的一些因素更加全面充分把握，可以促使检察指导案例发布后取得最佳社会效果。当然，对于原一审、二审法院的意见，也可听取或委托原办案检察机关听取。

（二）探索开展案例培养工作

针对有同志反映的入选检察指导案例难度大的问题，张军检察长指出，"要解决这个问题，关键是完善案例的发现、培育和推荐机制，加强对案例的'培养'"。

所谓案例培养，就是对检察机关在办案中遇到的新型案件、典型案件或具有参照适用价值的案件，上级人民检察院要推动加大办案过程中的指导，从移送审查起诉或抗诉开始，就当作案例去培养。同时结合案例培养，强化案例工作的激励机制建设。

开展案例培养工作，要求上级检察院不断强化业务指导能力，善于发现精品案例，注重培养和发现优秀案例。一些有影响的案件，从发案

之初，就要敏锐发现案件的独特价值和作用，加强办案指导，从一开始就朝着办成检察指导案例的目标去培养。当然，当前案例培养工作总体还处于探索阶段，一些具体问题，还需要在实践中进一步观察思考。

（三）结语

从检察指导案例研究编制流程来看，以下几个方面问题应当值得特别注意：（1）检察指导案例主题确定至关重要；（2）案例编研是一个去粗取精，逐步筛选的过程；（3）检察指导案例编研应当始终注意听取系统的意见，始终注意加强与最高人民法院等各相关单位的沟通；（4）检察指导案例编研必须经过最高人民检察院案例指导工作委员会讨论和检察委员会审议；（5）最高人民检察院应当提高检察指导案例编研撰写的水平，各级人民检察院都可以探索开展案例培养工作。

第二节　建构检察指导案例与检察典型案例 "一体两翼" 工作格局

2019 年 7 月，在大检察官研讨班上，张军检察长指出：最高人民检察院可以发布检察指导案例，省级院也要收集、筛选、发布典型案例，加强对下指导。张军检察长这一论述充分说明，检察机关加强案例指导工作，不仅要重视检察指导案例的发布，还要重视典型案例的收集。落实最高人民检察院的工作部署，各级人民检察院应当建构检察指导案例和检察典型案例并重的案例工作格局。当前，除最高人民检察院外，其他省、市、县各级人民检察院发布的各类案例，都不能称之为检察指导案例。但是，这并不代表地方各级人民检察院不应当重视案例研究和案例的总结运用。恰恰相反，最高人民检察院发布检察指导案例，必须以各级人民检察院充分重视案例研究，注重通过案例的方式加强对办案工作的总结和指导为前提。为此，应逐渐形成检察指导案例与检察典型案例"一体两翼、并行发展"的案例工作格局。

一、建构检察指导案例与检察典型案例并行发展工作格局的必要性

首先，检察指导案例与检察典型案例具有不可分割的天然联系。检察指导案例必须来源于办案，必须在各级人民检察院深入总结的典型案例中孕育、发掘和推出。检察典型案例是检察指导案例生成和发现的土壤和母体。只有各级人民检察院充分重视案例工作，及时总结办案工作中具有典型性的各类案例，最高人民检察院才能畅通和拓宽检察指导案例来源渠道，案例研究与总结工作才能形成蓬勃发展、生机不断的良性局面。

其次，检察典型案例能够发挥与检察指导案例相类似和互为补充的功能作用。我国幅员辽阔，各地情况千差万别，一些案件在此地区高发，但在彼地区却可能鲜见。各地检察机关根据本地区实际情况，将本地区具有代表性的案例作为典型案例及时予以总结、发布，有利于开展对本地区办案工作的指导，及时宣传本地区办案经验和检察工作，实现检察典型案例与检察指导案例功能作用发挥方面的互为补充和相得益彰。实际上，一线检察官有观点认为：检察指导案例"高大上"，离基层有些远；检察指导案例的数量不够多，难以适应基层办案需要；检察指导案例报送后，被选择发布概率较低等，一线报送检察指导案例素材的积极性不够高。这些问题客观上都存在，但是，如果各级人民检察院大量总结、研究、发布检察典型案例，不仅使各级人民检察院抓案例工作有了立足点和抓手，而且能够为检察指导案例装上"双腿"，使案例工作牢牢扎根基层，真正做到来源于办案，服务于办案，始终"接地气"、有活力。

最后，检察指导案例与检察典型案例并行发展，能够使检察机关更

好地用足用活"案例"这一有效的推动和开展工作的方式方法。最高人民检察院高度重视运用案例这一方式开展和推动工作,并取得良好效果。各级人民检察院应当学习借鉴最高人民检察院的工作思路和工作方法,重视运用案例的方式推动工作。根据人民检察院组织法和 2019 年最高人民检察院《关于案例指导工作的规定》要求,最高人民检察院发布检察指导案例,必须经最高人民检察院案例指导工作委员会讨论和检察委员会审议。检察指导案例的制发,一般程序严密,过程相对繁琐,周期较长,成本较高。而检察典型案例则发布程序相对灵活,地方各级人民检察院可以经检察委员会讨论后发布,也可由检察长、副检察长或业务部门负责人直接签发。各级人民检察院不定期发布检察典型案例,更能有效发挥案例及时性、灵活性的特点,从而用足用活用好"案例"这一有效的推动和开展工作的方式方法。

近年来,各级人民检察院高度重视并积极开展检察典型案例工作,取得了很多经验和良好效果。如最高人民检察院不仅加大检察指导案例发布频率和力度,而且根据工作特点和工作需要,先后发布了公益诉讼、检察机关服务保障长江经济带发展、检察机关服务保障民营经济发展、检察机关开展扫黑除恶专项斗争等多批检察典型案例。每批检察指导案例发布后,相关业务部门都以其为牵头,将相关典型案例结集出版。各地各级人民检察院也充分重视运用检察典型案例的方式积极推动工作,如:天津市人民检察院成立案例研究中心,搭建平台,组织专家学者与检察官共同开展检察典型案例研究,探索完善典型案例的收集、编纂、研究、发布、应用工作机制;山西省检察院结合经济社会发展重点问题,发布"检察机关支持和服务企业家创新创业营造良好法治环境"专项工作系列典型案例;重庆市检察院发布毒品犯罪系列典型案例;四川省成都市检察院自 2017 年以来,连续举办年度"典型案件"评选活动;辽宁省大连市检察院立足检察机关开展工作新的方式和理念,关注新领域、新类型案例,先后编发了"知识产权司法保护""网络犯罪打击与预防""证券类刑事案件"等案例专刊,组织"新领域精品案例评选",培育检察官对新领域案件办理新理念,增强办理新型案件驾驭能力;黑龙江省齐齐哈尔市检察院收集了辖区内1997年以来司法实践中的疑难、典型案例千余个,形成了16册内部资料,汇编成《刑事案例选编》,在全市公检法机关内部发行;等等。这些做法都可圈可点,值得各地检察机关借鉴学习。可以说,检察指导案例与检察典型案例"一体两翼、并行发展"的良性工作局面正在形成。

二、"一体两翼"案例指导工作格局的构建

当前,建构检察指导案例与检察典型案例"一体两翼、并行发展"的工作格局,还应当继续做好以下几方面的工作。

一要提升认识。各级人民检察院特别是市县检察院应当进一步提高和树立案例意识。有人认为,检察指导案例只能由最高人民检察院发布,市县检察院办好案,有好的案例及时向上级院报送就是做好了案例工作。笔者认为,这种认识存在一定的片面性。开展案例研究,各级人民检察院都有责任,各办案检察官都应当注重精研案例、总结案例,从案例研究总结中不断反思办案得失,提升办案质量和办案水平。案例研究工作本身就是办案工作的有机组成部分,是提升办案质量的有效途径。只有从强化以办案为中心,积累中国特色社会主义司法经验,健全完善中国特色社会主义司法制度的高度来看待和重视案例研究,才能厚植检察典型案例和检察指导案例的生成土壤。

二要重视发挥检察典型案例与检察指导案例的不同功能作用。检察指导案例是法律明确规定的特定案例,具有"准司法解释"的地位。检察指导案例是最高人民检察院针对检察工作中具有共性的问题,运用案例这种形式,明确类案适用标准或归纳总结具有普遍意义的检察工作方式方法的一种形式。发布检察指导案例是司法权行使的过程,是办案工作的延续和有机组成部分。检察指导案例的功能在于明确法律或者司法

解释的精神，提炼明确的司法规则。典型案例则形式更加多样，作用更加多元，既可以是提供本地区类似案件办理时的参照标准，也可以用于释法说理或宣传、引导检察工作，还可以作为法学研究或实务研讨的样本或范例。各级人民检察院应当认识并进一步深入探索检察指导案例和检察典型案例的不同形式特点、不同的应用方式、不同的作用领域。发挥检察典型案例相对于检察指导案例形式更为灵活，发布程序更为简便，时效性更强等特点和优势，及时、大量发布检察典型案例，以更好地指导、推动和宣传检察工作。

三要以检察典型案例和检察指导案例为抓手，形成合力，推动提升办案工作质量。无论检察典型案例还是检察指导案例，根本宗旨和终极目的都是推动和促进办案工作。各级人民检察院在开展检察典型案例和检察指导案例研究的同时，都应通过案例研究，形成重视办案、不断精研办案，提升检察环节办案质量的意识，并通过检察典型案例和检察指导案例，加大有关办案工作的经验交流，总结得失，推进法律准确、统一适用。在办案中贯彻案例意识，通过不断提升能力，将案件办成具有引领性和参照意义的精品案例；通过案例研究，推动办案工作更好贯彻新时代检察工作理念，准确传达法律精神。

三、通过检察典型案例推动重点工作的范例：以最高人民检察院发布涉疫典型案例为例*

检察典型案例是检察机关指导业务的有效形式，运用检察典型案例推动重点工作，具有特殊的优势。在此，试结合最高人民检察院如何针对新冠肺炎疫情防控，发布多批检察典型案例的实践，对检察机关发布检察典型案例相关工作予以初步总结思考。

---

* 本部分内容原载于《人民检察》2020 年第 11 期，收入本书时作了删改。

（一）最高人民检察院针对新冠肺炎疫情发布检察典型案例的初衷和理论基础

2020 年新冠肺炎疫情发生以来，检察机关坚决贯彻落实习近平总书记关于"疫情防控越是到最吃劲的时候，越要坚持依法防控"的重要指示和系列重要讲话精神，用严格依法办案的实际行动交出了答卷，发布检察典型案例就是具体举措之一。2020 年 2 月至 4 月，最高人民检察院以每周一批的频率，通过《检察日报》等公共媒体，发布了涉疫情防控的检察典型案例共 10 批 55 件。这些案例，主要包括以下几方面的主题和内容：依法严惩抗拒疫情防控措施、暴力伤医、制假售假、哄抬物价、诈骗、造谣传谣、破坏野生动物资源等，基本上涵盖了疫情防控时期特殊防控措施运用、社会秩序维护、医护人员安全保障等各个方面，具有鲜明的应急性、及时性，对打赢疫情防控的人民战争、总体战、阻击战发挥出重要作用。

面对新冠肺炎疫情这种突如其来的重大灾情，检察机关积极履行检察职能、有效打击犯罪，既要保持高度敏锐，雷厉风行，迅速研判形势，确保从严从快办理案件，又要坚决守住法治底线，防止执法过度，这就要解决执法标准不统一、法律适用认识分歧等具体问题。一些犯罪如妨害传染病防治罪，平时适用率并不高；还有一些问题，如对口罩等防疫物资法律性质的认定，也具有鲜明的疫期突发特征。由于以往经验积累相对不足，认识上不可避免存在争议，相关司法解释、规范性文件不能完全解决分歧、困惑。法律供给的不足与实践需求之间存在差距，呼唤最高人民检察院加大对下业务指导力度，加强一线办案"法律武器"供给。最高人民检察院及时出台案例，能够迅速填补现实需要，释疑解惑，有效为一线及时输送"法律武器"。这既是最高人民检察院开展对下业务指导的重要方式，也是最大优化检察职能发挥，为防疫战提供坚强法治保障的应有之义。实践证明，效果非常好。

(二) 针对重点业务工作发布的检察典型案例的特点

检察典型案例最大的特点和优势就是及时、灵活。疫情发生具有突发性，抗疫期间，社会情势瞬息万变，以检察典型案例的形式对下开展业务指导，就必须发挥检察典型案例及时、灵活的特点。

检察典型案例往往集中回应一个时期的热点问题。与检察指导案例不同，检察典型案例形式更加灵活，功能更加全面，发布的程序更加简便。就涉疫情这类应对突发事件的典型案例来说，笔者认为，它具有以下特征：一是具有代表性，能够代表特定事件中常见多发的某一类案件；二是事实清楚、证据充分，办案效果好；三是渗透、反映了检察机关涉疫情案件办理时的办案理念、办案方法；四是彰显检察机关服务疫情防控大局的特色职能作用发挥；五是为社会各界所关注，普通老百姓能够看懂，具有良好的传播效应和普法效果。

典型案例中的某些案例，如果符合检察指导案例的要求，能够提炼出清晰准确的法律适用规则，解决类案法律适用疑难；能够概括出可推广、可复制，具有创新性的检察工作方法；在各界研究、论证后，能够达成共识，并且经过最高人民检察院案例指导工作委员会讨论和检察委员会审议，由最高人民检察院检察长签发，就能够上升为检察指导案例。换言之，检察指导案例往往从检察典型案例中选择，但检察典型案例要上升为检察指导案例，还有较严格的研究论证，优中选优，层层把关过程。

(三) 检察典型案例在司法适用中的地位和适用的约束力

一般认为，检察指导案例的适用效力是"应当参照适用"，各级人民检察院讨论重大疑难复杂案件时，承办人应当汇报有无类似检察指导案例。检察典型案例的效力，则相对于检察指导案例更弱一些。笔者认为，检察典型案例在司法适用中具有参考、指引效力。换言之，检察典型案例对于司法者理解法律，提供了一种参考，这种参考，渗透了上级司法机关的理念和判断，当然是一种具有重要价值的指引。但是，这种参考并不具有法律上的强制效力。司法人员在参考典型案例时，还应当结合法律、司法解释、规范性文件和检察指导案例，特别是结合具体案情，对在办案件作出综合判断。

司法人员对典型案例，要积极学习，尽量及时全面掌握典型案例相关信息。在办理类似案件时，要通过典型案例主题、要旨，尽快搜索、准确定位，找到与在办案件类似的典型案例，开展案例与在办案件之间的比对，找准构成要件方面的相似性，得出恰当的结论。当然，上级司法机关也应当为下级司法机关参考典型案例提供便利条件，如及时开展典型案例的编纂工作，利用信息手段，建构案例库，实现案例搜索定位的便捷，等等。还应当注意的是，司法工作人员可以在理解法律时参考典型案例，也可以在宣传法律时介绍典型案例，当然也鼓励在研究论证案件时，援引典型案例作为说理依据，但是，在对外正式的法律文书中，一般不应当直接引用典型案例作为判断依据。随着中国特色社会主义法律体系的完善，典型案例也必将以其独特的优势，发挥出重要的独特功能作用，对司法者理解适用法律提供参考和指引。

第三节　基层人民检察院案例研究工作的开展

基层检察院案例研究是案例工作的基础和重心，是发掘检察指导案例的源头活水所在。基层检察院是否重视并自觉有效开展案例研究，直接影响检察机关案例工作质量，直接决定检察机关案例指导制度能否顺利运转和有效建立。

构建中国特色的检察机关案例指导制度，前提是基层检察院身处办案一线的检察官能够不断发现、遴选优秀的案例素材，源源不断向上级人民检察院进行报送，上级人民检察院结合法律、司法解释精神及实践办案需要，对案例进行编研后，及时发布检察指导案例，不断反馈办案一线，供办理类似案件参照适用，从而形成"案件办理—案例发现—案例编研—案例发布—案例应用"的良性循环工作机制。

然而，近年来案例指导工作实践表明，基层检察院报送给上级检察院的各种案例，上级检察院开展研究后，总发现存在各种各样的瑕疵，难以符合检察指导案例发布要求。而调研中，基层检察院则多有反映，最高人民检察院及上级检察院对检察指导案例高度重视，但作为基层办案检察官，却不知如何发现好的案例素材。对此，笔者试抒管见。

一、具有检察指导案例研究价值的案例识别

基层检察机关每年办理大量案件，这些案件虽然都是实践中发生的，具有鲜明中国法治特色的案例，都需要办案检察官以高度认真负责的态度精心办理，但显然，各级人民检察院没有精力也没有必要对每个案件都以检察指导案例的标准开展研究。那么，哪些案件能够上升为检察指导案例备选案例开展剖析研究，并层层上报，最终成为检察指导案例呢？

对此，可从案例指导制度本义入手开展探析。检察机关案例指导制度，是指最高人民检察院通过选编检察机关办理的在认定事实、证据采信、适用法律和规范裁量权等方面具有普遍指导意义的案例，为全国检察机关办理同类案件提供指导和参照，规范司法办案行为，促进正确行使自由裁量权，促进法律统一公正实施的制度。检察指导案例主要包括四类案件：一是具有宣示性的案件，包括群众反映强烈、社会关注的热点案件；二是具有指引性的案件，即可能多发的新类型案件或容易发生司法偏差的案件，对法律的解释合乎法律的原则和精神，处理结果恰当、社会效果良好的案件；三是具有弥补法律性质的案件，包括涉及的法律适用问题在现行法律规定中比较原则、不够具体的案件；四是具有规范性质的

案件，包括事实认定、法律适用、政策掌握或法律监督实践中有典型性和代表性的案件。

在第一章第三节"检察指导案例的特征"中，笔者对检察指导案例应当具备的几个方面特征进行了解读，结合基层检察院工作特点，在向上级检察院报送检察指导案例素材时，应特别注意把握以下几个方面：（1）该案例在某一方面应具有典型性，代表了某一类多发性案件或新型疑难案件或在法律适用、程序应用上具有疑难性和典型性的案件，值得思考总结。（2）该案例能够提炼出某些适用于类案的规则或在检察机关工作方法、工作程序上具有典型性。检察指导案例归根结底是要发挥出对类案的指导意义。从这个意义上说，检察指导案例很大程度是办案中"天然生成"的，应当能够代表类案，能够说明类案法律适用问题，明确类案办理依据。（3）检察指导案例应当能澄清或说明法律和司法解释的疑难、模糊、歧义之处，同时又应当在法律和司法解释精神的含义之内。检察指导案例本质是用案例的形式解释法律，明确法律精神。成文法的局限性在于法有限、情无穷。法律往往难以解决现实中不断出现的新情况、新问题。检察指导案例很好地弥补了成文化法律"僵化"的问题。从这一意义上说，检察指导案例应当能在法律和司法解释精神合理射程之内，同时又相对法律和司法解释多走"半步"，解决了不断出现的新情况、新问题。（4）检察指导案例可以回应社会关注热点，但不应有舆情风险。检察指导案例都是公开发布的，应当能够反映司法机关秉持的客观公正立场和现代司法理念，促进社会主义法治社会建设。同时，检察指导案例发布一般不应有舆情风险，不应对检察机关形象有所损害。

概念分析与特征归纳易于接受，但实践中总有办案人员反映，自己办理的都是一些法律关系较为简单，涉及金额较小，处理也较为快速的小案子，没有多大的分析价值，不能形成很好的案例。对此，笔者认为，这种观念有待纠正，"千万不要小看小案子""小案子里有复杂深刻的法律关系""小案子能够反映大的社会治理问题"。实际上，小案子中往往蕴含着某一方面的法律关系是具有代表性的，或者小案子中涉及的证据问题可能并不简单，也可能透过小案子，能够反映大的社会治理问题。

对此，可以结合刑法学理论发展作一些阐述。德国和日本刑法学特别擅长从小案子里提炼出大的理论问题，期待可能性问题即是如此。①又如，对于当前我国实践中常见多发的危险驾驶类案件和交通肇事类案件，其中值得研究的问题就极多。还如，很多小案子虽然发生在一地，涉及的问题也相对简单，但如果办案检察官以一种推进社会治理的眼光来看待，就会促进大的社会治理问题的解决。对此，试举福建省福清市检察机关整治无证幼儿园一案为例予以说明。

该案例基本案情是：福建省福清市人民检察院（以下简称福清市检察院）于 2018 年 3 月在办理三起"黑校车"危险驾驶案中，发现部分幼儿园不仅使用"黑校车"且系无证办学。案件办结后，检察机关不是简单案结事了，而是根据案件中暴露出来的社会治理问题认真研究，并走访教育局、现场调查核实，发现该市 7 个街道（镇）共有无证幼儿园 16 所，在园幼儿约 1500 人。无证幼儿园存在诸多安全隐患。主要有：（1）选址布点不合规，部分幼儿园建在加油站、综合汽车站出入口且处于高压输变线电力走廊等危险路段，部分幼儿园直接租用民宅办学，甚

---

　　①　期待可能性理论是 20 世纪初由倡导规范责任论的学者提出的研究行为人主观方面（有责性）的理论。该理论在德国、日本等国刑法犯罪论中占有重要地位。1897 年德意志帝国法院第四刑事部所作的癖马案判决为期待可能性理论的产生提供了契机。该案案情如下：被告受雇于马车店以驭马为生。因马有以尾绕缰的恶癖，极其危险。被告要求雇主换掉该马，雇主不允，反以解雇相威胁。一日，被告在街头营业，马之恶癖发作，被告无法控制，致马狂奔，将一路人撞伤。检察官以过失伤害罪提起公诉，但原审法院宣告被告无罪，德意志帝国法院也维持原判，驳回抗诉。其理由是：违反义务的过失责任，不仅在于被告是否认识到危险的存在，而且在于能否期待被告排除这种危险。被告因生计所逼，很难期待其放弃职业拒绝驾驭该马，故被告不负过失伤害罪的刑事责任。该判决发表之后，麦耶尔于 1901 年首先提及期待可能性问题；1907 年弗兰克将"癖马案"判例在其论文"论责任概念的构成"中加以采纳，成为期待可能性理论研究的开端。

至未经教育局审批擅自改变园址；（2）消防设施不达标，16所幼儿园均未按规定配备消防设施，多数园内安全出口、安全疏散楼梯、教室、活动室等出口少于2个，未经消防审批验收合格；（3）接送车辆无资质，部分幼儿园使用无资质车辆集中接送幼儿，甚至出现超载情况；（4）园舍设施较简陋，玩教具配备、室内外设施设备、保健室设施、卫生设施及其他附属设施配置简陋；等等。无证开办幼儿园使未成年人的合法权益处于被侵害状态，可能严重影响众多在园未成年人的生命健康安全。

福清市人民检察院遂根据民办教育促进法第64条"违反国家有关规定擅自举办民办学校的，由所在地县级以上地方人民政府教育行政部门或者人力资源社会保障行政部门会同同级公安、民政或者工商行政管理等有关部门责令停止办学、退还所收费用"的规定，向福清市教育局及7个相关街道（镇）发出《检察建议书》。根据检察建议，又有针对性地进行整改落实，督促解决无证幼儿园监管难、取缔难、整治难问题，并制订可行工作方案，最终妥善解决无证办理幼儿园的问题。

这就是从一个小案件中，辐射并解决社会治理中大问题的典型范例。案件办理中，福建省福清市检察院通过办案，发现了无证幼儿园大量存在的问题，结合办案"做好后半篇文章"，妥善解决了16所无证幼儿园安全隐患及1500名幼儿学前教育问题，可谓通过履行法律监督职责，采取有效措施推动各方形成合力解决社会治理中的大问题，为未成年人健康安全提供有力司法保障，为今后拓展未成年人公益诉讼案件类型作出了有益探索，是通过"小案"办理辐射解决社会治理大问题的典型范例。

二、基层检察院检察指导案例素材的发现路径

具体工作中，基层检察院一线办案检察官如何独具慧眼发现好的案例素材呢，结合思考，笔者提出一些建议。

（一）办案中长存案例意识

案例研究与办案工作密切联系，案例研究的目的是回馈和反哺办案工作。案例研究要以精益求精的高质量办案工作为基础。这就要求一线检察官在案件办理中，一开始就应当具备案例意识。案例意识实际上是一种精品意识，它要求检察官精办、精选、精研、精报案例。其中，精办是基础，就是要以"求极致"的工匠精神，把案件办好；精选就是要选择适合的案例开展研究；精研就是要善于将动态的案件演变为优秀的案例产品，对案件中涉及的法律关系，对办案中如何实现法理情的统一，如何实现"三个效果"最优化等问题，勤于分析，善于总结；精报就是要择优及时报送。检察环节前联侦查，后接审判，检察机关在刑事诉讼中发挥着的指控与证明犯罪的主导作用。对办案工作中存在的某些问题，如果检察环节能够以负责、专业的态度予以审视，则最可能发现和纠正办案中的瑕疵和失误。最有可能把案件办精办好，为案例研究提供扎实的基础，避免因为办案中的瑕疵致使一些好的案例素材无法报送并上升为检察指导案例。因此，具备案例意识，总的要求就是要在办案中严把事实、证据关，以极其认真负责的专业态度做好办案工作，办好案件并同时积累案例。

上级检察院要健全完善案例的发现、培育和推荐机制。对具有创新性，能够代表类案性的典型案例，最高人民检察院及省市级检察院应当加大对基层检察院办案工作的指导工作，加强对案例的"培养"。采取多种方式，对典型案件、影响性案件进行跟踪。对具有指导作用的案件，应当督促基层检察院精心地办理，避免可能出现的各类瑕疵，要求下级检察院在案件办理的一开始，就要按照检察指导案例的要求来做，各个环节精益求精。

（二）定期开展案例研究

案例研究，本质上是工作总结反思在办案中的运用。反思总结是新旧嬗变的进步阶梯。只有不断反思总结，才能不断改进和提升工作。司法改革后，一线办案检察官办案压力很大，时间精力上的困难是实际的。但"磨刀不误砍柴工"，走得再匆忙，也应当抽时间慢下来，回头看一看、想一想，以严肃的态度和反思的精神剖析自己办结的案件，从中总结经验吸取教训。案例研究的目的是提高和优化办案质量、办案水平。基层检察院一线办案检察官重视开展案例研究，直接从案例研究中总结经验，并将其运用于办案工作，能够最便捷地将案例研究成果应用于实际办案中并提升办案水平。司法责任制改革后，除重大疑难复杂或某些特殊案件外，部门负责人或检察机关院领导一般不再在办案过程中对检察官办理的具体案件发出指令和签发文书，但案件办结后，检察长、部门负责人应以一种"解剖麻雀"的态度，将案件放在"聚光灯"或者"显微镜"下，以检察官联席会议或检察委员会讨论的形式，对案件进行分析、总结，点评不足，提出改进方向，归纳选择优秀案例予以研究后向上报送。这样通过案例研究的形式，加强检察长或者部门负责人对办案质量的审查把关和对业务工作开展情况的综合分析，同时也有利于在总结分析中"传、帮、带"，实实在在提升办案检察官的业务能力。

（三）壮大案例研究队伍

案例研究工作带有综合性和全局性。基层检察院重视案例研究，能有效带动和提升全院业务工作，能有效促使各个部门，特别是综合部门从事调研工作的同志和办案部门同志一道，从不同的角度，反思总结本院业务工作得失。可以说案例研究是抓业务、抓调研工作的有力抓手。检察改革后，基层检察院业务部门整合，基层检察院有专门开展调研工作的部门或者专职的调研专干，案例研究搭建了基层院调研工作与办案工作连接的最好桥梁。通过案例，可以有效提升调研部门与办案部门同志共同开展法律适用问题研究的积极性。如果能够以本院办理的各类案件为抓手，调研部门同志与办案部门同志共同开展案例研究，就能搭建全院共同开展检察研究的大调研工作格局。这既能够让调研工作找到更多实践素材，又能使调研成果直接服务应用于办案工作，使调研工作找到存在价值。同时，也解决了办案部门同志办案任务繁重，难以系统性开展案例研究的实际困难，可谓调研工作与办案工作相互促进、相互融合，实现双赢多赢共赢的有效途径。

（四）善于从案件质量评查中发现好的案例

当前，各级人民检察院都开展案件质量评查。案件质量评查工作大都由案件管理部门负责，鉴于市县检察院案件管理部门与法律政策研究室一般都进行了合并，在开展案件质量评查工作时，这些部门的同志最有条件发现好的案例，进而调阅卷宗，认真分析，加以总结，上升为案例素材开展研究。

笔者调研中，基层检察院常常反映，开展案件评查，就会发现很多检察官办精品案的意识不强，甚至办案中还存在机械司法的问题，直接导致一些情况下，办案质量存在问题，一些本应形成具有示范参考意义案例的案件，由于办案中存在或此或彼的瑕疵甚至硬伤，导致难以总结形成案例。对这些问题，就应当采取案例总结的方式，督促、推进、引导检察官在案件办结后，不是流于形式结案，而是积极回视反思，总结办案得失，总结发布更多更好的案例。

结合案件质量评查和案例总结，上级人民检察院还可以积极搭建更多的各类案例发布平台。案例如果总结出来，不能入选检察指导案例和最高人民检察院典型案例，又没有适当的平台予以发布和展示，必然影响基层人民检察院开展案例工作的积极性。同时，案例不能发布，还导致案例应用存在困难。实际上，案例犹如珍珠，组合在一起才能发出熠熠光彩，一旦散落，需要查找应用时就将极为困难。

（五）敏于从案件数量变化中发现必要的案例类型

数字最能反映问题。案件数量的变化，往往反映案件发生情况的波动，反映了检察工作重点领域和工作方向的调整及需要注意的动向。从数量变化中可以看出哪些方面的检察工作需要运用案例的方式加以引导。一方面，如果某些案件数量居高不下，说明这类犯罪是实践中常见多发的案件类型，有必要制发检察指导案例予以明确法律疑难问题。另一方面，如果某一类案件数量在某一地区某一时间段内发生较大变化，说明这类案件是当前治理重点，有必要着力研究，从中发现典型案例素材开展研究。

（六）长于从媒体报道及社会关切中发现重点案例

媒体报道代表了社会舆论关注的热点，媒体报道的案例往往是需要重点关注并予以回应的案例，也可能是在情理法处理方面存在疑难，具有特殊性，需要特殊对待的案例。对于媒体报道的案例，要体现出敏感性。如果《检察日报》等媒体对本院某件案例进行了报道，从事调研工作的同志应当及时查阅案卷，对案件予以分析总结。

三、基层检察机关案例编研报送中存在的问题

从以往工作看，基层检察院在案例编研报送中还存在一些问题，值得引起关注和重视。

（一）对案例研究工作存在认识偏差

由于在认识上存在偏差，各地检察机关基本上将案例研究工作视为"软任务"，很多地方并未将案例审查纳入办案统计，在对检察官业绩考核中也没有相关内容。案例指导工作存在"上热下冷"现象。从研究方面，各地检察研究学术平台偏重于理论研究，较少刊登案例研究方面的

文章，一些省级院刊物没有安排案例研究的子栏目。

（二）案例素材搜集存在"临时突击"现象

目前，由于备选案例收集主要渠道是通过上级检察院下发通知要求各地检察院报送，各地接到通知后临时搜集整理案例，这种"突击性"的行为不仅难以挖掘优秀的备选案例素材，而且每次搜集都费时费力。

（三）备选案例审查存在"马虎应付"现象

据了解，虽然最高人民检察院《关于案例指导工作的规定》规定了严格的审查程序，但由于没有将案例审查列为司法办案工作，不少检察院及其法律政策研究部门对该项工作不够重视，没有经过审查或者未安排书记员、检察官助理甚至内勤来负责。特别是法律政策研究部门与各业务部门之间协调存在较大难度，案例报送时的审查等工作更是易于流于形式。

（四）备选案例报送存在"粗枝大叶"，形式不规范现象

报送备选案例，不仅要报送案例格式文本，而且还要报送相关的司法文书、分管领导同意报送的审批文书。实践中由于业务部门承办检察官对案例报送工作不熟悉、相关文书已存档等原因，并没有严格遵守备选案例报送的形式要求，而法律政策研究部门一般对业务部门报送的案例不进行审查处理，"原汁原味"向上级检察院报送，导致上级检察院收到的案例素材整体质量不够理想。

四、加强检察指导案例素材编研报送工作的建议

加强检察指导案例编研报送工作，关键是要通过案例工作，促使检察官形成勤于思考，善于分析，乐于总结的工作习惯。在检察工作中，要善于将学习、思考、工作、总结相结合，不断通过案例研究，提升办案能力和办案水平，不仅以"工匠精神"办案，而且通过总结案例，积

累办案经验和司法智慧，努力成长为合格优秀的中国特色社会主义司法工作者。在此前提下，要通过健全完善相关工作机制，加强案例报送工作。

（一）提升认识

基层检察院特别是基层检察院检察长要充分认识自身在案例研究中的前线和基础作用，将检察指导案例素材报送与加强对典型疑难复杂案件的法律适用问题结合起来，强化案例研究，着重通过疑难复杂案例的筛选、梳理，总结、发现法律适用方面的典型问题并进行深入研究，以指导本地检察工作有效开展。

（二）拓宽案例来源渠道

各级人民检察院要构建跟踪法律适用热点疑难问题的机制，针对法律适用疑难问题，加强案例总结，定期收集总结检察指导案例素材。利用各种院内资源，采取灵活形式，搭建法律政策研究部门和办案部门共同开展案例研究的平台。积极探索运用信息化方式，同时引入高校等智库力量，加强对办案工作的总结，拓宽畅通案例研究渠道。特别要注意的是，在案例报送工作中，应当积极加强上级检察院与下级检察院的联系沟通。上级检察院对下级检察院报送的案例，是否被选择作为检察指导案例及其原因应当及时反馈。上级人民检察院还应当通过下级人民检察院报送的案例，及时开展办案工作情况的质量分析，对通过案例报送反映出来的办案工作中的问题，要及时组织开展研究，形成对策措施，并及时有效对下级检察院办案工作开展指导。只有这样，才能够不断加强上级检察院的业务指导能力，同时，激发和保持下级检察院案例报送工作的积极性，形成上下互动的良性工作氛围，拓宽畅通案例报送渠道。

值得注意的是，当前检察指导案例来源地域分布不平衡，总体是东部地区较强，中西部地区较弱。已发布的 30 批 121 件检察指导案例中，仅江苏、浙江二省就达 34 件，占到了近 1/3。西部地区有数省从没有案例入选检察指导案例。这种不平衡状况不利于激发西部地区检察机关开展案例工作的积极性。实际上，西部地区检察工作也有自己的特色，在办案中更会遇到疑难复杂法律适用问题，更需要通过案例研究总结提升检察官素质能力，因此，应当重视积累反映地域特色和司法办案特点的典型案例并积极上升为检察指导案例发布。最高人民检察院在编选案例时，应当进一步充分考虑西部地区司法办案特点，有针对性地结合西部地区业务工作特色开展指导，加大对西部地区案例工作特别是检察指导案例的遴选、编研、报送工作支持力度。当然，西部地区检察院也应当积极向先进地区学习，进一步增强案例意识，加大统筹组织力度，把能够反映本地区司法实际、解决实践中疑难法律适用问题的优秀案例遴选发布，争取在案例工作中实现突破。

（三）加强案例报送等工作制度建设

基层检察院应当明确具体负责检察指导案例素材编研报送工作的相关责任人员。对办案部门，应采取多种渠道调动报送案例的积极性、主动性。应当明确将案例筛选作为各个业务部门的常态化工作。有条件的地区，还可以在本院内或联合本地区其他检察院共同组织开展典型案例评选活动，并通过宣传扩大影响。在检察机关组织的各类培训活动中，可加强对检察指导案例相关制度、理论及编研报送规范方面的讲授研讨。

（四）探索将案例编研报送工作纳入检察官业绩考评

上级检察院应当充分尊重基层检察院意愿，在全面调研后，将案例编研报送及采用情况列入业务部门的业绩考评标准，并计入员额检察官办案量予以考评，同时将办理的案件能否上升为检察指导案例作为员额检察官晋升的依据指标之一，如此可提高业务部门选编案例的积极性、主动性。

（五）建立案例指导工作发布和研究平台，形成研究案例良好氛围

案例指导工作的发展壮大，离不开案例研究平台的协助。从实践看，案例研究相关成果不少，其中的优秀成果亟须平台转化，从而可以被更多的办案人员分享。基层检察院可以结合本地实际，建立形式多样的案例研究、学习、讨论平台，加强案例编研报送工作交流。目前，最高人民检察院正在开展检察案例库建设，应当结合检察案例库建设，拓宽运用信息化方式，加强案例学习交流平台建设的相关工作举措。

（六）探索开展案例培养工作

最高人民检察院各检察厅应当督促下级检察院相关部门要及时报送具有典型性的案例，及时以案例培养为途径，加大案例发现工作力度。对检察机关在办案中遇到的新型案件、典型案件或具有参照适用价值的案件，各检察厅要加大办案过程中的指导，从移送审查起诉或抗诉开始，就当作案例去培养。结合案例培养，强化案例工作的激励机制建设。

第四节　检察指导案例编研撰写的具体要求

检察指导案例是人民检察院组织法明确规定的一类特殊案例，在统一法律适用标准，推广应用检察工作方法，加强最高人民检察院对各级人民检察院业务工作领导等方面发挥着重要而特殊的作用。检察指导案例的编研撰写，可以从以下几个方面入手。

一、检察指导案例应当立足个案提炼规则，回应类案问题

检察指导案例应当立足于个案，提炼较为明确的规则，回应解决类案中带有普遍性的问题，才能发挥指导作用。检察指导案例中提炼的规则可以是回应解决类案中法律适用方面具有分歧争议性的问题，也可以总结推广应用带有创新性、可复制、可推广的检察工作方法，还可以解决诉讼程序中带有争议性的某些问题。正因为检察指导案例的这一特点，决定了其撰写不同于泛泛意义上的案例分析，而是应当立足案例，提炼规则、明确规则，回应解决类案问题。

二、撰写检察指导案例应当调阅卷宗，熟悉案情

实践中，案件办理的细节往往是丰富的，如何在有限的篇幅里，要言不烦地概括、浓缩案件办理中各个方面的重要问题，笔者认为，最重要的是案例编研者对案例"吃透"，对案件办理中涉及的各个方面的细节，有透彻的理解和准确的把握。目前，案件办理往往是下级检察院完成，而检察指导案例的撰写，则常常由最高人民检察院相关厅局承办人完成。这就要求相关案例撰写承办人一定要调阅卷宗，研究案件涉及的关键问题。必要时，还可以与案件承办人见面，具体仔细研讨。如果对案例的理解没有达到一定的深度，对案例的概括把握，就难以达到应有的精准度。如果下笔之前，对案件没有全面清晰的把握，对案件细节没有详细准确的了解，仅根据办案同志的介绍，一知半解的情况下撰写案例，必然难以准确反映案例涉及的全面情况，导致案例叙述浮泛粗糙。

三、检察指导案例撰写应当体例规范

就指检察指导案例的体例来说，2019 年最高人民检察院发布的《关于案例指导工作的规定》第 3 条规定："指导性案例的体例，一般包括标题、关键词、要旨、基本案情、检察机关履职过程、指导意义和相关

规定等部分。"

其中，"标题"一般包括当事人姓名和案由。为使案例叙述清晰，同时保持案例必要的严肃性，对当事人姓名，包括单位名称等，一般不宜以过多的英文字母或甲乙丙丁来指代，当然，如果案件涉及国家秘密、商业秘密、个人隐私，或者有其他特殊考虑则除外。

"检例号"是检察指导案例的编号，标题加检例号，构成指导性案例的"身份编号"。在办案中查找和参照适用检察指导案例时，可以直接检索和引用检例号。

"关键词"是检察指导案例涉及重要的问题和核心观点的概括，是应用检察指导案例时的查找索引，是要旨核心观点的提炼。对一个检察指导案例的关键词，一般可从案件涉及的性质，案件适用中最关键的问题等角度予以提炼。如对刑事类检察指导案例，一般可以从案例涉及的罪名、案件办理中实体、程序方面最关键的问题等角度予以提炼。关键词一般不宜过多，以3—5个为宜。关键词不同于高频词，应当能够阐明案例说明的核心观点。关键词也不宜过于宽泛，不宜成为句子或词组。

"基本案情"是简要案件事实，一般应当以生效法律文书认定的事实为依据进行叙述，但也可以有适当的背景性铺垫，并作适当的剪裁编辑。在叙述基本案情时，应当体现出案件发生的来龙去脉和前因后果。案情叙述应当客观中立，不宜使用过多带有感情色彩的词汇。案情叙述还应当注意与案例提炼的要旨和总结的指导意义相照应。

"要旨"是检察指导案例的"灵魂"，类似案件办理应当参照适用的"司法规则"，应当简明扼要，一目了然；不能重复法律和司法解释已经明确、不言自明的道理，不能是案例引言，不能是案例办理效果的宣扬，也不能过于拖沓；内容不宜过多，一般来说，一个案例有一条要旨即可，特殊情况下，也可以有2—3条要旨。

关于"检察机关履职过程"。2019年，最高人民检察院修订《关于案例指导工作的规定》时，将检察指导案例原有的"诉讼过程"修改为"检察机关履职过程"。作出这种修改，是为了改变原有"诉讼过程"过于简略，难以体现检察履职情况和履职特色的缺憾。因此，"检察机关履职过程"是检察机关在诉讼过程中工作情况和工作特色的集中体现，是新时期检察指导案例着力体现检察特色的重要内容，也是研究编制过程中需要重点归纳总结的部分。其中，刑事检察指导案例应当着重反映指控证明犯罪过程或者检察机关对诉讼和执行活动的监督作用。就指控证明犯罪过程来说，应当围绕庭审进程，体现出控辩双方观点的针锋相对，概括叙述检察机关围绕案件事实，举证、质证，运用证据揭示犯罪社会危害性的过程，对辩方的观点，应当有重点地予以选择提炼，并有针对性地回应。指控证明犯罪过程应当集中，有层次感，事实证据结论相结合。检察机关自侦案件则应当反映案件查办过程。民事、行政和公益诉讼检察指导案例，应当反映检察机关对诉讼和执行活动进行监督或者开展调查核实、诉前程序以及提起诉讼中的职能作用发挥情况。

　　"指导意义"是"要旨"的支撑和展开，是整个案例的升华和深化。"指导意义"既说明"要旨"，同时又应当围绕"要旨"进行深化。指导意义应当立足案例回应类案中带有普遍性的问题。指导意义总是要抓住案例的"闪光点"来展开。何谓"闪光点"？就是该案例的特别之处，对其他案例具有借鉴指导之处，案例的创新之处，等等。"指导意义"一般从程序、实体和工作方法等方面入手，立足案例回应类案中带有普遍性的问题，引导办案人员领会和运用"要旨"办理案件，发挥检察指导案例指导检察工作开展的功能作用。从这个意义上说，"指导意义"是对"要旨"提炼规则的展开论证和说理解释。一般来说，指导意义不应当再就案论案，而应当立足案例，超脱案例，高于案例。在归纳检察指导案例的指导意义时，应当收集、研究类案，找出检察指导案例能够发挥指导作用的方向和重点。指导意义的归纳和提炼，是检察指导案例区别于法院指导案例的特有内容。指导意义的提炼，对于办案检察官来说，是有效的总结提升，是对案件办理过程的再梳理、"回头看"；对于上级检察院来说，通过指导意义的修改、研究、论证，能够立足个案回应业务工作中带有普遍性的问题，是解决业务疑难问题的有效方式。

实践中，有检察官提出，是否对办案中的疑难复杂问题加以总结，就能够成为指导意义呢？对此，笔者认为，办案中的疑难复杂问题，很可能是总结指导意义的契机。但是，办案中的疑难复杂问题，毕竟是结合个案发生的具体问题，这些疑难复杂问题不一定能够转换为指导意义。对这些具体问题还需要"冷凝""萃取"的过程，还需要结合其他类似案件，进行理论上的提炼和归纳总结。

"相关规定"主要是案例涉及的法律规定和司法解释。对此需要注意的是，案例涉及的法律规定和司法解释，一般应当是现行生效的法律和司法解释规定，同时应当注意标注案例涉及的具体条文编号。如果案例处理依据的是已经废止或者被新的法律和司法解释替代的法律和司法解释，则应当按照案例的需要，附录案例处理时依据的法律或者司法解释，并注明失效时间或者被新的法律或者司法解释替代的情况。此外，检察指导案例是适用于全国的案例，一般来说，"相关规定"应当避免列举地方性法规和部门规章。当然，特殊情况（如特殊的行政案例）也可作特殊处理。

四、检察指导案例结构行文应当简明、准确、规范

检察指导案例应当在有限的篇幅内说清楚案件办理情况的全貌。从总体上看，一个检察指导案例一般不宜超过 3000 字。而案例的情节往往是极为复杂的，这就决定在案例叙述时，要注意详略得当，突出重点。案情叙述，应当精简而清晰，指导意义通常也不宜过长，以能清楚准确说明问题，要言不烦为宜。

在案例叙述时，要注意根据不同类型案例选择不同的叙述方式。对

刑事类的检察指导案例，要注意突出校核一些涉及定罪量刑、诉讼期限、举证质证的细节性问题。就民事、行政类案例来说，要注意提炼主要的法律关系，并加以凸显，避免法律事实的叙述过于繁复；避免涉及的案件事实线索多头并进，让人读来一头雾水。就公益诉讼类检察指导案例而言，应当注意办案环节的把握，避免使公益诉讼案件的叙述，变成了一个"事件"。

就案例的语言风格来说，检察指导案例的叙述应当力求简明、准确、规范。简明就是要删繁就简，清晰明了；准确则要求法律术语使用准确；规范要求检察指导案例的用语，符合法律要求。从以往工作情况来看，案件办理过程中的相关文书的写作可能比较具体详细，然而，如果要上升为检察指导案例，则应当对文书中的语言叙述风格进行必要的凝练整合，严谨规范。

第五节　检察指导案例规则的提炼

检察指导案例的研制与发布本质上是法律适用的过程。检察指导案例，应当提炼检察工作中法律适用规则或者明确检察工作中具有推广性质的工作规则。司法者应当通过检察指导案例，立足于个案中的法律适用，解释法律，适用法律，提炼法律适用规则。

一、检察指导案例提炼规则的必要性

检察指导案例是从司法机关办理的大量案例中遴选发现的，应当体现和代表一种类型的案件，回应或者解决一系列的法律适用问题或司法工作中带有普遍性的问题。最高人民检察院通过检察指导案例的发布，有效解释法律，推进法律的准确适用。

从理论上说，检察指导案例是法律适用取得良好效果的案件，而法律适用的过程又是一个解释法律的过程。法律解释可将鲜活的案件事实纳入规范性条文之中，也可将冲突的法律条文梳理调和；因此，法律解释既为法学理论提供养料，又为法律规范适用提供遵循之道，从而促进法学理论同法律规范的共同成长。具体来说，检察指导案例可以通过扩张法律概念的外延，或对法律条文适用领域予以价值补充等方式，提炼个案规则、补充规则适用，从而解释、发展法律，并由此对司法实践予以指导。①

二、检察指导案例提炼规则的具体方法

指导性案例提炼的规则应当简明准确，符合立法原意，同时，又不应当与法律或者司法解释完全重复。检察指导案例提炼的规则，集中体现在要旨中。要旨提炼过程中，应当立足于法律和司法解释的理解和适用，结合办案过程，把个案办理中明确体现的对法律精神的理解运用予以准确提炼，形成可以推广应用于其他案例的规则。具体来说，有以下几种方法。

（一）立足价值判断，扩充法律含义

正如前文谈到的，成文法的局限性在于，成文法总是有限的文字表达，难以涵盖实践中形形色色的复杂社会关系。很多情况下，成文法需要司法者娴熟地运用法律解释的方法加以适用。法律解释是一门复杂的学问，但不管法律解释的方法如何发展，目的解释永远是法律解释中的一种重要方法。所谓目的解释，即通过法律的解释，力求使法律适用得出的结论符合法律的本意。当然，这个"本意"，有人理解为是立法时立法者的思想，也有人理解为是随着社会的发展变化，法律作为一种客观存在，所应具有的本身内在的含义。因而在目的解释的内部，又有主

---

① 参见李森：《刑事案例指导制度研究》，东南大学 2016 年博士学位论文。

观目的解释论（主张法律解释的结论应当符合立法者的精神）与客观目的解释论（主张法律解释的结论应当符合实际的社会生活发展需要）的分野。但不管怎样，目的解释方法总是立足于个案，力求个案得到合乎正义的合理处理。实际上，所有法律解释都应当立足于价值判断，准确阐释法律的精神，促使蕴含在法律中的情理法得体适用于复杂的社会生活。

从目的解释论角度分析，检察指导案例提炼规则就是要立足于法律精神的价值判断，扩充法律的含义，并且得出结论，形成稳定的规则。换言之，在成文法相对原则、抽象的情况下，通过检察指导案例明确法律适用中的规则，是司法者准确理解适用法律的要求。

对此，可以以第十一批检察指导案例的"骆某猥亵儿童案（检例第43号）"进行说明。该案涉及"猥亵"儿童如何认定的问题。根据《现代汉语词典》的解释，"猥亵"是指做下流的动作。刑法学界一般认为，刑法上的强制猥亵罪中的"猥亵"，是指除奸淫以外的能够满足性欲和性刺激的有伤风化、损害性心理的性侵犯行为。一般认为，猥亵需要明显针对他人身体实施满足性欲和性刺激的有伤风化、损害性心理的性侵犯行为。不管是直接针对他人实施猥亵行为，还是迫使他人对行为人或者第三者实施猥亵行为，或者强迫他人自行实施猥亵行为，强迫他人观看他人的猥亵行为，[①] 都以身体接触为条件（虽然不一定是犯罪人的身体和被害人身体的直接接触）。但是，在"骆某猥亵儿童案（检例第43号）"中，被告人强迫未成年少女（13岁）自拍裸照十张，通过网络传送供其观看，以满足其变态性欲。对这种没有直接身体接触的行为，是否能够认定为猥亵行为？根据一般观念，这种行为与直接接触身体的猥亵行为存在区别。但是，由于未成年人身心发育尚未健全，刑法需要对未成年人身心健康予以特别保护，对采取各种形式侵犯未成年人性健康的行为有必要予以严厉打击。出于这种以最严格标准保护未成人的目

---

① 参见张明楷：《刑法学》，法律出版社 2016 年版，第 877 页。

的，该案例提炼要旨"行为人以满足性刺激为目的，以诱骗、强迫或者其他方法要求儿童拍摄裸体、敏感部位照片、视频等供其观看，严重侵害儿童人格尊严和心理健康的，构成猥亵儿童罪"。并在指导意义中归纳指出："网络环境下，以满足性刺激为目的，虽未直接与被害儿童进行身体接触，但是通过 QQ、微信等网络软件，以诱骗、强迫或者其他方法要求儿童拍摄、传送暴露身体的不雅照片、视频，行为人通过画面看到被害儿童裸体、敏感部位的，是对儿童人格尊严和心理健康的严重侵害，与实际接触儿童身体的猥亵行为具有相同的社会危害性，应当认定构成猥亵儿童罪。"这就是立足目的解释论的法律解释方法，扩充法律固有含义，根据法律精神，更好实现保护未成年人合法权利的典型例证。

（二）结合法律规定进行合理解释，明确法律未尽之涵义

成文法不仅原则抽象，更因其文字的有限性，难以完全涵盖立法者需要表达的充分含义。因而，法律解释不能不借助体系解释的方法，明确法律含义。所谓体系解释的方法，是指通过刑法条文与其他相关法律条文的上下文对照联系以及刑法内部相关条文之间的逻辑关系进行比照来阐明其含义的解释方法。通过体系解释得出的合理结论可以通过检察指导案例的形式予以明确。这种情况在刑事法律中尤为常见。

以第七批检察指导案例中的"马乐利用未公开信息交易案（检例第 24 号）"为例。该案即运用体系解释的方法，明确了法律规则的提炼。

该案基本案情是：马乐是一家股票证券投资基金经理，其利用未公开信息进行交易，买卖股票 76 只，累计成交金额人民币 10.5 亿余元，非法获利人民币 1900 多万元。

对此，根据刑法第 180 条第 4 款规定，马乐的行为已构成利用未公开信息交易罪，应当"依照第一款的规定处罚"。该案分歧点在于

马乐的行为是依照第 1 款中"情节严重"还是"情节特别严重"的刑罚幅度量刑？一种观点认为，刑法第 180 条第 4 款只规定利用未公开信息交易"情节严重的"，依第 1 款处罚，而未规定"情节特别严重"如何处罚，因此只能依照第 1 款中"情节严重"的法定刑进行处罚。一审、二审都是采取这种观点，对马乐判处 3 年有期徒刑缓刑 5 年。最高人民检察院认为，第 180 条第 4 款规定的"情节严重"是入罪标准，入罪后的处刑应是对第 1 款的全部援引，需区分"情节严重"还是"情节特别严重"来进行处罚，马乐的行为应适用"情节特别严重"的量刑幅度。

经最高人民检察院按照审判监督程序向最高人民法院提出抗诉后，最高人民法院作出再审终审判决，采纳抗诉观点，认定马乐犯利用未公开信息交易罪"情节特别严重"，判处有期徒刑 3 年，并处罚金。实际上采纳了第二种观点。该案例确立了以下司法规则：刑法第 180 条第 4 款利用未公开信息交易罪的刑罚是对第 1 款法定刑的全部援引。利用未公开信息交易罪在处罚上应当依照内幕交易、泄露内幕信息罪的全部法定刑处罚，区分不同情形分别依照"情节严重"和"情节特别严重"两个量刑档次处罚。

马乐利用未公开信息交易案，在最高人民检察院确定为检察指导案例发布后，最高人民法院也在当年作为法院指导案例发布。"两高"对该案的办理，说明在对法律的理解上达成了共识，通过"指导性案例"的发布，将这一共识巩固，并确立为类案适用规则。即刑法中类似援引法定刑的规定，应当是对相关条款全部法定刑的援引。

对照法条来看，刑法 180 条第 1 款和第 4 款都有情节严重的表述，但第 1 款的"情节严重""情节特别严重"，是量刑标准，第 4 款的"情节严重"，是入罪标准，在处罚上应当依照第 1 款的全部罚则处罚，即区分情形依照第 1 款的"情节严重"和"情节特别严重"两个档次量刑。

检察指导案例提炼和明确的这一规则，对今后办理类似案件具有指导意义。类似情形如：刑法第 285 条第 3 款规定的"提供侵入、非法控制计算机信息系统的程序、工具罪"中，同样有"情节严重的，依照前款的规定处罚"的表述；而该条第 1 款设置的"非法获取计算机信息系统数据、非法控制计算机系统罪"中，也规定了"情节严重""情节特别严重"两个量刑档，亦为全部援引。对此，在最高人民法院、最高人民检察院《关于办理危害计算机信息系统安全刑事案件应用法律若干问题的解释》第 3 条中予以明确，第 3 款依照前款规定处罚的援引，是包含"情节严重"和"情节特别严重"两个量刑档次的全部援引。又如，刑法第 405 条第 3 款关于违法提供出口退税凭证罪的规定，也是如此。这些罪之间法定刑的援引，都应当是全部援引，可以说，马乐利用未公开信息交易案确定的规则，为后续一系列法律适用确定了明确的规则。

（三）通过检察指导案例对检察工作中的方法进行提炼，形成可复制、可推广的检察工作经验规则

诚如前文所述，检察指导案例不仅可以提炼法律适用的规则，还可以提炼检察工作的方法。这同样是检察指导案例提炼规则的一条重要途径。与明确法律涵义不同，检察指导案例提炼的工作方法，更应当是符合检察工作的实际，具有鲜明检察工作特色的规则。

检察指导案例如何提炼工作规则？举例来说，民事诉讼法第 14 条规定："人民检察院有权对民事诉讼实行法律监督。"2021 年 8 月修正的《人民检察院民事诉讼监督规则》第 51 条规定："人民检察院在办理民事诉讼监督案件过程中，当事人有和解意愿的，可以引导当事人自行和解。"对此，可以以检察指导案例的形式予以明确，形成一条可普遍适用的工作规则，指导各级人民检察院在审查民事监督案件中，在不损害国家利益、社会公共利益及他人合法权益的情况下，引导当事人自愿达成和解协议。

三、检察指导案例提炼规则与司法类案研究

检察机关案例指导工作进行得越深入，越能凸显司法类案研究（以下简称类案研究）的必要性。检察指导案例的生命力，同样在于回应解决类案中具有普遍性疑难的问题。检察指导案例对规则的提炼应当以类案研究为基础，通过开展类案调研，对类案中具有共性的问题，以检察指导案例的方式明确规则。因此，检察指导案例编研，应当以充分、翔实的类案研究或者说类案调研为基础。

类案研究或类案调研应确定明确的主题。主题可以结合重点工作或新兴工作确立，也可根据案件数量变化情况进行确立。一般来说，类案调研的主题不宜过于宽泛，应针对明确的罪名开展。例如，根据相关数据统计显示，危险驾驶已成为第一大刑事犯罪种类，危险驾驶具有不同的情形，结合危险驾驶的情况，即可以开展一些类案调研，在类案调研中，总结出不同的案件类型，予以分析研究。

类案研究或者类案调研中，有一个前置性的问题，如何确定类案？对此，有必要纠正一个广泛流传的错误认识，即认为案例情况千差万别，"正如世界上不存在两片完全相同的树叶，世界上也绝不可能存在两个完全相同的案件"①，这就决定了指导性案例的适用范围受到限制。如何看待这种观点？笔者认为，案件事实的相似，是关于案件中具有构成要件意义上的事实的相似。任何案件都不是由单一事实构成，而是一个事实群，各种事实对案件的法律性质意义是不同的。正因为如此，判断案件事实的相似不是对案件所有事实的比对，也不是要求案件所有事实，包括一些细节事实的完全一致，而是要确定具有法律规范评价意义的重要相关事实的一致。对此，德国法学家卡尔·拉伦兹认为，对两个

---

① 黄泽敏、张继成：《案例指导制度下的法律推理及其规则》，载《法学研究》2013 年第 2 期。

案件作相同的评价，是因为二者的构成要件相类似。所谓构成要件，是指与法律对特定问题的评价有关的重要观点。①

因此，类案研究不应当局限于案件事实的完全一致，而是应当侧重于案件内部同类型关键事实的一致，即案件中基本事实的一致，或者说法律构成要件事实的一致。透过构成要件事实，也即基本法律事实的一致，分析法律关系的一致性，提炼类案中具有普遍性的构成特征。在对具有同质性法律关系的分析基础上，形成类案分析。结合类案分析，提炼类案中需要解决的具有共性的法律疑难或工作方法疑难点，并进而开展研究，形成规则，回应、解决类案中的疑难问题。当然，正因为类案分析总是以大量的个案为基础，并且必须来源于实践，因此，类案研究或类案调研应深入一线，听取一线办案检察官的意见。

综上，检察机关案例指导工作，应当以类案调查研究为基础，并且，应当通过类案调研，充分听取一线办案检察官的建议，发挥一线办案检察官推荐案例的积极性，将类案调研与案例发掘、征集、遴选结合起来。

---

① ［德］卡尔·拉伦兹：《法学方法论》，陈爱娥译，商务印书馆 2003 年版，第 258 页。

第七章　检察指导案例的应用

检察指导案例，选是基础，编是关键，用是目的。检察指导案例来源于办案，服务于办案，应用于办案。为此，对检察指导案例应用相关情况进行分析，是实现检察指导案例工作高质量发展的基础。本章试运用理论与实践相结合的研究方法，对检察指导案例应用情况进行实证分析，并对检察指导案例应用方法开展理论探讨，对涉及检察指导案例应用的若干问题进行阐述。

第一节　检察指导案例应用的方法
考察与实践突破①

检察指导案例应用是关系案例指导制度生命力的重要问题。只有检察指导案例在实践中受到各级人民检察院的重视，真正反哺、应用于实践，案例指导制度才能获得发展，形成良性的工作循环。自检察机关案例指导制度建立以来，检察指导案例应用问题就成为受到各界广泛关注的问题。毋庸讳言，当前，制约检察指导案例应用的主客观障碍因素现实存在，导致应用率不高，案例指导制度设计的初衷并未完全实现。

对指导性案例应用，最高人民法院和最高人民检察院（以下简称

---

① 本节内容获中国法学会案例法学会 2019 年年会优秀论文二等奖，原载于《检察调研与指导》2019 年第 5 期，收入本书时作了修改。

"两高")都表现出了持续关注。最高人民法院高度重视法院指导案例应用问题，① 最高人民检察院提出"指导性案例的生命在于应用，价值在于指导"②。2017 年，最高人民检察院法律政策研究室还成立专门课题组开展过检察指导案例应用情况评估③，一些社会机构，如北大法制信息中心、北大法律信息网每年度发布"两高"指导性案例应用评估报告。④ 在既有研究成果的基础上，笔者试以检察指导案例的应用为主线，对"两高"指导性案例应用情况进行实证分析，并归纳检察指导案例应用中一些具有启发性的结论。

一、检察指导案例应用的现状考察

（一）检察指导案例应用类型分析

根据制度设计初衷，指导性案例主要用于解决同类案件判决处理法律适用标准不统一的问题。实际上，检察指导案例还有对下指导工作，最高人民检察院借助检察指导案例推动重点、新兴工作开展，运用检察指导案例开展以案释法和法律文书说理，普及法律精神、宣传法治等多方面功能。从这些功能作用出发，当前检察指导案例应用主要有以下几种类型。

其一，个案办理中明确援引。即司法者在办案时直接援引检察指导案例作为说理依据，并在文书中有所体现。例如，2015 年 1 月 15 日，湖北省黄石市西塞山区人民检察院在林某某涉嫌滥用职权、受贿案的

---

① 参见周强：《构建司法案例研究大格局，开创司法案例应用新局面》，载《法律适用（司法案例）》2017 年第 16 期。
② 参见《检察日报》社评：《一个案例胜过一打文件》，载《检察日报》2018 年 8 月 6 日。
③ 相关情况参见本章第二节。
④ 郭叶、孙妹：《最高人民法院指导性案例司法应用情况 2017 年度报告》，载《中国应用法学》2018 年第 3 期，2018 年与 2019 年等年度报告在该期刊上也有刊载。

《刑事抗诉书》中，明确援引第二批检察指导案例检例中的杨周武玩忽职守、徇私枉法受贿案（检例第 8 号）作为论证理由。

其二，案件办理中隐性援引。即检察指导案例事实上对司法者理解法律产生影响，且司法者对案件的处理结果与检察指导案例的精神一致，但在法律文书中并没有明确引用检察指导案例，这种情况较为常见。例如，第九批检察指导案例中的检例第 37 号张四毛盗窃案，明确了网络域名具备法律意义上的财产属性，盗窃网络域名可以构成盗窃罪。之后，湖北省孝感市中级人民法院对类似案件作出的刑事判决书中，就引用了该案指导意义作为判决依据。又如，第十二批检察指导案例确立了保护公民正当防卫权，"法不能向不法让步"的理念后，福州"赵宇正当防卫案"，河北"涞源反杀案"等，因涉及正当防卫问题，都根据第十二批检察指导案例确立的正当防卫法律适用精神，对以往较难认定的正当防卫问题作出不起诉决定。

其三，检察指导案例在释法说理中的应用。司法机关对案件作出处理决定后，引用检察指导案例对决定作出的理由向当事人和相关机关予以充分说明，此种应用日益常见。引用检察指导案例进行论证说理，有利于增强司法机关所作决定的说服力，增进相关机关和当事人对办案工作和办案依据的理解，进而提升司法公信力。

其四，应用检察指导案例宣传司法工作。近年来，最高人民检察院利用检察指导案例开展检察宣传，构建良性检察公共关系，扩大检察工作的社会影响力，取得了良好效果，成为检察指导案例应用的重要方面。社会公众通过对案例的学习和领会，能够了解检察工作，进一步明晰守法与违法的界限。检察机关充分利用检察指导案例的影响性，将其作为法治故事、普法教材开展以案释法和法治宣传。检察机关还结合检察指导案例办理，积极向相关行政部门提出检察建议，推进社会治理完善；加强与涉案单位、部门的工作沟通，使其从案例中受到启发和触动，在改进工作、加强管理、预防犯罪等方面吸取经验教训，实现法律监督的"双赢多赢共赢"。例如，涉及未成年人权利保护的第十一批检察指导案例发布后，最高人民检察院结合案例中暴露出来的一些地区部分校园管理存在缺漏，导致性侵幼女行为发生等问题，向教育部发出"一号检察建议"并持续跟进，取得了良好效果。① 2019 年全国"两会"期间，全国人大代表、陕西省律师协会副会长方燕接受记者采访时说：第十一批检察指导案例提出的网络猥亵问题，成为她"两会"建议的线索。② 这些都是检察指导案例社会化应用的典型范例。

概括来说，检察指导案例以上四种应用类型，可以大致区分为两大类，即检察指导案例的司法化应用和社会化应用。所谓检察指导案例的司法化应用，即运用检察指导案例指导办案工作，司法者在个案办理中，明确引用检察指导案例作为案件办理时的参照指引，上述前两种类型是检察指导案例的司法化应用；所谓检察指导案例的社会化应用，即应用检察指导案例促使社会公众了解、认可司法工作，即上述第三种和第四种类型。

（二）检察指导案例与法院指导案例应用的比较分析

截至 2021 年 9 月，最高人民法院已发布 28 批 162 件法院指导案例；最高人民检察院共发布 30 批 121 件检察指导案例。这些案例在发布时，"两高"都采取了召开新闻发布会、传统媒体和新媒体结合推介等多种方式进行密集的宣传，社会公众对"两高"指导性案例的知晓度越来越高。

1. 法院指导案例应用现状

法院指导案例所涉案由涵盖民事、刑事、行政、知识产权、国家赔偿及执行六大类。截至 2020 年 12 月 31 日，最高人民法院共发布了 26

---

① 参见姜洪：《检察机关用心做好未成年人检察工作，最高检向教育部发出第一号检察建议》，载正义网 2019 年 3 月 12 日。

② 参见谢文英：《最高检第十一批指导性案例成为两会建议线索，多位代表委员关注惩防"网络猥亵"》，载正义网 2019 年 3 月 4 日。

批 147 例法院指导案例，已被应用于司法实践的法院指导案例共有 113 例，其中，2020 年新增 22 例，尚未被应用的有 34 例。援引指导案例的案例，即应用案例共有 7319 例，较 2019 年（5104 例）增加了 2215 例，增幅显著。① 其中民事指导案例有 40 例被应用于 5351 例案例，刑事类指导案例有 18 例被应用于 126 例案例，行政类指导案例有 20 例被应用于 1389 例案例，执行类指导案例有 13 例被应用于 200 例案例，知识产权类指导案例有 19 例被应用于 151 例案例，国家赔偿类指导案例有 3 例被应用于 121 例案例。② 7319 例应用案例共涉及全国 1333 家法院，较 2019 年（1106 家）增加 227 家法院，应用频率最高的仍然是指导案例 24 号，高达 1567 次。7319 例应用案例中，法官明示援引 2818 例，总占比约为 38.5%；法官隐性援引共涉及 4196 例，总占比约为 57%，与 2019 年基本持平。

从这些情况来看，法院指导案例有所应用，但与各级人民法院每年审结的约 3000 万件案件相比，运用指导案例解决的案件数仍是万分之一。有学者曾做过调研：以被援引次数最多的指导案例第 24 号"荣宝英诉王阳、永诚财产保险股份有限公司江阴支公司机动车交通事故责任纠纷案"为例，自 2013 年 1 月该案例公布时起至 2015 年 5 月检索时止，全国法院共有 5002 件涉及"机动车交通事故受害人体质情况与侵权人责任减轻"的案件，这其中仅有 9 件案件的裁判文书援引了第 24 号指导案例，所占比例仅为 0.2%。③

---

① 郭叶、孙妹：《最高人民法院指导性案例 2019 年度司法应用报告》，载《中国应用法学》2020 年第 3 期。

② 各类指导性案例的应用案例加起来总和为 7338 例，大于 7319 例，原因在于有 19 例应用案例存在同时援引民事与行政或知识产权或国家赔偿指导性案例的情况。

③ 这一数据与北大法律信息网数据不尽一致，但北大法律信息网的应用包含更广泛的应用，这里所说的是明确在判决书中援引。当然，两者都可能只是不完全统计，但能够说明一些问题（参见熊寿伟：《指导性案例微观运行审判监督机制构建——兼论指导性案例效力的性质》，载《北京审判》2015 年第 11 期）。

2. 检察指导案例应用现状

最高人民检察院发布的检察指导案例涵盖刑事、民事、行政、公益诉讼检察四大类，其中，刑事类案例共计 83 件，占比约 69%；民事类案例 13 件，占比约 11%；行政类案例 9 件，占比约 7%；公益诉讼案例 16 件，占比约 13%。截至 2020 年 12 月 31 日，最高人民检察院已发布 24 批 93 例指导性案例。已被应用于司法实践的检察指导性案例共有 14 例，尚未被应用的有 79 例。援引指导性案例的案例，即应用案例共有 52 例，2020 年新增 16 例。其中刑事类检察指导性案例有 12 例被应用于 50 例案例，民事和行政类检察指导性案例分别有 1 例被应用于 1 例案例，执行类检察指导性案例尚未发现应用案例。司法实践中应用最为集中的是第十二批正当防卫主题的检察指导性案例，总占比 53.8%。关于检察指导案例应用于实践的主要例证，本章第二节将专门予以列举和说明。

3. 对"两高"应用较多的指导性案例进行分析

以"两高"应用较多的案例进行分析，可以看出，"两高"指导性案例应用频率较高的一般有以下特点：

一是最高人民法院应用频率高的案例为民事案例，其提炼的规则阐明了法律没有规定清楚的问题。如 24 号法院指导案例涉及的交通事故损害赔偿中，受害人特殊体质状况对损害后果影响的认定问题，该问题较为常见，但相关法律规定并不明确，指导性案例较好地发挥了填补法律空白，确立司法规则的作用，得到较好应用。

二是应用频率高的案例均回应了一段时间的社会热点，是实践中具有代表性的高发多发的案件。如正当防卫的问题，以往司法实践中较少认定，2018 年以来，出现了于海明正当防卫案等社会各界较为关注的一系列正当防卫案，由于以往实践中较少积累司法经验，故第十二批检察指导案例发布后，就得到广泛应用。

三是应用频率高的案例提炼的规则都极为清晰明确。如第九批检察指导案例检例第 37 号张四毛盗窃案，确立的规则概括起来就是一句话："盗窃网络域名构成盗窃罪。"既简明又相对准确，因而得到应用。

4. 为推进指导性案例的应用，"两高"所做的努力

例如，"两高"在发布指导性案例时，都采取了召开新闻发布会、新媒体推介等多种方式，进行了密集的宣传。社会公众对"两高"指导性案例的知晓度也越来越高。最高人民法院明确通过完善制度规范推进指导案例的应用。根据最高人民法院《关于案例指导工作的规定》第 7 条规定，"最高人民法院发布的指导性案例，各级人民法院审判类似案例时应当参照"。最高人民法院《〈关于案例指导工作的规定〉实施细则》第 9 条规定，"各级人民法院正在审理的案件，在基本案情和法律适用方面，与最高人民法院发布的指导性案例相类似的，应当参照相关指导性案例的裁判要点作出裁判"。2018 年 6 月 1 日，最高人民法院印发的《关于加强和规范裁判文书释法说理的指导意见》中也专门提及，裁判文书释法说理"要释明法理，说明裁判所依据的法律规范以及适用法律规范的理由；要讲明情理，体现法理情相协调，符合社会主流价值观"。

最高人民检察院也采取很多措施综合推进检察指导案例的应用。例如，更加重视案例的遴选，选择网络犯罪、金融犯罪、未成年人权利保护、公益诉讼检察、虚假诉讼检察监督、行政违法行为监督等受到各界关注，能够体现检察工作特色，又能较好发挥对类案法律适用指导作用的典型案例上升为检察指导案例予以发布；增加检察指导案例发布频次；一再强调检察指导案例要覆盖刑事、民事、行政、公益诉讼四大检察各领域；2019 年 4 月，修改最高人民检察院《关于案例指导工作的规定》，专门规定检察指导案例应用问题①；等等。

---

① 2019 年最高人民检察院《关于案例指导工作的规定》第 15 条第 2 款规定："各级人民检察院检察委员会审议案件时，承办检察官应当报告有无类似指导性案例，并说明参照适用情况。"第 16 条规定："最高人民检察院建立指导性案例数据库，为各级人民检察院和社会公众检索、查询、参照适用指导性案例提供便利。"第 17 条规定："各级人民检察院应当将指导性案例纳入业务培训，加强对指导性案例的学习应用。"

（三）结论

当前"两高"指导性案例，特别是法院指导案例有所应用，但总体应用状况不佳，指导性案例的应用现状总体还存在发布时热，发布后冷，发布一段时间后，在实践中基本上就处于无人问津的状态。案例指导制度设计时旨在统一法律适用标准，为类案办理确立规则的初衷并没有完全实现。尽管"两高"高度重视指导性案例应用，积极采取各类措施推进指导性案例应用，但指导性案例应用问题，亟须进一步从理论上和实践上特别是法律适用方法的角度作更加深入思考。

二、立足法律适用方法的检察指导案例应用分析

检察指导案例的独特价值，体现在能够为类案办理确立明确的规则和方法，指导司法办案工作。如何立足方法论的角度，研究把握检察指导案例应用于实践的规律特点，拓宽检察指导案例应用于实践的路径，是检察指导案例应用中的重要问题。

（一）检察指导案例应用的本质是类比推理方法的适用

一般来说，检察指导案例总是应该能够阐明或重申法律或司法解释精神，填补法律或司法解释的空白，提炼类案办理法律适用规则，或说明司法机关在诉讼过程中的工作方法。概言之，检察指导案例应当在事实认定、证据运用、法律适用、政策把握、办案方法等方面对办理类似案件具有指导意义。① 从法律适用方法来说，我国属于成文法国家，法

---

① 2019 年最高人民检察院《关于案例指导工作的规定》第 2 条规定："检察机关指导性案例由最高人民检察院发布。指导性案例应当符合以下条件：（一）案件处理结果已经发生法律效力；（二）办案程序符合法律规定；（三）在事实认定、证据运用、法律适用、政策把握、办案方法等方面对办理类似案件具有指导意义；（四）体现检察机关职能作用，取得良好政治效果、法律效果和社会效果。"

律适用方法主要是演绎推理。所谓演绎推理，即从一个共同概念联系着的两个性质的判断（大、小前提）出发，推论出另一个性质的判断（结论），即"司法三段论"。概括地说，法律规定是大前提，案件事实是小前提，结论就是判决或裁定。① 演绎推理简便易行，是成文法国家最常用的法律适用方法，有利于维护法制的稳定，保障通过法律得出可预期的裁判结果。演绎推理在司法过程中发挥出重大作用，是司法中最为重要的法律适用方法。但演绎推理存在一定的弊端，最主要体现在两个方面：一是在作为前提的法律规则模糊、空白、冲突等情况下，作为演绎三段论前提的法律规则不明确，演绎无法进行。二是演绎更多是机械推理，但是，"解决案件的大前提的获得并不单纯是一个逻辑过程，其中需要历史、哲学以及价值等诸多因素的考察"②。很多情况下，通过严密三段论演绎，得出的结论可能与社会价值观冲突，出现法、理、情紧张对立的情况，明显暴露出演绎推理的弊端。对此，无论大陆法系还是英美法系法学家都有清醒的认识，德国法学家拉伦兹指出："这种以法条为大前提，以事实为小前提，以法效果为结论的描述只是一种最简单的情况而已。""司法裁决的特色在于它几乎完全是在处理评价事务。而司法裁决推理则不能作出价值断定。在通常情况下，通过逻辑程序将待判断的案件事实涵摄于此等概念之下，那么规范的适用就无涉价值了。"③ 美国大法官波斯纳指出："作为一种以推理获得真理的方法，三段论是有限度的。"④ 美国法学家霍姆斯在《普通法》中更是开宗明义

---

① 参见沈宗灵：《法律推理与法律适用》，载《法学》1988 年第 5 期。

② 参见苏治：《论司法过程中的类比推理》，载陈金钊、谢晖主编：《法律方法（第 3 卷）》，山东人民出版社 2004 年版，第 69 页。

③ ［德］卡尔·拉伦茨：《法学方法论》，陈爱娥译，商务印书馆 2003 年版，第 146 页。

④ ［美］理查德·A. 波斯纳：《法理学问题》，苏力译，中国政法大学出版社 2002 年版，第 55 页。

地指出："法律的生命不在于逻辑，而在于经验。"①

与之相对，运用案例指导实践，归结到法律适用方法上是一种类比推理的方法。类比推理方法通过选择与当前案件相类似的先例，从中归纳出判例规则，并将其适用于当前案件，得出判决结果。类比论证的展开模式是：案例 C 具有 a，b，c 特征，案例 C1 也具有 a，b，c 特征，命题 X 在案例 C 中为真，那么，命题 X 在案例 C1 中也为真。②

类比推理具有相对于演绎推理独特的优势，历来被认为是法律推理中不可或缺的组成部分。德国学者考夫曼提出：法的现实性本身是根基于一种类推，因此法律认识一直是类推性知识。法原本即带有类推的性质。③ 我国法理学界提出："法律漏洞的存在使传统推理方式——三段论演绎推理寸步难行，因其赖以进行的推理大前提——规范前提无法确定或根本不存在，而演绎推理本身亦无'发现功能'，因此势必借助其他手段填补漏洞，否则，法律规范协调各种利益冲突、维护社会公平正义以及社会秩序的目的便不能实现。类比推理，因其特殊逻辑结构所造就的'发现功能'，被视为填补法律漏洞的最佳方式之一。"④

因此，检察指导案例的应用，能够在社会生活快速变化，成文法局限与生俱来的情势下，引进类比推理作为演绎推理的补充，发挥案例相对于法律、司法解释更为灵活、及时的优点，更好地实现法治的价值目标。立足于类比推理，检察指导案例适用的基本路径是：寻找案件与检察指导案例之间的相类似之处，比较发现两者之间的相同点，对依据相

①　［美］小奥利弗·温德尔·霍姆斯：《普通法》，冉昊、姚中秋译，中国政法大学出版社 2006 年版，第 85 页。

②　参见戴津伟：《法律中的论题及论题学思维研究》，山东大学 2012 年博士学位论文。

③　［德］亚图·考夫曼：《类推与"事物本质"——兼论类型理论》，吴从周译，颜厥安校，新学林出版股份有限公司 2016 年版，第 45 页。

④　参见董天虹：《法律适用中的类比推理研究》，中国政法大学 2009 年硕士学位论文。

同点得出的规则，运用于类似案件办理中，实现类似案件办理得出合法合理结论。

（二）影响检察指导案例应用的因素

概括来说，立足中国现实国情和司法传统，当前，一件检察指导案例从发布开始，能否在实践中得到很好的应用，至少涉及以下几个方面因素：（1）实践中是否会出现与检察指导案例具有类比性的案件。（2）检察指导案例提炼的规则，展示的工作方法、程序等，是否能够填补法律规则的空白、模糊、歧义、冲突，或是否带有创新性，能够推进法律适用取得政治效果、法律效果、社会效果相统一。（3）司法传统。遇到疑难问题，司法者习惯于以释法的方式，自主解释运用法律或者简单凭借司法经验解决问题，还是愿意将目光投向既有案例指引，寻求既有案例的支持。（4）思维习惯。司法者是否受过类比推理的法律应用方法训练，是否能够准确发现、提取、比对待决案件与既有检察指导案例之间在法律事实、争辩焦点、司法疑难等方面的一致，能否归纳分析得出应有结论。（5）司法行政管理因素等。上级司法机关是否倡导、鼓励从既有检察指导案例中寻求司法的适当结论，是否创造便利条件，为司法者知悉、查询、检索检察指导案例提供外在便利等。

（三）应用效果理想的检察指导案例应具备的条件

理想的案例运用模型是：通过标题、关键词检索，查找到与正在办理的案件相类似的检察指导案例，寻找案件与检察指导案例之间的相同之处，运用检察指导案例确立的规则、方法，得出正在办理案件的应然结论。按照这一模型，依据类比推理的法律适用方法对照分析，可以看出，一个可能得到较好应用的检察指导案例，应当具备以下几个条件。

1. 检察指导案例涉及的法律关系能够在类案中得到提取

按照法律类比推理方法要求，案例的应用，应当以存在两个相类似的案件为基础。诚如世界上没有两片完全相同的树叶，世界上也没有两个完全相同的案件。但是，案件讼争焦点及涉及法律关系类似的情况，却完全可能存在。美国的《布莱克法律大辞典》中写道：在无完全雷同的判例可循之时，两件事物仍具有比例上的同一性或相似性。在面对同属一个主题的两个案件时，法律人必须求助于彼此不同、但却同样归属于一个普遍原则的各个不同小主题之案件，这就叫借助类推适用的推论方法。① 对既有案例与待决案件相似性的关联类比，不必强求两个案例之间的完全一致，只要涉及某一法律关系的基本方面一致，即可将既有案例形成的结论运用于待决案件中。因此，只要在检察指导案例制定后，实践中后续还出现大量类似案件的情况下，检察指导案例就可能找到能够适用的标本。例如，第十批检察指导案例检例第 40 号"周辉集资诈骗案"，说明的是网络借贷信息中介机构或其控制人，利用网络借贷平台实施"庞氏骗局"，构成集资诈骗罪的问题。实践中，一线检察官提到，该案例虽然说明的是集资诈骗罪中非法占有目的的认定，但对其办理非法吸收公众存款案起到很强的借鉴作用。"参照指导性案例，检察官紧密围绕融资项目真实性、资金去向、归还能力等事实、证据，分析了被告人非法占有目的。为检察官出庭作出了直接的指导和借鉴。"② 集资诈骗罪与非法吸收公众存款罪，涉及的犯罪构成有所区别，但其中就"非法占有目的"这一主观构成要素有类似比照之处，因而办理类似案件时可以参照适用。

2. 检察指导案例能够回应、解决实践疑难问题

按照法律适用类比推理方法的要求，只有在规则空白、冲突、模糊的情况下，司法者才可能有动力和必要通过指导性案例寻求现实案件办理答案。换言之，如果法律规则十分清晰、准确，运用三段论的演绎推

---

① Black's Law Dictionary（fifth Edition），West Publishing Co. 1979，p. 77.

② 参见董凡超：《指导性案例让检察官办案更踏实》，载《法制日报》2018 年 12 月 21 日。

理方式就能轻松得出裁判处理的结论，司法者必然没有动力或必要再去通过类比方法寻求实际案例与指导性案例的共通之处。因此，对于法律和司法解释已经提供明确答案，能够通过三段论演绎推理得出结论的问题，从法律适用的角度，一般来说就没有必要再制发指导性案例。从这个意义上说，仅具有宣传意义，或者不具有疑难、复杂性的案例，或者虽可借鉴但不能回答司法办案中在理解适用法律、政策或司法解释上带有疑难性、分歧性或复杂性的案例，都难以得到很好的应用。因此，检察指导案例必须能够回应、解决实践疑难问题，才能保证其适用效果。

3. 检察指导案例应保证其时效性

法律适用类比推理以司法者对先在案例的熟悉为基础。如果检察指导案例制发时间太久，司法者可能对检察指导案例不会熟悉。同时，时间太长，社会环境情势已发生较大变化，检察指导案例赖以适用的条件与现实案例可能存在较大的区别，检察指导案例适用的可能性就会较小。① 因而，检察指导案例应当优先选取近 3 年已经生效的案例，保证其时效性，才能达到良好的适用效果。

三、检察指导案例应用的实践突破

2018 年 10 月 26 日，第十三届全国人民代表大会常务委员会第六次会议修订的人民检察院组织法第 23 条第 2 款就最高人民检察院可以发布指导性案例作出规定，检察指导案例的地位进一步得到立法确认，并成为最高人民检察院加强对下指导的重要方面。新形势下，最高人民检

---

① 据笔者观察，一般来说，如果一个指导性案例发布后 3 年内仍未得到应用，该指导性案例就很可能成为"僵尸案例"。美国法学家约翰·梅里曼（John H. Merryman）提出司法案例的"援引半衰期"问题。他认为，每隔 N 年，一个判例被援引的统计概率就降低 50%。在加州最高法院这 3 年的援引实践中，此半衰期大约为 7 年，也就是说，每隔 7 年，一个加州最高法院的先例被本院在后续判决中援引的概率就降低一半（参见张婷婷：《"援引半衰期"视角下的我国指导性案例援引问题研究》，载《岭南学刊》2018 年第 5 期）。

察院高度重视检察指导案例的重要意义，多次就"健全完善案例指导制度""重视发挥案例的指导作用"提出明确要求，2019 年 5 月 17 日，最高人民检察院还就检察指导案例工作举行了全员培训。[①] 在检察指导案例工作日益受到重视的情况下，当前更有必要采取有力措施，实现检察指导案例应用的实践突破，打通检察指导案例工作输往办案一线"最后一公里"的瓶颈和障碍。

（一）重视研究检察指导案例的功能、作用

检察指导案例作为中国特色社会主义检察制度的独特产品，具有特殊的生成、运作机制，其不同于法律、司法解释，具有生动灵活的特点。最高人民检察院高度重视运用检察指导案例开展对下业务工作指导，充分发挥案例的及时性、生动性、立体性特点。一线检察官也应当进一步重视检察指导案例在引领、指导司法中的重要作用。只有从思想意识上进一步理解案例指导制度的建立初衷，从理论上进一步深刻全面把握检察指导案例的功能作用，才可能在实践中进一步重视应用检察指导案例解决一线具体问题。

（二）最高人民检察院应积极引领、鼓励、推动检察指导案例应用于实践

法治建设进程中，最高司法机关的形塑、推动作用不可忽视。指导性案例应用，并不是一个如同市场自由采购，司法者愿意用就用，不愿意用就不用的过程。[②] 最高司法机关有必要采取积极的激励引导措施，对指导性案例应用作出倡导。目前，"两高"都已经通过规范性文件明

---

① 戴佳：《万春讲授 2019 年最高检领导干部业务讲座第三课：指导性案例要凸显检察工作新理念》，载《检察日报》2019 年 5 月 17 日。

② 参见张婷婷：《"援引半衰期"视角下的我国指导性案例援引问题研究》，载《岭南学刊》2018 年第 5 期。

确指出，指导性案例的效力是"应当参照"。① 所谓"应当参照"，充分说明指导性案例应当对司法机关司法办案活动具有实实在在的约束力。

检察指导案例，从其地位的法定性和规范司法办案活动、统一法律适用标准的宗旨目的以及严格的遴选发布程序、权威的发布主体等角度看，对各级检察机关办理类似案件应当具有带指令性的重要指导意义，是检察官办理类似案件必须检索和参照的重要根据。检察指导案例总结提炼的"规则"，意味着下级检察机关办理相类似的案件，原则上只能参照此规则来认定性质、采取措施、开展工作，没有特殊情况和理由，不能作其他认定或采取其他做法。最高人民检察院还应当适时采取评估检查等方式，推进检察指导案例应用的落实。对于有不参照检察指导案例办案导致发生错误判决或裁定，引发不良后果的，最高人民检察院可以明确司法责任承担。

（三）积极提升检察指导案例质量

检察指导案例必须具有高质量，才能够回应、解决实践中的疑难复杂问题，在提升检察指导案例质量方面，除检察机关已采取的各项措施外，以下三个方面也是在今后的案例指导工作中值得进一步重视的：

1. 加强检察指导案例制发中的类案研究

从检察指导案例可能应用情况来看，检察指导案例制发过程中，应当加强对类案问题的研究，从类案问题中选取有代表性的问题，以检察

---

① 2019 年 4 月 4 日，最高人民检察院下发的《关于案例指导工作的规定》就检察指导案例的效力作出了"应当参照"的明确规定，第 15 条要求："各级人民检察院应当参照指导性案例办理类似案件，可以引述相关指导性案例进行释法说理，但不得代替法律或者司法解释作为案件处理决定的直接依据。"2015 年 5 月 13 日《〈最高人民法院关于案例指导工作的规定〉实施细则》第 9 条规定："各级人民法院正在审理的案件，在基本案情和法律适用方面，与最高人民法院发布的指导性案例相类似的，应当参照相关指导性案例的裁判要点作出裁判。"

指导案例的形式予以回应和解决。检察指导案例制发，不应一味追求新型问题，而应立足于司法中最常见、最需要解决、最有代表性的问题予以解决。例如，实践中常见的危险驾驶犯罪，盗窃、诈骗等侵犯财产类犯罪，故意伤害、强奸等侵犯人身权利犯罪，寻衅滋事、毒品犯罪等危害公共管理秩序的犯罪，都是犯罪基数极大，极为常见的案件，对这些案件中具有共性的问题，有必要进行提炼，涉及的疑难、复杂问题，有必要以检察指导案例的形式予以明确。

2. 加强检察指导案例制发过程中的一线调研

检察指导案例制发过程，应以实践调研为基础。借充分调研，听取一线办案检察官的意见，掌握法律和司法解释在适用过程中的疑难所在。对疑难问题，对症下药，制发检察指导案例予以回应和解决。

3. 恰当地处理好检察指导案例作为检察工作、法律政策宣传产品与指导检察实践现实需要之间的平衡

检察指导案例兼有宣传属性和司法属性，其应用兼有社会化和司法化性质，但只有司法化应用才是检察指导案例作为法律规定的特定类型案例特殊性的重要体现。宣传属性及社会化应用是所有案例包括各级司法机关发布的典型案例的共有特征。宣传属性及社会化应用不应冲淡遮蔽检察指导案例的司法属性及司法化应用。检察指导案例制发时，不能一味追求案例的社会效果及轰动效应，而应更多着眼于其从法律角度提炼规则，回应解决实践中疑难问题的功能属性。

（四）加强检察指导案例应用的方法训练

检察指导案例应用，本质上是一个类比推理的过程。诚如前文指出的，类比推理具有不同于演绎推理的独特运行方式，同时也是演绎推理不可或缺的补充。加强检察指导案例应用，就必须从方法论上加强对一线司法者的培训。让一线检察官搞清楚为什么在演绎推理可以解决大多数问题且简便易行的情况下，还要进一步重视运用类比推理的方式解决

实践疑难问题。只有把方法论的问题解决了，检察指导案例应用才可能
获得夯实的基础和土壤。

第二节　检察指导案例应用效果的实证评估①

检察指导案例在实践中应用效果如何？一线办案检察官如何看待并
应用检察指导案例？从 2017 年 3 月起，最高人民检察院法律政策研究
室多次牵头组成课题组，采用了一线访谈、问卷调查等多种实证研究方
法，开展了对检察指导案例应用效果的调查研究。

一、检察指导案例应用效果实证评估的前提

检察指导案例的援引可以分为"明示援引"和"隐性援引"。明示
援引，即司法者在办案时直接援引指导案例作为说理依据，并且在文书
中有所体现。隐性援引，即在司法过程中，司法官参照指导性案例进行
了裁判，指导性案例对司法官办案时产生了实际影响，但在裁判文书中
未予以明确说明。我们以检察指导案例应用效果"明示援引"和"隐性
援引"为标准，采用地方样本分析法，选取 Y 省三级检察院和 G 省检
察院、N 市等部分市级检察院，B 市部分检察院作为调研范围，采取发
放调查问卷、个别访谈、文献分析等方式开展调查研究，勾绘出检察官
群体对检察指导案例的趋向性认知与愿景。具体来说，实证分析方式包
括三种：一是摘取检察指导案例的案情要素和适用的法律条文，交由案
件管理系统自动检索生成检察指导案例的类似案件及参照应用情况。二
是通过问卷调查和采访方式，获得检察官参照检察指导案例情况、应用

---

① 本节内容实证资料来源于 2017 年最高人民检察院法律政策研究室牵头组成的
"检察指导案例应用效果评估"课题，后该课题主体部分，经作者删改后发表于《国家
检察官学院学报》2018 年第 4 期。收入本书时又作了较大修改。

管理情况等素材。三是通过文献摘录，获取相关素材进行对比分析。

二、检察指导案例实证评估的主要情况

（一）2017年在G省和Y省开展实证评估的情况

2017年，最高人民检察院法律政策研究室组织G省人民检察院法律政策研究室和Y省人民检察院法律政策研究室骨干，成立调研组，对G省和Y省两地检察指导案例应用情况开展调研。

调研组利用G省N市案件管理数据库现存的上百万份法律文书（包括内部文书），调查检察指导案例明示援引情况。经向G省及N市两级检察院383名员额检察官开展问卷调查，结果显示这些检察官在办案中，没有明确在检察法律文书中参照、引用引述过检察指导案例。

随后，调研组又选取刑事申诉检察指导案例2个（检例第25号和检例第26号）为代表，实地查阅办案案卷和相关档案。结果显示，这两个检察指导案例自发布之日至2017年6月的1年间，N市检察院办结刑事申诉案件43件，12个基层检察院办结的刑事申诉案件58件，都没有在相关检察法律文书中引用相关检察指导案例予以说理或论证。

为更进一步了解情况，调研组又开展了问卷调查。调研组围绕检察官对检察指导案例实践运用状况的认知与评价，设计了一套《检察指导案例实践评估调查问卷》，内容主要包括以下三个方面：一是关于采访者基本信息的情况，包括年龄、工作年限、文化程度以及所学专业等事项，旨在确保本项研究分析之素材主要来自长期一线办案的员额检察官的反馈，从而确保对检察指导案例认识评价的准确性；二是关于对检察指导案例的理论认知，属于认识论层面的分析，主要包括对检察指导案例的概念、功能、效力，以及必要性等问题的看法；三是关于检察指导案例的实践应用，主要考察受访检察官是否经常查阅检察指导案例以及查阅检察指导案例的目的、动因以及方法等。

　　调研组在 N 市检察机关 383 名员额检察官中发放了调查问卷。调查问卷结果显示，这些检察官目前尚没有在办案时明确援引检察指导案例，在检察委员会讨论案件、业务部门负责人和院领导审批案件的时候，也没有引用过检察指导案例予以讨论或在文书中明确说明。

　　随后，调研组组织在 Y 省三级检察院 87 名员额检察官中发放调查问卷 87 份。其中，Y 省院发放调查问卷 34 份，B 市院发放问卷 37 份，G 县院发放调查问卷 16 份。一是关于对检察指导案例的熟悉程度。G 县院受访检察官中，有 11 人表示"了解一点"，占比 67.8%；明确表示"了解"的有 4 人，仅占比 25%。B 市院受访检察官中，有 23 人表示"了解"，占比 62.2%；另有 13 人表示"了解一点"，占比 35.1%。Y 省院受访检察官中，有 20 人表示对检察指导案例"了解一点"，占比 58.8%；明确表示"了解"的有 12 人，占比 25.3%。二是关于检察指导案例的必要性问题，G 县院所有受访检察官均明确表示有必要；B 市院 36 名受访检察官明确表示有必要，占比 97.3%；Y 省院有 31 名受访检察官中认为有必要发布检察指导案例，占比 91.2%。三是关于检察指导案例的效力认知。G 县院受访检察官中，有 10 人认为检察指导案例"应与法院的指导性案例具有同等效力"，占比 62.5%；B 市院受访检察官中，认为检察指导案例"应与法院的指导性案例具有同等效力的"为 15 人，占比 58.8%；认为"比司法解释的效力略低"的有 11 人，占比 29.7%。Y 省院受访检察官中，有 24 人认为检察指导案例"应与法院的指导性案例具有同等效力"，占比 70.6%。四是关于检察指导案例的功能认知。G 县院受访检察官中，有 7 人认为检察指导案例的功能是"统一法律适用标准，防止和减少同案的处理不同"，占比最大，为 43.8%。B 市院受访检察官中，有 32 人认为检察指导案例的功能是"统一法律适用标准，防止和减少同案的处理不同"，占比 86.5%。Y 省院受访检察官中，有 29 人认为检察指导案例的功能是"统一法律适用标准，防止和减少同案的处理不同"，占比为 85.3%。

在是否查阅检察指导案例、参照案例的情形、参照动因、如何参照四个方面：一是关于是否经常查阅检察指导案例的问题。G县院受访检察官中，有10人明确表示经常查阅检察指导案例，占比为62.5%。B市院受访检察官中，有29人明确表示经常查阅检察指导案例，占比为78.4%。Y省院受访检察官中，有25人明确表示经常查阅检察指导案例，占比为73.5%。二是关于参照检察指导案例的情形问题。G县院受访检察官中，有14人表示一般会"在法律法规或司法解释未规定，或仅有原则规定或规定有多种理解"以及"在案件出现疑难，案件讨论分歧大"的情况下会主动参照检察指导案例，占比高达81.3%。B市院受访检察官中，有33人同意上述立场，占比89.2%。Y省院受访检察官中，有24人同意上述立场，占比70.6%。三是关于参照检察指导案例的动因问题。G县院受访检察官中，有13人表示参照检察指导案例的动因主要是"增强说理性与正当性，说服当事人"。B市院受访检察官中，同意上述观点的有25人，占比67.6%。Y省院受访检察官中认同上述观点的人数同B市院。四是对于如何参照检察指导案例的问题。G县院受访检察官对这一问题认识具有多样性，其中有6人表示"在审查决定案件过程中受到过案例的影响"，占比37.5%。B市院受访检察官中，有19人同意上述立场，占比51.4%。Y省院受访检察官中，同意上述观点有21人，占比61.8%。

综合分析上述检察官有关检察指导案例运用情况的重点可知，73.6%的检察官能够"经常查阅检察指导案例"，表明检察指导案例在司法实践中的影响是客观且普遍的。81.6%的受访检察官表示"法律法规或司法解释未规定，或仅有原则规定或规定有多种理解"以及"案件出现疑难，案件讨论分歧大"两种情形下需要参照检察指导案例，表明司法实践中检察指导案例的运用具有鲜明的针对性。72.4%的受访检察官表示参照检察指导案例主要动因在于"增强说服性"。57.8%的受访检察官表示具体参照方式主要表现为"审查决定案件过程中受案例影响"。结合上述几点，可以勾勒出检察指导案例运用的大致情景，即当"法律法规或司法解释未规定，或仅有原则规定或规定有多种理解"以及"案件出现疑难，案件讨论分歧大"时，为了增强司法办案处理结果对当事人的"说服性"，办案检察官会"经常查阅"检察指导案例，其参照应用的具体方式主要表现为"审查决定案件过程中受指导性案例的影响"。

（二）2020 年部分检察院的实证评估情况

2020 年 5 月，最高人民检察院法律政策研究室再次成立课题组，编制了《关于对指导性案例应用情况的调查问卷》，设计了 25 项问题，包括基本问题、认识问题、面向检察官的专项问题、开放问题以及意见建议等。于 2020 年 5 月 18 日至 5 月 31 日，面向部分检察院在编人员发放电子问卷，采取线上、自愿、不记名的方式开展问卷调查。

1. 调研基本情况

此次在线调查共回收有效问卷 5256 份，其中，受访者来自六个地区（包括两个省、三个直辖市、一个地级市）三级检察系统，其中，省（直辖市）级检察院占 2.11%，市级检察院占 22.53%，县区级检察院占 74.45%，专门检察院占 0.80%，其他占 0.11%。受访者中，员额检察官 2098 人，占 39.92%，司法辅助人员 2126 人，占 40.45%，司法行政人员 488 人，占 9.28%，其他身份占 10.35%。参加检察工作 5 年以下人员有 1488 人，5 年至 10 年的有 1353 人，10 年以上的有 2415 人。受访人群中，检察官和司法辅助人员占 80.37%。

2. 调研得到的主要结论

（1）关于检察指导案例的认识

关于"对指导性案例了解程度"，有 76.10% 的受访者"学习过部分指导性案例"，14.04% 的受访者"学习过全部"，9.38% 的受访者"听说过但没有学习过"，另有 0.48% "从未听说过指导性案例"。关于学习检察指导案例方式的问题，60.96%的受访者表示自学，24.30%表示单位集中组织学习，8.50%表示专题培训学习，另有6.24%表示为其他方式。针对"有无必要在司法实践中参照适用指导性案例"的问题，4978人认为有必要，占94.71%，189人认为"我国非判例法国家，没有必要"，占3.60%，89人认为"无所谓"。79.49%的受访者"有收集、查找案例的习惯"，其查找案例的途径和方式依次为检察内网、互联网、检答网、公开出版物及其他。表明受访者中关于检察指导案例的意识较高，在司法实践和日常工作中有学习、查阅相关案例的习惯，虽然这种习惯并未形成制度或者常态化机制。

（2）关于检察指导案例应用的有关问题

关于"是否在司法实践中从未参照适用过指导性案例"，有86.02%的受访者表示从未参照适用过，较少或偶尔参照的占8.47%，经常参照的仅占5.52%。针对"参照适用指导性案例的主要原因"，从频率高到频率低依次为"案件事实以及争议问题与指导性案例类似""法律、司法解释未作出规定，或规定不明确""增强释法说理""保持法律适用的稳定性、统一性、连续性""案件争议较大"，有21.39%的检察官选择了"规避办案风险"，因当事人、律师或者法官引述而作出回应的分别占12.21%和8.92%。表明受访者中援引检察指导案例的比例仍然较低。

3. 关于检察指导案例应用的主要情况

课题组通过调研、征集、各地报送，辅以检察统一业务应用系统、人民检察院案件信息公开网、中国裁判文书网等渠道检索，收集到援引检察指导性案例司法文书57例，具体类型包括以下几种。

（1）司法文书类型

21例检察文书中，包括明示援引检察法律文书8例，其中《起诉书》1例、《不起诉决定书》3例，《刑事抗诉书》2例、《报请核准追诉案件报告书》1例、《刑事申诉复查决定书》1例；明示援引检察工作文书 8 例，其中《审查逮捕意见书》1 例、《公诉案件审查报告》7 例；另有隐性援引检察指导案例相关观点及指导意义，但未明确说明的 5 例，其中《起诉书》1 例、《不起诉决定书》2 例、《提请检委会审议案件报告》2 例。

36 例审判文书中，包括明示援引裁判文书 18 例，其中，《刑事判决书》9 例、《刑事裁定书》2 例、《刑事附带民事判决书》2 例、《民事判决书》1 例、《行政判决书》3 例、《行政裁定书》1 例；隐性援引裁判文书 18 例，其中，《刑事判决书》13 例、《刑事裁定书》3 例、《行政判决书》2 例。

（2）案例援引情况

据实证调研统计，截至 2020 年 6 月 15 日，最高人民检察院发布的 19 批 72 件检察指导案例中，已被司法实践具体援引的有 16 件，尚未被援引的有 56 件，占比分别为 22.22% 和 77.78%，另有 3 批检察指导案例被整体援引。

被具体援引的 16 件案例中，应用次数最多的为检例第 42 号，累计被援引 15 次；其次为检例第 43 号，被援引 10 次；检例第 45、46 号，均被援引 5 次；检例第 1、48 号，均被援引 3 次；检例第 4、7、8、20、37、38、44、68 号，均被援引 1 次。[①] 被整体援引的 3 批案例中，第十二批（正当防卫）被援引 8 次，第六批（核准追诉）被援引 2 次，第四批（食品安全）被援引 1 次。

（3）司法机关应用的情况

57 例司法文书中，以作出决定的司法机关所在地域进行统计，J 省 14 例，H 省、S 省各 5 例，Z 省 4 例，T 市、L 省、M 省、G 省各 3 例，N 省、O 省、Y 省各 2 例，B 市、X 省、N 省、A 省、F 省、C 省、D 省、E 省、Q 省、K 省各 1 例。以司法机关所在层级统计，省级检察院、省高级法院各 1 例；市级检察院 5 例，市中级法院 12 例；县区级检察院

---

① 一份文书援引 2 件以上检察指导案例的，分别统计次数。

15 例，县区级法院 23 例。

（4）应用主体情况

检察指导案例应用的主体主要以检察官、法官为主，另有案件当事人、律师援引的情况①，其中，检察官援引 22 次，法官援引 19 次，辩护人援引 6 次，刑事被告人（上诉人）援引 3 次，民事原告援引 1 次，行政原告（上诉人、再审申请人）援引 6 次。检察官参照适用检察指导案例作出不批准逮捕的有检例第 38 号，参照并作出不起诉决定的有检例第 1、45、46、48 号，参照并作出起诉决定的有检例第 42、68 号，参照并提出抗诉的有检例第 8、42 号，参照并报请最高人民检察院核准追诉的有检例第 20 号，对刑事申诉案件进行复查，参照并作出不予支持决定的有检例第 45 号。法官主动参照检察指导案例作出判决或者裁定的有检例第 7、37、42、43、44 号，上诉人参照检察指导案例就定性、量刑提出上诉，被法官采纳作出改判（从轻处罚）的有检例第 48 号。其他为当事人、律师以检察指导案例作为诉讼请求参照根据，法官在裁判文书中被动援引，但是未给予回应或者评述。

（5）应用时间

以年度为单位，对近年援引检察指导案例情况进行统计，其中 2015 年 1 次，2016 年 1 次，2017 年 2 次，2018 年 3 次，2019 年 43 次，2020 年（截至 6 月 15 日）7 次。目前已知最早明示应用时间是 2015 年 1 月 15 日，H 省 H 市 X 区检察院对林某某滥用职权、受贿罪抗诉案，援引的是杨周武玩忽职守、徇私枉法、受贿案（检例第 8 号）。

截至本节内容写作时最新应用时间为 2020 年 5 月 7 日，来自 G 省 G 县检察院的《公诉案件审查报告》，援引的是骆某猥亵儿童案（检例第

① 笔者以主动援引检察指导案例的主体进行统计，例如，检察官当庭主动援引，辩护人回应，法官记载于判决书中，仅统计为检察官援引。又如，被告人、辩护人将检察指导案例作为辩解、辩护意见提交，被法官记载于判决书中，统计为被告人、辩护人援引。

43 号）和齐某强奸、猥亵儿童案（检例第 42 号）。①

（6）应用方式

根据司法人员（法官、检察官）在司法办案中，是否明确援引了检察指导案例进行释法说理，可以分为"明示（显性）援引"与"默示（隐性）援引"。根据司法人员援引检察指导案例是主动还是被动的态度，又分为"主动（积极）援引"与"被动（消极）援引"。57 例司法文书中，明示援引 34 例，隐性援引 23 例，其中，检察官主动援引 22 例，法官主动援引 20 例，因当事人以及辩护人提出，法官在裁判文书中被动援引的有 15 例。

（7）应用的主要例证

从调研了解情况看，至少有以下五例，可作为检察指导案例应用的典型例证。

应用实例一：2015 年 1 月 15 日，湖北省黄石市西塞山区检察院在林某某涉嫌滥用职权、受贿抗诉案的《刑事抗诉书》中，明示援引检察

---

① 该案犯罪嫌疑人系某中学老师，侦查机关指控其分别在教室、女生宿舍等场所对 6 名女学生采取摸胸、摸大腿、摸屁股等手段进行猥亵。犯罪嫌疑人只承认拍被害女学生屁股、后背，辩护人提出情节显著轻微，没有造成严重后果。首先，关于该案定性的问题，承办人经审查，参照检察指导案例，"只要行为人主观上以满足性刺激为目的，客观上实施了猥亵儿童的行为，侵害了特定儿童人格尊严和身心健康的，应当认定构成猥亵儿童罪。"认定犯罪嫌疑人作为一名教师，"第一，对多名初中女生采取摸打屁股、大腿、肚子等方式，多人、多次，超出其正常的教育职责，也与常人认知的亲昵行为明显有别。第二，犯罪嫌疑人的行为让女生心理上已经感到不舒服，引起了她们的性羞耻感，这种行为已经侵犯了被害人的身体及性的自主决定权，侵害了被害儿童人格尊严和身心健康，应当从严打击。第三，如果单独就一个行为来看，男老师仅仅摸一个学生的手，拍一下屁股，可以不用刑法规制，用治安措施惩治，但本案多名女生均证实有被摸经历，且在学生之间形成了一定的共识，造成不良影响。因此，承办人认为应评价为刑法规制的强制猥亵罪和猥亵儿童罪。"其次，关于该案能否适用刑法第 237 条第 2 款"公共场所当众、其他恶劣情节"，承办检察官参照第十一批检察指导案例，明确的行为人在教室、集体宿舍等场所实施猥亵行为，只要当时有多人在场，即使在场人未实际看到，也应认定犯罪行为是在"公共场所当众实施"的司法规则，认定犯罪嫌疑人实施猥亵行为时有多人在场，且部分人看到，因此具有"公共场所当众实施"情节。

指导案例（检例第 8 号杨周武玩忽职守、徇私枉法、受贿案）作为刑事抗诉的说理理由，"根据 2012 年 11 月 15 日最高人民检察院《关于印发第二批指导性案例的通知》规定，对于国家机关工作人员实施渎职犯罪并收受贿赂，同时构成受贿罪的，除刑法第三百九十九条有特别规定的外，以渎职犯罪和受贿罪数罪并罚"，因而被告人林某某在接受他人贿赂后采取实施滥用职权的行为为他人谋取不正当利益，其滥用职权的行为只不过是受贿得以实现的条件，应以受贿罪从重处罚，原判决适用法律错误，应当予以纠正。

应用实例二：湖北省随州市检察院参照适用第十一批检察指导案例抗诉一起量刑畸轻的性侵未成年人犯罪案件。检察机关提出"一审法院否定检察机关指控的'在公共场所当众猥亵'的从重量刑情节，属于适用法律错误，导致量刑畸轻"。在提出抗诉同时，将第十一批检察指导案例中的齐某强奸、猥亵儿童案提供二审法院参考，二审法院据此统一认识，作出终审判决，认定检察机关抗诉理由成立，将被告人有期徒刑 3 年改判为 5 年。

应用实例三：2019 年 3 月 1 日，福建省福州市晋安区人民检察院依据刑事诉讼法有关规定，参照最高人民检察院第十二批检察指导案例，认定赵宇案属于正当防卫，依法不负刑事责任，对赵宇作出绝对不起诉决定。该案的基本案情是：李华与邹某（女，27 岁）相识但不是太熟。2018 年 12 月 26 日 23 时许，二人一同吃饭后，一起乘出租车到达邹某的暂住处福州市晋安区某公寓楼，二人在室内发生争吵，随后李华被邹某关在门外。李华强行踹门而入，殴打谩骂邹某，引来邻居围观。暂住在楼上的被不起诉人赵宇闻声下楼查看，见李华把邹某摁在墙上并殴打其头部，即上前制止并从背后拉拽李华，致李华倒地。李华起身后欲殴打赵宇，威胁要叫人"弄死你们"，赵宇随即将李华推倒在地，朝李华腹部踩一脚，又拿起凳子欲砸李华，被邹某劝阻住，后赵宇离开现场。经法医鉴定，李华腹部横结肠破裂，伤情属重伤二级；邹某面部软组织挫伤，属轻微伤。

赵宇一案由福州市公安局晋安分局于2018年12月27日立案侦查。12月29日，福州市公安局晋安分局以涉嫌故意伤害罪对赵宇刑事拘留。2019年1月4日，福州市公安局晋安分局以涉嫌故意伤害罪向福州市晋安区人民检察院提请批准逮捕。2019年1月10日，福州市晋安区人民检察院因案件"被害人"李华正在医院手术治疗，伤情不确定，以事实不清、证据不足作出不批准逮捕决定，同日公安机关对赵宇取保候审。2月20日，公安机关以赵宇涉嫌过失致人重伤罪向福州市晋安区人民检察院移送审查起诉。晋安区人民检察院于2月21日以防卫过当对赵宇作出相对不起诉决定，引起社会舆论高度关注。在最高人民检察院指导下，福建省人民检察院指令福州市人民检察院对该案进行了审查。福州市人民检察院经审查认为，原不起诉决定存在适用法律错误，遂指令晋安区人民检察院撤销原不起诉决定，于3月1日以正当防卫对赵宇作出无罪的不起诉决定。

认定该案时，检察机关明确指出参照最高人民检察院第十二批检察指导案例，认定：赵宇的行为符合正当防卫的要件，赵宇的防卫行为没有明显超过必要限度。

应用实例四：2019年3月，河北省保定市涞源县检察院参照第十二批检察指导案例认定王新元、赵印芝的行为属于正当防卫，不负刑事责任，作出不起诉决定。

该案主要情况是：2018年1月寒假期间，王某某到北京其母亲赵印芝打工的餐厅当服务员，与在餐厅打工的王磊相识。王磊多次联系王某某请求进一步交往，均被拒绝。2018年5月至6月期间，王磊采取携带甩棍、刀具上门滋扰，以自杀相威胁，发送含有死亡威胁内容的手机短信，扬言要杀王某某兄妹等方式，先后六次到王某某家中、学校等地对王某某及其家人不断骚扰、威胁。王某某就读的学校专门制定了应急预案防范王磊。王某某及家人先后躲避到县城宾馆、亲戚家居住，并向涞源县、张家口市、北京市等地公安机关报警，公安机关多次出警，对王磊训诫无效。2018 年 6 月底，王某某的家人借来两条狗护院，在院中安装了监控设备，在卧室放置了铁锹、菜刀、木棍等，并让王某某不定期更换卧室予以防范。2018 年 7 月 11 日 17 时许，王磊到达涞源县城，购买了两把水果刀和霹雳手套，预约了一辆小轿车，并于当晚乘预约车到王某某家。23 时许，王磊携带两把水果刀、甩棍翻墙进入王某某家院中，引起护院的狗叫。王新元在住房内见王磊持凶器进入院中，即让王某某报警，并拿铁锹冲出住房，与王磊打斗。王磊用水果刀（刀身长 11cm、宽 2.4cm）划伤王新元手臂。随后，赵印芝持菜刀跑出住房加入打斗，王磊用甩棍（金属材质、全长 51.4cm）击打赵印芝头部、手部，赵印芝手中菜刀被打掉。此时王某某也从住房内拿出菜刀跑到院中，王磊见到后冲向王某某，王某某转身往回跑，王磊在后追赶。王新元、赵印芝为保护王某某追打王磊，三人扭打在一起。其间，王某某回屋用手机报警两次。王新元、赵印芝继续持木棍、菜刀与王磊对打，王磊倒地后两次欲起身。王新元、赵印芝担心其起身实施侵害，就连续先后用菜刀、木棍击打王磊，直至王磊不再动弹。事后，王新元、赵印芝、王某某三人在院中等待警察到来。经鉴定，王磊头面部、枕部、颈部、双肩及双臂多处受伤，符合颅脑损伤合并失血性休克死亡；王新元胸部、双臂多处受刺伤、划伤，伤情属于轻伤二级；赵印芝头部、手部受伤，王某某腹部受伤，均属轻微伤。

2019 年 3 月 3 日，河北省保定市人民检察院发布通报，根据第十二批检察指导案例以及近期处理的正当防卫相关案例所体现的精神，依据刑法第 20 条第 3 款和刑事诉讼法第 177 条第 1 款之规定，认定被不起诉人王新元、赵印芝为使自己及家人的人身权利免受正在进行的暴力侵害，对深夜携凶器翻墙入宅行凶的王磊，采取制止暴力侵害的防卫行为，符合刑法第 20 条第 3 款之规定，属于正当防卫，不负刑事责任。

应用实例五：2017 年 10 月 12 日发布第九批检察指导案例后，湖北

省孝感市中级人民法院于 2017 年 12 月 25 日作出的（2017）鄂 09 刑终
286 号刑事判决书，在余远成盗窃案的终审判决中，引用了张四毛盗窃
案（检例第 37 号）指导意义作为说理依据，认定"域名属于无形资产
和稀缺资源，其持有人可以对域名行使出售、变更、注销等处分权。同
时，网络域名属个人有效财产，具有市场交换价值，其价值当前可综合
考虑网络域名的购入价、销赃价、域名升值潜力和市场热度等综合认
定"，类似盗窃域名案件中，被告人行为构成盗窃罪。

　　该案案情是：2014 年 2 月 14 日和 2015 年 3 月 25 日，被害人肖某 1
在易名中国域名交易平台利用其同学肖某 3ID681582 分别以 49500 元、
80000 元购买了"9580. COM"和"090. CN"两个域名，并于 2016 年 5
月 12 日转到易名中国域名交易平台停放。2016 年 12 月 28 日，被告人
余远成盗取肖某 1 在易名中国域名交易平台上的"9580. COM"和
"090. CN"两个域名后，通过 QQ（号码 805×××0788）以周某的身
份同李某联系，将"9580. COM"和"090. CN"分别在李某处抵押贷款
120000 元和 40000 元。2017 年 1 月 8 日，李某将"9580. COM"域名以
143550 元的价格卖给王某，除去利息、手续费后，李某将余款 19950 元转
到户名周某（卡号为 62×××10）的工商银行账户。被告人余远成从中
非法获利共计 179950 元。

（三）两次调研得出的初步结论

1. 关于检察指导案例应用的意见建议

　　受访者主要围绕检察指导案例的编写发布、明确效力、参照规则、
数据库建设、加强学习培训等几个方面提出意见建议，主要有："增加
发布的频率、数量以及覆盖面""聚焦一些实践争议较大、法律规定不
明确"或者"常见多发"问题发布检察指导案例，建议"编纂成册"
或者"出版固定刊物"，以及"'两高'联合发布指导性案例"等。针
对当前检察指导案例"检索不便"的问题，受访者建议"建立统一数据

库"或"检索平台"开放查询,建议"加强分门别类",有的受访者建议"在办案系统中接入指导性案例库"。关于检察指导案例效力以及参照适用规则方面,受访者建议明确检察指导案例"法律地位,确定适用规则和效力""建立相似性判断规则""加强适用操作指引",有的受访者建议"可参照判例法作为引用根据",也有受访者建议"注重个案之间的差别性""注意不同地区相似案件的差异",提出"不需强求""不宜强行推广"。此外,受访者还就加强检察指导案例学习培训,加强"应用培训"等提出意见建议。

2. 结论

综合上述研究结论,比较分析,2015 年之前,检察指导案例在司法实践中的应用基本为空白,应用情况总体不佳。但是自 2018 年之后,不论是检察指导案例发布数量、发布频率,还是学术界、实务界关注度都显著上升。通过问卷调查,反映出检察人员对案例指导制度持有热情,对于检察指导案例对司法实践的积极作用持更高期待。

三、制约检察指导案例应用的因素

本书在其他章节中也谈到了制约检察指导案例应用的一些障碍,结合前文的分析,从检察指导案例的实践调研情况来看,立足于一线办案检察官的角度,影响检察指导案例应用于实践的问题,还有以下几个方面:

(一) 对检察指导案例效力的认识存在偏差

当前,检察办案人员总体对检察指导案例的功能、作用、意义等认识还存在偏差。例如,有的认为,司法过程中,法院是作出终局裁决的部门,指导性案例对法院具有重要意义,对检察机关作用不大;有的认为,检察指导案例的效力还是如以前一样,"可以参照",也就是"可有可无",法律、司法解释解决不了的问题,检察指导案例也解决不了,没必要关注；还有的认为，检察指导案例主要侧重于对刑事政策和检察机关办案工作效果的宣传，对法律的普及宣传，对实际办案具体指导作用不大。这些存在偏差的认识，客观上制约了检察指导案例实际作用的发挥。

（二）检察指导案例参照方法缺失

检察机关案例指导制度实施时间不长，从 2018 年发布第十批检察指导案例开始，增加案例编发的要素，编发的文本质量和应用力明显有所革新。但是，检察指导案例编发文本的参照应用说明仍不足。"参照应用是案例指导制度的关键与依归。"[①] 依照规定，检察指导案例的参照结果是"引述相关指导性案例作为释法说理根据"。参照对象是案例，而参照内容和参照方法，至今没有形成统一的认识和规则。通过问卷调查，在一线办案的 20 名检察官，认为应该参照案件事实与法条合占45%，参照案例的构成要件占40%，参照案例的核心事实或参照案例适用的法条占15%。这说明，检察官对于如何参照检察指导案例存在分歧，意见不统一。对检察指导案例如何参照适用培训不够，实践中司法人员案例思维训练不够，是检察指导案例应用效果不佳的原因之一。

（三）类似案件的对比缺乏统一标准

检察指导案例的类似案件认定标准不确定，对比技术缺失或不成熟，对比方法至今仍未形成业内共识和实务规则。笔者走访 G 省、Y 省5 个基层检察院，受访检察官普遍反映，不是不想引用检察指导案例，而是难以判断案件跟检察指导案例类似程度，业内缺乏参照方法指引的共识，办案中存在参照错误的风险，不如不引用。通过对 N 市两级检察院申诉案件与刑事申诉检察指导案例进行类似性对比，发现辨识案件类

---

① 左卫民、陈明国主编：《中国特色案例指导制度研究》，北京大学出版社 2014年版，第 112 页。

似性多依赖经验。这些经验仍为个体知识，没有上升为司法群体的专业规则，很难获得司法职业共同体成员的认同。

（四）缺乏案例法观念和引用案例的习惯

问卷调查显示：N 市检察机关 383 名员额检察官在办案中都没有与检察指导案例进行类似性对比，也没有律师向检察官提出要参照法院和检察院的"指导性案例"适用法律。检察官是推进案例指导制度发展的重要力量，但检察官引用指导性案例较少，形式较单一。[①] 这一情形说明检察官"习惯从法条和分析、演绎、推理三段论中寻求结论，尚未形成参照案例的习惯"[②]。改革前，行政化审批制并不欢迎指导性案例。实行司法责任制改革后，检察官独立依法办案责任机制形成，如何将检察指导案例有效融入新办案模式，同样需要一个适应和转变的过程。

（五）不同业务的检察指导案例客观上具有特殊性

鉴于工作特点，客观上刑事立法及司法解释较发达，刑事领域制发检察指导案例空间有限，同时还要受到罪刑法定原则的限制，如果检察指导案例提炼的要旨与司法解释重复，法律适用时参考的必要性就不大；反之，要旨若是创制了规则，填补了法律和司法解释的空白漏洞，则可能受到违背罪刑法定、存在类推适用的质疑。这样，在刑事领域制发检察指导案例，一开始就存在"戴着镣铐跳舞"，作用发挥空间较为狭窄的先天难题。对此，不能不考虑德国学者提出的观点："在某些情况下，对法律安定性和分权原则的考虑，会要求严格禁止司法性的漏洞填补活动。比如，按照法无明文规定不为罪的罪刑法定原则，对于确立

---

① 郭叶、孙妹：《指导性案例应用大数据分析——最高人民法院指导性案例司法应用年度报告（2016）》，载《中国应用法学》2017 年第 4 期。

② 李涛、范玉：《刑事指导性案例的生成、适用障碍以及制度突破》，载《法律适用（司法案例）》2017 年第 4 期。

刑罚以及加重刑罚的规定禁止类推适用。"① 正因为如此，刑事方面指导性案例的遴选和发布，需要持更加谨慎的态度。而民事方面，"法律适用的原则是有法律依法律、无法律依习惯、无习惯依法理"，检察指导案例就很好地扮演了在成文法律缺位的情况下，依据习惯和法理创制规则、填补法律空白的功能，这既是民事法律适用法理所允许的，也是实践中司法者所急需的。

（六）检察指导案例效力级别偏低和应用力不足

检察指导案例具有的参照效力属于制度性效力，② 其参照效力的制度性供给不足，主要体现为三个方面：一是检察指导案例的制度应用效力方面。虽然制度文本写的是"参照"，而实践仅作为检察官适用法律的"参考"，只有劝导性质，没有形成强制性的参照效力，没有达到准司法解释定位的制度性效力供给预期。调查显示，大多数受访者对检察指导案例效力选择了"没有强制要求，可参可不参，干脆不参照"和"没有人要求参照指导性案例"两个选项，证明了检察指导案例参照效力偏低。二是检察指导案例的释法说理效力方面。检察机关案例指导制度仅要求"可以引述"，在司法理性平和原则下，当释法说理成为一种司法专业规范的时候，办案过程中引用检察指导案例才可能成为检察官司法办案的职业自觉。三是检察指导案例的应用效力。有学者指出："造法型指导性案例具有准法源效力，释法型指导性案例只具有参考效力，宣法型指导性案例不具有适用效力。"③ 在检察指导案例中，性质上类似于司法解释中"批复"的释法型案例偏少。正因为如此，现行的检察机关案例指导制度，倾向于把检察指导案例作为法律文书释法说理

---

① ［德］齐佩利乌斯：《法学方法论》，金振豹译，法律出版社 2009 年版，第 97 页。

② 曹志勋：《论指导性案例的参照效力及其裁判技术——基于对已公布的 42 个民事指导性案例的实质分析》，载《比较法研究》2016 年第 6 期。

③ 鲁资琳：《指导性案例同质化处理的困境及突破》，载《法学》2017 年第 1 期。

的选择性依据，使得适用检察指导案例直接裁决司法疑难问题的应用效力弱化。

（七）缺乏健全的案例应用和管理机制

实践中，检察官办案缺乏检察指导案例应用审查机制，在检察官制作内部法律文书时，没有强制要求应当说明指导性案例引用情况，也没有要求检察官进行检察指导案例类似性对比操作。在司法监督管理规范方面，大多数检察院案件管理部门并没有在检察业务应用系统中增加检察指导案例应用情况监测与统计功能，没有将检察指导案例应用情况列入司法监督管理项目进行考核。上级人民检察院业务部门也很少自行统计检察指导案例的应用情况。这说明，在检察指导案例应用规范管理方面有待强化。

四、检察指导案例应用工作的完善

检察机关应扩大检察指导案例应用范围，增强制度性效力供给，进一步拓宽案例指导制度的发展空间。结合实证调研，以下实践工作亟待加强：

（一）建立检察指导案例参照应用标准和专业化操作规范

司法实践不仅需要案例法思维，还需要建立完备、规范的案例应用专门方法，赋予检察指导案例一定的"刚性约束力"。一是确定检察指导案例查询操作及参照方法。明确检察官办理案件应当查询"两高"指导性案例，并进行类似性对比和判断；参照或不参照指导性案例应予说明。确定参照方法，即明确案例要旨具有司法规则功能，参照案例必须遵循其裁判规则，超越指导裁判规则的参照无效。二是明确检察指导案例参照应用标准。有学者认为，应明确识别类似案件的标准，从基本案情与适用法律两方面，将本案与指导性案例进行对比和确定。① 笔者认为，检察指导案例的指导意义，集中体现在"要旨"提炼的规则和"指导意义"阐明的具体内容。一般来说，"要旨"与"指导意义"是相对应的，实践中适用检察指导案例解决现实案例问题，在案情基本一致的情况下，可以直接引用要旨在法律文书中进行说理，并可参照指导意义对要旨予以阐述。三是建立引述检察指导案例的操作规范。检察官引述时，应当讲明案例编号、案件与案例的类似性判断以及裁判规则。

（二）健全检察指导案例的实践应用机制

增强检察指导案例参照效力的刚性，将"可参可引"的效力提升到更高的应用效力级别，形成"当参当引"的实务参照效力样态。一是明确检察官应优先参照指导性案例。指导性案例的裁判规则是司法解释的补充，其具有准司法解释的效力。当检察业务规则与指导性案例裁判规则同时存在时，要求检察官应当优先参照指导性案例，按照案例的裁判规则办理案件。二是规范文书释法引述指导性案例。明确重点法律文书释法说理应当引述参照指导性案例，增强说理效果。参照指导性案例作出决定的案件，制作的法律文书属于最高人民检察院《关于加强检察法律文书说理工作的意见》中说理重点范围的，检察官应当引述指导性案例进行释法说理。其他法律文书，可由检察官根据具体情况选择是否引述。三是规范检察指导案例应用请求的回应。明确律师、当事人建议检察官参照指导性案例适用法律时，检察官应在法律文书中作出回应。这方面，要借鉴吸收审判机关案例指导制度的相关规定，还可以借鉴德国的做法，规定检察官办理类似案件作出与指导性案例不同的决定时，应当向检察长报告，并说明理由。②

---

① 王杏飞：《指导性案例效力的最新发展》，载《中国社会科学报》2016年4月20日。

② 刘宝霞：《检察案例指导制度构建》，载《法学杂志》2012年第10期。

（三）加强检察指导案例的应用管理工作

检察指导案例应用管理属于司法管理范畴，具有不同于成文法应用管理的要求。要把检察指导案例应用管理作为一项相对独立的案件管理单元，健全检察指导案例实务应用与管理机制，形成较为完备的指导性案例资料管理和应用管理规范。一是明确业务部门的检察指导案例知识管理和资料管理要求，建立检察指导案例资料库。二是明确将检察指导案例应用情况纳入检察指导业务应用系统管理，设置是否参照"两高"指导性案例的填写选项，参照指导性案例的，还要注明案例号。三是明确入编检察指导案例的作者，确保获得业绩考评加分评价和适当形式奖励。四是各级检察院应定期评估检察指导案例实务应用情况，并向上一级检察机关报告。五是建立检察指导案例公开发布和查询制度，向检察官和社会公众开放，便于查找和使用。

（四）发挥信息化方式在检察指导案例应用中的作用

信息化永远是解放生产力，提升工作效率的有效方式。信息化深刻影响法律工作模式，改变法律服务基本方式。检察机关应强化检察指导案例的信息化检索功能，将人工智能应用于案例指导工作，充分利用人工智能系统提供案件对比、检察指导案例推送、类似案例推送的智能化便利服务。一是建立检察指导案例要旨及其适用法律、司法解释和业务规则的数据库，形成检察指导案例法律适用方法即参照适用规则的推送服务。二是可以为每个检察指导案例建立类似案件数据库，形成检察指导案例和实务类似案件的推送服务，使检察官在案例指导效力范围内适用法律。三是可以倡导应用检察指导案例办理的案件，在检察信息网上公开。

（五）重视检察指导案例在法律文书说理中的应用

当前，应当特别重视推进检察指导案例在检察法律文书中作为论证和说理的依据。检察机关内部的法律文书，如关于审查起诉的审查报告，可以引用检察指导案例对处理理由充分说明；对外公开的法律文书，更要重视检察指导案例在释法说理中的运用。例如，不批准逮捕决定书、不起诉书、抗诉书等都是检察机关处理决定的重要载体，可以在释法说理中运用检察指导案例对处理结论加以论证说明。强化检察指导案例在检察法律文书说理中的运用，有利于增强检察机关所作决定的说服力，增进相关机关和当事人对检察机关办案依据的理解，也有利于扩大检察工作的社会影响力，提升司法公信力。

第三节　司法类案比对参照适用相关问题研究①

诚如美国霍姆斯大法官指出的："法律的生命不在于逻辑，而在于经验。"② 不论是成文法国家，还是判例法国家，将司法中已生效案例与类似待决案件之间的比对参照，并借助类案比对参照形成的结论，适用于待决案件，以为待决案件办理提供可资借鉴的经验、结论，强化司法者的内心确信，或者纠正司法者的认识偏差，即类案之间的比对参照适用，是司法过程中不可或缺的重要方法。由此，对司法中的类案比对参照适用问题开展研究，不仅具有理论意义，更对完善司法具有实践价值。

一、司法类案比对参照适用的相关前提性问题

（一）司法类案的界定

如果将作为类案比对参照适用前提的案例，放大到实际存在的一切

---

① 本节内容获中国法学会案例法学会 2020 年年会优秀论文二等奖，原载于《中国案例研究》第 1 卷，收入本书时作了较大修改。

② ［美］小奥利弗·温德尔·霍姆斯：《普通法》，冉昊、姚中秋译，中国政法大学出版社 2006 年版，第 1 页。

已决案例，那么，在"司法类案比对参照适用"这一概念中，关键性的问题就在于界定何谓"司法类案"，也即在什么样的情况下，可以认为已决案例和待办案件之间具有类似性？对此，学界有不同的观点。例如，王利明教授提出案件之间的类似性应当包含四个方面，即案件的关键事实、法律关系、案例的争议点、案件所争议的法律问题具有相似性。① 黄泽敏教授与张继成教授认为，要判断待决案件与指导性案例是否做到了相似案件相似审判，需要了解事实特征、法律特征、判决结果和制约因素等四类要素，但其中"最终标准是实质理由论证的相似性"。② 雷磊教授指出，当两个具体案件在重要性特征上完全相同时，应当对它们得出相同的判决结论。③ 张骐教授总结的司法类案比较维度包括争议问题、案情、关键事实，其中基本的比较点是争议问题和关键事实。④

以上几种观点都有一定的合理性。但实际上，笔者认为，讨论类案之间的比对参照适用，需要明确两个前提性问题：（1）应当承认案例之间具有类似性，可以进行比对参照适用。那种以"世界上没有两片相同的树叶"为由，否认案例与案件之间相似性的观点，从根本上架空了类案比对参照适用的前提，是不可取的。应当明确，讨论司法类案比对参照适用的基本前提是：世界上确实未必有完全相同的案件，但必然存在可以类比的案件。（2）由此而来，应当认为什么情况下案件之间可以进行类比呢？对此，笔者以为，案件之间是否类似，要形成一条简明而又毫无缺漏的规则，保证"放之四海而皆准"，实际上是非常困难的。案

---

① 王利明：《成文法传统中的创新——怎么看案例指导制度》，《人民法院报》2012 年 2 月 20 日。

② 参见黄泽敏、张继成：《案例指导制度下的法律推理及其规则》，载《法学研究》2013 年第 2 期。

③ 参见雷磊：《为涵摄模式辩护》，载《中外法学》2016 年第 5 期。

④ 相关观点参见张骐：《再论类似案件的判断与指导性案例的使用——以当代中国法官对指导性案例的使用经验为契口》，载《法制与社会发展》2015 年第 5 期。

件之间是否属于类案，很多情况下需要司法者根据实际情况进行具体判断。对类案概念的界定，只能为这种判断提供一种方向性的指引。

鉴于以上两点，对类似案件进行定位，必然会发现，对案件进行比较时，能够形成比较的无非是这些方面：争议焦点、案情事实（事实特征）、法律关系、法律问题、裁决结果、作出裁决的实质理由、制约裁决的实质因素、诉讼标的等。在以上几个方面中，最不可能完全一致的是案情事实。因为案件中的事实要素涉及生活中的方方面面，不可能完全相似。例如，至少案件中当事人的姓名、个性等人身特征不可能完全一致，案件发生的时间、地点等具体情境，也不太可能完全一致。判断是否属于类案，当然无须对这些事实提出一致性要求，但同时，决定案件处理结果的最关键的因素恰恰又是案件事实。这就需要司法者对案件事实作出层次性的区分。在理论研究层面，我们可以说，案件事实可以区分为实质意义事实与非实质意义事实。案件中相当多的事实是对案件处理结论没有实质意义的，这些可以认为是非实质意义事实。正如英国法学家斯通教授谈到，在案件中，很多事实要素的更改或者替换，不会改变判决的结果，那么这些要素就不是实质性的事实。[①] 但同时，还有很多关键事实，直接决定案件处理结果，这些事实就是具有实质意义的事实了。

换言之，一个案件总是有很多事实，只有符合法律要求的具有实质意义的构成要件事实相似的案件，才能成立类案。至于何谓具有实质意义的构成要件事实相似呢？这就要依托于司法者的经验判断和价值判断，在案件之间进行精巧、技术的分析比较，归纳确定哪些事实属于具有实质意义的事实，并就具有实质意义的构成要件事实是否一致进行精心比较。概言之，在关于司法类案的问题上，可以归纳三个层面的递进

---

① 　Julius Stone. The Ratio of the Ratio Decidendi. The Modern Law Review. 22（1959）597 − 620. 转引自高尚：《司法类案的判断标准及其运用》，载《法律科学（西北政法大学学报）》2020 年第 1 期。

问题：类案是否存在？必须承认司法中类案是存在的。如何判断类案？大多数情况下，只能以是否具有实质意义的构成要件事实一致作为判断司法类案的依据。如何判断哪些构成要件事实是具有实质意义的构成要件事实？大多数情况下只能依据司法者的实践经验判断。这三个层面的问题，是讨论类案比对参照适用的前提性问题。

（二）司法类案比对参照适用的必要性

类案比对、参照，旨在将案例中的既往裁判思路和结果呈现在面对待决案件需要作出结论的司法官面前，为司法官适用法律提供可资参考借鉴的推理逻辑和评价标准，有利于保证法律的统一正确实施，也是规范自由裁量权的应有之义。对类案比对参照适用的必要性，可以从三个方面予以归纳。

首先，类案同判是司法正义的要求。司法以公正或正义为根本价值。在人类社会秩序的形成过程中，公正至关重要，且含义极为复杂。但正义最古老、最基本的含义无疑是相同情况相同对待。"自古罗马时期以来，每个国家的人们都坚信一个国家法律的好坏体现在是否对同类案件同类处理，是否能够实现个案的公平与正义。"[1] 亚里士多德指出："简而言之，正义包含两个因素——事物和应该接受事物的人；大家认为相等的人就该配给到相等的事物。"[2] "类案类判"是古老的自然正义观的反映，也是司法的基本要求，更是保证法律获得民众发自内心认可，从而得到统一正确实施的必然要求。

其次，运用司法类案比对参照的方式促进案例与待决案件之间结论的一致，也是累积传递司法经验的一种方式。最高人民法院胡云腾大法官说："如果说法治社会是一条大路，那么案例就是公民和法人长途跋

---

① 郑玉波译解：《法谚》（一），三民书局 1986 年版，第 28 页。

② ［古希腊］亚里士多德：《政治学》，吴寿彭译，商务印书馆 1965 年版，第 152 页。

涉的脚印。"① 实际上，作为已决案件形成的案例，无不渗透了司法者对法律精神的理解，对案件中涉及的法律关系的把握，以及对争议问题的裁断。这种理解、把握、裁断，虽未必完全准确，但作为一种"先在"，无疑能够为后来遇到同样案件的同行提供一种可资参照的经验。开展司法类案之间的比对、参照、适用，实际上就是鼓励、倡导这种经验在司法者之间的传递、积累，借助经验的传递不断提升司法的水平。

最后，运用司法类案比对参照，还是规范司法者自由裁量权的重要方式。毫无疑问，自由裁量权的存在是柄"双刃剑"。一方面，自由裁量权可以保证司法者在具体案件中作出具体判断，得出妥当合适的结论。正如一些学者指出的："司法官唯有在固定的严格规则与鲜活的社会现实之间游刃有余，才能实现法律的真实价值——社会的实际需要。"② 另一方面，一切有权力的人都倾向于滥用权力。自由裁量权的滥用又可能导致司法者作出一些不当判断，影响案件结论的正确判断，甚至徇私徇情结果的出现。正是在这一意义上，《美国法律辞典》在界定自由裁量权时就指出："自由裁量权是指官员所拥有的基于自己的判断而行使的权力。自由裁量权给予官员某些决策方面的选择，但这种选择并非漫无边际。实际上自由裁量权通常要受到某些规则和原则的制约，而不能被独断地行使。"③ 司法类案的比对参照适用，为司法者自由裁量权的行使提供了一种可参照的具体形象的先在标准，是自由裁量权的有效引导和有力制约。从规范自由裁量权行使的角度，有必要更好地开展司法类案比对参照适用工作。

---

① 胡云腾：《一个大法官与案例的 38 年情缘》，载《民主与法制》2017 年第 20 期。
② 崔林林：《严格规则与自由裁量之间——英美司法风格差异及其成因的比较研究》，北京大学出版社 2005 年版，第 188 页。
③ ［美］彼得·G. 伦斯特洛姆编：《美国法律辞典》，贺卫方等译，中国政法大学出版社 1998 年版，第 103 页。

（三）司法类案比对参照适用的可能性

司法类案比对参照适用的可能性，同样可以从两个方面予以分析。

1. 司法案件的重复性决定了司法类案比对参照适用的可能性

司法工作本质上是一种经验判断的过程。司法工作的特殊性，在于不同案件中所呈现的法律关系、当事人诉求，大多是日复一日重复的。由此决定，案件办理工作，可以通过经验学习、传授，保证案件办理结果的妥当。实际上，作为司法官，为什么需要大量研习案例？就是因为司法官能够在研习案例的同时，将案例中有关的行为模式和法律后果内化为自身的认知，从而在今后的司法工作中，遇到相同或类似案件时，能够保证对法律的理解和应用与先前的案例一致，从而保证法律适用的统一与连贯，实现法治社会公民作出的任何行为，都可以依据法律得到可预期的结果，即依法得到合理预期。诚如马克斯·韦伯基于法律社会学研究提出的结论："法规范的形成有两个首要的来源。一是某些共识，尤其是某些目的理性的协议之趋向定型化……二是'法官'的'判例'。"① 实际上，判例是司法者共识形成的重要基础。类案类判，本质上就是保证前人在案件中积累的经验能够传递、反馈、反映在今后类似案件办理中，形成和巩固法律职业共同体的共识。

2. 司法信息化工作的发展为类案比对参照适用提供了极大便捷

当前我国司法机关正在如火如荼进行的信息化建设为司法类案的比对参照适用提供了硬件支撑。例如，人民法院开发了"法信——中国法律应用数字网络服务平台"。该系统是中国首个法律知识和案例大数据融合服务平台，提供了类案剖析同案智推服务，并向社会大众提供法律规范和裁判规则参考。此外，最高人民法院还开通了中国司法大数据服务网、中国裁判文书网、中国司法案例网等。检察系统则由最高人民检

---

① 参见［德］马克斯·韦伯：《法律社会学》，康乐、简惠美译，法律出版社2005年版，第154页。

察院开发上线运行了检察业务应用系统2.0。这一系统可以运用智能辅助、数据应用等方式，实现案例的及时准确推送。目前，正在开发建设检察案例库。这些信息技术在司法中的应用，为类案类判，类案推送提供了便捷的技术支撑，节省了很多前人不可想象的检索时间成本，使类案比对参照适用成为案件办理中极其简便可行的工作。

二、司法类案比对参照适用的路径遵循

在明确前提性问题后，讨论如何推动类案比对参照适用，实际上还需要解决的重要问题就是类案如何参照适用？对此，就类案参照适用的方式来说，主要有两条不同的路径，这两条不同的路径在中国语境下的案例指导制度中并行发展，但其各自运行规律特点值得研究。

（一）通过案例提炼规则

司法类案比对参照适用的路径之一是通过案例提炼规则，再将规则应用于解决待决案件。这一思路本质上是成文法的思路，只不过，通过案例提炼的规则，有效补充了法律和司法解释的供给不足。

根据人民法院组织法和人民检察院组织法规定，最高人民法院和最高人民检察院都可以发布指导性案例。目前，"两高"指导性案例的制定、发布和应用基本上就是遵循这样一条路径。案例指导制度本质上是一种司法类案比对参照适用的方式。只不过，作为比对前提的已决案例，是一种特殊的，经过最高司法机关遴选、研制并正式发布的案例。一般来说，最高司法机关制发指导性案例，总是要通过前期调研，找到实践中在法律适用方面存在疑难或者需要集中解决的同类问题。这些问题的出现，往往是由于法律上存在空白、模糊、歧义之处。这样的问题在某一件指导性案例中典型地存在着，并且，该指导性案例中，司法机关的处理方式提供了较好的解决问题路径。最高司法机关从实践中收集到这样的案例后，一般都会开展解剖研究，并对案例进行编辑。通过编

辑，提炼出一至二条类案中可以普遍适用的规则，再将这样的规则运用于司法类似案件办理中，解决疑难问题。①

　　例如，以最高人民法院和最高人民检察院同时确定为指导性案例的"马乐利用未公开信息交易案"②为例。该案例即运用体系解释的方法，明确提炼了相关法律规则。该案例的基本案情是：马乐是一家股票证券投资基金经理，其利用未公开信息进行交易，买卖股票76只，累计成交金额人民币10.5亿余元，非法获利人民币1900多万元。对此，根据刑法第180条第4款的规定，马乐的行为已构成利用未公开信息交易罪，应当"依照第一款的规定处罚"，即依据刑法第180条第1款规定的内幕交易、泄露内幕交易信息罪进行处罚。该案分歧点在于马乐的行为是依照第一款中"情节严重"还是"情节特别严重"的刑罚幅度量刑？一种观点认为，刑法第180条第4款只规定利用未公开信息交易"情节严重的"，依第1款处罚，而未规定"情节特别严重"如何处罚，因此只能依照第1款中"情节严重"的法定刑进行处罚。一审、二审都是采纳这种观点，对马乐判处3年有期徒刑缓刑5年。最高人民检察院认为，第180条第4款规定的"情节严重"是入罪标准，入罪后的处刑应是对第1款的全部援引，需区分"情节严重"还是"情节特别严重"来进行处罚，情节严重的，处5年以下有期徒刑，并处罚金；情节特别严重的，则应处5年以上10年以下有期徒刑，并处罚金。马乐的行为应适用"情节特别严重"的量刑幅度，一审、二审都在5年以下量刑，属于量刑不当，应予抗诉。

　　经最高人民检察院按照审判监督程序向最高人民法院提出抗诉后，最高人民法院作出再审终审判决，采纳抗诉观点，认定马乐犯利用未公

---

　　① 在最高人民法院发布的法院指导案例中，这样的规则叫"裁判要点"，在最高人民检察院的指导性案例中，这样的规则叫"要旨"。无论是"裁判要点"还是"要旨"，一般都代表了通过案例提炼出来，可以推广应用于类案的司法规则。
　　② 法院指导案例61号和检察指导案例第24号。

开信息交易罪"情节特别严重",鉴于其有自首情节,减轻处罚,终审判处有期徒刑3年,并处罚金。终审判决实际上认可了最高人民检察院的抗诉意见,在上述两种观点中采纳了第二种观点。该案例确立了以下司法规则:刑法第180条第4款利用未公开信息交易罪的刑罚是对第1款内幕交易、泄露内幕信息罪法定刑的全部援引。利用未公开信息交易罪在处罚上应当依照内幕交易、泄露内幕信息罪的全部法定刑处罚,区分不同情形分别依照"情节严重"和"情节特别严重"两个量刑档次量刑。

最高人民法院和最高人民检察院将该案例确定为指导性案例,实际上就是明确了以下类案适用规则:即刑法中类似援引法定刑的规定,应当是对相关条款全部法定刑的援引。指导性案例提炼和明确的这一规则,对后续类似案件办理具有指导意义。类似情形刑法还有规定,例如:刑法第285条第3款规定的"提供侵入、非法控制计算机信息系统的程序、工具罪"中,同样有"情节严重的,依照前款的规定处罚"的表述;而该条第2款设置的"非法获取计算机信息系统数据、非法控制计算机系统罪"中,也规定了"情节严重""情节特别严重"两个量刑档次,亦为全部援引。对此,"两高"在《办理危害计算机信息系统安全刑事案件应用法律若干问题的解释》第3条中予以明确,第3款依照前款规定处罚的援引,是包含"情节严重"和"情节特别严重"两个量刑档次的全部援引。又如,刑法第405条第2款关于违法提供出口退税凭证罪的规定,也是如此。这些罪名之间法定刑的援引,都应当是全部援引,可以说,马乐利用未公开信息交易案确定的规则,为后续一系列案件法律适用确定了明确的规则。概括这一过程,可以看出,通过指导性案例实现类案的比对参照适用,一般的路径是:选择案例确定为指导性案例;通过指导性案例提炼规则;通过规则解释、补充法律,结合法律将规则应用于待决案件。这一路径代表了当前我国司法实践中类案比对参照适用较为典型的模式。

从法律适用方法上来说，指导性案例这种提炼规则，推进规则在类案中应用的方法，是一种演绎推理的方法。所谓演绎推理，即从一个共同概念联系着的两个性质的判断（大、小前提）出发，推论出另一个性质的判断（结论），即"司法三段论"。概括地说，法律规定是大前提，案件事实是小前提，结论就是判决或裁定。① 在指导性案例的应用中，只不过，将法律规定的大前提，置换成了通过指导性案例提炼的规则（在最高人民法院和最高人民检察院的指导性案例中，这样的规则分别被称为"裁判要点"或者"要旨"）。

（二）案例与案件之间的直接比对参照适用

案例与待决案件之间的直接比对参照适用，则与上述指导性案例提炼规则的方式有所不同。其基本的方式是：司法者遇到存在疑难的待决案件——在已决案例库中寻找到与待决案件事实相类似的案例——司法者进行案例与待决案件之间事实的比对——参照案例中的结论形成对待决案件的判断。

在这一过程中，没有上级司法机关做类似最高人民法院或者最高人民检察院提炼规则的工作。司法者必须自己完成三个步骤：（1）根据检索，寻找具有相似性的案例；（2）在案例与当前待决疑难案件之间进行比对，遴选具有实质意义的构成要件事实；（3）对具有实质意义的构成要件事实进行判断，形成比对，借助案例结论，得出疑难待决案件应有的结论。这种应用案例的方式，从法律适用方法上来说，区别于前述的演绎方法，采用的是一种类比推理的方法。

对于案例与案件之间的直接类比参照适用，在此以两起正当防卫案进行说明：

浙江省人民检察院在实践中遇到盛春平正当防卫案（以下简称盛春平案)，该案的基本案情是：盛春平系山东省莱州市人，在网上结识传

---

① 参见沈宗灵：《法律推理与法律适用》，载《法学》1988 年第 5 期。

销人员郭丽（已被判刑）。2018 年 7 月 30 日，郭丽以谈恋爱为名将盛春平骗至杭州市桐庐县，根据以"天津天狮"名义活动的传销组织安排，郭丽等人接站后将盛春平诱至传销窝点。盛春平进入室内先在客厅休息，郭丽、唐国强（已被判刑）、成某某等传销人员多次欲将其骗入卧室，意图通过采取"洗脑"、恐吓、体罚、殴打等"抖新人"措施威逼其加入传销组织，盛春平发觉情况异常予以拒绝。后在多次口头请求离开被拒并遭唐国强等人逼近时，拿出随身携带的水果刀警告，同时提出愿交付随身携带的钱财以求离开，但仍遭拒绝。之后，事先躲藏的传销人员邓移法、郭传江、刘于浈（三人已被判刑）等人也先后来到客厅。成某某等人陆续向盛春平逼近，盛春平被逼后退，当成某某上前意图夺刀时，盛春平持刀挥刺，划伤成某某右手腕及左颈，刺中成某某的左侧胸部，致心脏破裂，盛春平丢弃随身行李趁乱逃离现场。

当日，传销人员将成某某送医院治疗。同年 8 月 4 日，成某某出院后，未遵医嘱继续进行康复治疗。8 月 11 日，成某某在传销窝点突发昏迷经送医院抢救无效死亡。经法医鉴定：成某某系左胸部遭受锐器刺戳作用致心脏破裂，在愈合过程中继续出血，最终引起心包填塞而死亡。①

根据我国刑法第 20 条的规定，所谓正当防卫是指："为了使国家、公共利益、本人或者他人的人身、财产和其他权利免受正在进行的不法侵害，而采取的制止不法侵害的行为，对不法侵害人造成损害的，属于正当防卫，不负刑事责任。正当防卫明显超过必要限度造成重大损害的，应当负刑事责任，但是应当减轻或者免除处罚。对正在进行行凶、杀人、抢劫、强奸、绑架以及其他严重危及人身安全的暴力犯罪，采取防卫行为，造成不法侵害人伤亡的，不属于防卫过当，不负刑事责任。"法律的规定较为概括，在处理盛春平案时，至少有以下几个方面的疑难问题：盛春平进入传销窝点，能够认为其人身财产权利遭受不法侵害吗？传销人员逼迫盛春平，能够认为不法侵害"正在进行"吗？盛春平

---

① 该案案情描述来自浙江省人民检察院公开发布的案情介绍及相关情况分析。

挥刺，导致"划伤成某某右手腕及左颈，刺中成某某的左侧胸部，致心脏破裂"，能够认为是采取制止不法侵害行为对不法侵害人造成的损害吗？

对以上疑难问题，当然可以采取经验判断的方法。但是，在根据经验对法条进行理解之外，实际上，既有案例提供了一种更好的，可以直接类比的方法。在盛春平案之前，最高人民检察院发布过以正当防卫为主题的检察指导案例，其中包括于海明正当防卫案（检例第47号，以下简称于海明案）①。该案能够为盛春平案中涉及的疑难问题提供类似案例之间的比对参照。

对于海明正当防卫案实质构成要件事实进行解剖来看，从司法机关对该案的判断分析中可以看出，可以构成实质意义的构成要件事实主要包括以下几个方面：

问题一：作为正当防卫的前提，刘某的行为是否属于"行凶"的问题？答：刘某持砍刀击打，已使于海明的人身安全处于现实的、急迫的和严重的危险之下。问题二：刘某的侵害行为是否属于"正在进行"？答：于海明抢到砍刀后，刘某立刻上前争夺，侵害行为没有停止。在于海明抢得砍刀顺势反击时，刘某既未放弃攻击行为也未实质性脱离现场，不能认为侵害行为已经停止。问题三：于海明捅刺刘某，致其死亡的行为是否超过必要限度？答：从防卫限度来看，不能认为于海明与刘某的伤情对比不相适应，就不符合正当防卫的限度要求。于海明本人是否受伤或伤情轻重，对正当防卫的认定没有影响。处理结论：2018年9月1日，江苏省昆山市公安局根据侦查查明的事实，依据刑法第20条第3款的规定，认定于海明的行为属于正当防卫，不负刑事责任，决定依法撤销于海明故意伤害案。

借助该案的分析及结论，分析盛春平案，就可以看出，盛春平案同样有几个具有实质意义的构成要件事实：（1）盛春平遭受的侵害行为是

---

① 该案确定为检察指导案例，相关案情见第五章第三节。

否能认定为"行凶"？答：作为正当防卫的前提，盛春平案发时身处封闭的空间，人身自由和安全具有可能遭受众多不法传销人员侵害的现实的、急迫的和严重的危险，与于海明案具有类似性。（2）盛春平遭受的侵害行为是否属于正在进行？答：与于海明案也有类似之处，盛春平拿出随身携带的水果刀，警告阻吓传销人员放弃离开，传销组织人员反而增加人手逼近，可以认为侵害并未结束。（3）盛春平持刀捅刺致人死亡的行为是否超过必要限度？答：关于防卫限度是否必要，与于海明案相类似，考虑案发当场双方力量比对情况，特别是盛春平可能遭受的不法侵害是严重威胁，虽然造成了成某某死亡，盛春平自身并没有遭受大的伤害，仍应当认为盛春平的防卫行为没有明显超过必要限度，符合正当防卫的限度条件。（4）处理结论：2019年3月22日，浙江省杭州市检察院对涉嫌故意伤害罪的盛春平作出不起诉决定，认定盛春平的行为属于正当防卫，依法不负刑事责任。

　　从这两个案例的类比可以看出，案例之间的类比，主要是对于法律上规定的一些具有争议性的问题进行类比推理，如正当防卫中，何谓刑法第20条规定的"本人或者他人的人身、财产和其他权利免受正在进行的不法侵害"？何谓"正当防卫明显超过必要限度造成重大损害"等，含义不明，实践中常存在较大争议。所谓类比推理，即从先期处理的案例中，寻找实质性的构成要件事实相似的案例，作为前在对象，与待决案件进行比对，如果两个案件实质性的构成要件事实没有差别，即可借鉴前在案例处理结果形成待决案件处理结论。

　　如果以更加简明的语言概括，这种司法类案之间的类比推理，即是指通过选择与当前案件相类似的先例，将两者构成事实进行细致比对，归纳出对案件处理结论具有重要影响的、具有实质意义的构成要件事实。通过具有实质意义的构成要件事实之间的相似性比对，推演出一致性的结论。概言之，案例与案件之间类比推理的展开模式是：案例 C 具有 a、b、c 特征，案件 C1 也具有 a、b、c 特征，结论 X 在案例 C 中为真，那么，结论 X 在案例 C1 中也为真。

（三）两种司法类案比对参照适用路径的比较

上述两条路径中，第一条路径实际上是成文法的路径。优势是通过案例提炼的规则简便易行，清晰明了。但可能存在的问题是，这种通过提炼规则推进案例适用，再将规则运用于案件之中的方式，就其思维方式来说，本质上仍采用的是成文法演绎推理的思维方式解决问题，仍然是以规则的一般性涵盖案件的特殊性。第二条路径则是运用案例的方式解决实践中案件存在的疑难。这种方式以特殊对应特殊，以个案比对个案，能够比较形象具体地援引案例中的具体细节，分析案例与待决案件构成要件的实质事实是否一致，是一种类比推理的思维方式。

从法律适用方法上对两种路径的案例应用方式进行比较：第一种方式是演绎推理，第二种方式是类比推理。演绎推理无疑是最为重要的法律适用方法，大多数情况下，演绎推理也能够保证法律适用结论的正确与妥当。但是，这种路径还是难以摆脱成文法的固有局限。例如，规则总是有限的，而"法有限、情无穷"，上级司法机关不可能通过案例提炼出"足够用"的规则。在这种情况下，第二种方式即类比推理的方法就显现出相对于演绎推理独特的优势了。即能够在一般性的规则之外，及时灵活地提供类似的案例，作为比对参照的前提，弥补规则所可能具有的固化、僵硬或难以周延的缺陷。德国学者考夫曼提出：法的现实性本身是根基于一种类推，因此法律认识一直是类推性知识。法原本即带有类推的性质。① 我国也有学者提出："法律漏洞的存在使传统推理方式——三段论演绎推理寸步难行，因其赖以进行的推理大前提——规范前提无法确定或根本不存在，而演绎推理本身亦无'发现功能'，因此势必借助其他手段填补漏洞，否则，法律规范协调各种利益冲突、维护

---

① ［德］亚图·考夫曼：《类推与事物本质——兼论类型理论》，吴从周译，颜厥安校，新学林出版股份有限公司 2016 年版，第 45 页。

社会公平正义以及社会秩序的目的便不能实现。类比推理，因其特殊逻辑结构所造就的'发现功能'，被视为填补法律漏洞的最佳方式之一。"①

　　在当前推进案例适用的中国特色社会主义司法语境中，应当两种方式同时采用。第一种方式，通过司法机关的遴选、研制，发布指导性案例和发布各种类型的典型案例，借助指导性案例和典型案例，提炼规则，彰显上级司法机关的鲜明态度。同时，有效弥补社会快速运转中成文法律供给的不足，以案例的方式，加强上级司法机关对下级司法机关办案工作的指导，推进法律适用标准的统一，解决同案不同判、同案不同办等问题。但是，如果仅仅存在各级司法机关发布指导性案例和各类典型案例的方式推进司法类案的比对参照适用，那么，永远无法解决的一个矛盾是：无论指导性案例还是各类媒体公开发布的各类典型案例，总体数量都是偏少的。从这些案例中进行检索，可能找不到与既有待决案件相类似的先在案例。在针对指导性案例工作开展的各种调研中，各地司法机关提出的一个重要建议，就是指导性案例数量有限，难以满足实践中各种类型不同特点的案件办案需要，而由指导性案例适用的法律方法决定，这一问题实际上是指导性案例制度必然难以解决的。更何况各级司法机关发布指导性案例和各类典型案例，都是要经过剪裁发布。这就还可能出现一个问题：司法者在遇到疑难案件时，在发布的指导性案例或者典型案例中找到了类似的先在案例，但先在案例经过剪裁、编辑发布后，细节过于简单，铺垫、陈述不够，司法者仍难以进行有效比对参照，并得出具有说服力的结论。

　　因此，司法机关也应当认识到第二种类型的存在，并且应当认识到，第二种类型的案例适用方式，更具有其独特的优势。对于疑难待决案件，为强化参照，司法者往往要善于或不得不到更大量的原生态案例

---

① 参见董天虹：《法律适用中的类比推理研究》，中国政法大学 2009 年硕士学位论文。

中去寻找、发现先在案例。这一过程，恰恰是切实发挥司法类案比对参照这一制度的作用，让司法类案比对参照制度充满活力和生机的不可或缺重要内容，但也是既往研究重视不够并需要重点关注的问题。这种司法类案比对参照适用，才是最大化借鉴了判例法的思维方式，才可能将案例应当具有的弥补成文法不足的优势最大化地发挥出来。

三、提升司法类案比对参照适用的建言

司法类案比对参照，关键的问题是让比对参照得出的结论得以适用，即应用在办案中，解决待办案件中的疑难复杂问题。这是推进司法类案比对参照制度落地生根并真正具有生命力的关键问题。概括地说，司法类案比对参照的结论能够得到运用，至少需要以下几方面的条件：（1）存在待决的疑难复杂案件，需要从司法类案比对参照适用中寻求智力支持；（2）司法者有动力、有意愿、有习惯，愿意、能够且善于进行司法类案比对，并且能够对案例与案件之间实质构成要件事实的一致性作出判断；（3）上级司法机关积极推动；（4）技术上与待决案件类似的案例易于获得；（5）当事人、律师及社会各界对于司法类案对比、参照适用及得出的结论能够接受，持信任的态度，制度运行具有良性的社会环境。结合以上几个条件的分析，为强化类案比对的实践应用，笔者试对当前如何加强实践制度创新完善提出建言。

（一）完善相关制度设计，从制度上强化类案关联检索制度

司法类案比对参照适用，最高司法机关的形塑推进作用不可或缺。目前，最高人民法院和最高人民检察院都在积极推进司法类案的比对参照适用。如 2020 年 7 月 27 日，最高人民法院发布《关于统一法律适用加强类案检索的指导意见（试行）》（以下简称《类案检索意见》），就人民法院类案检索工作提出意见。就类案检索的范围，《类案检索意见》提出：人民法院办理案件具有下列情形之一，应当进行类案检索：

（1）拟提交专业（主审）法官会议或者审判委员会讨论的；（2）缺乏明确裁判规则或者尚未形成统一裁判规则的；（3）院长、庭长根据审判监督管理权限要求进行类案检索的；（4）其他需要进行类案检索的。就类案检索的领域，《类案检索意见》提出：承办法官依托中国裁判文书网、审判案例数据库等进行类案检索。类案检索范围一般包括：（1）最高人民法院发布的法院指导案例；（2）最高人民法院发布的典型案例及裁判生效的案件；（3）本省（自治区、直辖市）高级人民法院发布的参考案例及裁判生效的案件；（4）上一级人民法院及本院裁判生效的案件。检察机关、案件当事人及其辩护人、诉讼代理人等提交指导性案例作为控（诉）辩理由的，人民法院应当在裁判文书说理中回应是否参照并说明理由；提交其他类案作为控（诉）辩理由的，人民法院可以通过释明等方式予以回应。① 从实践情况来看，根据媒体公开报道，各地法院对司法类案比对参照适用问题多有实践。②

　　从检察机关情况看，最高人民检察院也在致力建立并推动司法类案检索报告制度。如2019年发布的《关于案例指导工作的规定》第15条第2款规定："各级人民检察院检察委员会审议案件时，承办检察官应当报告有无类似指导性案例，并说明参照适用情况。明确了检察官提交检察委员会审议的案件，应当对关联指导性案例进行检索，并对有无参照适用情况作出说明。"

　　虽然目前"两高"在司法类案检索问题上都有相应的规定。但在案

---

　　① 参见《人民法院报》2020年7月27日。

　　② 如：为进一步完善审判权运行机制，规范自由裁量权行使，统一裁判尺度，提升案件质效，四川省高级人民法院出台《全省法院关于类案与关联案件检索规定（试行）》（以下简称《规定》），明确对所有待决案件全面开展关联案件强制检索，部分待决案件开展类案强制检索。即拟提交审判委员会讨论的案件，纳入院庭长监督管理的"四类案件"，新类型案件、上级法院指令再审等案件，若涉及法律适用分歧，则应当进行类案检索并制作检索报告。其他案件则倡导进行类案检索参考（参见杨傲多：《四川法院建立健全"类案与关键案件检索"机制，确保法律适用统一》，载《法制日报》2018年10月25日）。

例指导制度中，司法类案比对参照适用相关问题还没有提升到足够重要的位置。从未来发展看，立足借鉴判例法的合理成分，特别是在上述两种案例参照适用方式中，重视第二种案例参照适用方式的应用，有必要拓宽案例参照应用的视野。在推进司法类案适用过程中，指导性案例是重要依据，但并不是唯一依据。司法类案比对参照适用，最重要的当然是指导性案例与待办案件之间的比对参照适用，但更有必要将视野放大到指导性案例之外的大量类案与待办案件之间的比对参照适用。类案比对参照适用中，作为"前例"的先在案例应当包括大量的原生态案例，类案比对参照适用，既包括通过指导性案例提炼规则，应用于类案的方式，更包括待决案件与其他先在案例之间构成要件事实的直接比对、参照，处理结论的借鉴。激活对这些案例的参照，恰恰是发挥司法类案比对参照适用这一制度的作用，让这一制度充满活力和生机不可或缺的重要内容。但其在既往研究重视不够，实践中着力推进也不够，因而对这一相对"灰色地带"，有必要予以重点关注。

（二）建设案例数据库，提供海量案例资源供给司法类案比对参照适用

司法类案比对参照适用以海量案例数据库的电子化为基础，并应当由司法者对这些案例进行十分便利的检索、查找。实践证明，在司法者承担大量办案任务的情况下，如果对于类案检索存在极大困难，司法者便会失去耐心，转而依靠经验或其他途径寻求结论。因而，作为类案检索的前提是司法者应当能够极其便捷地获取案例。

目前，实践中司法者能够检索的案例主要是两类：一类是经过编辑认可的各类案例，如"两高"发布的指导性案例，《最高人民法院公报》和《最高人民检察院公报》发布的案例，各级人民法院、检察院发布的在各类媒体，通过各条渠道公开发布的各类典型案例等。这类案例的优势是经过遴选、编辑，裁判结论获得上级司法机关的认可，作为类

案比对的前提，可能更具有正确性和妥当性。但缺憾是，案例数量毕竟有限，而且，很多案例的情节经过编辑后予以了删减，案件细节过于简单，铺垫、陈述不够，可能不足以反映真实发生的案件情况。另一类案例是中国裁判文书网或各类网络资源上公布的数量庞大的判决书。这些文书实际上也是一种数量巨大的案例资源。但作为类案参照时，对实质构成要件事实提炼不够。而且，总体来说，这些类似案例在通过网络查找时便捷性不够，司法者难以迅速便捷获得大量类案，即使获得了类案，很多文书说理也显苍白，参照作用有限。

有鉴于此，建议可由最高人民法院、最高人民检察院共同建设便捷、权威的案例库，案例库应当收集海量的案例资源。对裁判文书网收入的案例文书应当进行更加精细准确的分工，确定更加准确有效的关键词，以准确定位实质构成要件事实，增加检索的便利性。同时，对各级司法者都应强化对法律文书的说理工作。还应当借助人工智能、大数据技术、手机 App 的发展，加强案例的收集、分析、要素分解，通过技术手段，实现案例推送的智能化，实现案例的便捷获取。

（三）重视保障当事人律师等进行的司法类案比对参照等相关活动

通常认为，遇到法律疑难问题时，应当由司法者寻找类案，并予以比对参照适用，解决法律疑难问题。"两高"主导的司法类案强制检索制度，都是以此为预设前提。但实际上，笔者认为，最有动力寻找、分析类案并作出比对、援引的，远不是司法者，恰恰是同样参与司法活动，但与案件处理结果关系更为密切的当事人，律师、诉讼代理人等；此外，还包括以类案为研究对象的法学研究者等。如果司法类案的比对参照适用忽略这些群体，制度的落地生根及其运行必然受到很大影响。正因为有此前提，建构中国特色的司法类案比对参照适用相关制度，包括制度的软硬件支撑，就不能仅仅将其对象定位为司法者（即办理案件的法官、检察官），而是要放大到参与案件的律师、当事人，以及以案件办理为研究对象的法学研究者，甚至包括以案件结果为依据，感受社会公平正义的社会大众。伴随着裁判文书数据的深度开发和应用，当事人自发地运用类似案例来评估待决案件，在数千万个案例中寻求支持，更注重司法理性、经验和法律规则的自然生成。① 从这个意义上说，司法机关所有案例资源，都应当是公开、开放，并可以便捷为当事人、律师等共享、参照的。对于当事人、律师等获取的司法类案及开展比对参照等得出的结论，司法机关应当更加重视当事人诉求的表达，更加畅通听取当事人的意见建议的渠道。对于当事人找到的司法类案案例，要有充分的途径展现，司法官要有足够的耐心听取。

（四）提升司法工作者运用案例的能力和强化法律思维习惯

人的因素始终是最重要的因素。虽然司法类案比对参照适用是一个涉及当事人、律师及其诉讼代理人等各个诉讼参与人的问题，但毫无疑问，司法工作者是司法类案比对参照适用中最为重要，也最有必要予以研究的对象。司法类案检索要求司法官重视案例、研究案例，注意运用案例的思维习惯分析解决实践疑难问题。然而，目前司法类案检索总体上还处于上热下冷的状况，上级司法机关希望通过司法类案检索达到规范行使司法自由裁量权、统一法律适用标准，减少误判错判，强化司法权威公信的目的。然而，下级司法机关却对司法类案检索持相对冷淡的态度，对自身的司法经验持更多的自信。特别是根据调查，随着司法者年龄的偏大和司法经验的积累，对案例的借鉴逐渐呈无视态度，司法工作者越来越表现出对自身司法经验的自信，不愿意参照类似案例所展示

---

① 参见李文超：《基于中国裁判文书网建立以来类案检索运行效果的考察》，载《司法体制综合配套改革与刑事审判问题研究——全国法院第30届学术讨论会获奖论文集（上）》，2019年6月。

的裁判方法、法律思维、司法理念。① 如何让司法者参照司法类案？从
管理学的角度来说，可行的途径无非是两条：一是从内在角度，激发司法
者的动力，让其有兴趣、积极地参照司法类案，并通过司法类案的比对参
照适用，为自己的办案活动寻找依据，寻求支撑，以使办案活动更符合分
配正义的需要，更能实现让人民群众在每一个案件中感受到公平正义的目
标要求。二是通过外在的制度机制制约，驱动司法者不得不参照类案，将
司法类案形成的规则与结论，体现在办案活动中。"两高"主导的司法类
案强制检索，大致都属于这样的努力方向。毫无疑问，两条途径中，第一
条途径社会效果更好，也更可持续。但在法治形塑过程中，上级特别是最
高司法机关的建构、推进无疑也是重要的途径。换言之，如果要让司法类
案比对参照适用真正扎根并良性运行，两个方面的工作都不可或缺。

目前，最重要的是提升司法官相应的数据检索和分析、处理能力。
推进司法类案比对参照适用，需要司法者重视案例的发现和比对。司法
者不能过分倚赖上级司法机关编辑公布的典型案例和指导性案例。特别
是不能仅仅关注典型案例和指导性案例提炼的"要旨""裁判要点"，
只关注提炼的规则，不细研案例细节。只有司法者有足够的耐心，善
于、勤于进行司法类案之间的分析、比对、归纳，才可能不断地来回穿
梭于案例与待决案件之间，培养自身对案例事实的认识、发现和比对能
力，才能够促进司法工作者准确捕捉既有案例与待决案件之间的具有实
质意义构成要件事实的相似性。而当前，这方面的能力，确实是我国法
学教育和司法者专业素质培训中较大的空白和欠缺，是在提升司法官素
质和能力时需要着力加以培养提升的专业技能。只有司法者真正形成案
例思维能力、真正具备案例运用能力，司法类案比对参照适用制度才可
能形成长久的生命力。

---

① 参见赖江林、李丽丽：《类案识别：指导性案例适用技术的检视与完善——基
于最高人民法院 52 件指导性案例适用现状的实证分析》，载《尊重司法规律与刑事法
律适用研究（上）——全国法院第 27 届学术讨论会获奖论文集》，2016 年 4 月。

四、结语

司法案例比对参照适用，是一种重要的案例应用方式。这种案例应用方式，需要以作为类比前提的案例易于获得，司法者在案件办理中有积极性、有动力去寻找发现类似的案例为前提，并且，还需要司法者具备在既有案例与待决案件之间进行准确的实质意义构成要件事实之间的归纳分析、类比判断为前提。当前，应当鼓励司法者直接开展既有案例与待决案件之间的比对参照，通过种种措施，实现司法者便捷获得案例，同时敏锐辨别案例与待决案件之间实质构成要件事实的一致。在成文法之外，更加娴熟地运用案例的方式，解决"三段论"演绎方式可能具有的不足与缺陷。通过案例的方式，打开实现法治的另一扇窗，提供解决问题、实现正义的另一条进路。

第四节　检察案例应用信息化平台建设

检察案例应用①，重要内容是要强化类案检索，为此应当实现司法类案检索的便利化，让一线检察官极为便利查找案例，从而有意愿积极应用案例。而实现司法类案检索便利化，应当借助信息化的方式和手段。最高人民检察院一直探索如何运用信息化的方式和手段实现检察案例检索应用的便利化。

一、检察案例应用信息化平台建设的必要性

司法类案检索之所以必要，是由司法工作的特性决定的。司法工作

---

① 本节的检察案例应用，主要是指检察指导案例的应用，同时也包括对其他典型案例及各类参考案例的比对参照应用。

的根本目标是实现公正。公正的要义在于同等情况同样对待。区别于经济工作或其他工作创新性的要求，司法工作更强调稳定性、连贯性，强调同案同办，同案同判。司法类案检索较好地保证了相同情况判决裁定结果的大致相同，符合司法工作的规律特点。

类案检索，需要司法者在办理案件时，高效率定位同类案例，以为实际待裁决案件提供先在参照。而为实现此目的，一般有三种途径：一是司法者利用纸质资料，通过查找资料或个人积累等查找、获取案例，进行比对；二是司法者利用百度等各类常规性的检索工具，在网络资源中查找案例，比对分析；三是司法者利用专业化的案例大数据平台，检索案例，进行类案比对。在以上三种方式中，第三种方式精准匹配、合理筛选类似案例，直接快速地向检察官呈现权威力高、关联度强、相似性大的案例，能够极大缓解检察官检索定位案例的困难，是司法类案检索最为便利的途径。由此，建构专业化的大数据信息化案例检索平台要提上日程。

大数据是一种区别于传统信息技术的数据处理方式，大数据不仅包括海量信息数据的收集，更着重强调的是对数据收集、统计基础上的处理和整合。大数据意味着以超凡的分析计算功能，对混杂庞大的数据样本进行相关性分析，并通过可视化技术直观地展示数据分析结果。① 运用大数据的方式开展司法类案检索，可以实现查找相似案例过程更高效，案件对比更便捷，参照适用案例结论更准确，无疑代表了案例检索应用的发展方向。

二、目前司法案例检索信息化平台的介绍和分析

运用比较的方式，研究检察案例应用，需要对中外各类司法案例检

---

① ［英］维克托·迈尔－舍恩伯格、肯尼斯·库克耶：《大数据时代》，盛杨燕、周涛译，浙江人民出版社 2012 年版，第 55 页。

索信息化平台进行比较,在此,试予介绍分析。

(一) Westlaw International 法律信息数据库

Westlaw International 法律信息数据库是汤姆森法律法规集团子公司美国 West 公司于 1975 年开发出来的全球法律在线研究平台。它包括汤姆森法律法规集团数万个法律法规数据库以及新闻及商业信息数据库,涉及法律、新闻及商业领域各个方面。特别是法律资料库中包括最重要的美国专题法律、全部英国和欧盟主要法律资料、加拿大和我国香港特别行政区的判例法,以及美国和加拿大的法律报刊、文献及国际条约资料。

美国是典型的判例法国家,美国各州及联邦法院的判例按照时间顺序整理并出版,形成法律报告或是判例报告。例如,一个标准的美国判例:Roe v. Wade, 410 U. S. 113 (1973),代表的就是当事人的姓名缩写、案件编号、来自《美国判例汇编》的页码及年份。这种判例编排形式简明清晰。

随着判例数量的增多,传统纸质判例检索的弊端凸显。Westlaw International 法律信息数据库应运而生,相较于之前纸质版的判例报告,Westlaw International 法律信息数据库对这些判例进行了重新整合:每一个判例,都由专业律师编辑了摘要、简单的案情介绍和相关法律问题的归纳,其中涉及的法律问题都与 Westlaw International 法律信息数据库独家开发的 Key Number System (钥匙码) 系统中的法律问题相对应。作为美国标准的法律分类系统,Key Number System (钥匙码) 系统将美国法律分为人身、财产、合同、民事、犯罪、救济和政府七大类,涵盖 400 个细分问题以及 93000 个代表不同法律问题的钥匙码,这些钥匙码包含了 23000000 个法律点,并且仍保持每天 2000 余个的增长态势。Key Number System (钥匙码) 系统直接附上了搜索链接,便于用户进入针对该法律问题的检索页面，从而找到更多相关的案例或其他法律资料。①此外，Westlaw International 法律信息数据库针对每一个判例提供了直观的"案例树"（Direct History）功能，通过点击每个判例对应的 Direct History 就可以清楚地看到每一个判例图表形式的历史介绍。②

（二）中国裁判文书网

中国裁判文书网是由最高人民法院主导建设的大型裁判文书公开平台，同时，也是目前各界进行司法类案检索的重要大数据平台。中国裁判文书网主要目标定位为人民法院判决文书的公开。目前只能实现与字段或句段精确匹配的检索功能，尚不具备模糊检索和类案智能推送功能，对类案的检索主要取决于检索人对案由或关键词的选取。打开中国裁判文书网网页或手机 App，即弹出"高级检索"的检索框，在检索框中输入案由、关键词、法院、当事人、律师等关键信息，即可检索到与检索词关联的大量案例。

中国裁判文书网的建设是一个逐渐推进的过程，2013 年 7 月，《最高人民法院裁判文书上网公布暂行办法》正式实施。依据其规定，除法律规定的特殊情形外，最高人民法院发生法律效力的判决书、裁定书、决定书一般均应在互联网公布。2016 年 10 月 1 日，最高人民法院《关于人民法院在互联网公布裁判文书的规定》正式实施，其明确，最高人民法院在互联网设立中国裁判文书网，统一公布各级人民法院的生效裁判文书。截至 2021 年 8 月 9 日，中国裁判文书网文书总量达 1.22 亿余篇，访问总量达 679 亿余次。

---

① 华鹏:《钥匙码——以实务为导向的法律信息检索捷径》，载《中国律师》2010 年第 1 期。

② 王佳:《Westlaw International 用学相长（美国法篇）》，载《法律文献信息与研究》2010 年第 1 期。

（三）法信平台

"法信"全称为"法信——中国法律应用数字网络服务平台"。"法信"是中国首个法律知识和案例大数据融合服务平台，2016年3月31日上线。"法信"旨在为法律人提供一站式专业知识解决方案、司法类案剖析、类案智推服务，并向社会大众提供法律规范和裁判规则参考。

2012年，最高人民法院立项开发"法信"平台，并决定由人民法院出版社承建。人民法院出版社的电子音像出版分社历时3年研发，"法信"平台于2016年3月31日上线。据网站介绍，"法信"目前含文献12265万篇1981亿字，每2小时全库更新一次，3200家法院内外网同步上线运行。"法信"平台采取免费查询和会员收费相结合的方式为互联网用户和注册会员提供服务。

"法信"平台囊括"案例要旨、法律观点、法律图书、法律文件、司法裁判、法律期刊"六大资源库，最大程度上汇聚司法办案所需的法律文献。尤其是借由"同案智能推送"技术，用户可以快速参考同类案件的先在判决，为办案提供"一站式"参考。

据网站介绍，"法信"平台将国内领先的机器学习、人工智能算法与法律知识体系（图谱）相结合，推出"类案检索""同案智推"两个大数据引擎。"类案检索"引擎通过底层裁判事实、法律知识、司法实务三套大数据维度体系，对裁判文书网同步公布的裁判数据和最高人民法院八大类权威案例要旨及地方参阅案例标记为15.3万颗粒的案例画像维度，为法律人快速检索类似司法案例提供精准推送，并同步推送法信码法律知识解决方案。对司法案例检索而言，"法信"极为便利。用户在网站首页或手机App的"类案检索"对话框中，分别以"全文内容""案由""案号"输入关键词，点击"检索"即可检索获取关联类案。

（四）无讼

"无讼"是由"无讼网络科技（北京）有限公司主导开发的互联网案例运用平台。截至 2021 年 8 月 9 日，"无讼"的"无讼案例"板块收录案例近 9629 万件。"无讼"目前只支持与字段或句段精确匹配的检索功能，尚不具备模糊检索和类案智能推送功能。①"无讼"由北京天同律师事务所负责建设和运营维护。

从以上情况来看，目前市面上人民法院和律师团队开发的司法案例检索信息化平台即案例库，具有以下共同特点：第一，这些司法案例库都以海量的数据资源收集为基础。无论是中国裁判文书网还是法信、无讼，都以海量收集的各类司法案例为建立前提。为保证数量，这些案例库的入库案例都基本上保持原貌，不做大的调整。第二，这些司法案例库都具有强大的检索功能。目前来看，无论是中国裁判文书网还是法信、无讼，都在积极开发和推进智能化检索。第三，这些司法案例库都有专业化的团队在建设和运营维护，都面向社会各界，有的还采取商业化运作的方式，以收取用户的使用费用为基础，解决运营资金问题。同时，这些司法案例库都极为重视用户的体验和立足用户需求改进功能设计。第四，这些司法案例库检索提供的案例，都没有权威效力，仅为用户提供先在借鉴参考。

三、建设检察案例检索信息化平台（检察案例库）的路径分析

在人民法院牵头建设的司法案例库（如中国裁判文书网、法信）及社会上各类商业机构包括律师事务所建设的司法案例库（如无讼）已经非常多，且相对较为成熟的情况下，检察案例库还有无必要建设？如果

---

① 2021 年 8 月，"无讼"案例检索板块功能正在优化。

有必要建设，应当采取什么样的思路建设呢？笔者认为，运用信息化方式推进检察案例应用，是加大案例应用力度，加强检察办案指导的重要途径。检察案例库应当建设，但是，应当在明确前提问题的基础上，凸显检察特色，服务检察办案需要。

（一）案例库建设的前提问题

通过对各种司法案例库进行分析，可以看出，检察案例库建设，必须明确一些前提性问题。

第一，检察案例库建设是一个需要专业化团队运作的系统工程。无论是从中国裁判文书网，还是法信、无讼等司法案例库建设的历程都可以看出，案例库建设，需要专业化团队进行专门建设和专业化运作，是系统工程。

第二，检察案例库建设应当解决案例来源的问题。司法案例库实际上相当于一个大的"蓄水池"，必须解决水源从何而来的问题。换言之，检察案例库建设，应当以一线办案检察官（他们才是案例的生产者）的高度关注和倾力支持为基础，保证他们应当能够借助信息化的手段，源源不断并极为便利地贡献入库案例。

第三，司法案例库建设应当不断完善检索技术。司法案例库的核心功能是检索，只有保证检索的便利、准确、高效、智能，案例库才可能真正获得强大的生命力，才可能与各类司法案例库相比，获得比较优势。

第四，司法案例库建设是一个长期工程。司法案例库建设不是一蹴而就的工作，其建设初步成型后，更重要的是后续的更新、运营和维护。从目前市面上各类司法案例库的情况来看，其背后都有一个相对较强的专业运营团队。有的是国家的重点支持项目（如中国裁判文书网），有的是采取商业化的模式运营（如无讼、法信）。检察案例库的建设，应当采取发展的眼光，解决定位问题和长远运行发展的保障问题。

（二）检察案例库建设的两种路径

在明确这些前提问题的情况下，可以讨论检察案例库建设具体路径问题。应当承认的一个事实是，案例的产生，以案件为依托，不是人民法院或者人民检察院、人民公安一家的工作，而是一个链条上的产品。例如，就刑事案件而言，案件的产生，从公安机关的立案，到检察起诉，律师参与诉讼，直至人民法院作出终审判决，是一个流水线式的链条上的产品，其终结环节，大多数情况下，是人民法院的审判环节，但也有一些情况下，是公安机关的侦查环节，或者人民检察院的审查起诉环节。因此，人民法院以法院裁判文书为依托建设的案例库如中国裁判文书网，无疑可以为司法各方共享共用。而且，由于大多数案件都需要在人民法院审判环节终结，人民法院建设的裁判文书网，必然案例覆盖最广，数量最多。

检察机关建设检察案例库，应当避免亦步亦趋，重复建设，必须突出检察特色，考虑一线办案需求。如何突出检察特色，体现一线办案需求？对此，可以循两种方式：

1. 建设"大而全"的检察案例库

第一种建设检察案例库的方式，可以抓住检察重点环节收集、分类整理案例。如刑事检察中，可以重点抓住检察机关批准逮捕环节、审查起诉环节、抗诉环节分类整理检察机关办理的不予批准逮捕案例、不予起诉、提起抗诉的案例。民事检察中，可以重点收集检察机关提起抗诉或提出检察建议的案例。同时，对收集的案例也可以按照刑事、民事、行政、公益诉讼四大检察板块予以排布。这样，无论是在入库案例的选择还是案例的排布上，都体现出了鲜明的检察特色，也符合检察工作开展实际需要。案例来源上，则可依托检察业务应用系统2.0，检察官案件办理结束后，即可推荐入库。入库案例依托检察机关各类文书，不做实质性审核，体例不做调整，尽量保持原貌。经过积累，可使检察案例库数据资源逐渐接近目前市面上存在的各类海量数据的司法案例库。

2. 建设"小而精"的检察案例库

第二种建设检察案例库的方式，可以采取与目前既有的各类司法案例库区分定位的建设思路，发挥检察案例库特殊的功能作用。目前市面上各类司法案例库，如中国裁判文书网、法信、无讼等主要是以大数据的方式推进案例运用，其主要适用方式是，收集海量案例数据资源，当用户提出检索需求时，通过大数据运算的方式推荐大量案例，通常以关联度为依据由高到低进行排列。例如，以"网络域名"为关键词，2021年8月10日，在中国裁判文书网搜索，可以检索到4119篇文书；在"法信"可以检索到206篇文书，权威案例7件。各案例与用户检索的关键词及相关信息都具有关联度，各案例的比照及效力主要依靠用户依据专业知识进行判断。换言之，入库案例都没有司法机关认可的权威指引效力，其说明的问题及如何应用，还需要检索者自行作出判断。案例指引效力不明，这是一线司法者对当前市面上各类司法案例库检索后认为普遍存在的问题之一。

与此相区别，检察案例库的建设可规模相对较小，但入库案例都由权威部门进行审核，并进行体例调整，入库案例都有明确的指引效力。按照这一思路，检察案例库可区别于市面上各类海量资源的司法案例库。换言之，用户只要在案例库中检索到具有匹配性的案例，即可以作为作出判断的依据。

以上两种方式，前一种"大而全"方式，实际上主要是采用目前市面上各类司法案例库运行的思路，可以依托信息化的方式，收集海量检察案例资源，推进检察案例应用，能够较好扩大检察案例库的社会影响力，有利于全面广泛收集案例，但仍难以避免目前市面上各类司法案例库的缺憾。后一种"小而精"的方式，可以由最高人民检察院对入库案例进行选择，案例必须设置推荐、审核、体例调整等入库前置程序，但可能存在的问题是，案例库容量可能相对有限。

目前，检察机关案例指导工作已经发展到创新深入发展阶段，建设检察案例库的工作已经提上了议事日程。总的来看，最高人民检察院建设检察案例库，主要目的在于通过信息化的方式收集、归拢检察指导案例及各类检察典型案例。同时，也是为以信息化的方式实现案例检索的便利，进一步推进案例应用。为此，检察案例库应当具有检察工作特色。前述市面上各类案例库，如中国裁判文书网、法信、无讼等，虽然能够收集海量案例数据资源，以大数据的方式推进案例运用，但是存在检索的案例指引效力不明，关联检索案例过多，难以为检察官办案提供确定指引等问题。

为避免重复建设，也是为了凸显检察工作特色，更是为了走出一条符合检察机关实际的案例库建设思路，经过认真研究，最高人民检察院建设检察案例库秉持以下思路：（1）全面收集检察指导案例和检察典型案例、各省级检察院发布的典型案例、最高人民法院发布的法院指导案例以及其他具有参考价值的案例等。（2）入库案例应当具有指导性、典型性、权威性。所有入库案例均应经过最高人民检察院相关业务厅的审核，每个案例都应做到事实清楚，适用法律正确，对检察办案具有明确的参照效力或者重要的参考价值。（3）可以先期依托检察内网建设案例库，凸显检察特色，收集涉及内部正反两方面的案例。待技术保障力量更强，检察案例库运行稳定等条件具备后，经研究论证，也可考虑将检察案例库推向外网环境或借助手机 App 等形式运行。

总之，检察案例库建设，应当实现进一步夯实检察案例工作基础，进一步畅通案例报送渠道，激发各级人民检察院报送案例积极性的目的。同时，也要充分考虑符合检察工作特色和检察人员办案需求，特别是要充分发挥信息化手段的优势和特点，实现类案检索便利化，让检察案例库建设，成为检察案例工作中具有标志性意义的重要工作。

第五节　检察指导案例应用示例：案例教学法

　　案例教学法发源于 19 世纪 70 年代美国的法律教育，后期经过完善和推广，不仅在实行判例法的英美法系国家得以广泛应用，而且在实行成文法的大陆法系国家的法律教学中得到运用。检察指导案例契合案例教学法的需要，是案例教学的天然良性资源，应当在案例教学中得到充分运用。

一、案例教学法简要介绍

　　1870 年，美国哈佛法学院院长兰德尔创立了判例教学法，它采用一种判例为主要内容的教材，通过讨论的方式向学生教授法律知识和技巧，积极的互动既提高了学生的主动性，又能培养学生的法律逻辑思维能力，随后，判例教学的方法在英美法系逐渐推广。

　　判例教学法（case method），是一种归纳式的法学教学体系，要求学生通过对大量特定判例的研究来掌握具有普遍意义的法律规则。判例教学法主要具有三个特点：一是采用法院判例作为教材，即主要由上诉法院的判例汇编而成的案例教材（casebook）；二是采用苏格拉底讨论法（Socratic method）组织教学，即要求学生在预习案例教材的基础上，不断回答教师的提问和进行充分讨论；三是采用判例分析式的考试检验方法，即要求学生对给出的假设性判例进行事实分析、推理及得出判决结果。判例教学法突破了传统法学教育中仅仅关注法律知识的弊端，注重对学生法律实践技能的培养和训练，并以其互动性启迪教师和学生双方的思维和潜能。因此，判例教学法不仅促进了美国法学教育的发展，而且逐渐对其他国家的法学教育产生了影响。

　　20 世纪 80 年代末期，判例教学法被介绍到中国，其注重培养学生法律职业能力的思路以及通过分析案例理解法律原则的方式，被认为是大陆法系法学教育可以吸收的合理内核。我国法学教育工作者逐渐将这部分合理内容与我国法学教育实践相结合，发展出一种有别于普通法系判例教学法和大陆法系传统讲授教学法（lecture method）的法学教育方式——案例教学法。

简单来说，案例教学法是指在法学教育过程中，采用课堂案例分析、案例专题讨论、现场案例教学、司法实践等多种方式，通过引导学生研究和分析案例，帮助学生掌握理论知识和提高法律职业素质的教学方法。[①] 经过完善和推广，在我国，案例教学法逐渐被认为是成熟、高效且富于实践价值的法律教育方法。

二、运用案例教学法开展检察官培训对推进检察指导案例应用的意义

针对检察官的在职培训来说，该种培训是以对在职检察官进行有针对性的法律知识更新、法律技能提升或综合法律素养培训为目的的特定法律职业人员的继续教育。运用案例教学法开展检察官在职培训，具有以下几个方面独特的优势：

其一，案例教学法符合我国检察官在职培训的教学目标。我国当前的检察官培训，主要目的不在于普及法律知识或进行基本法律技能训练，而着重于对受训人员进行特定司法领域法律问题的专项培训，提升其解决疑难、新型、复杂法律问题的能力。因此，采用案例教学法，特别是运用专题案例库对受训人员进行培训，效果十分显著。案例教学法的教学素材是来自司法实践的案例，这些案例出自受训人员本身或其同行，由于受训人员对同行的知识背景、法律思维方式、道德水准等均能感同身受，因此，案例对受训者的吸引力会大大增强。受训人员无论在

---

① 参见曾文革、唐仙丽、张燕、张才琴：《法学案例教学法的探索与思考》，载《重庆大学学报（社会科学版）》2006 年第 1 期；姜栋：《美国法学教育案例教学法评析》，载《河北科技大学学报（社会科学版）》2013 年第 3 期。

阅读案例还是在分析和讨论案例以及将案例推广应用方面，均能反躬自省，取长补短，进而大大提升其理解法律、适用法律、形成内心认同的能力。运用检察指导案例开展案例教学的目标是培养法治思维和法治信仰，培养学员对法学知识的独立见解。这些案例再现了法律运作的真实环境，使学生有身临其境的感觉。案例教学法要求学生由案例中归纳获取法律知识而不过分依赖教师的直接传授，由此形成的见解具备强烈的个性化色彩，而正是这一个性化特点增强了学生对所学知识的掌握程度，提升了其处理实践问题的能力。

其二，运用检察指导案例开展案例教学可使检察官培训更有实践针对性。检察指导案例都是由各级人民检察院报送上来，经过最高人民检察院层层筛选和论证，并经过案例指导工作委员会和检察委员会讨论确定的案例。这些案例相对较为典型，更具针对性。从第十批检察指导案例开始，案例叙述丰富了指控与证明犯罪的过程，同时，创新了新闻发布会的方式，邀请案件具体承办人来以案释法，深入剖析案件办理过程中的难点和案件特点，讲授办案经验。因此，以检察指导案例为素材开展案例教学，能够让一线优秀检察官走上讲台，讲授自己的办案心得体会，实现检察官教检察官的目的。

其三，运用检察指导案例开展案例教学符合受训检察官的知识结构和受训需求。国家检察官学院针对在职检察官开展培训，主要是对检察官进行有针对性的法律知识更新、法律技能提升或综合法律素养培训。以案例教学的方式开展检察官培训，有利于以鲜活、生动的形式吸引检察官参与课堂讨论，提升教学效果。检察官培训，主要目的不在于普及法律知识或进行基本法律技能训练，而着重于对受训人员进行特定司法领域法律问题的专项培训，提升其解决疑难、复杂、新型法律问题的能力。因此，采用案例教学法，特别是运用具有典型性、代表性、针对性的检察指导案例对受训人员进行培训，可以促使受训人员对检察官办理该检察指导案例中的知识运用、法律推演和指控犯罪与证明过程等的感同身受，提升其理解法律、运用法律的素养和能力。

其四，运用检察指导案例开展案例教学有利于在检察培训工作中准确把握最高人民检察院重点工作部署。最高人民检察院发布检察指导案例，总是围绕特定主题制发，检察工作特色鲜明，体现了最高人民检察院对各级人民检察院的工作导向。以检察指导案例为素材进行案例教学，能够使各级检察院受训人员准确把握最高人民检察院重点工作部署，了解最高人民检察院着力推进的新型工作方向。全国各级检察机关一盘棋，在办案工作中更好地落实检察一体原则。

三、运用检察指导案例开展案例教学的目标

一是运用检察指导案例开展案例教学，旨在提升检察官法治思维，坚定检察官的法治信仰。案例教学法改变了灌输式的教学方法，选择真实、典型的案例，再现检察官在法庭上指控与证明犯罪的过程，有利于检察官在培训中"反刍"办案过程，分析得失，互相借鉴，直观感受办案过程，进一步坚定法治信仰。

二是运用检察指导案例开展案例教学，旨在提升检察官的办案实践能力。最高人民检察院张军检察长多次指出："检察机关履行各项法律监督职责要贯穿于检察办案中"，"办案是第一位的"，"要多办案，办好案"。以检察指导案例为素材开展案例教学，有利于检察官对办案工作进行思考、总结、提升，走出就案办案、机械办案的局限，发现办案中带有规律性的问题，解决办案工作中具有普遍性、高发多发的问题，进一步推进办案工作。

三是运用检察指导案例开展案例教学，旨在提升检察官开展案例研究的积极性。案例来源于基层，来自办案一线。以检察指导案例为素材开展案例教学，能够使一线检察官在办好案件的同时，静下心来，以"解剖麻雀"的专注态度和专业精神，审视案例，提炼办案经验，积累司法智慧，思考总结办案问题，提升专业素质和能力。

四、运用检察指导案例开展案例教学应当注意的问题

一是要准确理解检察指导案例的要旨和指导意义，凸显检察指导案例对类案办理的指导性。要旨通常来源于法律和司法解释，是法律和司法解释的应有之义，但又相对于法律和司法解释"多走半步"，提炼出了对类问题的适用规则。以检察指导案例为依托开展案例教学，要讲清楚要旨中蕴含的类案意义。指导意义通常来源于案例，但又高于案例。就检察指导案例进行案例教学，应当不局限于就案例讲案例，而是应当引申开去，讲清楚与检察指导案例相关的类案法律适用问题，凸显出检察指导案例对类案办理的指导意义。

二是要通过检察指导案例准确分析检察机关作用的发挥。最高人民检察院在研制检察指导案例时，都非常重视归纳提炼检察机关在案件办理中作用的发挥。这些作用具有极强的导向性。利用检察指导案例开展案例教学，应当讲清楚检察机关作用的发挥，特别是要讲清楚检察机关在刑事诉讼过程中的法律监督作用。例如，第十批检察指导案例中的叶经生等组织、领导传销活动案（检例第 41 号），应当讲清楚检察机关如何在办理组织、领导传销活动案件中，紧扣传销活动骗取财物的本质特征和构成要件，收集、审查、运用证据的情况。特别要注意针对传销网站的经营特征与其他合法经营网站的区别，重点收集涉及入门费、设层级、拉人头等传销基本特征的证据及企业资金投入、人员组成、资金来源去向、网站功能等方面的证据，揭示传销犯罪没有创造价值，经营模式难以持续，用后加入者的财物支付给先加入者，通过发展下线牟利骗取财物的本质特征。

三是就检察指导案例进行教学，应当回归于受训检察官的工作实践。检察指导案例总是一类案例中具有代表性和典型性的案例。这些案例，一线受训检察官可能在工作中遇到过，或办理过类似案例。以检察指导案例开展案例教学，要通过受训检察官自己办理的类似案例与检察指导案例的对照，促使受训检察官分析自己办案过程中的得失，总结经

验，弥补不足，切实在办案思维上得到拓展，在办案能力上得到提升。

五、运用检察指导案例开展案例教学的范例：通过周辉集资诈骗案对检察官办理集资诈骗类案件进行案例教学

如何运用指导性案例开展案例教学，我们在此选取第十批检察指导案例之一检例第 40 号"周辉集资诈骗案"进行示例。

周辉集资诈骗案的基本案情简要来说：被告人周辉采用庞氏骗局的方式，大肆吸取资金，导致大额资金不能偿还，被认定为集资诈骗罪。①

非法集资是当前金融领域乱象之一。打着互联网旗号进行庞氏骗局的犯罪时有发生，导致经济社会领域发生重大风险隐患。该检察指导案例具有极强的现实意义，也是当前检察官办案中经常会遇到的、存在法律适用疑难的案例。

通过该案例进行案例教学，应当让受训检察官从以下几个方面掌握办理该类犯罪的重点：

一是检察机关办理金融犯罪，特别是集资诈骗罪，如何准确认定"非法占有目的"？二是检察机关在具体办案中，如何强化审前过滤，做好审前证据审查工作？三是在法庭审理中，检察官如何注重围绕行为人主观上非法占有目的及客观上以欺诈手段非法集资的事实运用证据？四是检察官如何结合办案开展以案释法，防范非法集资类金融犯罪对老百姓的危害？

在分析讨论以上四个问题时，可以采取控辩对立的形式，遵循层层剖析的进路，运用辩论、讨论等多种方式，结合案例对问题进行分析。

对第一个问题可以展开以下讨论：是否具有非法占有目的，是正确区分非法吸收公众存款罪和集资诈骗罪的关键要素。对非法占有目的的判断，应当围绕融资项目真实性、资金去向、归还能力等事实进行综合判断。本案中，被告人周辉注册网络借贷信息平台，在早期从事少量融

---

① 具体表述参见第五章第一节。

资信息服务，公司造成亏损、经营难以为继的情况下，虚构借款人和借款标的，以欺诈方式面向不特定投资人吸纳资金，自建"资金池"。虽然在侦查机关立案查处时仍可通过"拆东墙补西墙"的方式偿还部分旧债和收益，维持周转，但根据其所募资金主要用于还本付息和个人消费挥霍，未投入生产经营，不可能产生利润回报的事实，后续资金缺口势必不断扩大，最终必将难以为继，无法归还所募资金，故可以认定其具有非法占有的目的，应以集资诈骗罪对其定罪处刑。结合这个案例，还可以引申开去，针对金融诈骗罪中"非法占有目的"的认定，继续列举一些实践中的典型案例，结合受训检察官亲身办理的案件进行讨论。

第二个问题可展开以下讨论：非法集资案中，参与集资人数多、涉及面广，受主客观因素影响，侦查机关取证工作易出现瑕疵和问题。检察机关在案件审查过程中应如何坚持证据裁判原则，强化证据审查，建立起完整、牢固的证据锁链，夯实认定案件事实的证据基础。

第三个问题可要求受训学员组成控辩双方，对类似案例模拟法庭审理，结合公诉人如何针对集资诈骗罪中常见的辩护理由，围绕集资诈骗罪构成要件，梳理组合证据，形成完整的证据链，对涉及犯罪的关键事实予以清晰证明，总结其中具有规律性的方法。

第四个问题可以从以下方面入手：提出非法集资等涉众型金融犯罪危害大，极易导致人民群众财产损失，检察机关要结合案件办理，加强对社会公众，特别是集资参与人的法治宣传教育。可以邀请进行过这方面法治宣传的检察官现身说法，说明如何针对老年人等易受骗群体开展以案释法教育。

总之，检察指导案例来源于实践，应用于实践。以检察指导案例为素材进行案例教学，具有天然的优势，也是检察指导案例应用于实践的重要途径。检察官培训中，应当还原检察指导案例发生的具体实践情境，通过挖掘检察指导案例中蕴含的法理、结合与检察指导案例相关的类案问题，进行演练、讲解、分析，实现运用检察指导案例开展案例教学的目的。

第八章 检察机关案例指导工作的经验、问题及发展方向

本章试对检察机关案例指导工作中的经验、存在的问题及发展方向等做初步思考。这些思考都是笔者基于案例研究开展的个人学习感悟，仅为案例指导工作提供若干建言。同时，还应说明，本章所阐述的案例指导，以检察指导案例的发布为主，但也包括检察机关运用典型案例及其他各类案例推动检察工作的相关情况。

第一节 检察机关案例指导工作主要情况

检察机关案例指导工作，以最高人民检察院发布检察指导案例工作为龙头，以各级人民检察院发布典型案例为重要内容，以各级人民检察院充分重视并积极开展案例工作，运用案例服务指导办案为基础。检察机关案例指导工作在中国特色社会主义司法实践中发挥着越来越重要的作用。2010 年开始，截至 2021 年 9 月 30 日，最高人民检察院共发布 30 批 121 件检察指导案例，同时，最高人民检察院还发布了多批检察典型案例。对检察机关案例指导工作的主要情况，笔者试予以初步总结。

一、检察指导案例运行总体情况

（一）检察指导案例发布数量和频次

2010 年开始，截至 2017 年 12 月（2011 年除外），最高人民检察院每年都发布 1—2 批检察指导案例，其中，2014 年、2016 年各发布 2 批，其余年份均各发布 1 批，检察指导案例发布时间多集中在下半年。2018 年以后发布数量和频率都有所增加，2018 年发布 4 批，2019 年发布 3 批，2020 年最高人民检察院加大工作力度，共发布了 9 批 34 件检察指导案例。截至 2021 年 9 月底，最高人民检察院发布了 6 批 28 件检察指导案例。

（二）案例发布与案件生效的时间间隔

已发布的检察指导案例中，发布时间与生效时间间隔平均在 3 年以内，其中间隔最长的是袁才彦编造虚假恐怖信息案（检例第 11 号），案件生效时间可以追溯到 2005 年 9 月，与案例发布时间相隔 7 年 7 个月，间隔时间较短的有陈满申诉案（检例第 21 号），距发布时间仅相隔 4 个月，此外，第十二批检察指导案例的于海明正当防卫案（检例第 47 号），2018 年 9 月 1 日公安机关作出撤案决定，2018 年 12 月 18 日，最高人民检察院即作为第十二批检察指导案例予以发布，间隔时间不足 4 个月。

（三）案例类型

2019 年初，最高人民检察院对内设机构进行了系统性、整体性、重构性改革，提出刑事、民事、行政、公益诉讼"四大检察"全面协调充分发展的目标。就四大检察而言，截至 2021 年 9 月 121 件检察指导案例中，刑事检察 83 件，占 69%；民事检察 13 件，占 11%；行政检察 9 件，占 7%；公益诉讼检察 16 件，占 13%。检察指导案例虽然初步实现了"四大检察"全覆盖，但是民事、行政、公益诉讼类检察指导案例总体数量仍然偏低，种类分布不均衡，反映出刑事、民事、行政、公益诉讼检察工作全面协调充分发展仍有较大空间，特别是新型检察业务仍然有很大的拓展空间。同时，检察指导案例与全国检察机关办案数据以及检察人员业务需求相比，供求关系之间的差距仍然很大。

（四）案例主题

最高人民检察院发布的每一批检察指导案例一般都有一个明确的主题。主题选择通常与中心工作、新兴工作和最新的刑事政策以及法律制定、修改，司法解释发布有关。如第四批检察指导案例是在《刑法修正案（八）》施行、最高人民法院和最高人民检察院联合发布《关于办理危害食品安全刑事案件适用法律若干问题的解释》背景下，围绕检察机关打击"地沟油"等严重危害人民群众健康的食品犯罪，积极推进平安中国建设，切实保障人民安居乐业的主题需要发布。第六批检察指导案例结合最高人民检察院《关于办理核准追诉案件若干问题的规定》和2013年施行的《人民检察院刑事诉讼规则（试行）》的施行，通过发布相关检察指导案例，加强对各地报请核准追诉类案件的具体规范指导。第八批检察指导案例以第十二届全国人大常委会《关于授权最高人民检察院在部分地区开展公益诉讼试点工作的决定》为背景，以检察机关提起公益诉讼为主题，目的是总结检察机关提起公益诉讼的特点和规律，加大检察机关提起公益诉讼工作力度，为建立具有中国特色、符合检察职能特点的公益诉讼制度进行有益探索。特别是江苏省常州市人民检察院诉许建惠、许玉仙民事公益诉讼案（检例第28号），是全国首例由检察机关提起的民事公益诉讼案件，具有一定引领意义。第十批检察指导案例是在"打击金融犯罪，防范化解重大金融风险"背景下，针对司法实践中遇到的疑难问题，明确法律适用标准，指导各级检察机关依法加大惩治金融犯罪力度。第十六批检察指导案例是在全面建成小康社会的背景下，检察机关立足检察职能，主动服务大局，在服务保障农业农村发展，维护农民权益等方面，彰显涉农检察的力量和作为。2021年以来，各批检察指导案例的主题选择，如知识产权检察工作，行政争议实质性化解等方面，更是与检察重点工作、新兴工作密切相关。有关各批检察指导案例主题，可参见附录中详细的归类与整理。

二、检察典型案例运行总体情况

除发布检察指导案例外，最高人民检察院还发布了一大批检察典型案例。最高人民检察院和地方各级人民检察院发布检察典型案例，同样成为检察机关案例指导工作的重要组成部分。根据不完全统计，从2018年以来，最高人民检察院已发布典型案例829件。其中，影响较大的如围绕检察机关服务保障长江经济带发展，2019年至2020年发布了3批32件检察典型案例。2020年，抗击新冠肺炎疫情期间，发布了"全国检察机关依法惩治妨害疫情防控秩序犯罪典型案例"10批55件。截至目前，检察典型案例发布力度以2020年为较大，仅2020年，最高人民检察院即发布检察典型案例81批525件。

三、地方各级人民检察院案例运行情况

总的来看，当前，地方各级人民检察院对案例工作重要性认识逐步加深，地方检察机关案例编发及应用工作取得一定成效，地方各级人民检察院采取了一系列加强案例指导工作的举措。例如，（1）建立案例指导工作机构或案例研究机构。如四川、湖北、新疆等省（自治区）检察院成立案例工作委员会、案例评选委员会、案例研究工作领导小组等机构，专门负责领导本地区案例指导工作，对编发的典型案例、拟向最高人民检察院报送的检察指导案例进行审核把关。北京、天津、上海、浙江、黑龙江、湖南等地先后成立案例研究中心，被最

高人民检察院司法案例研究院确定为研究基地。（2）探索建立地方案例工作机制。如上海市人民检察院制定《关于进一步加强案例指导工作的意见》，明确案例指导工作的内容和主要工作机制。海南省人民检察院建立《海南省人民检察院典型案例工作办法（试行）》，对典型案例类型、编撰体例、发布程序、责任分工等方面作了明确规定。江苏省人民检察院组织开展检察人员案例撰写竞赛，评选出案例撰写标兵、能手，选拔培养专门人才。贵州省人民检察院制定了关于加强类案检索的规定，明确了检索的情形，案例使用效力以及检索结果的应用等。（3）通过网络或者公开出版物等形式发布地方案例。如北京市人民检察院在首都检察网设立《首都检察案例参阅》，连续十多年刊载已生效的疑难案例 350 余篇，并由中国检察出版社公开出版了三册案例集。上海市人民检察院建立检委会典型案例通报制度，创办《上海检察案例选编》，牵头推进四地省级检察院和律师协会联合公开发行《长三角法治案例》刊物，现已连续发布典型案例 145 件，出版发行《上海检察机关典型案例汇编（上下）》。天津市人民检察院由法律出版社出版检察案例集两册，收录法律适用的疑难案例百余篇。浙江省人民检察院创办《案例指导》刊物，编发统一司法政策、对全省检察办案有普遍指导意义的案例等。

　　当前，从检察指导案例来源地域分布情况看，地域不平衡问题突出，东部沿海（特别是长三角、珠三角）地区检察机关办理的案件入选检察指导案例较多，很大程度上与经济发展水平、业务水平有关。121件检察指导案例中，江苏 18 件，浙江 16 件，广东 9 件，上海、湖北、北京各 8 件，福建 7 件。这 7 个省（直辖市）产出检察指导案例 74 件，占全国的 61.2%，仍有内蒙古、西藏、甘肃、青海、宁夏、新疆等 6 地没有产出检察指导案例。

第二节　检察机关案例指导工作情况的初步总结

在对检察机关开展案例指导工作情况进行了总体梳理后，可以对检察机关案例指导工作取得的总体工作效果，发展动力及取得的经验等进行初步总结。

一、检察机关开展案例指导工作效果的总体评估

2010 年最高人民检察院建立案例指导制度，并公开发布第一批检察指导案例以来，最高人民检察院以检察指导案例为龙头，积极采取多种形式发布典型案例，带领、指引各级人民检察院重视案例工作，发布各类典型案例和参考案例，有效开展案例研究的相关工作，检察机关案例指导工作形式多样，功能发挥比较充分，案例研究、发布、运用等工作已经相对进入良性的发展轨道。对这一工作效果的总体评估，可以从检察机关内部和外部两个方面开展分析。

（一）内部效果评估

一方面，案例指导工作已经融入检察业务工作发展的大格局，成为检察工作发展中不可或缺的重要组成部分。最高人民检察院各业务部门及上级检察院，已经逐渐重视，并越来越熟练地运用案例的方式，推动指导下级检察院开展工作，宣传检察工作重点，阐述办案理念。例如，前文所述的 2019 年底新冠肺炎疫情发生以来，最高人民检察院连续发布多批典型案例，集中宣传检察机关发挥司法保障作用，助力疫情防控阻击战的积极作用，阐述特殊时期检察办案理念和办案方法，起到了良好的作用。

另一方面，从各级检察院来说，办案检察官已经越来越具备案例意

识，能够有意识地在办完案件之后，反思回视办案工作，进行总结提炼。此外，案例发掘、编研、报送工作，逐渐成为各级检察院办案检察官重要的日常工作。笔者承办最高人民检察院相关检察指导案例工作以来，切身体会到，检察指导案例起步之初，通常要花费很大的气力寻找案例、发现案例，而随着工作的开展，各级检察院检察官主动报送案例的积极性越来越高，下级检察院报送案例素材的质量越来越好，各级人民检察院对最高人民检察院发布检察指导案例和各类典型案例的关注度越来越高。这些都是检察机关开展案例指导工作进入良性循环的有效表征。

（二）外部效果评估

从外部情况来看，可以说，检察指导案例社会影响力不断提升，社会各界对最高人民检察院检察指导案例工作关注度不断加大。

一是从第九批检察指导案例开始，最高人民检察院发布的每批检察指导案例，中央电视台、《人民日报》等主流媒体都进行了广泛关注和报道。例如，2020 年 3 月，最高人民检察院发布的涉农检察主题的第十六批检察指导案例，虽然在新冠肺炎疫情发生的特殊时期，最高人民检察院首次采用了网上新闻发布会的形式予以发布，但案例发布后，仍受到媒体的广泛关注。中央电视台专门作出报道，一天之内，就有 20 多家主流媒体作出了全方位的报道。

二是不仅如此，每年全国"两会"上，有关检察指导案例的问题，都是代表委员们热议的话题。例如，2019 年全国"两会"上，全国人大代表、辽宁省辽阳市第一高级中学教师王家娟接受记者采访时说道，检察机关发布的涉未成年人犯罪的检察指导案例，极具普法意义和震慑犯罪的效果。同时，她还注意到一个细节："这些案例隐去了案件当事人个人信息、案发地点、办案单位等可能使被害人身边的人推断出其身份信息的资料和涉及性侵害的细节等内容，这进一步保护了未成年被害人，避免造成二次伤害。"全国人大代表、陕西省律师协会副会长方燕接受记者采访时说："最高检第十一批指导性案例提出的网络猥亵问题，成为她'两会'建议线索。"金融界的全国人大代表柳磊说，第十批检察指导案例对引导百姓养成金融法治观念具有很好的教育意义。还有多位代表委员对检察指导案例表示高度肯定。

三是各类学术机构对检察指导案例的关注也越来越高。2018 年，北大法律信息网开始发布《最高人民检察院指导性案例司法应用报告》。①2021 年 9 月，北大法律信息网又专门针对检察指导案例应用情况开展综合研究，提交 2021 年 11 月召开的中国法学会案例法学研究会研讨交流。2018 年 1 月以来，中国知网专门以检察指导案例为主题收录的各类学术论文达二百余篇。中国法学会案例法学研究会等学术机构，也越来越对检察机关案例指导工作的特色和成效表现出关注和研究兴趣。这些都是检察机关案例指导工作社会影响力逐渐提升的重要体现。

二、检察机关案例指导工作发展的动力和保障

检察机关的案例指导工作进入了全新的创新发展阶段，社会影响不断增大。笔者认为，以检察指导案例工作为龙头的案例指导工作取得新进展，跟以下几方面因素密不可分：

（一）最高人民检察院党组对案例指导工作的高度重视，是案例指导工作创新发展的根本保证

最高人民检察院党组根据推进检察工作高质量发展的需要，提出对案例指导工作的新要求。张军检察长从贯彻落实习近平法治思想的高度，对检察机关开展案例指导工作作出多次重要深刻论述，亲自指导、

---

① 郭叶、孙妹、朱雨婷：《最高人民检察院指导性案例司法应用报告（2017）》，载北大法律信息网 2018 年 7 月 11 日。

部署检察指导案例改版、发布等工作，指引和廓清了新时期检察机关案例指导工作发展的目标方向，激发了各级检察院重视案例指导工作的内生动力，激活了案例指导工作的潜力，是推动检察机关案例指导工作创新发展的根本保证。

（二）工作机制进一步理顺，多部门协调联动，是检察机关案例指导工作质效提升的基础

2019 年，最高人民检察院对检察指导案例工作机制进行了调整，法律政策研究室与各检察厅联动，保障了检察指导案例研制工作顺利开展。具体工作中，各检察业务厅发挥主体责任，法律政策研究室发挥协调督促作用，法律政策研究室与各检察业务厅密切沟通，商定检察指导案例主题，召开专家论证会听取意见；各检察业务厅积极推荐优秀备选案例，法律政策研究室进行汇总精研，协作完成编制任务；最高人民检察院新闻办精心策划各批检察指导案例新闻发布工作；政治部出台文件引领要求各级检察院组织学习检察指导案例。各部门协同联动，保证了案例指导工作整体取得良好效果。

（三）一线办案检察官的支持和关注，是检察机关案例指导工作的动力来源

检察指导案例来源于全国各级检察院已经办结的案件，目的是指导各级检察院在今后办案中统一认识和规范司法标准。因此，征集案例离不开全国检察官的参与和支持，已发布的案例更需要全国检察官的关注与应用。地方各级检察院积极参与相关工作，保证了检察指导案例制发和应用的质量和效果。各级人民检察院还结合本地区检察工作实际，发布了大量典型案例和参考案例，有力促进和宣扬了本地区检察工作，构成检察机关案例指导工作的重要内容。

（四）社会各界高度关注和支持，是检察机关案例指导工作发展的外在因素

人民检察院组织法对检察机关案例指导制度的立法确认，为案例指导工作深化开展提供了法律依据。新时代检察机关法律监督工作取得的重要成绩，推进检察指导案例越来越为社会各界重视和关注。社会各界、新闻媒体对检察指导案例给予的充分关注和支持，是这项工作顺利开展不可或缺的外在动力。

三、检察机关案例指导工作取得的经验

（一）积极引导检察官高度重视案例，不断强化案例意识

做好案例指导工作的前提是充分认识案例指导工作是中国特色社会主义司法制度有机组成部分，充分认识案例指导工作在新时代推进检察机关法律监督工作的重要意义。认识到案例指导工作与检察工作息息相关，只有从思想上充分重视，才可能树立案例意识，把握案例指导工作的职责使命，将案例指导工作放置在检察业务工作的大格局中去谋划和推进，不断结合检察工作推进和加强案例指导工作。

案例工作的基础在基层，做好案例工作，要求各级人民检察院特别是一线办案检察官重视案例工作，不断强化案例意识。检察官在办案工作中，要树立精益求精的高质量办案工作意识。在把案件办好的基础上，善于将动态的案件演变为优秀的案例产品，对案件中涉及的法律关系，对办案中如何实现法理情的统一，如何实现"三个效果"最优化等问题，勤于分析，善于总结。检察系统上下形成重视案例、研究案例、培育遴选报送案例、积极充分运用案例的良性工作机制和良好工作氛围，是保障案例工作发展的基础。

（二）研究把握案例不同于成文法律和司法解释的特点

做好检察机关案例指导工作，要结合检察工作高质量发展的需要，积极思考，研究案例的特殊功能作用，充分发挥案例不同于成文法律、司法解释的特点和功能。重视案例，研究案例，应用案例，通过案例总结、积累检察工作经验。正如学者指出的：无论是案例的创制，还是案例的适用，都是司法者自我研究、自我思考、自我总结、自我提高的过程。案例指导制度的建立，将有助于促进司法者形成正确的思维方式，形成理解法律、感受事实的最佳视角，使司法者找到易于操作、翔实可鉴的样板①。加强检察机关案例指导工作，必须发挥案例在指导检察工作开展时及时灵活、形象生动、立体丰富的特殊优势。

（三）建立案例来源于办案、服务于办案、应用于办案的良性工作机制

检察案例来源于办案，服务于办案，应用于办案。案例研究、案例编研发布的基础是办案工作，宗旨目标也是回馈和反哺办案工作。强化案例指导，归根结底是为了提升办案质量。案例工作是检察机关司法办案的基础性工作。案例工作与办案工作血肉不可分离。开展办案工作，就要推动司法者从案例的视角研究和审视办案工作。实际上，每个案例，都是法治实践的鲜活样本。案件办理中，凝结渗透了司法者办案理念、工作方法、法律适用逻辑，如果没有案例的总结提炼，就很难有司法经验的积累，司法水平的提升。检察官做到以工匠精神办理案件，其核心就是要善于从已经办结的案件中回视、检核，通过案例提炼总结司法经验。因此，案例研究不应当走入为案例而案例的误区，而是要始终牢牢把握案例研究与办案工作的不可分割关系，通过案例研究提升和加强办案工作。

---

① 刘作翔、徐景和：《案例指导制度的理论基础》，载《法学研究》2006 年第 3 期。

（四）发挥最高人民检察院和省级人民检察院的领导和组织作用，激发基层人民检察院重视案例指导工作的积极性

检察机关开展案例指导工作，检察指导案例是一个重要的龙头和牵引，必须把检察指导案例工作做好。把检察指导案例工作做好了，各级检察院开展案例指导工作，就有一个风向标。检察指导案例具有不同于一般案例所具有的更高标准、更严要求、更大影响力。但是，案例指导工作绝不仅仅局限于检察指导案例，各级人民检察院也应当重视典型案例、各类参考案例、本院办理的多发高发类案例等，应当在检察指导案例之外，研究各种类型的案例，厚植案例研究的土壤，把案例指导工作做成丰富多样的实践。为此，最高人民检察院和省级人民检察院应当研究确定各种形式的激励措施，引导各级人民检察院关注案例、应用案例，积极培育、遴选、编研、报送案例，激发各级人民检察院重视案例，积极开展案例指导工作。上级人民检察院应当通过案例指导工作激发、提升各级人民检察院重视案件研究、重视案件总结的工作积极性。各级人民检察院特别是基层人民检察院应当认识到，案例指导工作不是检察官办案工作之外的额外负担，而是与办案工作紧密结合的工作技能，将办案工作做好了，就能同步改进加强案例指导工作，就能真正实现检察官以工匠精神办案，成为检察业务方面的专家。

第三节　检察机关案例指导工作存在的问题

开展案例指导工作，推动各级人民检察院不断深入开展案例研究，归根结底目的是办好案，多办案，办出精品案件。正视并认真研究、解决案例指导工作中存在的问题，应当以问题意识为出发点进行工作创新

思考。案例来源于基层，来自办案一线。一线检察官在办好案件的同时，静下心来，以"解剖麻雀"的专注态度和专业精神，审视案例，提炼办案经验，积累司法智慧，是思考总结办案经验，提升专业素质和能力，提高检察技能的重要渠道。但是，由于各方面因素制约，当前，检察机关案例指导工作还存在一些问题，通过检察指导案例推进各级人民检察院进一步重视办案工作，提升专业素质能力的目的和初衷并未完全实现。

一、对检察机关案例指导工作规律特点的认识有待深化

当前，社会各界主要从作为司法解释有益补充，有利于统一司法适用标准，将案例作为推动工作的有效手段等方面理解检察指导案例的特点和作用，但是，对检察指导案例相对于法律、司法解释在指导检察工作方面更为生动灵活，更为丰富直观的特征作用认识不够全面；对于检察指导案例在提升检察工作公信力，扩大检察工作社会影响力，积累中国特色社会主义司法经验智慧，推进中国特色社会主义司法制度完善等方面的重要意义认识还不够深刻；对案例是检察工作、法治工作重要的理论"富矿"，独特的法治"资源"重视还不够。就整个系统来说，检察机关对案例指导工作，特别是对检察指导案例的重要性的认识有所提升，但还是存在"上热下冷"，规律性、深刻性把握不足的问题。如何充分发挥案例相对于法律和司法解释生动直观、类比性强的特点；如何区分检察指导案例和典型案例的特点定位、功能作用；如何"办好案件，办出精品案件"，通过办案发掘优秀案例，促进办案质量提升；如何将检察指导案例运用于办案实践，切实提升办案质量，强化检察官素质能力建设，还有很多深层次的问题没有解决。各级检察院总体高度重视案例指导工作，但对案例指导工作的规律、案例应当如何发挥作用等问题，认识仍有待深化。案例指导工作中，如何区分检察指导案例和典型性案例的特点定位、功能

作用等，认识仍有待进一步深化。

实际上，案例是多维的，可以从多个角度进行理解。首先，案例是一种解决法律适用疑难问题、统一法律适用标准的工具。通过案例，可以解决成文法律和司法解释没有阐述清楚的问题，可以弥补法律的局限性，可以及时回应不断变化的社会情势，解决同案不同判、同案不同办的问题。其次，案例又是推进工作的一种有效方法，或者说，引领推动检察工作全局的有力抓手，运用案例的方式，可以总结经验，反思不足，推出典型，梳理某一方面可以适用的解决问题的方式方法。通过案例，可以明确提出新兴工作领域，重点工作方向，可以引领、导向工作。最后，案例又是开展法学思维和法律实务能力训练的有效方法。我国台湾地区法学家王泽鉴指出：法学的训练在于写作和案例研究。解剖案例，分析案例，是训练法学思维，提升办案能力，强化法学专业素养的重要方法。

对案例三个维度的功能，我们目前还很难说有深层、清晰的思考。在成文法传统根深柢固，成文法已相当发达的情况下，为什么还要重视发挥案例的作用？对这一问题的自觉性认识还不够深刻，案例意识还未深植于每一名检察人内心。指导性案例工作，总体还是"两高"主导推进的过程。下级司法机关有意识地发掘、积累案例，遇到问题下意识地自觉寻找案例、援引案例的思维习惯和办案方法始终没有形成。

二、运用案例指导工作的方法有待完善

诚如前文指出，案例指导本身是一个系统复杂的过程。检察指导案例仅仅是在整个案例指导工作中起到龙头带动作用。在检察指导案例之外，各级人民检察院还应当重视各类典型案例的总结应用，特别是应当重视本院、本地区办理的同类案件的总结和提升。但目前，对案例的研究和总结，仍主要是上级司法机关的推动。一线检察官自觉自发反思总结，研究应用各类案例，通过案例反思总结办案工作中的方法、理念、

措施等，自觉行为还不够。

在我国，指导性案例总是要通过最高司法机关层层遴选，并提炼要旨，归纳指导意义，进行审议发布后才能称之为指导性案例。这一过程对保证指导性案例的权威性不可或缺。但恰恰也是在这一过程中，使本应丰富多彩的案例成为"风干"的标本。案例中多元复杂的细节性因素或被裁剪，或被予以节略，或被上级司法机关予以归纳提炼，案例少了丰富多彩的多重"原生态"映像。

不仅如此，这一提炼或归纳的过程，实际上还是采取了成文法的法律适用逻辑，提炼出对类案具有较为普遍适用性的抽象规则，并希冀对类似案件发挥出规范作用。从法律适用方法论上来说，这就脱离了案例适用本应有的法学方法和理论逻辑，不可避免地陷入成文法可能具有的缺漏。正如有学者指出：如果与英美遵循先例的司法方法进行比较，更能凸显其方法论特点。英美法系遵循先例的方法有几个重要的环节：首先通过类比推理和区分辨别的方法，识别待处理的案件与先例是否为类似案件；然后从先例判决理由中发现其确立的具体规则；接着在本案裁判理由中论证为什么可以适用该规则；最后才是依据该规则作出裁判。而我们的案例指导制度倚重高度概括的"要旨"的指导功能，实际上是由遴选者将本该法官做的功课提前做掉，为法官提供快餐式裁判指南。但这种脱离具体案件办理过程的提炼存在局限性，可能使"要旨"变成僵化的教条。①

三、检察指导案例质量有待提升

案例质量是实践中反映较为突出的问题，案例质量存在问题，直接影响案例工作的成效。当前，检察案例在质量方面还存在一些需要引起重视的问题，需要各方面共同努力加以改进。例如：（1）案例主题方

---

① 参见吴英姿：《谨防案例指导制度可能的"瓶颈"》，载《法学》2011年第9期。

面。最高人民检察院确定检察指导案例主题时，实证研究、类案研究有待加强，检察指导案例的编研和制发，很多时候还是依靠对工作的感性把握，"摸着石头过河"，没有扎实的类案研究为基础，导致一些案例主题过于宽泛或针对性不强，难以聚焦实践中的突出问题，无法及时回应实践需求，最终选取的案例质量不高，案例发布后指导性不强。一线办案检察官反映，感觉检察指导案例离自己比较远，不太"解渴"，这说明案例对实践中疑难问题的针对性、回应性还不够。（2）案例选取方面。案例选取过于注重"新奇特"，没有选择能够代表普遍性、多发性的案例，对司法实践中需要解决的带有普遍性的法律适用疑难问题回应不够。一些案例片面强调法治宣传、政策宣示，一些情况下，案例要旨重复法律规定中不言自明的道理。案例能否成为检察指导案例或者最高人民检察院的典型案例发布，大多是讨论中的"望闻问切"，案例发掘和遴选过程的科学化和严谨性不够。（3）案例编研撰写方面。案例总结归纳、分析提炼不够。有的案例对法律适用中的疑难复杂问题、重点情节的认定等分析不够透彻；有的过于偏重工作经验总结，分析性、说理性和提炼司法办案规则不够，没有聚焦法律适用、证据把握等方面具有争议性的问题，释法说理比较单薄；有的语言表述不够规范、严谨。案例写作没有充分钻研，缺乏司法亲历性，对案例的细节总结描述不够，一些案例叙述过于凝练，缺乏案例应有的丰富借鉴参照样本意义。（4）案例发布方面。目前案例发布方面存在的问题是检察指导案例制发周期过长，案例及时灵活的优势和特点没有展现出来。一般来说，如果能够针对司法实践中存在的疑难复杂问题，迅速发布案例予以回应，往往案例发布的效果就更好。然而，当前检察案例特别是检察指导案例制发周期过长，短则数月，长则1年，导致实践中亟须回应解决的疑难问题不能及时通过案例予以回应和解决，自然就减损了案例的生命力和感召力。

四、检察指导案例应用状况总体不佳

如果说检察指导案例工作也有投入和产出的话，那么，各级检察院编研、报送，最高人民检察院研制、发布等围绕检察指导案例开展的工作就是检察指导案例相关工作的"投入"，各级人民检察院应用检察指导案例指导办理案件，保证案件办理效果就是其"产出"之一。客观地说，当前，检察指导案例工作的投入和产出比还有一些偏低，案例指导工作的"效率"还有待提升。上级检察院特别是最高人民检察院对检察指导案例工作付出了很大的工作量，但一些办案人员不学习、不了解、不关心最高人民检察院制发的检察指导案例，遇到疑难复杂案件不知检索有无检察指导案例，凭着经验和对法律、司法解释的一知半解办案的现象还是比较普遍地存在。案例发布后，一发了之的情况还比较普遍，发布时热、发布后冷，发布一段时间后无人问津基本上还是常态。种种原因导致检察官办案时不愿意、不习惯，参照案例的情况还存在。

本书第七章综述了检察指导案例应用的相关情况和数据。在全书即将付印前夕，北大法制信息中心再次提供了最新的案例应用数据。根据北大法制信息中心以"北大法宝—司法案例库"中的裁判文书和"北大法宝—检察文书库"中的检察文书作为数据样本，使用大数据分析的实证研究方法，对检察指导案例应用情况进行的统计分析显示，截至2020年12月31日（2021年发布的案例应用情况尚无法全面统计），已发布的24批93例检察指导案例中，已被应用于司法实践的检察指导案例共有14例；直接援引检察指导案例办理的案件共有52件，其中，2020年新增16件。分别来看，刑事检察指导案例有12例被应用于50个案件，民事检察和公益诉讼检察指导案例各有1例被应用于1个案件，行政检察指导案例尚未发现应用的案件。在52例应用案例办理的案件中，从应用类型区分，人民法院裁判文书41件，检察文书10件，检察官评析

1 件。从应用身份区分，检察官明示援引 14 件，法官明示援引 10 件（含法官主动援引 3 件，法官被动援引 7 件），诉讼参与人明示援引 28 件。①

从上述数据来看，近年来检察指导案例应用逐渐受到重视，取得了一些进展，但总体状况仍存在问题，主要是：（1）应用比例仍显偏低。已发布的 93 例检察指导案例中，得到应用的仅为 14 例，直接援引应用的案件仅为 52 件。检察指导案例中，还有 79 例没有得到应用，应用的案件数为 52 件，相对于检察机关办案数量来说显得微不足道，即使相对于办案中存在疑难复杂的案件数量来说，也显不足，说明检察指导案例对检察办案来说，辐射、覆盖面远远不够。同时也说明检察官办案中自发自愿应用案例、参照案例办理案件的习惯远未形成。（2）案例应用地域不平衡。在 52 件应用检察指导案例办理的案件中，应用地域分布在广东等 19 个省级行政区域，超过 5 件的省级行政区域有 3 个，分别为广东省 10 件、山东省 6 件及福建省 5 件；江苏、四川、湖北及浙江省分别有 4 件、4 件、4 件及 3 件；北京、辽宁、云南及湖南省均有 2 件；天津市等 8 个省级行政区域均各有 1 件。但有 13 个省级行政区域没有应用案例，特别是一些经济较发达地区，如上海等有入选的检察指导案例但无应用案件。（3）对比最高人民法院的法院指导案例发布和应用情况，仍存在较大差距。截至 2021 年 9 月，最高人民检察院已发布 30 批 121 件检察指导案例，最高人民法院发布了 28 批 162 件法院指导案例，两者数量已较为接近，但检察指导案例应用的比例仍不及法院指导案例应用的 1/3，应用检察指导案例实际办理的案件数更是远远低于法院指导

---

① 此处数据同第五章第一节，均来自郭叶、孙妹：《最高人民检察院指导性案例司法实践研究》，载中国法学会案例法学研究会 2021 年年会论文集。

案例，充分说明检察指导案例应用仍存在较大的改进空间。①

五、对检察指导案例的培训研究工作有待加强

案例指导工作的生命力永远在一线，在司法者手中。只有司法者重视案例，主动应用案例，案例才能获得不竭的源泉与动力。但是，以往关于检察指导案例存在重发布轻深度宣传和有效培训的情况，特别是有针对性地利用检察指导案例开展"检察官教检察官"的实操性培训不够；缺乏方法论上的培训和训练，基层检察人员总体对检察指导案例比较生疏。实际上，检察指导案例应用状况不佳与检察指导案例质量、检察指导案例应用便捷性不够等因素均有关，但更与最高人民检察院法律政策研究室和各业务部门对检察指导案例培训、应用的关注和着力不够有关。特别是对检察指导案例如何应用的法学方法训练不足。司法者主观上可能觉得检察指导案例"看上去很美"，但如何应用？哪些情况下能够应用，总体比较茫然，更缺乏在遇到疑难问题时将目光投向检察指导案例，并能够从检察指导案例中寻找到结论的敏锐度。检察指导案例能否在实践中得到应用，只能依靠概率较小的"碰巧遇到"类似案例。部分一线办案检察官不能娴熟掌握类比的法律适用方法，不能熟练地分析解决案件与既有案例之间实质的构成要件相似性，无法根据现有案例提炼的规则弥补成文法的不足，同时，智慧、准确、合理运用法律，促进法、理、情统一，得出得体结论的法学方法训练不足。检察指导案例应用的方法训练，运用案例类比推动办案工作的训练，需要从法学教育、培训直至法学实践全程的更新，显然非一朝一夕之功。

---

① 根据实证研究，截至 2020 年 12 月 31 日，最高人民检察院发布检察指导案例的数量是最高人民法院发布的法院指导案例数量的 63.26%，已被应用于司法实践的检察指导案例数量是法院指导案例数量的 12.3%，应用检察指导案例办理的案件数是法院指导案例数量的 0.71%。参见郭叶、孙妹：《最高人民法院指导性案例 2020 年度司法应用报告》，载《中国应用法学》2021 年第 6 期。

对检察指导案例的研究不够深入细致。针对如何结合检察指导案例深入剖析展现案例中反映的办案理念，如何应用案例中提炼的司法规则加强和指导检察工作开展等问题，研究的深度和广度还远远不够。实际上，检察指导案例和典型案例都是检察机关办理的众多案件中具有特色的典型代表，对这些案例开展研究，能够集中挖掘、总结、提炼许多检察工作、检察理论甚至法学理论方面具有启发性的观点和规则，但是，现有对检察指导案例的研究，大多还流于一般化和表面化，将案例与实践中需要重点推进解决的问题结合起来研究不够；对案例中涉及的细节问题，如何影响案件办理，具有哪些借鉴意义，总结归纳不够；如何还原案件办理具体情境，思考检察官在案件办理中体现的司法理念，研究深度不够；类似这些问题，导致对各类案例宝贵资源的开发还远远不够。

此外，案例指导工作如何成为一个更加开放、有活力的系统工程，吸收各级检察院检察官参与，成为理论研究与实践总结良性互动的有效桥梁；如何通过检察指导案例开展具有特色的检察宣传，构建检察机关良性公共关系，类似这些规律性的问题，都是检察机关案例指导相关研究工作亟须解决的问题。

第四节　检察机关案例指导工作的发展方向

最高人民检察院不断加强和改进案例指导工作，根本的动力来源于司法改革新形势下，不断加强检察专业能力建设的需要，目标在于努力加强最高人民检察院领导能力建设，推进检察机关办案能力不断提升。对下一步如何进一步做好检察指导案例工作，当前可从以下几个方面开展思考。

一、强化案例意识，提升对案例指导工作重要性的认识

基层检察院重视案例、研究案例，不仅仅是为了回应最高人民检察院的要求，也不仅仅是为了推出案例，提升本地区检察工作的影响力和知名度。重视案例，是为了从骨子里，从根本上重视提升办案工作质量水平，强化办案能力建设。一线检察官重视案例、研究案例是为了实实在在提升办案能力水平，从案件的分析解剖中，找寻出隐含在案件办理中的理念、方法，法律适用的逻辑、准则，从而为办案提供可遵循的指引。更是为了不断尊重、吸收前人办案智慧，不断跳出"就案办案"的桎梏，从更大范围，更大空间考量所办案件质量，看待所办案件效果。

在此前提下，需要不断强化案例意识的养成。张军检察长对案例意识高度重视，强调指出："各级检察机关领导干部和检察人员都要养成案例意识，更加重视案例指导工作。"按照这一要求，做好案例工作，首先就要从思想上提升对案例工作重要性的认识。检察官不仅要办好案件，而且要在办案过程中，注重养成案例意识。笔者认为，所谓案例意识，简单说来，就是办精品案，"精办"案件的意识，在此基础上，案件办结后，善于分析归纳，提炼总结案例，进而"精选""精编"案例的意识。

具体来说，案例意识的养成，包括以下几方面涵义。（1）重视案例的意识。即重视案例不同于成文法律特有的形象生动、及时灵活、丰富全面的独特优势，深刻把握案例指导工作的规律特点，对内更好发挥案例的业务指导作用，对外进一步发挥案例的普法宣传教育作用。（2）案件"精办"意识。检察官应当以工匠精神办案，提升办案质量，保证案件办理定性准确、程序合法，注重培养司法办案的产品意识、质量意识，努力将每一个案件办成人民群众感受公平正义的优秀案件。对此，检察官在办案过程中，应当认识到办案不是程序性的机械动作，而是履

行法治责任，饱含法治理念和法治情怀的司法行为。案件不能流于"办结"，而是应当办成具有标杆、示范意义，可回溯、可检视的"检察产品""法治产品"。（3）案例"精选"意识。就是要注重培养优秀案例，善于发现精品案例。一些有影响的案件，从发案之初，检察官就应当敏锐意识到案件独特的价值和作用。上级人民检察院也应当加强办案指导，从一开始就朝着办成精品案件甚至检察指导案例的目标去培养。（4）案例"精编"意识。案件办结后，检察官应当精心总结、用心研究，吃透案件，将案件办理中的疑难复杂问题进一步总结提炼，发现对办理类似案件具有参考示范意义的司法规则或工作方法，善于将办理的案件进行解剖分析，对案件涉及的法理、事理、情理融会贯通，将办案中体现的政治智慧、法治智慧、检察智慧阐述清晰，使案件成为展示检察理念、检察方法、检察工作效果的成型案例，并及时发布。

在强化案例意识的前提下，上级检察院重视案例是为了使对下指导工作有真正的抓手，对下业务指导工作能够精准发力，能够将办案指导工作要求具体化，并落实在办案实践中，体现在办案全过程。对案例工作，同样应当有一种专业的精神，用心地思考案例工作的规律特点，找准案例工作的切入点，将案例工作融入办案工作的大局中思考和谋划。

各级人民检察院重视案例就要从全面推进依法治国重大战略决策实施、努力让人民群众在每一个司法案件中感受到公平正义的高度，将重视案例指导、培养案例意识、加强案例总结分析作为检察工作的一项常态化、基础性工作来谋划和部署。

二、理顺工作机制，构建各级检察院重视案例指导工作的格局

以往，最高人民检察院案例指导工作基本上是以法律政策研究室为主要部门，各级检察院都是法律政策研究室或调研专干负责收集、整理、报送案例。从 2019 年开始，最高人民检察院对检察指导案例的工

作体制进行了调整，不仅法律政策研究室负责检察指导案例的编研和发布工作，各业务部门都可以开展案例的编研、发布工作。

对比两种工作体制来看，笔者个人认为，前一种工作体制，确实最高人民检察院法律政策研究室工作量比较大，案例指导工作融入整体业务工作不够有力，但相对能够保证案例指导工作有专人负责，也比较有利于案例指导工作归口管理。调整后的工作体制，有利于提升检察指导案例覆盖面，有利于案例指导工作与检察机关各条线业务工作更好地融合发展，但存在的问题主要是没有做到专人负责，案例编研工作的专业化有所降低，对检察指导案例质量把握的标准难以统一。

为在新的工作机制下更好发挥案例指导工作的作用，有必要强调，开展案例指导和案例研究工作，根本目的是推动办案工作，办案部门负有主体责任。同时，各部门应当确定专人负责案例指导和案例编研工作，这些从事案例指导和案例编研工作的同志，应当加强业务交流和业务培训。此外，案例指导工作的质量，应当经常性地接受检查。

虽然地方各级检察院研究室不再专门负责案例编研、报送工作，但上级检察院应当强调，法律政策研究室的同志，应当与业务部门的办案检察官一道，发挥好案例的遴选和质量把关责任。特别是，最高人民检察院应当积极推进各级人民检察院运用案例这一有效途径，搭建检察调研工作与办案工作良性互动的桥梁。上级人民检察院还要强化检察指导案例素材选编、报送激励机制，加强工作交流，积极推介各级检察院开展案例研究工作的经验做法。当前，有必要特别强调不断加强地方人民检察院的案例工作，尤其是应当倡导一线办案检察官敏于发现案例，乐于研究案例，善于总结案例。

三、提升检察指导案例质量，带动提升案例指导工作能力水平

案例指导工作制度，能否获得各级检察院的认可和社会各界的广泛关注支持，案例指导工作质量是一个重要问题，而其中，检察指导案例作为龙头，又是质量保证中的根本和关键。

检察指导案例是法律规定具有法定含义的案例，是法律精神的阐述，具有准司法解释的地位，对检察指导案例的质量要求，怎么强调都不为过。对于检察指导案例，应当抱着"宁缺毋滥"的精神，严守质量标准，保证每一件案例应当从立意、结构到规则提炼都能获得广泛认可、解决实践疑难问题。

如何衡量检察指导案例的质量？笔者认为，关键就是看检察指导案例是否及时有效回应检察实践中的疑难复杂问题，是否能够有效发挥推进法律准确、有效贯彻实施的积极作用。为此，提升检察指导案例工作质量，可以从以下几个方面着手。

（一）增强检察指导案例制发的计划性

最高人民检察院发布检察指导案例，每批均有主题，这是检察指导案例的鲜明特色和传统优势，应当继续保持。最高人民检察院紧紧围绕当前和今后一段时期的检察工作重点任务，特别是服务大局的重点工作，有计划性地遴选、制发各类案例。各级检察院开展案例研究工作，要做到对本院、本地区办案工作情况心中有数，结合本地区发案特点和发案形势开展案例指导和案例研究工作。当前，应当加强检察指导案例制发的计划性，每年年初应当紧紧围绕当前和今后一段时期检察工作的重点任务，特别是服务大局的重点工作，充分调研，确定检察指导案例计划，及时下发，以引导、指引各级人民检察院根据选题有意识地及时报送案例素材。

（二）切实提升案例指导的针对性

案例指导工作应当着眼于服务经济社会发展大局，着眼于司法检察办案需要，着眼于社会关注，努力提高案例的典型性、可用性和权威性。特别是针对办案中出现的新情况、新问题，发挥案例及时、灵活的特点，及时给予案例指导。聚焦社会需要、办案需要，善于发现问题，需要指导的，主动通过案例加强引领，便是提升针对性。上级人民检察院应当加大调研力度，及时听取一线办案中提出的希望解决的问题，有针对性地总结、归纳、上报、发布，让检察指导案例切实回应一线办案吁求，强化检察指导案例的针对性。特别是应当围绕业务工作中的重点问题和新兴领域，深入开展类案调研和办案指导，有针对性地及时总结、归纳、发布案例，有效回应解决办案中带有普遍性、疑难性的法律适用问题。

（三）做好备选检察指导案例相关配套工作

全国 80% 以上的案件是由基层院办理的，办案是检察官的首要职责。基层检察院检察官不仅要办好案件，还要有"慧眼"识别好的案例"苗子"，有"工匠精神"雕琢、总结案例"胚子"，及时向上推荐、报送，为提升检察指导案例质量奠定基础。上级检察院进一步采取措施，激励基层检察院及各个方面报送、推荐检察指导案例素材的积极性，拓宽案例素材来源渠道。各级人民检察院特别是市县检察院应当结合办案积极向上级人民检察院报送案例。案例收集应当将自上而下征集和自下而上主动报送结合起来，将计划内主题发布和计划外灵活发布结合起来，变"临渴掘井"为"蓄水待用"。值得注意的是，2019 年最高人民检察院《关于案例指导工作的规定》对案例素材报送作了较为宽泛的规定，简化了推荐程序，鼓励各级人民检察院特别是一线办案检察官不断总结精品案件，积极报送案例素材。

（四）进一步提高检察指导案例的编写水平

案例编研是一个既考验法律适用能力，又考验文字能力等综合素质的工作，应当由检察官完成。检察官应当将案例研究作为办案工作、日常工作，不断总结提升。案例编写应当"精"而"准"，突出重点，增强说理性，凸显案例"指控与证明犯罪"等检察特色，对影响违法与犯罪认定，涉及定罪与量刑关键情节，对指控与证明犯罪具有重要影响的重点问题进行说理分析，对争议问题作出回应和解答。当前应当更加注重选择一些虽然有争议，但是能够回应解决法律适用方面存在疑难或者办案方法方面存在普遍困难，办案效果好的案例，通过总结分析归纳办案规则、办案思路和工作方法，提高案例的针对性。案例编写应当调阅卷宗，这是增强研究案例亲历性的必然要求。检察官在分析典型、疑难、复杂案例时，应当像直接办案一样关注案件中的细节，分析案件涉及的法、理、情等各方面因素，提炼可操作的司法规则、总结有价值的办案经验。检察指导案例结构行文应当符合规范。案例叙述应当注意详略得当，突出重点。语言风格应当力求简明、准确、规范。简明就是要删繁就简，清晰明了；准确则要求法律术语使用准确；规范要求检察指导案例的用语，符合法律要求。

四、强化应用，推动案例指导工作更好服务办案

积极推进案例应用，是在案例工作不断创新发展，案例数量逐渐增多的新形势下，越来越值得重视和关注的问题。检察机关案例指导工作能否获得实践活力，关键在于一线检察官办案时能否切实重视发挥检察指导案例在规范司法、统一尺度和释法说理等方面的作用。案例指导制度能否获得长久的生命力，案例的应用不能不说是一个关键性问题和瓶颈性问题。

　　一线办案检察官应当逐渐养成遇到疑难复杂案件能够想到查询检察指导案例，主动应用检察指导案例指导办案的习惯，在办案过程中遇到疑难复杂问题时，善于借鉴既有案例寻求结论，善于分析比对待办案件与既有案例之间的关联类似之处，参考借鉴案例，实现案件办理取得更佳效果。近年来，各级检察机关逐渐重视检察指导案例的应用，① 检察指导案例逐渐发挥出特殊作用。2021 年 1 月 17 日，《检察日报》以《最高人民检察院指导性案例：刺破迷雾解你疑难》为题，报道了各级检察机关运用检察指导案例办理疑难案件的情况；② 2021 年 1 月 19 日，《检察日报》又以《指导性案例成基层办案法宝》为题报道了河南省安阳市内黄县检察院运用检察指导案例，准确认定赵某在公共场所当众猥亵儿童从重处罚情节的情况。

　　案例的生命在于应用，价值在于指导。当前，应当从三个方面推进案例的应用：（1）推动一线检察官形成案例应用的"检察自觉"。检察案例（包括检察指导案例和各类典型案例）是否能够得到应用，关键在

---

　　①　对此，2019 年最高人民检察院修订了《关于案例指导工作的规定》。一是第 15 条第 2 款要求，"各级人民检察院检察委员会审议案件时，承办检察官应当报告有无类似指导性案例，并说明参照适用情况"。这里的"类似指导性案例"，是指检察指导案例，当然最高人民法院发布的法院指导案例也有参考价值。一般来说，在"两高"有指导性案例的情况下，办理具体案情和法律适用上具有相似性的案件，就应当参照指导性案例中提炼的规则和推广的经验做法来办理。如果因存在特殊情况而认为不宜参照适用，应当由承办检察官向检察委员会作出报告，检察委员会必须严格审议把关，并承担相应司法责任。实践中，决定不适用检察指导案例的，应向最高人民检察院层报备案。最高人民检察院或者上级检察院认为不适用错误的，应当进行纠正。二是最高人民检察院应当为各级人民检察院适用检察指导案例提供便利条件。第 16 条要求："最高人民检察院建立指导性案例数据库，为各级人民检察院和社会公众检索、查询、参照适用指导性案例提供便利。"目前，已发布的检察指导案例已全部在"检答网"上刊登；下一步，还考虑将最高人民法院发布的法院指导案例也刊登出来，供办案人员查阅。三是明确规定各级人民检察院要强化检察指导案例的应用培训。第 17 条指出："各级人民检察院应当将指导性案例纳入业务培训，加强对指导性案例的学习应用。"

　　②　参见曹颖频等：《最高人民检察院指导性案例：刺破迷雾解你疑难》，载《检察日报》2021 年 1 月 17 日。

于一线检察官办案时能否切实重视发挥案例在规范司法、统一尺度和释法说理等方面的作用。一线办案检察官应当逐渐形成遇到疑难复杂案件能够想到查询案例，主动应用案例指导办案的工作习惯。目前检察官总体不愿意应用案例推进解决检察办案中的疑难复杂问题，既有工作习惯的主观问题，也有案例本身质量存在问题的客观原因，还有上级人民检察院强调督促不力等机制问题。因此，可以采取强化案例应用方法的总结演练，明确案例应用的制度遵循和考核引导等方式，提醒督促检察官在日常办案中形成遇到疑难问题善于、乐于寻找案例，推进案例应用，更好实现办案"三个效果"的有机统一。（2）重视推进检察指导案例在检察法律文书中作为论证和说理依据。检察机关的内部法律文书，如关于审查起诉的审查报告，可以引用检察指导案例对处理依据作出充分说明；对外公开的法律文书如不批准逮捕决定书、不起诉书、抗诉书等，虽然要将案例与法律、司法解释相结合作为检察机关作出决定的依据，但是如果类比应用案例，就能够增强检察机关所作决定的说服力，同时也能够增进相关机关和当事人对检察机关办案依据的理解，也有利于扩大检察工作的社会影响力，提升司法公信力，同样有必要充分重视。（3）建立和推进类案强制检索制度。类案强制检索是案例应用的必然要求。当前，最高人民检察院和省级人民检察院有必要从制度设计上明确，哪些情况下（如案件提交检察委员会审议时），检察官办案应当强制开展类案检索。（4）探索建设推进检察指导案例应用的便捷工具。最高人民检察院可以利用信息化手段开发检察案例库，实现案例电子化检索和应用。也可采取编辑提炼案例应用问题索引或者应用规则，形成类似"法律法规应用一本通"之类工具书的方式，实现案例检索的便捷和简明。

五、运用案例讲好检察故事，构建良性检察公共关系

按照著名公共关系教育家杰夫金斯的诠释："公共关系"包括了一个组织与其公众之间各种形式的、有计划的对内、对外交往，旨在获取

与相互理解有关的特定目标。① 检察公共关系的建构是一个复杂的系统工程，但是，简单来说，建构检察公共关系的重要内容，就是要树立良好的检察组织公共形象。建构检察公共关系，不能依靠生硬的单向宣传与输出，应当通过实实在在的案例感动人、感染人，通过具体的细节影响人、打动人。这方面，案例具有特殊的优势。实际上，每一起案件都是一本生动的教材，每一个办案过程都是精彩的法治故事，一个优秀案例的指导教育意义往往胜过许多空洞的说教。

　　因此，在构建良性的检察公共关系过程中，应当重视发挥案例作为法治产品的特殊功能作用。一线办案检察官作为"谁执法，谁普法"的主体，不仅要注重培养司法办案的产品意识、质量意识、责任意识，努力将每一个案件办成人民群众接受和认可的经典案例，更要结合案件办理特别是结合检察指导案例发布，对案件的普法意义予以挖掘、宣传。检察机关宣传部门要进一步充分利用检察指导案例的影响性，将检察指导案例作为法治故事、普法教材，发挥以案释法的宣传教育作用。各检察业务部门还应当积极主动地运用检察指导案例以及其他检察典型案例，加强与相关单位、部门的工作沟通，使其从案例中受到启发和触动，在改进工作、加强管理、预防犯罪等方面吸取经验教训，实现法律监督的"双赢多赢共赢"，从而通过案例，提升检察工作的社会影响力，树立检察工作的良好社会形象。

---

　　① 张龙祥主编：《中国公共关系大百科全书》，中共中央党校出版社 2002 年版，第 108 页。

附　录

批次	发布时间	检委会审议届次	主题	具体案例
一	2010 年 12 月 31 日	最高人民检察院第十一届检察委员会第五十三次	检察机关履行法律监督职责	施某某等 17 人聚众斗殴案（检例第 1 号） 忻元龙绑架案（检例第 2 号） 林志斌徇私舞弊暂予监外执行案（检例第 3 号）
二	2012 年 11 月 15 日	最高人民检察院第十一届检察委员会第八十一次会议	渎职犯罪检察工作	崔建国环境监管失职案（检例第 4 号） 陈根明、林福娟、李德权滥用职权案（检例第 5 号） 罗建华、罗镜添、朱炳灿、罗锦游滥用职权案（检例第 6 号） 胡宝刚、郑伶徇私舞弊不移交刑事案件案（检例第 7 号） 杨周武玩忽职守、徇私枉法、受贿案（检例第 8 号）
三	2013 年 5 月 27 日	最高人民检察院第十二届检察委员会第六次会议	涉编造、故意传播虚假恐怖信息犯罪办理	李泽强编造、故意传播虚假恐怖信息案（检例第 9 号） 卫学臣编造虚假恐怖信息案（检例第 10 号） 袁才彦编造虚假恐怖信息案（检例第 11 号）

批次	发布时间	检委会审议届次	主题	具体案例
四	2014 年 2 月 20 日	最高人民检察院第十二届检察委员会第十七次会议	涉危害食品安全犯罪办理	柳立国等人生产、销售有毒、有害食品，生产、销售伪劣产品案（检例第 12 号） 徐孝伦等人生产、销售有害食品案（检例第 13 号） 孙建亮等人生产、销售有毒、有害食品案（检例第 14 号） 胡林贵等人生产、销售有毒、有害食品，行贿 骆梅、刘康素销售伪劣产品 朱伟全、曾伟中生产、销售伪劣产品 黎达文等人受贿、食品监管渎职案（检例第 15 号） 赛跃、韩成武受贿、食品监管渎职案（检例第 16 号）
五	2014 年 9 月 10 日	最高人民检察院第十二届检察委员会第二十六次会议	检察机关刑事抗诉工作	陈邓昌抢劫、盗窃，付志强盗窃案（检例第 17 号） 郭明先参加黑社会性质组织、故意杀人、故意伤害案（检例第 18 号） 张某、沈某某等七人抢劫案（检例第 19 号）

续表

批次	发布时间	检委会审议届次	主题	具体案例
六	2015 年 7 月 3 日	最高人民检察院第十二届检察委员会第三十七次会议	核准追诉	马世龙（抢劫）核准追诉案（检例第 20 号） 丁国山等（故意伤害）核准追诉案（检例第 21 号） 杨菊云（故意杀人）不核准追诉案（检例第 22 号） 蔡金星、陈国辉等（抢劫）不核准追诉案（检例第 23 号）
七	2016 年 5 月 31 日	最高人民检察院第十二届检察委员会第五十一次会议	审判监督、侦查活动监督	马乐利用未公开信息交易案（检例第 24 号） 于英生申诉案（检例第 25 号） 陈满申诉案（检例第 26 号） 王玉雷不批准逮捕案（检例第 27 号）
八	2016 年 12 月 29 日	最高人民检察院第十二届检察委员会第五十九次会议	检察机关公益诉讼试点工作	许建惠、许玉仙民事公益诉讼案（检例第 28 号） 白山市江源区卫生和计划生育局及江源区中医院行政附带民事公益诉讼案（检例第 29 号） 郧阳区林业局行政公益诉讼案（检例第 30 号） 清流县环保局行政公益诉讼案（检例第 31 号） 锦屏县环保局行政公益诉讼案（检例第 32 号）

批次	发布时间	检委会审议届次	主题	具体案例
九	2017 年 10 月 12 日	最高人民检察院第十二届检察委员会第七十次会议	涉计算机网络犯罪案件办理	李丙龙破坏计算机信息系统案（检例第 33 号） 李骏杰等破坏计算机信息系统案（检例第 34 号） 曾兴亮、王玉生破坏计算机信息系统案（检例第 35 号） 卫梦龙、龚旭、薛东东非法获取计算机信息系统数据案（检例第 36 号） 张四毛盗窃案（检例第 37 号） 董亮等四人诈骗案（检例第 38 号）
十	2018 年 7 月 3 日	最高人民检察院第十三届检察委员会第二次会议	涉金融犯罪案件案件办理	朱炜明操纵证券市场案（检例第 39 号） 周辉集资诈骗案（检例第 40 号） 叶经生等组织、领导传销活动案（检例第 41 号）
十一	2018 年 11 月 9 日	最高人民检察院第十三届检察委员会第七次会议	未成年人检察工作	齐某强奸、猥亵儿童案（检例第 42 号） 骆某猥亵儿童案（检例第 43 号） 于某虐待案（检例第 44 号）

续表

批次	发布时间	检委会审议届次	主题	具体案例
十二	2018 年 12 月 18 日	最高人民检察院第十三届检察委员会第十一次会议	正当防卫案件办理	陈某正当防卫案（检例第 45 号） 朱凤山故意伤害（防卫过当）案（检例第 46 号） 于海明正当防卫案（检例第 47 号） 侯雨秋正当防卫案（检例第 48 号）
十三	2018 年 12 月 21 日	最高人民检察院第十三届检察委员会第十一次会议	公益诉讼检察工作	陕西省宝鸡市环境保护局凤翔分局不全面履职案（检例第 49 号） 湖南省长沙县城乡规划建设局等不依法履职案（检例第 50 号） 曾云侵害英烈名誉案（检例第 51 号）
十四	2019 年 5 月 20 日	最高人民检察院第十三届检察委员会第十七次会议	涉民事虚假诉讼检察监督	广州乙置业公司等骗取支付令执行虚假诉讼监督案（检例第 52 号） 武汉乙投资公司等骗取调解书虚假诉讼监督案（检例第 53 号） 陕西甲实业公司等公证执行虚假诉讼监督案（检例第 54 号） 福建王某兴等人劳动仲裁执行虚假诉讼监督案（检例第 55 号） 江西熊某等交通事故保险理赔虚假诉讼监督案（检例第 56 号）

批次	发布时间	检委会审议届次	主题	具体案例
十五	2019 年 9 月 9 日	最高人民检察院第十三届检察委员会第二十二次会议	行政检察监督	某实业公司诉某市住房和城乡建设局征收补偿认定纠纷抗诉案（检例第 57 号） 浙江省某市国土资源局申请强制执行杜某非法占地处罚决定监督案（检例第 58 号） 湖北省某县水利局申请强制执行肖某河道违法建设处罚决定监督案（检例第 59 号）
十六	2019 年 12 月 20 日	最高人民检察院第十三届检察委员会第二十八次会议	涉农检察	刘强非法占用农用地案（检例第 60 号） 王敏生产、销售伪劣种子案（检例第 61 号） 南京百分百公司等生产、销售伪劣农药案（检例第 62 号） 湖北省天门市人民检察院诉拖市镇政府不依法履行职责行政公益诉讼案（检例第 63 号）
十七	2020 年 2 月 5 日	最高人民检察院第十三届检察委员会第二十一次会议	金融犯罪	杨卫国等人非法吸收公众存款案（检例第 64 号） 王鹏等人利用未公开信息交易案（检例第 65 号） 博元投资股份有限公司、余蒂妮等人违规披露、不披露重要信息案（检例第 66 号）

续表

批次	发布时间	检委会审议届次	主题	具体案例
十八	2020 年 3 月 28 日	最高人民检察院第十三届检察委员会第三十一次会议	电信网络诈骗	张凯闵等 52 人电信网络诈骗案（检例第 67 号） 叶源星、张剑秋提供侵入计算机信息系统程序、谭房妹非法获取计算机信息系统数据案（检例第 68 号） 姚晓杰等 11 人破坏计算机信息系统案（检例第 69 号）
十九	2020 年 2 月 28 日	最高人民检察院第十三届检察委员会第三十次会议	刑罚执行监督	宣告缓刑罪犯蔡某等 12 人减刑监督案（检例第 70 号） 罪犯康某假释监督案（检例第 71 号） 罪犯王某某暂予监外执行监督案（检例第 72 号）
二十	2020 年 7 月 16 日	最高人民检察院第十三届检察委员会第四十二次会议	检察机关办理职务犯罪案件	浙江省某县图书馆及赵某、徐某某单位受贿、私分国有资产、贪污案（检例第 73 号） 李华波贪污案（检例第 74 号） 金某某受贿案（检例第 75 号） 张某受贿，郭某行贿、职务侵占、诈骗案（检例第 76 号）

批次	发布时间	检委会审议届次	主题	具体案例
二十一	2020 年 7 月 30 日	最高人民检察院第十三届检察委员会第四十五次会议	民事检察服务保障民营企业	深圳市丙投资企业（有限合伙）被诉股东损害赔偿责任纠纷抗诉案（检例第 77 号） 某牧业公司被错列失信被执行人名单执行监督案（检例第 78 号） 南漳县丙房地产开发有限责任公司被明显超标的额查封执行监督案（检例第 79 号） 福建甲光电公司、福建乙科技公司与福建丁物业公司物业服务合同纠纷和解案（检例第 80 号）
二十二	2020 年 11 月 24 日	最高人民检察院第十三届检察委员会第五十二次会议	检察机关适用认罪认罚从宽制度	无锡 F 警用器材公司虚开增值税专用发票案（检例第 81 号） 钱某故意伤害案（检例第 82 号） 琚某忠盗窃案（检例第 83 号） 林某彬等人组织、领导、参加黑社会性质组织案（检例第 84 号）
二十三	2020 年 12 月 3 日	最高人民检察院第十三届检察委员会第五十四次会议	检察机关依法履职促进社会治理	刘远鹏涉嫌生产、销售"伪劣产品"（不起诉）案（检例第 85 号） 盛开水务公司污染环境刑事附带民事公益诉讼案（检例第 86 号） 李卫俊等"套路贷"虚假诉讼案（检例第 87 号） 北京市海淀区人民检察院督促落实未成年人禁烟保护案（检例第 88 号） 黑龙江省检察机关督促治理二次供水安全公益诉讼案（检例第 89 号）

续表

批次	发布时间	检委会审议届次	主题	具体案例
二十四	2020 年 12 月 21 日	最高人民检察院第十三届检察委员会第五十五次会议	涉非公经济立案监督	许某某、包某某串通投标立案监督案（检例第 90 号）
				温某某合同诈骗立案监督案（检例第 91 号）
				上海甲建筑装饰有限公司、吕某拒不执行判决立案监督案（检例第 92 号）
				丁某某、林某某等人假冒注册商标立案监督案（检例第 93 号）
二十五	2021 年 1 月 20 日	最高人民检察院第十三届检察委员会第五十六次会议	检察机关办理安全生产案件	余某某等人重大劳动安全事故重大责任事故案（检例第 94 号）
				宋某某等人重大责任事故案（检例第 95 号）
				黄某某等人重大责任事故、谎报安全事故案（检例第 96 号）
				夏某某等人重大责任事故案（检例第 97 号）
二十六	2021 年 2 月 4 日	最高人民检察院第十三届检察委员会第六十次会议	检察机关依法加强知识产权保护	邓秋城、双善食品（厦门）有限公司等销售假冒注册商标的商品案（检例第 98 号）
				广州卡门实业有限公司涉嫌销售假冒注册商标的商品立案监督案（检例第 99 号）
				陈力等八人侵犯著作权案（检例第 100 号）
				姚常龙等五人假冒注册商标案（检例第 101 号）
				金义盈侵犯商业秘密案（检例第 102 号）

批次	发布时间	检委会审议届次	主题	具体案例
二十七	2021 年 3 月 2 日	最高人民检察院第十三届检察委员会第六十三次会议	对涉罪未成年人附条件不起诉	胡某某抢劫案（检例第 103 号） 庄某等人敲诈勒索案（检例第 104 号） 李某诈骗、传授犯罪方法牛某等人诈骗案（检例第 105 号） 牛某非法拘禁案（检例第 106 号） 唐某等人聚众斗殴案（检例第 107 号）
二十八	2021 年 4 月 27 日	最高人民检察院第十三届检察委员会第六十四次会议	民事执行监督	江苏某银行申请执行监督案（检例第 108 号） 湖北某房地产公司申请执行监督案（检例第 109 号） 黑龙江何某申请执行监督案（检例第 110 号）
二十九	2021 年 8 月 19 日	最高人民检察院第十三届检察委员会第六十七次会议	公益诉讼	海南省海口市人民检察院诉海南 A 公司等三被告非法向海洋倾倒建筑垃圾民事公益诉讼案（检例第 111 号） 江苏省睢宁县人民检察院督促处置危险废物行政公益诉讼案（检例第 112 号） 河南省人民检察院郑州铁路运输检察分院督促整治违建塘坝危害高铁运营安全行政公益诉讼案（检例第 113 号） 江西省上饶市人民检察院诉张某某等三人故意损毁三清山巨蟒峰民事公益诉讼案（检例第 114 号） 贵州省榕江县人民检察院督促保护传统村落行政公益诉讼案（检例第 115 号）

续表

批次	发布时间	检委会审议届次	主题	具体案例
三十	2021 年 8 月 17 日	最高人民检察院第十三届检察委员会第六十九次会议	行政诉讼监督	某材料公司诉重庆市某区安监局、市安监局行政处罚及行政复议检察监督案（检例第 116 号） 陈某诉江苏省某市某区人民政府强制拆迁及行政赔偿检察监督案（检例第 117 号） 魏某等 19 人诉山西省某市发展和改革局不履行法定职责检察监督案（检例第 118 号） 山东省某包装公司及魏某安全生产违法行政非诉执行检察监督案（检例第 119 号） 王某凤等 45 人诉北京市某区某镇政府强制拆除和行政赔偿检察监督系列案（检例第 120 号） 姚某诉福建省某县民政局撤销婚姻登记检察监督案（检例第 121 号）

后　记

2016 年 6 月，我开始承担最高人民检察院案例指导工作。彼时，案例指导工作刚起步不久，除已发布的七批指导性案例外，最高人民检察院案例指导工作基本上还处于相对默默无闻的状态。承担这项工作后，为了更好地发挥案例指导制度的作用，提升指导性案例的影响力，2016—2017 年，我们尝试扩大范围，以更宽视角发布指导性案例，先后围绕公益诉讼、网络犯罪主题发布了第八、九批指导性案例，同时，积极寻求《人民检察》和中国检察出版社的支持，发表指导性案例解读文章，出版"指导性案例实务指引丛书"等，推动社会各界更加重视指导性案例。

检察机关案例指导工作真正获得质的提升飞跃，是在 2018 年张军检察长履任最高人民检察院党组书记、检察长之后。还记得张军检察长履任后，到最高人民检察院法律政策研究室调研时，我不揣冒昧提出"关于案例指导工作，最大的问题是各方面重视还不够，案例指导工作基本上处于可有可无的状态"。张军检察长当即明确表示："我是非常重视案例指导工作的！"不久之后，张军检察长在各地调研及"大检察官研讨班"等一系列重要讲话中，都多次对案例指导工作作出重要指示。这些论述如雨露甘霖，滋养浇灌着案例指导工作这棵幼苗迅速成长壮大！在张军检察长的支持和关心指导下，案例指导制度被写入 2018 年 10 月 26 日第十三届全国人民代表大会常务委员会第六次会议修订通过的《中华人民共和国人民检察院组织法》中。

2018年5月，张军检察长主持召开的最高人民检察院第十三届检察委员会第一次会议第一个议题，审议了最高人民检察院第十批指导性案例。讨论伊始，张军检察长作出了要改版指导性案例体例和结构，进一步凸显检察特色，充实检察履职过程的重要指示。还记得当初，我们不免为指导性案例近乎另起炉灶，从头来过而颇感压力。但改版后以金融犯罪为主题的第十批指导性案例，产生的重要影响，以及受到的检察系统内外如潮好评，都远远出乎我的意料。最高人民检察院党组关于案例指导工作的一系列新理念、新思考、新论断，直接指导了第十批指导性案例及其后的案例指导工作。2018年底，我开始承担《最高人民检察院关于案例指导工作的规定》的研究修订工作，修订后的规定把检察机关案例指导工作由局促于最高人民检察院法律政策研究室狭小一隅推向各个业务条线，促进指导性案例成为最高人民检察院领导地方各级人民检察院和专门人民检察院各方面工作开展的有力抓手。其后，又加大力度，连续发布了第十一、十二、十三、十四、十五批等多批具有重大影响的指导性案例，逐渐实现指导性案例对"四大检察""十大业务"的全面覆盖。其间，最高人民检察院案例指导工作委员会进行了调整充实，备选指导性案例的讨论频率增加、讨论力度得以加强；同时，还在指导性案例之外创新发布各种形式的典型案例。目前，为便于案例检索，促进指导性案例的应用，又开始探索建设检察案例库……工作过程中，最高人民检察院党组多次专题听取指导性案例工作汇报，研究解决工作开展中的问题并提出一系列工作要求。

经过几年的努力，案例指导工作可谓"无边光景一时新"。

以往不为社会各界关注的最高人民检察院指导性案例，越来越获得系统内外发自内心的认可；越来越多的案例发布后得到社会舆论的好评；越来越多的检察同仁，特别是一线青年检察官，开始愿意思考、关注、开展案例工作。可以说，检察机关案例指导工作展示出前所未有的感召力、生命力，指导性案例逐渐从芊芊小苗成长为郁郁葱葱的大树。

回首过去五年，恰是我人生极为充实而又辛勤的五年，是付出很多却也收获丰硕的五年。案例指导工作，丰富了我的人生阅历，拓宽了我的知识结构，提升了我的思考境域，锤炼了我的总结表述能力。我曾长夜辗转反侧思考案例指导工作，难以入眠；曾半夜披衣，寒风中奔至办公室，只为记下一点灵感或赶急修改案例；也曾为如何更好落实领导指示，做好案例指导工作而愁眉不展，长吁短叹；更曾为指导性案例难以找到合适素材，难为无米之炊而苦恼不已……每批指导性案例的诞生，都犹如一个个小生命的孕育和降临，其间，既有迎接新生命般的欣喜，也曾有过胎死腹中的遗憾。案例的收集编研、反复修改、表述斟酌，无不浸透了汗水和心血。当然，当一个个案例以语言之美、法理之真，透彻辨析、精彩讲述，庄重而严肃地发布，作为直接承办人，那份兴奋喜悦，也是难以言表的。蓦然回首，我感激并感动自己结缘案例，为案例喜，为案例忧，为案例充实努力的难得经历……

在做好检察机关案例指导工作的时间里，我时常为理论的苍白而苦恼。有关案例指导工作的论著虽不乏其数，但大多以最高人民法院发布的指导性案例为研究对象，且多限于理论探讨，缺乏结合检察工作实际情况的总结，更鲜有一线办案检察官从事此项工作的思考。我开始留意并结合实践作出思考，既然案例指导工作代表了反思总结工作方法在检察工作中的运用，作为直接从事这项工作的人员，我更要将案例的学习、工作、思考结合起来，以身力行推进这项工作的总结提升。我尝试以案例指导工作中的具体问题为小切口，开展一些理论上的思考，陆续写作了若干小文章，对指导性案例相关问题发表自己不成熟的见解，或反思、或自娱。由于业务工作较为饱满，我的写作不得不或者进行在夜深人静，家人睡去之后的深夜；或者在晨曦微露的黎明；更多时候是在喧哗褪去、宁静的周末。斗室枯坐，蹙眉冥思，一个个字符跳出，既准确表达了自己的论点，又能够自洽回答工作中的思考疑问，写到深处，常有豁然之感，这种智识上的挑战与自励，真是极大的快乐！

不知不觉间，我已积累了二十多篇关于案例指导工作的文字。在中国检察出版社的约稿下，经报当时兼任最高人民检察院法律政策研究室主任的万春专委同意，我努力将这些问题做进一步拓展、提炼、修改，形成了关于检察机关案例指导工作较为系统的思考。修改过程中，我以案例指导工作发展、创新亲历者的角度，坚持文字不以玄奥，内容不定深刻，但求形成简洁明了的总结性思考，以明白晓畅的论述，对案例指导工作中常见的理论实践问题提出管见。

囿于个人学识能力的有限，本书必然是稚嫩的，错误不足难以避免。而且，由于写作时间跨度较大，文字的连贯性和理论深度也显不够。然而，她真实地记录了我在案例指导征程中跋涉的心路历程，汇报了我浅陋而努力的思考。我愿意将她呈诸于读者面前，以唤起更多前辈、同仁对检察机关案例指导工作的关心和重视。

特别感谢中国检察出版社，让本书有机会得以面世。全书付梓之际，最高人民检察院党组副书记、常务副检察长童建明专门作出批示予以肯定，万春专委百忙中审阅了书稿，提出了很多宝贵意见，又欣然应邀作序，让我不胜感激与荣幸。最高人民检察院法律政策研究室高景峰主任及各位同事，对我本人及案例指导工作给予诸多关心、支持和帮助，令我铭记感恩。检察机关案例指导制度发展创新以来，检察系统各位领导、同事与学术界诸多学者，新闻界及其他各界朋友都给予了指导性案例及我本人许多温暖关怀、真诚帮助，感恩之情铭诸心腑！深怀感恩，我惟有继续努力，以更勤奋的精神，不断做好工作，为检察工作高质量发展贡献绵薄之力！

张 杰

2021 年 9 月